실전사례로
살펴보는
SQL
튜닝비법

**실전 사례로 살펴보는 SQL 튜닝 비법**
기본 문법부터 최적의 성능을 발휘하는 SQL 작성까지

**초판 1쇄 발행** 2013년 3월 15일 **8쇄 발행** 2025년 5월 1일 **지은이** 강남이·권지윤·김남훈·김윤성·박중건·양용열·정지혜·한승란 **펴낸이** 한기성 **펴낸곳** (주)도서출판인사이트 **편집** 조연희 **본문디자인** 윤영준 **영업마케팅** 김진불 **제작·관리** 이유현 **용지** 월드페이퍼 **출력·인쇄** 예림인쇄 **후가공** 이지앤비 **제본** 예림원색 **등록번호** 제2002-000049호 **등록일자** 2002년 2월 19일 **주소** 서울시 마포구 연남로5길 19-5 **전화** 02-322-5143 **팩스** 02-3143-5579 **이메일** insight@insightbook.co.kr **ISBN** 978-89-6626-069-0 책값은 뒤표지에 있습니다. 잘못 만들어진 책은 바꾸어 드립니다. 이 책의 정오표는 https://blog.insightbook.co.kr에서 확인하실 수 있습니다.

Copyright ⓒ 2013 강남이·권지윤·김남훈·김윤성·박중건·양용열·정지혜·한승란, 인사이트
이 책 내용의 일부 또는 전부를 재사용하려면 반드시 저작권자와 인사이트 출판사 양측의 서면에 의한 동의를 얻어야 합니다.

# 실전사례로 살펴보는 SQL 튜닝비법

기본 문법부터 최적의 성능을 발휘하는 SQL 작성까지

강남이, 권지훈, 김남훈, 김윤성, 박중건, 양용열, 정지혜, 한승란 지음

인사이트

# 차례

추천사 ............................................................................ viii

들어가는 글 ..................................................................... x

## 1장 SQL 튜닝 개요 ......................................................... 1
### 1.1 SQL 튜닝이란? ....................................................... 1
### 1.2 SQL 튜닝은 왜 필요한가? ...................................... 2
### 1.3 SQL 튜닝은 언제 하는가? ...................................... 3
### 1.4 SQL 튜닝은 어떻게 하는가? ................................... 6
### 1.5 SQL 튜닝 유형 ....................................................... 10

## 2장 옵티마이저 ............................................................. 19
### 2.1 옵티마이저란? ....................................................... 19
### 2.2 옵티마이저의 종류 ................................................. 21
#### 2.2.1 규칙 기반 옵티마이저 ................................... 21
#### 2.2.2 비용 기반 옵티마이저 ................................... 26
### 2.3 옵티마이저 최적화를 위한 고려사항 ...................... 34

## 3장 실행 계획 ................................................................ 49
### 3.1 실행 계획이란? ...................................................... 49
#### 3.1.1 접근 경로의 이해 ......................................... 50
#### 3.1.2 실행 계획 내 주요 OPERATION ................... 54
### 3.2 실행 계획 확인 방법 .............................................. 56
#### 3.2.1 EXPLAIN PLAN .......................................... 57
#### 3.2.2 AUTOTRACE ............................................... 64

3.2.3 SQL TRACE 파일 — 70
3.2.4 각종 툴의 활용 — 76
3.3 실행 계획 해석 — 78
3.3.1 실행 계획 읽는 순서 — 78
3.3.2 예제를 통한 실행 계획 분석 — 81

# 4장 인덱스 — 87

4.1 인덱스란? — 87
   4.1.1 B* Tree 인덱스의 개념 및 작동 원리 — 89
   4.1.2 그 밖의 인덱스의 종류 — 104
4.2 인덱스 생성 방안 — 110
   4.2.1 인덱스 설계 — 110
   4.2.2 인덱스 컬럼 선정 가이드 — 111
   4.2.3 B* Tree 인덱스를 사용하지 못하는 경우 — 123
   4.2.4 인덱스 생성 및 관리 시 고려할 사항 — 138
4.3 인덱스를 활용한 SQL 튜닝 사례 — 144
   4.3.1 인덱스 생성을 통한 성능 개선 — 144
   4.3.2 결합 인덱스로의 변경을 통한 성능 개선 — 150
   4.3.3 ORDER BY절 사용과 인덱스 설계 — 153
   4.3.4 함수 기반 인덱스의 활용 — 159
   4.3.5 INDEX SCAN보다 FULL TABLE SCAN이 효율적인 경우 — 160

# 5장 조인 — 165

5.1 조인이란? — 165
5.2 대상 데이터에 따른 조인의 종류 — 167
   5.2.1 INNER JOIN — 167
   5.2.2 OUTER JOIN — 169
   5.2.3 CARTESIAN JOIN — 173

5.2.4 SELF JOIN ——— 174
　5.3 수행 방식에 따른 조인의 종류 ——— 177
　　　5.3.1 NESTED LOOP JOIN ——— 177
　　　5.3.2 HASH JOIN ——— 193
　　　5.3.3 SORT MERGE JOIN ——— 199
　　　5.3.4 수행 방식에 따른 조인의 종류별 비교 ——— 203
　5.4 서브쿼리 ——— 204
　　　5.4.1 SELECT절의 서브쿼리 ——— 204
　　　5.4.2 FROM절의 서브쿼리 ——— 211
　　　5.4.3 WHERE절의 서브쿼리 ——— 224

# 6장 힌트 — 231
　6.1 개요 ——— 231
　6.2 힌트의 문법 및 종류 ——— 235
　　　6.2.1 문법 ——— 235
　　　6.2.2 힌트의 종류 ——— 235
　6.3 힌트의 사용 ——— 236
　　　6.3.1 옵티마이저 ——— 236
　　　6.3.2 접근 경로 및 인덱스 ——— 240
　　　6.3.3 조인 ——— 248
　　　6.3.4 기타 ——— 261

# 7장 사례별 튜닝 기법 — 273
　7.1 가변 SQL의 튜닝 ——— 273
　　　7.1.1 조건 컬럼을 분리하여 성능을 개선한 사례 ——— 275
　7.2 프레임워크를 이용한 페이지 처리의 튜닝 ——— 277
　　　7.2.1 비효율적인 COUNT 처리에서 OUTER JOIN을 제거하여 튜닝한 사례 ——— 277
　　　7.2.2 페이지 처리 화면에서 함수 사용 시 유의사항 ——— 279

## 7.3 체번 기법의 튜닝 — 282
### 7.3.1 체번 연산의 성능을 개선한 사례 — 287
## 7.4 배치 프로그램의 튜닝 — 287
### 7.4.1 애플리케이션 로직 개선으로 배치 프로그램 성능을 개선한 사례 — 289
## 7.5 동일 데이터 반복 사용 — 290
### 7.5.1 UNION ALL문에서 동일 데이터의 반복 사용을 제거하여 개선한 사례 — 290
### 7.5.2 프로그램 병렬 처리를 위한 동일 테이블 반복 접근을 개선한 사례 — 294
## 7.6 마스터 테이블의 중복을 제거한 코드 값 추출 — 296
## 7.7 CLUSTERING FACTOR 개선을 통한 튜닝 — 298
### 7.7.1 데이터 정렬을 통한 튜닝 사례 — 298
### 7.7.2 데이터의 물리적 위치를 고려해 튜닝한 사례 — 301
## 7.8 Materialized View의 활용 — 302
### 7.8.1 최근 통계 데이터를 초기 화면에 보여주는 사례 — 303
## 7.9 DB LINK — 309
### 7.9.1 로컬 DB의 데이터가 많고, 원격 DB의 데이터가 적은 경우 — 309
### 7.9.2 로컬 DB의 데이터가 적고, 원격 DB의 데이터가 많은 경우 — 311
## 7.10 개발자 실수로 인한 오류 튜닝 — 313
### 7.10.1 LIKE 구문 사용 시 와일드 카드 문자가 들어간 데이터 비교 사례 — 314
### 7.10.2 OUTER JOIN을 잘못 사용한 사례 — 315
### 7.10.3 인덱스의 첫 번째 컬럼이 조건에서 누락된 사례 — 318
### 7.10.4 서브쿼리에서 비교된 컬럼 앞에 테이블 이름이 누락된 사례 — 319

찾아보기 — 322

# 추천사

대부분의 시스템은 시간이 경과하면 보유할 데이터가 늘기 마련이다. 데이터가 늘고 사용자가 많아지면서 더 이상 사용자의 요청 내용을 감당할 수 없을 때 시스템에 장애가 일어난다. 이렇게 장애가 일어나면, 많은 담당자들이 장비의 증설을 먼저 떠올린다. 물론 장비의 증설로 효과를 보는 경우도 많다. 하지만 시간이 지나고 데이터가 또 늘어나면, 그때에도 장비를 증설할 것인가?

시스템을 구축하는 데 있어 장비의 중요성을 부정할 생각은 없다. 문제는 장비를 100% 효율적으로 사용하고 있는가에 있다. 시스템에 현존하는 튜닝 요소가 있는지 확인도 하지 않고 무조건 장비만 늘려간다면, 다음 장비 추가 시점은 점점 더 빠르게 돌아올 것이다. 눈에 보이는 장비에 투자하기 전에 눈에 보이지는 않는 튜닝에 투자를 하는 것이 더 효율적일 수 있다는 점을 명심할 필요가 있다. 실제 튜닝이라는 과정을 한 번이라도 곁에서 지켜본 사람이라면 그 효과를 이미 경험해 보았을 것이다. 수 분이 지나도 결과를 출력하지 않던 SQL이 튜너의 힘으로 몇 초 만에 결과를 출력할 때는 당황스럽기까지 하니 말이다.

이 책에는 시스템의 튜닝 요소를 진단하는 방법은 물론, 현장에서의 경험을 바탕으로 한 튜닝 기술 노하우가 생생하게 녹아 있다. 또한 튜닝에 대한 기본적인 이론과 함께, 소개하고 있는 다양한 사례들은 독자들의 이해를 돕는 데 중요한 역할을 할 것이다. SQL 튜너를 꿈꾸는 사람들이 그 꿈에 한발 가까이 갈 수 있는 좋은 지침서가 될 것을 확신한다.

한국소프트웨어 아키텍트연합회장
삼성SDS Delivery센터 기술혁신팀장
한인철 상무

언제부터인가 시스템 장애에 대한 기준이 달라졌다. 예전에는 시스템이 다운되거나 서비스가 원활하게 이루어지지 않는 경우를 장애로 취급했던 것에 비해 최근에는 사용자 화면의 응답 시간이 느린 것도 장애로 분류한다. 장애의 기준이 시스템에 머무르지 않고 사용자 화면으로 옮겨온 것이다. 이렇듯 시스템 사용자의 만족도가 프로젝트 오픈을 결정하는 중요한 요소가 되다 보니 자연스레 시스템 튜닝의 요구도 많아지고 있다.

실제로 한 프로젝트는 어렵게 시스템을 오픈했음에도 불구하고, 오픈을 하자마자 시스템 자원이 고갈된 탓에 업무가 마비된 적이 있다. 원인은 단 하나의 SQL이었고, 이 책의 필자 중 한 명이 긴급하게 투입되어 문제를 해결할 수 있었다. 자칫 대응이 늦어졌으면 고객에게 업무적인 피해를 입히는 것은 물론 고객 신뢰도까지 잃을 수 있었던 아찔한 경험이었다.

관계형 DBMS가 출현한 지 오래지만, 시스템으로 구현해야 하는 업무가 나날이 복잡해지고 데이터 또한 기하급수적으로 많아지다 보니 개발자의 능력만으로 고객의 눈높이를 맞추기란 여간 힘든 일이 아니다. 더군다나 빡빡한 개발 일정에 튜닝까지 한다는 것은 어찌 보면 개발자들에겐 사치처럼 느껴질 수도 있다. 상황이 이렇다 보니 튜너들의 역할은 점점 커져 가고 있다.

이 책은 짧게는 2~3년, 길게는 10여 년간 튜닝을 해온 튜너들이 개발자에게 전수하고자 하는 튜닝 기술들을 싣고 있다. SQL을 작성해본 적이 있지만 자신이 없는 사람이나, 보다 효율적인 SQL을 작성하고 싶은 사람들에게 이 책을 추천한다.

삼성SDS Delivery센터 아키텍처팀장
박재광 상무

# 들어가는 글

1990년대 중반 이후, IT 인력의 개발 기술력이 증진되고 소프트웨어의 성능이 급속도로 향상되면서 IT 시스템으로 구현된 대부분의 업무들이 복잡다단해진 것은 물론, 데이터의 양도 이전과는 비교할 수 없을 만큼 증가하였다. 이러한 시장의 변화는 시스템 품질에 대한 관심으로 이어졌으며, 그 여파로 튜닝 지식을 가진 사람을 필요로 하기 시작했다.

필자가 처음 'SQL 튜닝'이라는 업무를 하기 시작했을 때, 앞으로 2~3년 정도면 이 일이 없어질 것이라고 생각했다. 대부분의 개발 기술이 그러하듯 시간이 지나면 개발자들의 기술 수준이 상향평준화될 것이고, 그러다 보면 튜닝에 대한 요구도 차츰 줄어들 것이라고 생각했기 때문이다.

하지만 예상은 보기 좋게 빗나갔다. 튜닝 업무를 시작한 지 10년도 더 지난 지금이지만 튜닝 업무에 대한 요청은 연일 계속되고 있으니 말이다. 그렇다고 요청하는 튜닝의 수준이 10년 전과 비교했을 때 나아진 것도 아니다. 도대체 왜일까?

IT 시스템의 개발 기간은 점점 짧아지고 있다. 기술의 진화도 이유가 되겠고, 기업 간의 경쟁도 이유로 꼽을 수 있다. 경쟁 사회에서 빠른 시간 내에 복잡한 시스템을 뚝딱 만들어내야 하는 실정에 놓이다 보니 개발자들의 기술 수준을 평준화시킬 시간이 부족했던 것이다.

사실 튜닝이라는 업무는 무조건 어렵기만 한 것은 아니다. 물론 모든 일이 그렇듯이 튜닝 업무에도 난이도라는 것이 있지만, 높지 않은 난이도의 튜닝 기법은 일반 개발자들도 습득하기에 충분한 수준이기 때문이다.

그래서 우리는 이 책을 만들기로 결심했다. 높지 않은 수준의 튜닝 지식만으로도 꽤나 큰 성능 개선을 할 수 있다는 사실을 알리고 싶었고, 알리는 방법으로 우리의 경험을 빌어 쓰기로 했다. '내가 작성한 SQL이 왜 느리지?', '좀 더 빠르게 결과가 나올 수는 없을까?'와 같은 개발자의 갈증을 해소시켜 줄 튜닝 지식을 이 책을 통해 전달하고자 한다.

먼저 1장에서는 이 책의 목차가 만들어진 배경을 설명할 것이다. 다른 책과 다르게 이 책에서는 튜닝 요소가 많은 부분을 집중적으로 설명할 예정인데, 튜닝 요소가 많은 부분이 어떻게 추려졌는지 그 과정을 설명하겠다. 다음으로 2, 3장에서는 개발자들이 SQL을 튜닝하기 위해 기본적으로 알아야 하는 지식들을, 4, 5장에서는 튜닝 요소가 가장 많은 인덱스와 조인에 대해 집중적으로 설명할 것이다. 또한 6장에서는 개발자의 의도대로 SQL이 동작하지 않을 경우에 사용하는 힌트의 사용 방법을 설명하고, 마지막인 7장에서는 필자들이 여러 사이트에서 경험한 다양한 사례들을 튜닝 방법과 함께 소개할 예정이다. 이 장에서 소개할 사례들은 실제 프로젝트 현장에서 흔하게 볼 수 있는 경우를 다루었으므로 차근차근 학습하면 튜닝 능력 향상에 큰 도움을 받을 수 있을 것이다.

시대를 거듭할수록 DBMS의 기능은 발전하고 있다. 글로벌 환경에서 발생하는 대용량 데이터를 거뜬히 소화하는 것은 물론 스스로 튜닝을 하는 기능까지 갖추기 시작했다. 이러한 DBMS의 발전이 SQL 개발자나 튜너들의 역할을 조금씩 대신한다고는 하지만, SQL의 느린 속도에 여전히 개발자들은 머리가 아프고, 느리디 느린 응답 속도에 고객들의 불만은 높아져만 간다. DBMS는 많이 좋아지고 있지만, 아직은 완벽하지 않다는 반증이며, 여전히 SQL 튜닝을 하지 않으면 안 된다는 얘기다.

아무쪼록 이 책을 읽은 여러분들이 프로그램의 성능까지 책임질 수 있는 유능한 개발자가 되어주기를 바라면서 들어가는 글을 마무리하고자 한다. 마지막으로 이 책이 나오기까지 뒤에서 응원해주신 박재광 상무와 김한상 그룹장, 그리고 필자진의 가족들에게도 심심한 감사의 인사를 전한다.

저자를 대표하여 박중건

# 1
# SQL 튜닝 개요

## 1.1 SQL 튜닝이란?

IT 시스템 구축 프로젝트에 몸담아 본 사람이라면 한 번쯤 'SQL 튜닝'이라는 용어를 접해보았을 것이다. 하지만 SQL 튜닝이 정작 어떤 일을 하는 것인지 정확하게 이해하고 있는 사람은 그렇게 많지 않다. 특히 이 책의 주요 독자가 될 2~3년 차 개발자라면 더더욱 그럴 것이다. 따라서 SQL 튜닝 방법을 습득하기에 앞서 SQL 튜닝이 갖는 정확한 의미에 대해 먼저 짚고 넘어가고자 한다.

데이터들의 집합체를 일컬어 데이터베이스라고 부르고, 데이터베이스를 관리하는 시스템을 DBMS(Database Management System)라고 한다. DBMS의 종류로는 우리가 흔히 알고 있는 ORACLE사의 ORACLE, IBM사의 DB2, Microsoft사의 MS SQL Server 등을 들 수 있는데, 이러한 제품들은 효율적인 데이터베이스 관리를 위해 개발된 하나의 소프트웨어이다. 정리하면, DBMS는 데이터베이스를 관리하기 위한 도구이고, 그 도구를 이용하여 우리는 데이터베이스를 관리한다. 프로젝트에서 만난 개발자들과 이야기를 하다 보면 데이터베이스와 DBMS를 정확하게 구별하지 못하는 경우도 많다. SQL 튜닝을 이해하기 위해 먼저 데이터베이스의 개념부터 정확하게 이해해두기 바란다.

SQL(Structured Query Language)은 데이터베이스를 만드는 것은 물론, 만들어진 데이터베이스에 데이터를 입력·변경·삭제하는 작업 및 데이터베이스로부터 데이터를 조회하는 작업을 위해 필요한 언어이다. 따라서 데이터베이스를 관리하는 DBA는 물론, 개발자들도 반드시 알아야 하는 언어이다.

모든 언어가 그렇지만 같은 언어라고 해도 쓰는 사람에 따라 표현하는 방법은 다르다. 문법과 어법에 맞게 잘 쓰는 사람이 있는가 하면 그렇지 못한 사람이 있기 마련이다. SQL도 마찬가지다. 같은 요구사항을 두 명의 개발자가 시스템으로 개발한다고 했을 때, 두 명의 개발자가 똑같은 SQL을 작성할 가능성은 아주 적다. 개발자에 따라 작성한 SQL이 조금씩 다를 수 있고, 그 차이는 때때로 엄청난 성능 차이를 불러온다. 이러한 SQL의 성능 차이는 구축한 시스템의 전체 성능에도 영향을 끼칠 수 있으므로 SQL을 '잘 쓰는 방법'에 대해 개발자들이 정확히 숙지해야 한다. 성능을 감안하여 SQL을 잘 쓰는 것, 그것이 바로 이 책에서 이야기하고자 하는 SQL 튜닝이다.

SQL 튜닝은, 최소한의 CPU·I/O·메모리를 사용하여 최대한 빠른 시간 내에 원하는 데이터 작업을 수행하도록 만드는 것을 말한다. 바꾸어 말하면, CPU·I/O·메모리 등의 자원을 불필요하게 사용하지 않도록 하는 작업을 의미한다. 이와 같은 튜닝 작업을 전문적으로 하는 사람을 튜너라고 하는데, 이 책의 필자들 또한 튜너로, 프로젝트 현장에서 수행한 SQL 튜닝 경험을 토대로 기술한 이 책을 통해 독자들은 SQL 튜닝 과정에 대해 간접적으로나마 경험할 수 있을 것이다.

## 1.2 SQL 튜닝은 왜 필요한가?

위에서도 잠깐 언급했지만 SQL은 언어의 한 종류이다. 하지만 모든 개발자가 일정한 수준의 SQL 구사 능력을 갖고 있는 것이 아니므로, 알고 있는 지식을 기반으로 요구사항을 만족시킬 SQL을 작성할 것이고, 결과가 틀리지 않는 이상 작성한 SQL은 그대로 프로그램에 반영될 것이다. 이렇게 반영된 SQL이 성능에 어떤 영향을 끼치는지 검증할 수 있는 기회가 단위·통합테스트 및 성능테스트인데, 이와 같은 일련의 테스트를 거치다 보면 성능에 문제가 있는 SQL을 걸러낼 수 있고, 걸러낸 SQL을 최적화가 된 SQL로 개선하여 성능을 좋게 하는 것이 SQL 튜닝이다.

그렇다면 위에서 언급한 일련의 테스트를 거치지 않고는 작성한 SQL이 성능에 끼칠 영향을 판단할 수는 없는 것일까? 대부분 개발 작업은 실제 운영 데이터가 들어 있는 운영 환경이 아닌 개발 환경에서 이루어진다. 일반적으로 개발 환경이라고 하면 실제 데이터와 유사한 데이터들의 일부를 가져와 구성하기 때문에 데이터의 구성이나 양이 운영 환경과 차이가 있기 마련이다.

문제는 개발자들 대부분이 개발 환경에서의 실행 시간만 확인하고 본인의 SQL에 문제가 없다고 판단해 버리는 데에 있다. 실제로 모니터링 작업을 통해 프로젝트에서 장시간 실행되는 SQL을 도출한 뒤, 담당 개발자와 이야기를 해보면 "개발 환경에서는 아무 문제 없었다"고 대답하는 경우를 흔히 볼 수 있다.

SQL의 수행 속도는 환경에 의존적인 값으로, 이 값은 환경이 변하면 함께 변한다. 따라서 개발 환경에서 작성한 SQL이 운영 환경에서는 어떤 계획을 세워 어떠한 경로로 수행될 지를 살피는 과정이 반드시 수반되어야 한다. 개발 환경에서 작성한 SQL을 운영 환경 또는 운영 환경과 유사한 환경에서 실행했을 때 최적화된 실행 계획을 사용하지 않거나 수행 속도가 과도하게 느리다면 그 SQL은 해당 프로그램의 성능에 좋지 않은 영향을 끼치게 될 것이므로 해당 SQL에 대한 튜닝을 수행하여 최적의 수행 속도를 도출해야 할 것이다.

## 1.3 SQL 튜닝은 언제 하는가?

위에서 언급한 대로라면 개발자가 개발을 하는 과정, 그리고 테스트를 하는 동안만 SQL 튜닝을 하면 된다고 생각할 수 있다. 하지만 결론부터 이야기하면, SQL 튜닝은 분석 및 설계 단계를 시작으로 개발 및 구현 단계는 물론, 운영 단계에도 지속적으로 해야 하는 작업이다.

분석 및 설계 단계에 일어나는 정규화 및 반정규화도 SQL 튜닝 작업의 일환이며, 개발 및 구현 단계에 수행하는 테스트를 통해 발생하는 병목 현상을 모니터링하고 이를 최적화하는 것도 튜닝 작업에 속한다. 그런가 하면 오픈 전에는 성능상의 문제가 없던 시스템이 운영을 시작하면서 예상치 못한 데이터 및 사용량의 증가로 검색 속도가 느려질 수 있는데, 이 또한 튜닝의 대상이 된다.

프로젝트 수행의 각 단계에 해야 하는 SQL 튜닝 작업에 대해 간략히 살펴보고, 튜닝 작업을 할 때 주의해야 할 점들을 알아보자.

### (1) 분석 및 설계 단계

시스템의 설계도를 그리는 과정인 '분석 및 설계 단계'는 프로젝트를 수행하는 데 있어 가장 중요한 단계로 꼽히는데, 이는 SQL 튜닝 측면에서도 마찬가지이다. 운영 환경의 업무 패턴을 정확히 파악하지 않은 상태에서 화면을 설계하고 데이터 모델을 구축한다면, 이후에 작성된 SQL을 아무리 열심히 튜닝한다고 해도 한계 상황에 맞닥뜨릴 수밖에 없다. 이미 부러지고 비뚤어진 틀에 아무리 정성껏 콘크리트를 붓고 바른다 한들 기본 틀의 모양을 바꾸기란 쉽지 않기 때문이다. 그렇다고 해서 개발이 한창인 시점에 설계를 다시 하는 것은 이미 개발된 프로그램을 전면적으로 수정해야 하는 결과를 가져올 수 있으며, 이는 프로젝트 전체 일정에도 심각한 영향을 끼칠 것이다. 이처럼 심각한 상황에 이르는 것을 미연에 방지하기 위해서는 다음과 같은 사항을 충분히 반영하여 분석 및 설계 단계를 진행해야 한다.

- **사용자의 데이터 처리 및 조회 패턴을 감안한 업무 요건 분석**

  사용자가 주로 어떤 형태의 처리 및 조회를 할지를 미리 분석하고 예상해야 한다. '이름' 컬럼의 값을 가지고 검색할 가능성이 높은 테이블임에도 불구하고, '이름' 컬럼에 인덱스를 만들지 않는 것은 좋은 설계라고 보기 어렵다. 따라서 사용자 입장에서 설계하는 마인드가 우선되어야 한다.

- **중요 업무 화면의 SQL 성능 최적화를 고려한 화면 설계**

  자주 사용되는 화면은 그만큼 중요한 화면일 가능성이 높다. 이처럼 중요한 화면은 성능에 민감하므로 이를 염두에 두고 화면을 설계해야 한다. 필수로 입력해야 하는 값을 제시하거나, 적정한 기간을 넘지 않도록 입력하는 기간 값의 제한을 두어 대상 데이터의 범위를 줄이는 것이 좋은 예이다.

- **업무 성격에 따른 최적화된 데이터 모델링**

    데이터 모델링을 할 때에도 설계하고자 하는 대상 업무가 어떤 특성을 가지고 있는지 먼저 파악할 필요가 있다. 수시로 사용자들이 접근하는 OLTP 업무 화면인지 아니면 하루에 한 번 관리자가 집계를 위해 사용하는 배치 화면인지에 따라 중요도를 달리 하여 설계하는 것이 바람직하다.

- **최적의 실행 계획 수립을 위한 DBMS 파라미터 및 통계 정보 관리**

    DBMS가 SQL을 어떤 방법으로 실행할지 계획을 세우기 위해서는 적절한 환경 설정이 우선되어야 한다. DBMS의 실행 계획에 영향을 주는 파라미터가 적절히 설정되어 있어야 하며, 유지 관리의 편의성 등을 고려한 통계 정보 관리 정책이 수립되어야 한다. 이 부분에 대해서는 3장에서 좀 더 자세히 다루도록 하겠다.

### (2) 개발 및 구현 단계

개발 및 구현 단계에서 SQL을 튜닝할 때에는 개발 환경과 운영 환경의 차이에서 오는 실행 계획의 변동에 중점을 두고 작업을 해야 한다. 개발을 하고 있거나 개발이 거의 완료된 시점에 이루어지는 SQL 튜닝은 개발 환경에서 하는 것이 일반적이다. 하지만 개발 환경에서 문제 없이 수행되던 SQL이 운영 환경에서 상상도 못할 정도로 느려질 수 있다는 점을 잊어서는 안 된다. 그렇다면 개발 환경과 운영 환경의 차이란 구체적으로 어떤 것을 말하는 것인가?

첫째, 개발 환경과 운영 환경의 설정 차이다. SQL의 실행 계획에 큰 영향을 미치는 요소로 DBMS 파라미터 값과 통계 정보 수집 정책을 들 수 있는데, SQL이 실행되는 모든 DBMS, 즉 개발 환경과 운영 환경에 동일하게 설정해야 한다.

둘째, 개발 환경과 운영 환경의 데이터 양 및 구성의 차이다. 개발 환경과 운영 환경의 데이터가 동일하다면 더없이 좋겠지만 프로젝트 여건이 뒷받침되지 않을 경우, 운영 환경에 비해 작은 규모의 용량으로 개발 환경을 구축할 수밖에 없고 자연히 운영 환경의 전체 데이터를 이관할 수 없게 된다. 또한, 운영 환경과 같은 용량의 개발 환경을 구축할 수 있다고 해도 데이터 보안을 이유로 데이터를 사용할 수 없는 경우, 자체적으로 데이터를 만들어 저장하는데 이렇게 만든 데이터가 실제 운영 환경의 데이터와 동일한 분포도나 구성을 가질 가능성은 희박하다.

이와 같은 이유로 개발 환경과 운영 환경이 차이가 생기면, 환경별로 실행 계획이 달라질 수 있고, 이로 인해 SQL의 정확한 성능을 가늠할 수 없게 된다. 그렇다면 SQL 튜닝은 운영 환경에서 하는 것이 최선일까? 결론부터 말하면, 꼭 그렇지는 않다.

운영 환경 데이터의 완성도가 높은 경우라면 운영 환경에서 수집한 통계 정보를 개발 환경에 반영한 후, 튜닝 작업을 하는 방법이 있다. 하지만 운영 환경 또한 데이터 이관이 끝나지 않은 단계이거나 이관은 마쳤지만 데이터의 완성도가 떨어진다면 최소한의 실행 계획만 검토하고 이후에 데이터가 정상적으로 입력된 환경에서 SQL을 다시 점검할 필요가 있다.

이상으로 분석 및 설계 단계와 개발 및 구현 단계에 수행해야 하는 SQL 튜닝 시 주의 사항을 살펴보았다. 앞으로 이 책에서는 이 두 단계 가운데 개발 및 구현 단계에 하는 SQL 튜닝에 대해 주로 기술할 것이다. 개발 및 구현 단계의 SQL 튜닝은 짧은 시간 내에 큰 효과를 내면서도, 프로젝트 인력 중 많은 수가 참여해야 하는 작업임과 동시에 많은 시행착오를 범하게 되는 작업이기 때문이다.

## 1.4 SQL 튜닝은 어떻게 하는가?

개발 및 구현 단계에 이루어지는 SQL 튜닝은 프로젝트의 규모나 상황에 따라 절차나 방법이 조금씩 달라지기도 하지만 필자의 경험에 비추어 볼 때 다음과 같은 절차를 거치는 것이 일반적이다.

각각의 절차에서 진행되는 업무들을 좀 더 구체적으로 살펴보면 다음과 같다.

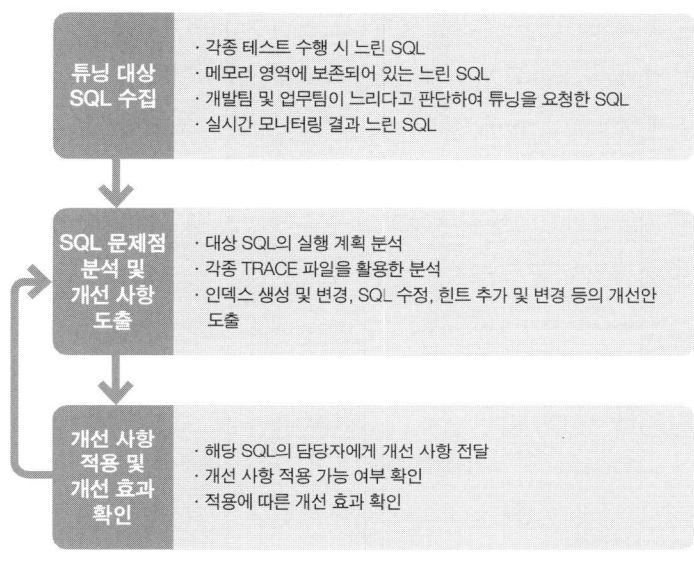

**그림 1-1** SQL 튜닝 절차

## (1) 튜닝 대상 SQL 수집

시스템 내에서 사용하는 SQL을 모두 추출하여 점검하는 전수 검사를 제외하면, SQL 튜닝 작업을 하기 위해 가장 먼저 하는 일은, 현재 문제가 있거나 향후 문제가 될 가능성이 있는 SQL을 걸러내는 것이다. 그렇다면 '현재 문제가 되는 SQL'과 '향후 문제가 될 가능성이 있는 SQL'의 차이는 무엇일까?

'현재 문제가 있는 SQL'은 SQL 실행에 필요 이상의 자원을 사용하고 있는 경우 만이 아니라, 데이터베이스 서버의 CPU · 메모리 · I/O 등을 독점하여 같은 시간대에 실행된 다른 SQL의 성능에도 영향을 끼친 SQL이라고 정의할 수 있다.

그런가 하면 '향후 문제가 될 가능성이 있는 SQL'은, 현재는 성능에 문제가 없지만 추후 운영 환경의 데이터가 증가하거나 사용자가 증가하면 데이터베이스 서버의 자원을 대량으로 점유할 가능성이 있는 SQL을 말한다. 좀 더 간단하게 설명하면, 현재는 접근해야 할 테이블의 데이터가 적어 실행 계획이 좋지 않음에도 불구하고 수행에 걸리는 시간이 길지 않으나 향후 데이터가 증가하면 수행 속도가 느려질 가능성이 있는 SQL을 의미한다.

이처럼 문제가 있는 SQL을 개발팀 또는 업무팀이 이미 알고 있는 경우, 담당자를 통해 SQL을 직접 제공받을 수 있지만 그렇지 않은 경우는 튜너가 직접 튜닝 대상 SQL을 추출해야 하는데, 대상 데이터베이스의 데이터가 실제 운영 환경에 얼마나 근접한가에 따라 SQL의 추출 방법이 조금씩 달라진다. 각 경우별 SQL 추출 방법을 살펴보자.

- **데이터가 운영 환경과 유사한 경우**

    DB 모니터링 툴이 도입된 시스템이라면, 이 툴을 통해 SQL의 수행 시간을 직관적으로 확인할 수 있다. SQL 수행 시간의 목표치를 정하고, 목표한 값보다 긴 시간 동안 실행된 SQL을 추출하면 된다. 만약 모니터링 툴이 없다면, 시스템상에서 수행되었던 SQL을 대상으로 처리 속도, CPU 점유 시간, I/O 등을 검색해 특정 항목이 기준치를 초과한 SQL을 추출한다.

- **데이터가 운영 환경에 비해 적거나 다른 경우**

    실 운영 환경과 다른 구성의 데이터를 갖고 있는 환경에서의 SQL 실행 시간은 튜닝 측면에서 볼 때 의미가 없는 값이다. 따라서 중요도가 높은 SQL을 추출하여 운영 환경과 흡사한 환경에서의 실행 계획을 별도로 확인하는 것이 좋다. 단, 상황이 여의치 않다면 SQL에서 사용할 테이블들의 인덱스 구성을 확인하고, 테이블에 입력될 데이터의 성격을 파악하여 향후 데이터가 증가해도 문제 없는 실행 계획을 유지할 수 있을지 검증한다.

이렇게 튜닝 대상 SQL을 추출하고 나면, 그 다음으로는 튜닝의 우선순위를 정한다. 물론 추출된 SQL 전체를 튜닝한다면 좋겠지만 튜닝 기간에 제한이 있는 경우라면 중요도가 높은 SQL부터 튜닝을 해야 한다. 이때 중요도를 판단하는 기준은 다양하다. SQL이 얼마나 자주 수행되는가가 기준이 될 수도 있고, 업무나 사용자의 중요도가 SQL의 중요도로 반영될 수도 있다.

또한 현재 운영 중인 시스템이라면, SQL이 얼마나 자주 수행되는가는 모니터링 툴이나 DBMS상의 SQL 수행 이력 정보를 활용하여 확인할 수 있고, SQL의 1회 자원 사용량 * 실행 횟수에 대한 누적 자원 사용량이 많은 SQL일수록 튜닝을 했을 때 개선 효과 또한 커진다. 또 업무팀이 중요하다고 판단하는 업무는 인터뷰 등을 통해 확인할 수 있다. 흔히 SQL 튜닝을 SQL만 가지고 하는 작업이라고 생각하지만, 업무에 대한 파악이 수반되어야만 좀 더 최적화된 튜닝 결과를 이끌어 낼 수 있다.

### (2) SQL 문제점 분석 및 개선사항 도출

튜닝을 할 대상 SQL의 수집을 마쳤다면, 수집한 SQL이 어떠한 문제점을 가지고 있는지 분석해야 한다. 이때도 마찬가지로 환경적인 요소에 따라 분석 방법이 달라질 수 있다.

- **데이터가 운영 환경과 유사한 경우**

  수집된 SQL 수행 이력 정보가 분석을 위한 정보로 가치가 있으므로 이를 활용한다. 이 책에서 주로 다룰 DBMS인 ORACLE의 경우, TKPROF를 활용한 TRACE 파일 분석이나 DBMS_XPLAN 패키지를 활용한 분석(10g 이상) 등을 들 수 있다.

- **데이터가 운영 환경에 비해 적거나 다른 경우**

  DBMS상의 수행 이력 정보의 유효성이 떨어지므로 TRACE 파일의 응답 시간이나 자원 사용량을 분석하는 것보다는 해당 SQL의 실행 계획을 중심으로 튜닝 대상 SQL을 판단하고 분석한다.

이렇게 분석을 마친 SQL에 대해 다양한 개선 방안을 제시하는 것이 튜너가 해야 할 가장 중요한 역할이며, 개선 방안을 도출하는 방법에 대해서는 앞으로 자세하게 다룰 것이다.

**(3) 개선 사항 적용 및 개선 효과 확인**

튜닝 작업을 거쳐 도출된 개선안은 일반적으로 해당 SQL을 작성한 개발자에게 전달되는데, 개발자는 전달받은 개선 사항을 일련의 검토 과정을 거쳐 적용하게 된다. 튜너가 제시한 개선 사항이 요구사항에 위배되지 않는지, 유사한 형태의 SQL을 다른 곳에서 사용하지 않았는지, 개선 사항을 적용함으로써 발생할 수 있는 부작용은 없는지 등에 대해 개발자가 직접 충분히 검토한 후 반영해야 한다.

일반적으로 튜너들은 개발자들에 비해 제한된 정보만으로 SQL을 검토할 가능성이 높다. 따라서 해당 업무에 대해 보다 구체적인 정보를 알고 있는 개발자 차원에서의 검토가 충분히 이루어져야 한다. 다시 말해서, 튜너가 제시한 개선안이라고 해서 무조건 정답이 아닐 수 있으므로 개발자와 튜너 사이의 상호 검증을 통해 SQL의 성능을 최적화해 나가는 것이 가장 이상적인 튜닝 과정이라고 할 수 있다. 실제로 이러한 상호 검증 과정을 거치면서 튜너들이 SQL만 분석하여 제시한 튜닝 방안보다 좋은 결과를 내는 경우를 종종 보기도 한다.

또 개선 사항을 적용한 후에는 튜닝 작업을 통해 목표하는 결과에 도달했는지 여부를 확인하고, 도달하지 못했을 경우 추가적인 분석 및 튜닝을 해야 한다. 문제가 되는 요소가 한 번에 제거되는 경우도 있지만 단계적으로 문제점을 찾아내고 해결하여 좀 더 완성도 높은 개선을 하는 것도 개발자와 튜너가 수행해야 하는 업무 중 하나다.

## 1.5 SQL 튜닝 유형

지금까지 우리는 SQL 튜닝이 무엇을 하는 것이고, 언제·어떻게·왜 하는지에 대해 알아보았다. 다음 장부터는 본격적으로 SQL을 분석하고 개선 사항을 도출하는 방법에 대해 다룰 것이다. 다음 장으로 넘어가기 전에 이 책의 목차를 다시 한 번 간략하게 살펴보자. 이 책은 크게 다음과 같이 구성되어 있다.

- 1장 - SQL 튜닝 개요
- 2장 - 옵티마이저
- 3장 - 실행 계획
- 4장 - 인덱스
- 5장 - 조인
- 6장 - 힌트
- 7장 - 사례별 튜닝 기법

2장과 3장에서는 튜닝하고자 하는 SQL을 이해하고 분석하는 방법을, 4장부터 7장까지는 사례를 중심으로 한 본격적인 튜닝 기법을 다룬다. 튜닝 기법을 다루는 첫 장의 제목이 인덱스가 된 데에는 이유가 있다. 그동안 필자들이 해온 튜닝 경험을 수치로 녹여낸 결과, 가장 많은 사례로 도출된 튜닝 내용이 인덱스와 관련된 튜닝이었기 때문이다.

 이 책은 다른 튜닝 교재들과 다르게 실제 프로젝트 현장에서 튜닝한 사례들을 중심으로 기술할 것이다. 따라서 목차 또한 필자들이 직접 튜닝한 자료들을 토대로 구성했다. 최근 2년 내 제조·금융·서비스 등 업종 전반에서 수행된 다수의 프로젝트 현장에서 튜닝한 자료들을 분석하여 SQL의 문제 유형을 분류했다. 세부적인 구분 및 문제 유형은 다음과 같다.

| 구분 | 문제 유형 |
| --- | --- |
| 인덱스 | 조건절에서 비교하는 컬럼에 인덱스가 없는 경우 |
| | 조인 조건으로 사용된 컬럼에 인덱스가 없는 경우 |
| | 스칼라 서브쿼리의 조인 조건으로 사용된 컬럼에 인덱스가 없는 경우 |
| | START WITH, PRIOR 구문에서 사용한 컬럼에 인덱스가 없는 경우 |
| | 조건절에서 사용한 컬럼의 내/외부 변형으로 인덱스를 사용할 수 없는 경우 |
| | IS NULL, IS NOT NULL을 사용한 비교로 인덱스를 사용할 수 없는 경우 |

| | |
|---|---|
| | LIKE로 비교하는 값의 앞에 '%'를 사용하여 인덱스를 사용할 수 없는 경우 |
| | OR로 연결된 조건 비교로 인덱스를 사용할 수 없는 경우 |
| | MINUS 구문 사용으로 인덱스를 사용할 수 없는 경우 |
| | 부정형 비교로 인덱스를 사용할 수 없는 경우 |
| 조인 | 드라이빙 테이블을 잘못 선정하여 비용이 증가한 경우 |
| | 비효율적인 조인 순서 채택으로 비용이 증가한 경우 |
| | 조인 후 GROUP BY 수행으로 비용이 증가한 경우 |
| | HASH JOIN으로 비용이 증가한 경우 |
| | NESTED LOOP JOIN으로 비용이 증가한 경우 |
| | MERGE JOIN으로 비용이 증가한 경우 |
| | 비효율적인 원격 조인으로 비용이 증가한 경우 |
| 애플리케이션 로직 | 대량 데이터 삭제 작업으로 비용이 증가한 경우 |
| | 무한 루프 로직 사용으로 비용이 증가한 경우 |
| | COMMIT 결여로 데이터 정합성이 손실될 가능성이 있는 경우 |
| | 비효율적 트리거 구현으로 비용이 증가한 경우(INSERT→UPDATE, DELETE→INSERT) |
| | 비효율적인 배치 처리로 비용이 증가한 경우 |
| 업무 요건 | 업무 요건에서 조회 결과 건수가 과다한 경우 |
| | 대량 데이터에 대한 집계 처리를 수행하는 경우 |
| | 데이터 출력 화면의 페이지 계산을 위한 COUNT 수행으로 비용이 증가한 경우 |
| 함수 뷰 / 인라인뷰 서브쿼리 | IF 조건절 및 함수를 과다하게 사용한 경우 |
| | 뷰의 MERGE 또는 NO_MERGE 처리로 비용이 증가한 경우 |
| | 서브쿼리의 UNNEST 처리로 비효율적인 실행 계획을 세운 경우 |
| | 인라인뷰 사이의 결과값 활용이 불가능해진 경우 |
| | 인라인뷰의 GROUP BY절에서 사용된 컬럼의 인덱스를 사용하지 않는 경우 |
| | 뷰를 목적에 적합하게 활용하지 않은 경우 |
| | 조회 대상 건수가 많은 스칼라 서브쿼리를 사용한 경우 |

| | | |
|---|---|---|
| SQL 구문 오류 | | OUTER JOIN을 잘못 사용한 경우 |
| | | 과도한 HARD PARSING을 유발한 경우 |
| | | 힌트를 잘못 사용한 경우 |
| 기타 | | COUNT 시 불필요한 연산을 수행하는 경우 |
| | | 동일 테이블에 대한 중복 접근으로 처리 비용이 증가한 경우 |
| | | 최대 값 및 최소 값 추출 시 테이블 전체를 검색하는 경우 |
| | | GROUP BY를 포함한 뷰 처리 시 테이블 전체를 검색하는 경우 |
| | | DISTINCT 구문 사용으로 테이블 전체를 검색하는 경우 |
| | | UNION ALL 구문 사용으로 테이블 전체를 검색하는 경우 |
| | | 정렬 작업을 위해 테이블 전체를 검색하는 경우 |
| | | 데이터의 유무 검사를 위한 COUNT 시 테이블 전체를 검색하는 경우 |
| | | ANALYTIC FUNCTION 사용으로 테이블 전체를 검색하는 경우 |
| | | 낮은 조인 성공률로 부분 범위 처리 효과가 미미한 경우 |
| 객체 관리 | | HWM(High Water Mark) 증가로 인해 불필요한 블록을 검색하는 경우 |
| | | 통계 정보 부정확으로 인해 실행 계획에 이상이 생긴 경우 |
| | | 인덱스가 사용 불가한 상태로 변한 경우 |
| | | 테이블 단편화로 인해 불필요한 블록을 검색하는 경우 |

표 1-1 SQL 문제 유형의 구분

위 표에서 정리한 문제 유형을 기준으로 그간 튜닝한 자료들을 한 건 한 건 분류한 결과, 적절한 인덱스가 없거나 인덱스가 있다고 해도 제대로 활용하지 못해 문제가 된 SQL이 가장 많았던 것으로 나타났다. 다음 그래프를 보자.

그림 1-2에서 볼 수 있는 것처럼 실제 프로젝트 현장에서 SQL 튜닝 업무를 지원하다 보면 인덱스와 관련된 문제를 가장 많이 만나게 된다. 인덱스는 프로젝트의 분석 및 설계 단계와 밀접한 연관이 있는 성과물이다. 따라서 설계 작업이 미흡한 프로젝트의 경우 더욱 많은 문제가 발견된다. 또한 설계 작업을 성공적으로 했다고 하더라도 추가적으로 발생하는 요구사항과 데이터의

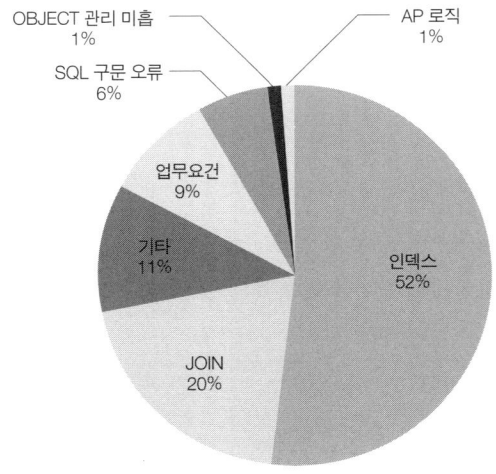

그림 1-2 SQL 문제 유형 분포

변경으로 인해 설계 단계에서 예측하지 못한 인덱스를 필요로 하게 되는 경우도 있다. 이처럼 미처 준비하지 못한 인덱스를 추가로 생성하는 방안을 제시하고, 만들어진 인덱스를 제대로 활용하지 못하는 경우라면 올바르게 활용할 수 있도록 방안을 제시해야 한다.

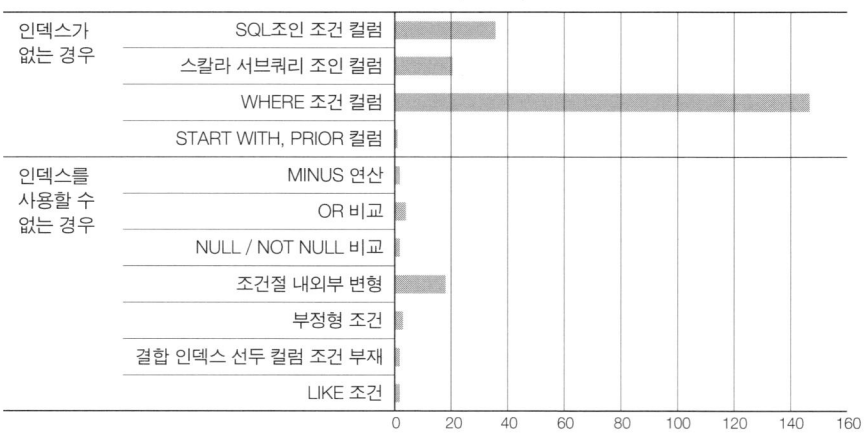

그림 1-3 인덱스 관련 문제 유형의 세부 항목

14    실전 사례로 살펴보는 SQL 튜닝 비법

위의 그래프는 인덱스와 관련된 문제 유형들을 수치화한 것이다. 그래프를 보면 알 수 있지만 많은 수가 조건절에서 비교한 컬럼에 인덱스가 없는 경우인 것을 알 수 있다. 예를 들어 다음과 같이 사원의 이름을 가지고 사번을 검색하는 SELECT문이 있다고 하자.

```
SELECT E.사번
FROM   사원 E
WHERE  E.이름 = '정지혜';
```

이때 사원 테이블의 이름 컬럼에 인덱스가 없다면, 원하는 데이터를 가져오기 위해 사원 테이블을 모두 검색할 것이고, 사원이 많은 회사라면 검색 속도가 느려지는 것은 불 보듯 당연한 결과다. 한 개의 SQL을 더 살펴보자.

```
SELECT TA.class_code,
       TB.customer_no
FROM   tb_account TA,
       tb_customer TB
WHERE  TB.customer_no = TA.customer_no
       AND TA.gubun_code = '01'
       AND TA.cls_code IN ( '1', '2', '3' )
       AND TB.customer_no = '123456789';
```

이 SQL을 효율적으로 수행하기 위해서 가장 필요한 인덱스는 어떤 인덱스라고 생각하는가? 두 테이블을 조인하여 특정 고객의 정보를 검색하는 이 SELECT문에서 사용한 조건 중 검색 대상을 좁히는 데 가장 중요한 컬럼은 고객번호를 가리키는 tb_customer 테이블의 customer_no일 것이다. 하지만 이 SQL을 사용한 프로젝트에서는 tb_customer 테이블의 customer_no 컬럼에 인덱스를 생성하지 않은 상태였고, 따라서 이 간단한 SQL을 실행하는 데에만 약 1.6초가 걸렸다. 프로젝트 개발 초반이었던 터라 tb_customer 테이블에 저장된 고객의 수가 적었기 때문에 검색 속도가 많이 느려지는 않았지만 이후 고객이 늘어났다면 이 SQL의 실행 속도는 점차 느려졌을 것이다.

    이 장에서는 간단한 SQL을 통해 인덱스의 중요성을 소개했지만, 4장에서 좀 더 다양한 사례들을 통해 인덱스가 성능에 끼치는 영향을 살펴보도록 하겠다.

인덱스 다음으로 성능에 많은 영향을 끼친 문제 유형은 조인이다. 조인은 두 개 이상의 테이블을 연결하여 원하는 데이터를 조회하는 방식을 말하는데, 조인을 사용하지 않고는 시스템을 개발하는 것이 불가능하다고 할 정도로 개발자라면 누구나 사용하고 있는 기본적인 구현 방식이다. 그렇다면 조인을 사용한 SQL문에서 주로 문제가 된 것은 어떤 것들이었을까?

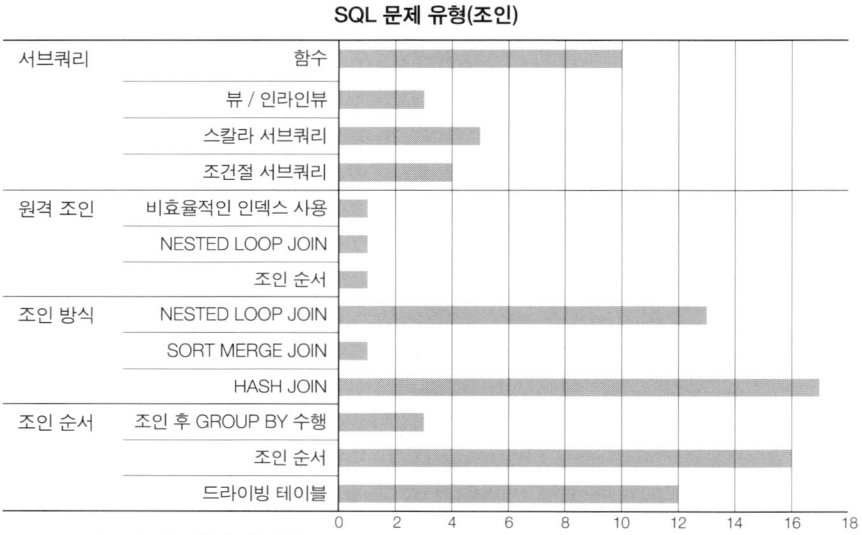

**SQL 문제 유형(조인)**

| 분류 | 항목 | 건수 |
|---|---|---|
| 서브쿼리 | 함수 | 10 |
| | 뷰 / 인라인뷰 | 3 |
| | 스칼라 서브쿼리 | 5 |
| | 조건절 서브쿼리 | 4 |
| 원격 조인 | 비효율적인 인덱스 사용 | 1 |
| | NESTED LOOP JOIN | 1 |
| | 조인 순서 | 1 |
| 조인 방식 | NESTED LOOP JOIN | 13 |
| | SORT MERGE JOIN | 1 |
| | HASH JOIN | 17 |
| 조인 순서 | 조인 후 GROUP BY 수행 | 3 |
| | 조인 순서 | 16 |
| | 드라이빙 테이블 | 12 |

**그림 1-4** 조인 관련 문제 유형의 세부 항목

위 그래프에서 볼 수 있듯이 조인을 사용한 SQL에서 가장 많은 문제가 된 것은 조인 순서였다. 위에서 언급했듯이 조인이란 두 개 이상의 테이블로부터 원하는 데이터를 처리하는 방법을 말한다. 따라서 두 개 이상의 테이블에 접근하게 되는데, 접근하는 순서가 성능에 큰 영향을 끼치게 된다. 또한 조인을 하는 방식도 성능에 큰 영향을 끼친다는 것을 그래프를 통해 분석할 수 있다. 5장에서 구체적으로 설명하겠지만, 조인을 할 때 첫 번째로 검색하는 '드라이빙 테이블'을 이해하는 것은 무엇보다 중요하며, 이후에 다른 테이블을 어떤 방식으로 조인할 것인지 또한 눈여겨 볼 대상이다.

방금 이야기한 인덱스와 조인은 그림 1-2의 그래프에서 볼 수 있듯이 SQL

문제 유형 가운데 70% 이상을 차지한 항목들이다. 인덱스와 조인 모두 개발자라면 누구나 흔히 접하고 사용하는 것들이다. 흔히 SQL 튜닝이라고 하면, 아주 복잡한 문법들을 사용하여 작성한 SQL을 대상으로 하는 작업이라고 오해하는 개발자들이 많다. 하지만 의외로 인덱스와 조인 등과 같은 기본적인 구현 과정에서 성능에 좋지 않은 영향을 끼치는 요소들이 많이 발견된다. 다시 말해서 아주 기본적인 SQL만 제대로 이해하고 구현해도 SQL 성능의 많은 부분을 튜닝하는 것이 가능하다는 이야기다.

　이제 이 책을 통해 여러분은 그동안 사용해왔던 기본적인 문법들을 돌이켜 보고, 문제가 될 수 있는 요소들을 이해하여 최적의 성능을 발휘할 수 있는 SQL을 작성할 수 있게 될 것이다. 다만 이를 위해서는 2장과 3장에서 다룰 옵티마이저와 실행 계획의 의미를 먼저 이해해야 한다. 모든 문제에는 원인이 있기 마련이고 그 원인을 정확히 파악하는 것이 곧 문제 해결로 가는 길임을 기억해야 한다. 옵티마이저와 실행 계획은 SQL의 문제를 파악하게 해주는 아주 중요한 도구이다. 옵티마이저의 원리를 이해하고 실행 계획을 정확히 판독할 수 있는 것만으로도 이미 튜닝이 가능한 수준이라고 할 수 있다.

　참고로 이 책에서 소개하게 될 구문 및 사례들은 ORACLE에 기반하며, SQL이나 TRACE는 책의 내용을 이해하는 데 지장이 없는 선에서 생략하였다. 또한 실제 프로젝트에서 사용한 SQL들인 관계로 각종 객체 및 컬럼 이름들은 가공하였음을 미리 알려두는 바이다.

다양한 업종에서 개발되고 있는 정보 시스템들은 하루가 다르게 발전하고 있고, 이러한 시스템을 개발하는 개발자들의 수준도 점점 높아지고 있다. 현실 세계에서 일어나는 일을 전산 시스템으로 옮겨놓았다고 해서 사용자들이 감탄하던 시대는 끝났다. 같은 기능을 하는 시스템이라면 1초라도 빠른 시스템을 선호하고, 시스템이 느린 것을 장애 상황으로 인식하는 시대에 살고 있는 이상, 개발자들도 시스템의 구현 자체에 그칠 것이 아니라 구현할 시스템의 성능을 고민해야 한다. 이 책을 통해 그 고민을 함께 시작해보자.

# 2
# 옵티마이저

## 2.1 옵티마이저란?

옵티마이저를 한 마디로 표현하면 DBMS의 두뇌라고 할 수 있다. 우리가 SQL을 실행하면 DBMS는 SQL을 전달받아 PARSING이라고 하는 일련의 과정을 거친다. 다음과 같은 SQL을 실행했다고 하자.

```
SELECT  E.ename
FROM    emp E
WHERE   E.empno = '12345';
```

DBMS는 위와 같은 SQL을 입력 받으면 제일 먼저 실행하려고 한 SQL에 문법적인 오류가 없는지 검사한다. 예를 들면 FROM, WHERE 등의 키워드들을 제자리에 잘 사용했는지, 철자가 틀리지 않았는지, 사용하고자 한 객체가 실제로 존재하는지 등을 체크하는데, 이러한 검사 과정을 거쳐 틀린 문법을 발견하면 에러 메시지를 출력한다.

다음으로는 입력 받은 SQL을 이전에 실행한 적이 있는지 메모리를 검사한다. 이때 이전에 실행한 기록이 있다면 기존에 실행했던 방식으로 실행을 한다. 이렇게 처리되는 것을 일컬어 SOFT PARSING이라고 한다. 하지만 이전에 같은 SQL을 실행한 기록이 없다면, SQL에서 사용하고 있는 객체들에 대한 접근 권한이 있는지를 체크한 후 이 SQL을 어떤 방식으로 처리할 것인지에 대한 '실행 계획'을 세운다. 이를 HARD PARSING이라고 하며, 이렇게 만들어진 실행 계획은 다음과 같은 형태로 출력된다.

```
| Id  | Operation                     | Name   | Rows | Bytes | Cost (%CPU)| Time     |
|   0 | SELECT STATEMENT              |        |    1 |    87 |     2   (0)| 00:00:01 |
|   1 |  TABLE ACCESS BY INDEX ROWID  | EMP    |    1 |    87 |     2   (0)| 00:00:01 |
|*  2 |   INDEX UNIQUE SCAN           | PK_EMP |    1 |       |     1   (0)| 00:00:01 |
```

이러한 실행 계획을 세우는 일을 담당하는 것이 바로 옵티마이저이다. 좀 더 정확히 말하면, 옵티마이저는 가장 효율적인 방법으로 SQL을 수행할 최적의 처리 경로를 생성해주는 DBMS의 핵심 엔진이다. 이 장에서는 옵티마이저의 개념과 동작 방식을 이해하고, 옵티마이저가 최적의 실행 계획을 수립하기 위해 어떠한 사항들을 고려하는지에 대해 알아보겠다.

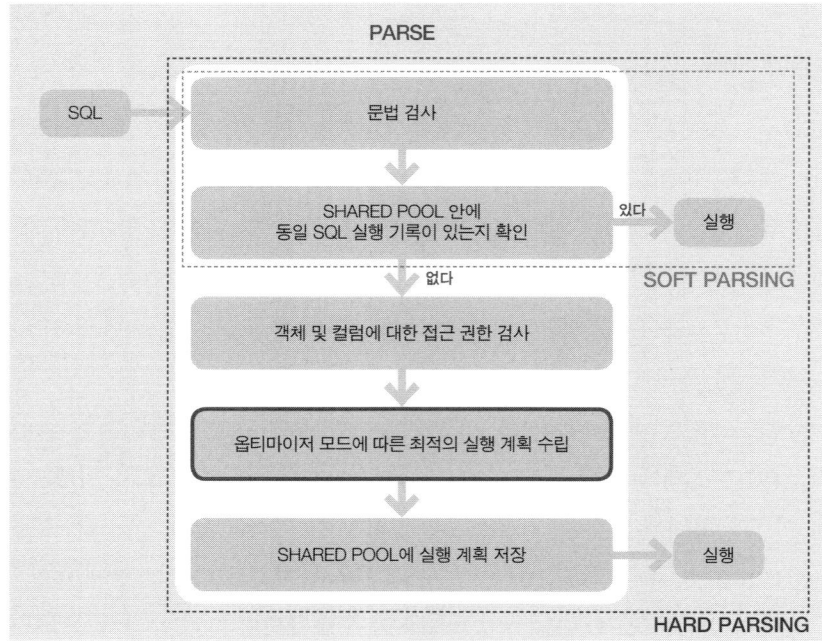

그림 2-1 SQL 처리 과정

## 2.2 옵티마이저의 종류

옵티마이저는 실행 계획을 세우는 방식에 따라 크게 규칙 기반 옵티마이저와 비용 기반 옵티마이저로 나뉜다. 말 그대로 규칙 기반 옵티마이저는 특정 규칙을 기반으로 실행 계획을 세우는 반면, 비용 기반 옵티마이저는 해당 SQL의 비용을 계산해서 최소의 비용으로 처리할 수 있는 실행 계획을 세운다.

광주에서 부산까지 가장 빨리 가는 방법에 대해 고민하는 두 사람이 있다고 가정하자. 일반적으로 교통 수단은 비행기 > 기차 > 버스 순으로 빠르다는 생각을 하고 있는 A는 비행기를 타고 이동할 것을 결정했다. 그런가 하면 B는 비행기를 이용할 경우 공항으로 이동하는 시간과 탑승 수속을 밟는 시간이 필요하고 내려서도 재차 다른 교통 수단을 이용해야 하는 불편을 고려하여 버스를 타고 가기로 결정했다. A는 일반적인 이론을 바탕으로 계획을 세웠고, B는 실질적으로 소요되는 시간과 노력을 계산하여 계획을 세운 것이다. 옵티마이저로 치면 A는 규칙 기반 옵티마이저, B는 비용 기반 옵티마이저라고 생각하면 이해가 쉬울 것이다.

위의 설명을 이해했다면, 규칙 기반 옵티마이저의 존재의 이유가 궁금해질 것이다. 언뜻 봐도 비용 기반 옵티마이저가 훨씬 더 효율적으로 보이니까 말이다. 물론 두 가지 옵티마이저 중에서 더 많이 쓰이고 있는 것은 비용 기반 옵티마이저이고, 이 책에서도 비용 기반 옵티마이저를 중점적으로 다룰 것이다. 하지만 때에 따라 규칙 기반 옵티마이저를 써야 하므로 그 원리에 대해서도 간단히 설명하겠다. 참고로 이 책에서는 ORACLE의 옵티마이저를 중심으로 설명한다.

### 2.2.1 규칙 기반 옵티마이저

ORACLE 8 또는 그 이전 버전을 사용해본 개발자라면 알겠지만, DBMS에 기본으로 설정된 옵티마이저가 규칙 기반 옵티마이저였다. 과거에는 현재만큼

DBMS의 기능이 탁월하지 않았고, 비용을 예측하는 기능의 신뢰도가 높지 않았기 때문에 차라리 규칙대로 실행 계획을 세우는 것이 더 안전하다고 생각했던 것이다.

    그렇다면 규칙 기반 옵티마이저(RULE BASED OPTIMIZER, RBO)에서 말하는 규칙이란 어떤 것일까? 처리 방식의 우선순위를 정해 놓고 가능한 한 우선순위가 앞서는 방식을 채택하도록 하는 것이다. 이 우선순위를 RANK라고 부르며, 규칙 기반 옵티마이저의 우선순위를 이해하면 인덱스를 설계하는 데 필요한 기본 지식의 이해에도 큰 도움이 되므로 반드시 읽어보기 바란다. 그 내용은 다음과 같다.

1. ROWID에 의한 단일행 실행
2. 클러스터 조인에 의한 단일행 실행
3. HASH CLUSTER KEY에 의한 단일행 실행
4. UNIQUE KEY 또는 PRIMARY KEY에 의한 단일행 실행
5. 클러스터 조인
6. HASH CLUSTER KEY
7. INDEXED CLUSTER KEY
8. 결합 인덱스
9. 단일 컬럼 인덱스
10. 인덱스에 의한 컬럼의 BOUNDED RANGE
11. 인덱스에 의한 컬럼의 UNBOUNDED RANGE
12. SORT MERGE JOIN
13. 인덱스로 구성된 컬럼의 MAX 또는 MIN 처리
14. 인덱스로 구성된 컬럼의 ORDER BY
15. FULL TABLE SCAN

앞서 보았던 SQL과 실행 계획을 다시 한 번 보도록 하겠다.

**SQL**

```
SELECT  E.ename
FROM    emp E
WHERE   E.empno = '12345';
```

**실행 계획**

```
---------------------------------------------------------------------------
| Id  | Operation                   | Name   | Rows | Bytes | Cost (%CPU)| Time     |
---------------------------------------------------------------------------
|  0  | SELECT STATEMENT            |        |    1 |    87 |     2   (0)| 00:00:01 |
|  1  |  TABLE ACCESS BY INDEX ROWID| EMP    |    1 |    87 |     2   (0)| 00:00:01 |
|* 2  |   INDEX UNIQUE SCAN         | PK_EMP |    1 |       |     1   (0)| 00:00:01 |
---------------------------------------------------------------------------
```

실행 계획을 판독하는 방법에 대해서는 3장에서 자세히 다루겠지만, 이 실행 계획의 ID 1, 2에 해당하는 라인을 보면 EMP라는 테이블을 검색하기 위해 PK_EMP라는 UNIQUE INDEX를 사용하여 스캔하는 것을 알 수 있다. 위에서 소개한 RANK 중 4에 해당한다고 볼 수 있다. 만일 EMP 테이블의 EMPNO 컬럼에 인덱스가 생성되어 있지 않았다면 RANK 15에 해당하는 FULL TABLE SCAN 방식을 채택했겠지만, 다행히도 해당 컬럼에 인덱스가 있었으므로 우선순위가 앞서는 RANK 4의 UNIQUE KEY 또는 PRIMARY KEY에 의한 단일행 실행 방식을 채택하는 것이 바로 규칙 기반 옵티마이저의 동작 원리이다.

 이처럼 규칙 기반 옵티마이저는 우선하는 방식의 순위가 정해져 있기 때문에 실행하고자 하는 SQL의 실행 방식 및 절차를 미리 예측할 수 있다는 장점이 있다. 예를 들어 인덱스가 구성된 컬럼의 조건을 처리할 때는 테이블 전체를 검색하는 FULL TABLE SCAN 방식보다는 인덱스에 의한 처리를 선택할 것을 예측할 수 있다. 그런가 하면 조건절에서 등호를 사용하여 비교하는 컬럼과 부등호를 사용하여 비교하는 컬럼에 각각 인덱스가 있다고 가정하면, 등호를 사용하여 비교하는 컬럼에 만들어진 인덱스를 채택할 것을 예측할 수 있다.

 다음 SQL에서 검색하고자 한 emp 테이블의 empno 컬럼과 hiredate 컬럼에 각각 인덱스가 있다고 가정하면, 등호 조건을 사용하고 있는 empno 컬럼에 구성된 인덱스를 사용하게 될 것을 예측할 수 있다는 의미이다. 따라서 데이터의 업무적 성격 및 SQL에 대해 잘 알고 있는 사람이라면, 이와 같은 예측을 통해 SQL을 통제하는 것이 가능하다.

```
SELECT E.ename
FROM   emp E
WHERE  E.empno = '12345'
       AND E.hiredate > '20110201';
```

하지만 이러한 규칙이 항상 유리하게 적용되는 것은 아니다. 예를 들어 1,000건의 데이터가 저장된 테이블로부터 500건의 데이터를 조회하는 SQL이 있다고 하자. 이때 조건절에서 사용하는 컬럼에 인덱스가 있다면 규칙 기반 옵티마이저는 반드시 인덱스에 의한 처리 절차를 선택할 것이다.

그런가 하면, 성별이 남자인 사원 중 입사일이 2013년 1월 1일부터 2013년 1월 3일 사이인 사람의 이름을 검색하는 SQL을 작성한다고 가정해보자. 약간의 차이는 있겠지만 다음과 같은 형태의 SQL을 작성할 것이다.

```
SELECT E.ename
FROM   emp E
WHERE  E.gender = '남자'
       AND E.hiredate BETWEEN '20130101' AND '20130103';
```

emp 테이블의 gender 컬럼과 hiredate 컬럼에 각각 인덱스가 생성되어 있다고 가정했을 때, 위의 SQL은 어떤 인덱스를 사용하는 것이 유리하다고 생각하는가? 여직원이 지나치게 많은 회사가 아니라면 성별이 남자인 직원을 걸러내는 데 인덱스를 사용하는 것보다는 3일 사이에 입사한 직원들을 걸러내는 데 인덱스를 사용하는 것이 효율적일 것이다. 하지만 규칙 기반 옵티마이저를 쓴다면, 이 경우에도 등호 조건을 사용하고 있는 gender 컬럼의 인덱스를 사용하여 검색을 할 것이고 이는 결과적으로 불필요한 데이터를 많이 읽게 되는 결과를 가져올 것이다.

규칙 기반 옵티마이저는 실행 계획을 세우는 데 있어 대상 테이블에 몇 건의 레코드가 저장되어 있는지는 신경 쓰지 않는다. 나아가 각 테이블의 컬럼에 저장된 데이터들이 어떤 분포로 저장되어 있는지도 신경 쓰지 않는다. 오로지 규칙에만 기반하여 작동한다. 그렇다면 규칙 기반 옵티마이저를 쓰는 경우, 위와 같은 경우처럼 비효율적인 처리 방식을 사용하지 못하도록 튜닝하는 방법은 없을까? 그렇지는 않다. 위에서 사용한 SQL을 다음과 같이 바꾸어 보았다.

```
SELECT  E.ename
FROM    emp E
WHERE   E.gender||'' = '남자'
        AND E.hiredate BETWEEN '20130101' AND '20130103';
```

무엇이 달라졌는가? 바로 조건절에서 등호 조건을 사용하여 검색된 gender 컬럼에 변형을 가했다. 이런 식으로 변형을 가하면 옵티마이저는 gender 컬럼의 인덱스를 활용할 수 없게 되므로 자연스럽게 hiredate 컬럼에 만들어진 인덱스를 활용하여 검색하게 된다. 이처럼 규칙 기반 옵티마이저를 사용하려면 개발자가 좀 더 많은 정보와 기술을 가지고 개발에 임해야 한다.

그 외에도 SQL 튜닝 차원에서 생각하면 규칙 기반 옵티마이저 환경은 비용 기반 옵티마이저에 비해 여러 가지 한계점을 가지고 있다.

- **힌트를 사용할 수 없다.**

  옵티마이저를 강제적으로 제어하기 위해 사용하는 힌트는 비용 기반 옵티마이저에서만 사용할 수 있다. 단, 규칙 기반 옵티마이저를 사용하는 환경에서 힌트를 사용하면, 해당 SQL문은 비용 기반 옵티마이저를 사용하여 실행 계획을 세운다.

- **HASH JOIN을 사용할 수 없다.**

  규칙 기반 옵티마이저가 탄생한 시점에는 HASH JOIN 알고리즘이 없었기 때문에 옵티마이저는 HASH JOIN을 고려하지 않는다.

- PARTITIONED TABLE, IOT, REVERSE KEY INDEX, FUNCTION BASED

INDEX, 병렬 처리, STAR JOIN, QUERY REWRITE, BITMAP INDEX 등은 규칙 기반 옵티마이저에서 사용할 수 없고, 비용 기반 옵티마이저에서만 수행된다.

이와 같은 한계와 더불어 비용 기반 옵티마이저의 비용을 산정하는 방식 또한 신뢰도가 높아지면서 규칙 기반 옵티마이저는 거의 사용하지 않는 추세이며, ORACLE의 경우 10g 이후 버전부터는 공식적으로 지원하지 않고 있다. 하지만 하나의 프로그램을 여러 지점에 확산하여 운영하는 시스템이나 통계 정보에 상관 없이 동일한 실행 계획을 확보해야 하는 경우, 부분적으로 규칙 기반 옵티마이저를 도입하는 경우가 있으므로 작동 원리에 대해서는 간단하게나마 인지하고 있는 것이 좋다.

### 2.2.2 비용 기반 옵티마이저

비용 기반 옵티마이저(COST BASED OPTIMIZER, CBO)는 ORACLE의 성능을 설명하는 데 있어 매우 중요한 요소이다. 비용 기반 옵티마이저가 최소 비용으로 수행하기 위해 세운 실행 계획에 따라 SQL의 실행 속도가 좌우되기 때문이다. 그렇다면 여기서 말하는 비용이란 구체적으로 무엇을 의미하는 걸까?

『Cost Based Oracle Fundamentals』라는 책을 저술한 조나단 루이스(Jonathan Lewis)는 비용에 대해 '옵티마이저가 문장을 수행하는 데 걸릴 것이라고 예상되는 추측 시간'이라고 정의하고 있다. 비용은 곧 시간이라는 말이다. 하지만 우리가 ORACLE의 실행 계획에서 COST 항목을 통해 보게 되는 값은 엄밀히 말하면 예상되는 시간을 토대로 계산한 결과값이라고 이야기하는 것이 맞다. 좀 더 정확히 말하면, ORACLE에서 정의하는 비용이란, 실행에 필요한 예측 시간을 Single Block I/O Time으로 나눈 값이다.

ORACLE에서는 I/O를 정의할 때, Single Block I/O와 Multi Block I/O로 분류한다. Single Block I/O는 한 번에 하나의 블록만 읽는 방식을 말하고, Multi

Block I/O는 한 번에 인접해 있는 여러 개의 블록을 읽는 방식을 말한다. 따라서 실행에 필요한 예측 시간을 한 번에 하나의 블록을 읽는 방식을 채택했을 때의 수행 시간으로 나눈 값이 곧 우리가 보는 COST 값이 되는 것이다.

이때 예측 시간은 예측되는 CPU 시간과 I/O 시간의 합이므로, 결국 데이터의 건수, 데이터를 보유하고 있는 블록의 수, 데이터의 분포도, CPU, I/O 등 다양한 통계 정보를 참고하여 비용을 계산한다.

따라서 통계 정보의 값이 정확하지 않을 경우, 수립된 실행 계획 또한 최적화된 결과라고 보긴 힘들다. 통계 정보가 부정확하면 인덱스가 있어도 인덱스를 사용하지 않을 수 있고, 조인의 순서 역시 의도했던 대로 처리하지 않을 수 있다. 또한, 옵티마이저는 통계 정보 이외에도 DBMS에 설정된 옵티마이저 관련 파라미터 값의 영향을 받는다. OPTIMIZER_MODE, OPTIMIZER_DYNAMIC_SAMPLING 등의 파라미터는 옵티마이저가 작동하는 데 있어 중요한 영향을 끼치는 파라미터들로, 각각의 파라미터에 대해서는 잠시 후에 언급하겠다.

ORACLE 7 버전부터 비용 기반 옵티마이저를 소개한 ORACLE은 현재까지도 꾸준히 비용 기반 옵티마이저의 진화에 힘쓰고 있다. 초기에는 단순히 통계 정보의 값들을 토대로 비용을 계산했다면, 현재 IT 시장에서 많이 사용하고 있는 11g 버전이나 그 이후 버전에서는 옵티마이저의 작동 원리에 영향을 주는 환경 값들을 좀 더 세분화하여 정밀한 비용 계산을 하도록 하고 있다.

**(1) 동작 방식**

ORACLE의 옵티마이저는 하나의 SQL을 받으면 최대 2,000개의 실행 계획을 만들고 각각의 비용을 비교한 뒤 가장 적은 비용이 드는 실행 계획을 사용자에게 제시한다. 옵티마이저가 SQL을 입력 받아 최적의 실행 계획을 제시하기까지 내부적으로 어떤 구성 요소들이 어떠한 업무를 수행하는지 알아보자.

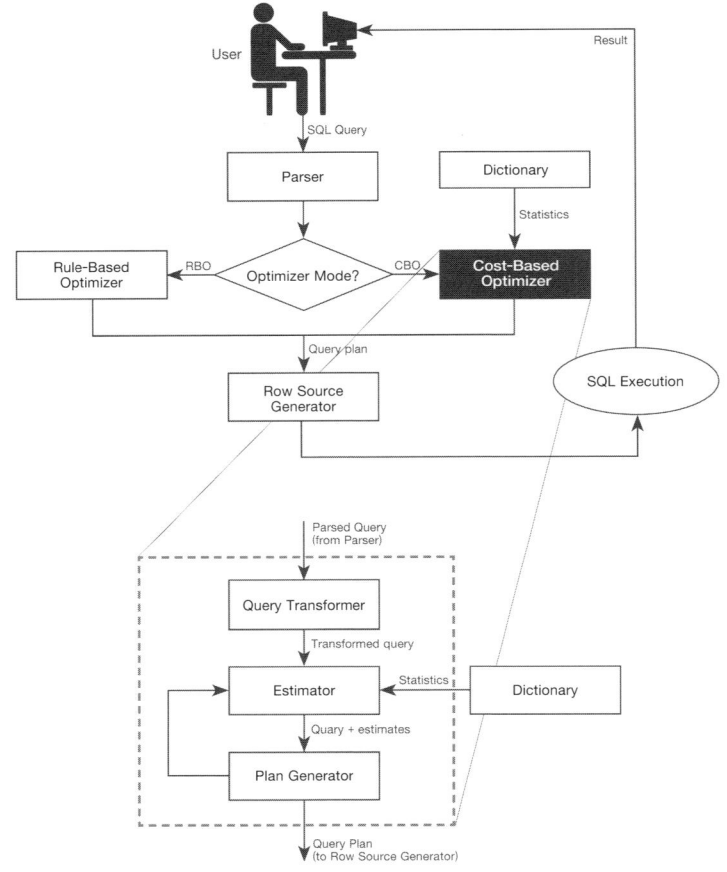

**그림 2-2** 옵티마이저의 구성 요소

- **Query Transformer**

  PARSING 과정을 거친 SQL은 PARSING 트리 형태로 변형되어 옵티마이저의 첫 번째 관문인 Query Transformer로 넘겨진다. Query Transformer는 넘겨 받은 SQL을 보고 같은 결과를 도출하되, 좀 더 나은 실행 계획을 갖는 SQL로 변형이 가능한지를 판단하여 변환 작업을 수행한다. 예를 들어 복잡한 서브쿼리나 뷰를 사용한 SQL을 일반적인 조인 형태의 SQL로 변환하여 최적화된 실행 계획을 도출하기 좋은 상태로 만든다.

- **Estimator**

    Query Transformer를 통해 변환 작업을 마치고 난 SQL은 Estimator로 넘겨지는데, 이때 수행하는 데 드는 총 비용을 계산한다. 또 시스템상의 통계 정보와 SQL에서 사용하고자 하는 객체들의 통계 정보를 딕셔너리로부터 수집하여 SQL을 실행할 때 소요되는 총 비용을 계산한다.

- **Plan Generator**

    Estimator를 통해 계산된 값들을 토대로 후보군이 되는 실행 계획을 도출한다. 이후 Plan Generator를 거쳐 최종적으로 선발된 실행 계획은 Row Source Generator를 통하여 출력이 가능한 코드 형태로 바뀐다.

### (2) 모드

SQL을 수행하는 데 필요한 비용을 계산하여 최적의 실행 계획을 만드는 비용 기반 옵티마이저 또한 여러 종류로 나뉜다. 이 종류를 비용 기반 옵티마이저의 모드라고 하며, 이 모드에 따라 최적의 비용을 구하는 옵티마이저의 결정 방식이 조금씩 달라진다.

비용 기반 옵티마이저의 모드는 아래와 같이 나뉘는데, OPTIMIZER_MODE라는 파라미터로 각각의 모드를 지정할 수 있다. 옵티마이저의 모드는 인스턴스 단위로 지정하는 것이 일반적이나 경우에 따라 세션 또는 SQL 문장 단위로 지정하는 것이 가능하다. 그럼 각각의 모드를 살펴보자.

- **CHOOSE**

    비용 기반 옵티마이저가 도입된 초기에는 DBMS의 사용자나 관리자들이 통계 정보를 활용하는 데 익숙하지가 않았다. 이에 사용자가 DBMS의 환경을 어떻게 관리하느냐에 따라 옵티마이저가 규칙 기반 옵티마이저를 사용할 것인지 비용 기반 옵티마이저를 사용할 것인지 취사 선택할 수 있도록 하는 CHOOSE 모드를 제공했다. 다시 말해서, SQL이 실행되는 환경에서 통계 정보를 가져올 수 있으면 비용 기반 옵티마이저로, 그렇지 않으면 규칙 기반 옵티마이저로 작동하는 것이다. 이 모드를 사용하면 규칙 기반 옵티마이저와 비용 기반 옵티마이저를 함께 사용하는 것이 가능하지만 현재는 거의 사용하지 않는다.

- **FIRST_ROWS**

  옵티마이저가 처리 결과 중 첫 건을 출력하는 데에 걸리는 시간을 최소화할 수 있는 실행 계획을 세우도록 하는 비용 기반 옵티마이저의 모드이다. 과거 버전과의 호환을 위해 제공하는 모드로, 비용 기반 옵티마이저와 규칙 기반 옵티마이저를 혼용한 형태라고 할 수 있다. 이는 규칙 기반 옵티마이저의 단점이 나타날 수 있다는 것을 의미하므로 가급적 사용하지 않을 것을 권한다. 예를 들어 테이블 대부분의 데이터를 검색하는 SQL이 있다고 할 때, 검색용 SQL의 조건절에서 사용한 컬럼에 인덱스가 있다면, FULL TABLE SCAN이 유리함에도 불구하고 INDEX SCAN을 선택하는 결과를 가져올 수 있다. 실제로 ORACLE에서 제공하는 매뉴얼에서도 FIRST_ROWS보다는 아래에서 소개할 FIRST_ROWS_n 모드를 사용할 것을 권장하고 있다.

- **FIRST_ROWS_n**

  FIRST_ROWS 모드의 단점을 보완한 비용 기반 옵티마이저의 모드이다. ORACLE 9i 버전에서 처음 소개된 이 모드는 비용만을 고려하여 실행 계획을 세우기 때문에 일반적으로 생각하는 비용 기반 옵티마이저의 처리 방식을 가장 잘 만족한다. 이 모드는 SQL의 실행 결과를 출력하는 데까지 걸리는 응답 속도를 최적화하는 것이 목표이며, 최초에 출력할 행의 수를 조정할 수 있다는 것이 특징이다. n의 자리에 1, 10, 100 등과 같이 최초에 출력할 행의 범위를 지정하면, 지정한 행 수를 빠르게 출력하는 데 최적화된 실행 계획을 세운다.

- **ALL_ROWS**

  SQL 실행 결과 전체를 빠르게 처리하는 데 최적화된 실행 계획을 세우는 것이 이 모드의 목표이다. 마지막으로 출력될 행까지 최소한의 자원을 사용하여 최대한 빨리 가져오게 하는 실행 계획을 세운다. ORACLE 10g 버전 이후로는 이 값이 기본값으로 설정되어 있다.

이상으로 비용 기반 옵티마이저가 가질 수 있는 모드에 대해 살펴보았다. 각각의 모드는 실행 계획의 판도를 바꿀 수 있는 중요한 값이다. 실제로 옵티마이저의 모드를 변경하여 실행 계획이 달라진 사례를 살펴보자.

다음에 소개할 예제는 프로젝트에서 실제로 사용한 SQL로, 당시 이 프로젝트는 OPTIMIZER_MODE로 FIRST_ROWS_1을 채택하고 있었다.

SQL

```
SELECT *
FROM    (SELECT INNER_TABLE.*,
                ROWNUM AS ROW_SEQ
         FROM   (SELECT /*+leading(TA)*/
                        TA.org_code,
                        TA.customer_no,
                        (중략),
                        TF.customer_name,
                        TD.ag_dy,
                        TC.customer_grade_code,
                        '' AS DEL_YN
                 FROM   master_table2 TA
                        LEFT OUTER JOIN detail_table8  TB
                        ON  TB.org_code = TA.org_code
                        AND TB.customer_no = TA.customer_no
                        AND TB.aag_date = TA.aag_date
                        AND TB.customer_seqno = TA.customer_seqno
                        LEFT OUTER JOIN master_table9   TC
                        ON  TC.org_code = TB.org_code
                        AND TC.ren_no = TB.ren_no
                        INNER JOIN master_table6  TD
                        ON  TD.org_code = TB.org_code
                        AND TD.ren_no = TB.ren_no
                        AND TD.ledger_stu_code = '00001'
                        INNER JOIN master_table1 TE
                        ON  TE.org_code = TA.org_code
                        AND TE.customer_no = TA.customer_no
                        INNER JOIN master_table4   TF
                        ON  TF.org_code = TE.org_code
                        AND TF.customer_mgt_no = TE.customer_mgt_no
                 WHERE  TA.org_code = :1
```

```
                AND TA.mgt_brch_code IN ( :2 )
                AND TA.reg_emp_no IN ( :3 )
                AND TA.reg_dtm BETWEEN To_date(:4 || '000000', 'YYYYMMDDHH24MISS')
                AND To_date(:4 || '235959','YYYYMMDDHH24MISS')
                ) INNER_TABLE
        WHERE  ROWNUM <= 500)
WHERE  row_seq BETWEEN 1 AND 500 ;
```

### 실행 계획

```
-----------------------------------------------------------------------------------------------------------
| Id  | Operation                         | Name           | Starts | E-Rows | A-Rows |   A-Time   | Buffers | Reads |
-----------------------------------------------------------------------------------------------------------
|   0 | SELECT STATEMENT                  |                |      1 |        |     13 |00:00:02.58 |   4653K |   114 |
|   1 |  TABLE ACCESS BY INDEX ROWID      | CODE_TABLE2    |      1 |      1 |      1 |00:00:00.01 |       2 |     0 |
|*  2 |   INDEX UNIQUE SCAN               | IX_CODTB2_PK   |      1 |      1 |      1 |00:00:00.01 |       1 |     0 |
|   3 |  TABLE ACCESS BY INDEX ROWID      | MASTER_TABLE91 |      1 |      1 |      1 |00:00:00.01 |       3 |     0 |
|*  4 |   INDEX UNIQUE SCAN               | IX_MST91_PK    |      1 |      1 |      1 |00:00:00.01 |       2 |     0 |
|*  5 |  VIEW                             |                |      1 |      2 |     13 |00:00:02.58 |   4653K |   114 |
|*  6 |   COUNT STOPKEY                   |                |      1 |        |     13 |00:00:02.58 |   4653K |   114 |
|*  7 |    FILTER                         |                |      1 |        |     13 |00:00:02.58 |   4653K |   114 |
|   8 |     NESTED LOOPS                  |                |      1 |        |     13 |00:00:02.58 |   4653K |   114 |
|   9 |      NESTED LOOPS                 |                |      1 |      2 |     15 |00:09:45.29 |   4653K |   114 |
|  10 |       NESTED LOOPS OUTER          |                |      1 |      3 |     15 |00:09:45.29 |   4653K |   114 |
|  11 |        NESTED LOOPS               |                |      1 |      3 |     15 |00:09:45.29 |   4653K |   114 |
|  12 |         NESTED LOOPS              |                |      1 |     55 |    84M |00:04:33.86 |   2055K |   114 |
|  13 |          NESTED LOOPS             |                |      1 |      1 |     15 |00:00:00.08 |      77 |    36 |
|* 14 |           TABLE ACCESS BY INDEX ROWID| MASTER_TABLE2 |     1 |     1 |     15 |00:00:00.04 |      17 |    12 |
|* 15 |            INDEX RANGE SCAN       | IX_MST2_05     |      1 |    534 |     15 |00:00:00.03 |       5 |     3 |
|* 16 |           TABLE ACCESS BY INDEX ROWID| DETAIL_TABLE8 |    15 |     1 |     15 |00:00:00.22 |      60 |    24 |
|* 17 |            INDEX RANGE SCAN       | IX_DTB8_01     |     15 |      1 |     15 |00:00:00.15 |      48 |    15 |
|  18 |          TABLE ACCESS BY INDEX ROWID| MASTER_TABLE4 |     15 |     55 |    84M |00:03:51.65 |   2055K |    78 |
|* 19 |           INDEX RANGE SCAN        | IX_MST4_PK     |     15 |     55 |    84M |00:00:53.27 |    344K |     0 |
|* 20 |         INDEX RANGE SCAN          | IX_MST1_01     |    84M |      1 |     15 |00:03:48.42 |   2803K |     0 |
|  21 |        TABLE ACCESS BY INDEX ROWID | MASTER_TABLE9 |     15 |      1 |     15 |00:00:00.01 |      47 |     0 |
|* 22 |         INDEX UNIQUE SCAN         | IX_MST9_PK     |     15 |      1 |     15 |00:00:00.01 |      32 |     0 |
|* 23 |       INDEX UNIQUE SCAN           | IX_MST6_PK     |     15 |      1 |     15 |00:00:00.01 |      32 |     0 |
|* 24 |      TABLE ACCESS BY INDEX ROWID  | MASTER_TABLE6  |     15 |      1 |     13 |00:00:00.01 |      15 |     0 |
-----------------------------------------------------------------------------------------------------------
```

위의 실행 계획을 확인한 결과, 의도하지 않은 조인 순서와 인덱스를 채택하고 있었는데 현재 사용하고 있는 옵티마이저의 모드가 원인인 것을 알게 되었다. 이에 다음과 같이 힌트를 추가하여 ALL_ROWS 모드로 실행 계획을 세우도록 유도한 결과, 다음과 같이 실행 계획이 달라지는 것을 확인할 수 있다.

**SQL**

```sql
SELECT /*+ ALL_ROWS */ *
FROM   (SELECT INNER_TABLE.*,
               ROWNUM AS ROW_SEQ
        FROM   (SELECT /*+leading(TA)*/
                       TA.org_code,
                       TA.customer_no,
                       (중략),
                       TF.customer_name,
                       TD.ag_dy,
                       TC.customer_grade_code,
                       '' AS DEL_YN
                FROM   master_table2 TA
                       LEFT OUTER JOIN detail_table8  TB
                         ON TB.org_code = TA.org_code
                        AND TB.customer_no = TA.customer_no
                        AND TB.aag_date = TA.aag_date
                        AND TB.customer_seqno = TA.customer_seqno
                       LEFT OUTER JOIN master_table9   TC
                         ON TC.org_code = TB.org_code
                        AND TC.ren_no = TB.ren_no
                       INNER JOIN master_table6  TD
                         ON TD.org_code = TB.org_code
                        AND TD.ren_no = TB.ren_no
                        AND TD.ledger_stu_code = '00001'
                       INNER JOIN master_table1 TE
                         ON TE.org_code = TA.org_code
                        AND TE.customer_no = TA.customer_no
                       INNER JOIN master_table4  TF
                         ON TF.org_code = TE.org_code
                        AND TF.customer_mgt_no = TE.customer_mgt_no
                WHERE  TA.org_code = :1
                   AND TA.mgt_brch_code IN ( :2 )
                   AND TA.reg_emp_no  IN ( :3 )
                   AND TA.reg_dtm BETWEEN To_date(:4 || '000000', 'YYYYMMDDHH24MISS')
                   AND To_date(:4 || '235959','YYYYMMDDHH24MISS')
               ) INNER_TABLE
        WHERE  ROWNUM <= 500)
WHERE  row_seq BETWEEN 1 AND 500 ;
```

**실행 계획**

| Id | Operation | Name | Starts | E-Rows | A-Rows | A-Time | Buffers | Reads |
|---|---|---|---|---|---|---|---|---|
| 0 | SELECT STATEMENT | | 1 | | 492 | 00:00:03.44 | 8916 | 1195 |
| 1 | TABLE ACCESS BY INDEX ROWID | CODE_TABLE2 | 1 | 1 | 1 | 00:00:00.01 | 2 | 0 |
| * 2 | INDEX UNIQUE SCAN | IX_CODTB2_PK | 1 | 1 | 1 | 00:00:00.01 | 1 | 0 |
| 3 | TABLE ACCESS BY INDEX ROWID | MASTER_TABLE91 | 1 | 1 | 1 | 00:00:00.01 | 3 | 0 |
| * 4 | INDEX UNIQUE SCAN | IX_MST91_PK | 1 | 1 | 1 | 00:00:00.01 | 2 | 0 |
| * 5 | VIEW | | 1 | 4 | 492 | 00:00:03.44 | 8916 | 1195 |

```
|*  6 |    COUNT STOPKEY                  |                |    1 |      |    492 |00:00:03.43 |    8911 |   1195 |
|*  7 |     FILTER                        |                |    1 |      |    492 |00:00:03.43 |    8911 |   1195 |
|   8 |      NESTED LOOPS                 |                |    1 |      |    492 |00:00:03.43 |    8911 |   1195 |
|   9 |       NESTED LOOPS                |                |    1 |    4 |    526 |00:00:07.49 |    8385 |   1195 |
|  10 |        NESTED LOOPS OUTER         |                |    1 |    4 |    526 |00:00:07.45 |    7331 |   1192 |
|  11 |         NESTED LOOPS              |                |    1 |    4 |    526 |00:00:07.44 |    5753 |   1192 |
|  12 |          NESTED LOOPS             |                |    1 |    4 |    526 |00:00:02.78 |    3671 |    358 |
|  13 |           NESTED LOOPS            |                |    1 |    4 |    526 |00:00:02.77 |    2091 |    358 |
|* 14 |            TABLE ACCESS BY INDEX ROWID| MASTER_TABLE2 |    1 |    4 |    526 |00:00:02.75 |     511 |    357 |
|* 15 |             INDEX RANGE SCAN      | IX_MST2_05     |    1 |  534 |    526 |00:00:00.03 |       7 |      5 |
|  16 |            TABLE ACCESS BY INDEX ROWID| MASTER_TABLE1 |  526 |    1 |    526 |00:00:00.03 |    1580 |      1 |
|* 17 |             INDEX UNIQUE SCAN     | IX_MST1_PK     |  526 |    1 |    526 |00:00:00.03 |    1054 |      1 |
|  18 |           TABLE ACCESS BY INDEX ROWID| MASTER_TABLE4 |  526 |    1 |    526 |00:00:00.01 |    1580 |      0 |
|* 19 |            INDEX UNIQUE SCAN      | IX_TF_PK       |  526 |    1 |    526 |00:00:00.01 |    1054 |      0 |
|* 20 |          TABLE ACCESS BY INDEX ROWID| DETAIL_TABLE8 |  526 |    1 |    526 |00:00:07.30 |    2082 |    834 |
|* 21 |           INDEX RANGE SCAN        | IX_DTB8_01     |  526 |    1 |    526 |00:00:04.47 |    1585 |    503 |
|  22 |         TABLE ACCESS BY INDEX ROWID| MASTER_TABLE9 |  526 |    1 |    524 |00:00:00.01 |    1578 |      0 |
|* 23 |          INDEX UNIQUE SCAN        | IX_MST9_PK     |  526 |    1 |    524 |00:00:00.01 |    1054 |      0 |
|* 24 |        INDEX UNIQUE SCAN          | IX_MST6_PK     |  526 |    1 |    526 |00:00:00.04 |    1054 |      3 |
|* 25 |       TABLE ACCESS BY INDEX ROWID | MASTER_TABLE6  |  526 |    1 |    492 |00:00:00.01 |     526 |      0 |
```

위의 사례를 통해 OPTIMIZER_MODE에 따라 실행 계획이 바뀐다는 사실을 확인했다. 실제로 같은 SQL인데도 ORACLE의 버전 업그레이드를 하고 난 후 실행 계획이 바뀌어서 곤란해하는 개발자들을 본 경험이 있다. 원인을 분석한 결과, 기본값으로 설정된 OPTIMIZER_MODE 값이 DBMS의 버전을 업그레이드하는 과정에서 바뀐 탓에 벌어진 일로 판명된 경우가 종종 있었다. 이처럼 옵티마이저의 모드를 변환하면 SQL의 실행 계획을 통째로 바꿀 수 있으므로 프로젝트를 수행하는 도중에 옵티마이저의 모드를 함부로 바꾸는 것은 매우 위험하다.

## 2.3 옵티마이저 최적화를 위한 고려사항

지금까지 옵티마이저와 SQL 성능의 밀접한 관계에 대해 설명했다. 옵티마이저가 최적의 실행 계획을 채택하게 하기 위하여 DBMS 개발 기업들은 지금도 옵티마이저 최적화 개발 작업을 꾸준히 수행하고 있으며, DBMS의 버전이 업그레이드 될수록 그 기능이 탁월해질 것이라고 확신한다. 하지만 옵티마이저도 결국은 사람이 개발한 하나의 도구일 뿐이다. 따라서 몇 가지 유의해야 할 사항들이 있는데, 각각의 내용을 구체적으로 살펴보도록 하자.

## (1) 통계 정보

비용 기반 옵티마이저 환경에서 SQL 처리를 위해 최적의 실행 계획을 선택할 때, DBMS에서 제공하는 통계 정보를 사용한다고 설명하였다. 비용 기반 옵티마이저가 실행 계획을 수립하기 위해 참고하는 통계 정보는 어떠한 것들이 있는지 정리해보았다.

| 구분 | 세부 정보 내역 |
| --- | --- |
| 테이블 | 테이블의 전체 행의 수 |
| | 테이블이 차지하고 있는 전체 블록 수 |
| | 테이블의 행들이 갖는 평균 길이 등 |
| 컬럼 | 컬럼 값의 종류 |
| | 컬럼 내 NULL 값의 분포도 |
| | 컬럼 값의 평균 길이 |
| | 컬럼 내 데이터 분포의 추정치 등 |
| 인덱스 | LEAF BLOCK 수 : 데이터를 보관하는 블록 수 |
| | LEVELS : 인덱스 트리의 LEVEL 정보 |
| | CLUSTERING FACTOR : 접근하고자 하는 데이터가 모여 있는 밀집도 |
| 시스템 | I/O 성능 및 사용률 |
| | CPU 성능 및 사용률 등 |

표 2-1 실행 계획 수립 시 참고하는 통계 정보

이처럼 비용 기반 옵티마이저는 테이블, 컬럼, 인덱스, 시스템과 연관이 있는 통계 정보 값을 근간으로 최소 비용이 드는 최적의 실행 계획을 만들어 낸다. 하지만 통계 정보는 특정 시점에 취해 온 값에 지나지 않는다. 다시 말해서 지속적으로 데이터가 입력·수정·삭제되는 데이터베이스라면 그 값이 지속적으로 변할 것이며, 값이 주기적으로 업데이트 되지 않으면 통계 정보로써 가치도 없어지는 것이다. 그렇다면 지속적인 통계 정보의 업데이트를 위해 어떤 관리가 필요할까?

통계 정보를 생성하는 방법은 두 가지가 있다. ANALYZE 명령문을 사용하는 방법과 ORACLE이 제공하는 DBMS_STATS 패키지를 사용하는 방식이다. 과거에 많이 사용했던 ANALYZE 명령문에 비해 DBMS_STATS 패키지를 사용할 경우 장점이 많다. 병렬로 통계 정보를 수집할 수 있고, 파티션에 대한 글로벌 통계 정보 수집이 가능하다. 이와 같은 이유로 가급적 DBMS_STATS 패키지를 사용할 것을 권한다.

어떤 방법으로 통계 정보를 수집할 것인지 결정했다면, 다음으로는 어느 시점에 통계 정보를 수집할지를 결정해야 한다. 통계 정보의 생성 시점이 백업 및 배치 작업 시간과 겹칠 경우, 성능 저하 및 장애의 원인이 될 수 있으므로 주의해야 한다.

통계 정보를 생성할 시점도 결정했다면, 해당 작업을 자동과 수동 중 어떤 방식으로 할지 정책을 세워 관리한다. 시간 정보를 스케줄러에 등록하여 관리하는 자동 방식과 특정 시점에 직접 명령문을 수행하는 수동 방식을 적절히 혼용하면 좀 더 효과적으로 통계 정보를 관리할 수 있을 것이다.

먼저 자동으로 통계 정보를 생성하는 방법부터 살펴보자.

### • 자동 통계 정보 생성

통계 정보의 생성 주기 및 수행 시간을 스케줄러에 일괄적으로 등록하여 일정 주기마다 통계 정보 수집을 시작하고 종료하게 할 수 있다. ORACLE의 경우, 평일 야간(오후 10시부터 4시간) 및 주말(오전 6시부터 20시간)에 자동으로 통계 정보를 수집하도록 설정되어 있으므로 이를 참고하여 자동으로 통계 정보를 생성할 시간대를 결정하고 나면, 다음과 같은 명령문을 사용하여 결정한 시간대에 수행할 수 있도록 스케줄러에 등록하면 된다.

**시작**

```
BEGIN
   DBMS_AUTO_TASK_ADMIN.ENABLE (
        client_name => 'auto optimizer stats collection' ,
        operation => NULL,
        window_name => NULL );
END ;
```

**종료**

```
BEGIN
   DBMS_AUTO_TASK_ADMIN.DISABLE (
        client_name => 'auto optimizer stats collection' ,
        operation => NULL,
        window_name => NULL );
END ;
```

이와 같은 자동 방식을 사용하여 통계 정보를 생성하면, 관리자가 직접 명령문을 실행해야 하는 번거로움을 줄일 수 있고, 주기적으로 통계 정보를 업데이트할 수 있으므로 매우 유용하다. 하지만 시작 시점과 종료 시점에 대한 정확한 계산을 하지 않을 경우, 장애 상황에 맞닥뜨릴 수 있으므로 스케줄링을 위한 충분한 검토가 우선되어야 한다.

예를 들어 모든 테이블의 통계 정보를 생성하는 데 5시간이 걸리는 대용량 시스템이 있다고 가정하자. 시스템이 오전 9시에 가동을 시작한다고 했을 때, 해당 작업은 최소 오전 4시 이전에는 시작해야 한다. 이와 같은 스케줄링이 정확히 계산되지 않았을 경우, 시스템 가동 시간에 통계 정보를 수집하는 결과를 초래할 수 있으므로 반드시 주의해야 한다.

그럼 이제는 수동으로 통계 정보를 수집하는 방법을 알아보자.

- **수동 통계 정보 생성**

  수동으로 통계 정보를 생성할 때도 위에서 사용했던 DBMS_STATS 패키지를 사용한다. 수동 통계 정보 생성은 객체들에 대한 정확한 이해를 바탕으로 개별 관리를 하고자 하는 경우에 주로 사용한다.

객체에 대한 정확한 이해란, 테이블의 데이터 발생 주기 및 발생량에 대해 정확하게 파악하는 것을 말한다. 데이터 변경이 거의 없는 테이블에 대해서는 위에서 설명한 자동 통계 정보 생성 방식을 통해 일괄적으로 생성 후 유지하게 하거나, 몇 개월 단위로 통계 정보를 새로 생성하면 되지만, 데이터가 지속적으로 발생하고 변하는 테이블에 대해서는 주기적으로 통계 정보를 생성하는 것이 좋다. 이처럼 사용자가 직접 통계 정보를 생성할 때에도 해당 테이블의 통계 정보를 생성하는 데 필요한 시간을 고려하여 업무가 집중되지 않는 시간대에 작업을 하도록 한다.

DBMS_STATS 패키지를 사용하면 데이터베이스, 스키마 및 계정, 테이블, 인덱스 단위로 구분하여 통계 정보를 수집하는 것이 가능하며, 스키마나 테이블 단위로 통계 정보를 생성하는 경우에는 잠금(LOCKING) 기능을 설정할 수도 있다. 잠금 기능을 사용하면 특정 테이블에 대해서는 통계 정보를 수집하는 작업을 막을 수 있으므로 용도에 따른 정책을 세울 수가 있다.

예컨데 대용량 테이블에 대해서는 통계 정보 생성 잠금을 설정하고, 마스터 테이블 및 크기가 작은 테이블에 대해서만 일정한 주기마다 스키마 단위로 통계 정보를 수집하도록 할 수 있다. 또한 대용량 테이블의 크기를 고려하여 필요한 경우 테이블과 인덱스를 별도로 분리하여 통계 정보를 수집하게 하는 것도 하나의 방법이 될 수 있다.

몇 가지를 예를 통해 다양한 경우에 사용하는 명령문들을 살펴보자.

특정 스키마에 대한 통계 정보 생성 잠금 설정 및 해제

EXEC DBMS_STATS.LOCK_SCHEMA_STATS('schema_name');

EXEC DBMS_STATS.UNLOCK_SCHEMA_STATS('schema_name');

특정 테이블에 대한 통계 정보 생성 잠금 설정 및 해제

EXEC DBMS_STATS.LOCK_TABLE_STATS('schema_name','table_name');

EXEC DBMS_STATS.UNLOCK_TABLE_STATS('schema_name','table_name');

특정 스키마에 대한 통계 정보 생성

```
EXEC DBMS_STATS.GATHER_SCHEMA_STATS(OWNNAME =>'schema_name', CASCADE =>TRUE,
ESTIMATE_PERCENT=>10, DEGREE=>4);
```

특정 테이블에 대한 통계 정보 생성

```
EXEC DBMS_STATS.GATHER_TABLE_STATS('schema_name', 'table_name', ESTIMATE_PERCENT=>5,
DEGREE=>6, CASCADE=>FALSE);
```

특정 인덱스에 대한 통계 정보 생성

```
EXEC DBMS_STATS.GATHER_INDEX_STATS('schema_name','index_name',ESTIMATE_PERCENT=>5,
DEGREE=>6);
```

위 명령문에서 사용한 옵션 가운데 CASCADE는, 해당 스키마와 연관이 있는 모든 객체들에 대해서도 통계 정보를 생성할지를 결정하는 옵션이며, ESTIMATE_PERCENT는 통계 정보를 수집할 샘플 데이터의 비율을 의미한다. 마지막으로 DEGREE 값은 병렬처리 정도를 의미한다.

이와 같은 명령어들을 적절하게 활용하여 수동으로 통계 정보를 생성하는 방식은 대용량 테이블의 통계 정보 생성 시기를 정확하게 제어할 수 있는 장점이 있는 반면, 모든 객체에 대한 통계 정보를 각각 생성해야 하는 번거로움을 단점으로 들 수 있다. 따라서 시스템에서 사용하는 객체들의 특성을 파악하여 자동 방식과 수동 방식을 적절히 혼용할 것을 권한다.

DBMS_STATS 패키지를 이용한 ORACLE의 통계 정보 수집 방식은 고객의 통계 정보 관리 정책, 애플리케이션 내 SQL의 사용 패턴 등에 의해 얼마든지 변경될 수 있으며, 어떤 방식이 정답이라고 딱 잘라 말할 수는 없다. 다만, 통계 정보를 수집하는 방식을 변경하는 것이 SQL의 실행 계획에 미치는 영향도가 매우 크므로, 프로젝트 설계나 개발 단계부터 수집 방식에 대한 정책을 수립해야 한다. 다음 표는 특정 프로젝트를 수행하면서 고객의 요구사항과 SQL 성능 최적화를 고려하여 수립했던 통계 정보 생성 정책이니 참고하기 바란다.

| 항목 | | | 설명 |
|---|---|---|---|
| 수집 주기/ 정책 | 일 | 전체 테이블 및 인덱스 | 전체 테이블 및 인덱스를 대상으로 통계 정보를 수집한 후, NUM_ROWS = 0인 테이블에 대해서는 통계 정보 삭제 |
| | 월 - 토 | 통계 정보가 없는 테이블 및 인덱스 | 통계 정보가 없는 테이블 및 인덱스를 대상으로 통계 정보를 수집한 후, NUM_ROWS = 0인 테이블에 대해서는 통계 정보 삭제 |
| 옵션 | ESTIMATE_ PERCENT | 세그먼트 크기별로 지정 | DBA_SEGMENTS 딕셔너리 뷰에서 제공하는 세그먼트의 크기(GB)를 기준으로 결정 예) <br> - SIZE 〈 1 : 100 <br> - SIZE 〉= 1 and SIZE 〈 10 : 20 <br> - SIZE 〉= 10 and SIZE 〈 100 : 1 <br> - SIZE 〉= 100 : 0.1 또는 0.01 |
| | BLOCK_SAMPLE | FALSE | 통계 정보의 정확도 향상을 위해 행 단위를 기본으로 통계 정보 수집 |
| | METHOD_OPT | FOR ALL COLUMNS SIZE 1 | HISTOGRAM의 사용을 DISABLE (바인드 변수 사용시 HISTOGRAM 불필요, ADAPTIVE CURSOR SHARING 기능 DISABLE) |
| | GRANULARITY | GLOBAL | 안정적인 실행 계획 수립을 위해 최상위 레벨의 통계 정보 수집 |
| | NO_INVALIDATE | FALSE | 통계 정보 변경 시점에 SQL PARSING이 즉시 일어나도록 지정 <br> 관리자의 인지 없이 통계 정보의 변동으로 인해 SQL의 실행 계획이 변하는 것을 방지 |

**표 2-2** 통계 정보 생성 정책의 예

표 2-2에서 살펴본 예는 어디까지나 필자가 사용했던 사례일 뿐, 통계 정보 수집 정책의 정답은 아니다. 특히 옵션 항목에서 기술한 값은 프로젝트 환경에 따라 조정이 필요할 수 있다는 점을 참고하여 보기 바란다. 표에 기술된 내용 중 특이사항 몇 가지만 구체적으로 설명하겠다.

- **통계 정보를 수집한 후, NUM_ROWS=0인 테이블의 통계 정보 삭제**

   통계 정보를 수집한 결과, 각 테이블의 행 수 정보를 보여주는 NUM_ROWS

의 값이 0으로 출력되는 테이블에 대해서는 해당 통계 정보를 잘못된 값으로 간주하고 즉시 삭제하여 잘못된 통계 정보로 인한 비효율적인 실행 계획 수립을 방지했다. 이렇게 설정하더라도, 테이블이나 인덱스에 대한 통계 정보가 전혀 없을 경우, 오라클은 내부 딕셔너리 테이블에서 관리하고 있는 정보들을 참조하여 비용을 계산하기 때문에 문제가 되지 않는다.

- **METHOD_OPT : 'FOR ALL COLUMNS SIZE 1'**

  ORACLE로 하여금 더 정확한 통계 정보를 도출할 수 있도록 해주는 히스토그램 정보의 수집 방법을 제시하는 옵션이며, 'FOR ALL COLUMNS SIZE 1'이라는 값은 히스토그램을 별도로 수집하지 않겠다는 것을 의미한다. 위에서 예로 든 프로젝트는 모든 SQL에 바인드 변수를 사용하고 있었고, 컬럼의 값 분포도에 따라 실행 계획이나 수행 속도가 영향을 받지 않았으므로 통계 정보 수집 시간만 길게 만드는 히스토그램을 사용하지 않기로 결정했다.

- **ESTIMATE_PERCENT : 세그먼트의 크기별 사이즈 지정**

  통계 정보를 수집하는 작업을 할 때 무엇보다 주의해야 할 것은, 통계 정보를 수집하는 시간이 지연되어 운영 중인 시스템의 서비스에 지장을 주는 일이 없어야 한다는 점이다. 따라서 세그먼트의 데이터 중 몇 퍼센트를 가지고 통계 정보를 수집할 것인지를 결정하는 ESTIMATE_PERCENT 옵션을 100에 가까운 값으로 설정하면 정확한 통계 정보를 수집할 가능성이 높아진다. 하지만 높은 값으로 설정할수록 통계 정보 수집에 필요한 시간은 길어지고 자칫하면 허용된 시간 범위를 넘어설 수도 있다. 따라서 수차례의 테스트를 통해 ESTIMATE_PERCENT 값을 최적화할 필요가 있다.

  위에서 제시한 예의 경우, 테이블의 크기를 기준으로 하여 작은 크기의 세그먼트에 대해서는 통계 정보 수집을 위한 샘플 데이터의 비율을 크게, 큰 크기의 세그먼트에 대해서는 통계 정보 수집을 위한 샘플 데이터의 비율을 적게 조정하면서 요구 시간 이내에 통계 정보 수집 작업을 마치도록 최적화한 결과이다.

하지만 단순히 샘플 데이터의 비율만 가지고 최적화하는 것은 신빙성 있는 결과가 될 수 없으므로 주요 SQL의 실행 계획에 대한 검증도 병행했다. 또 위에서 언급하지는 않았지만, 병렬 작업 처리를 위한 서버의 코어 수나 시스템의 자원들도 통계 정보 수집에 영향을 줄 수 있다는 판단 하에 이와 같은 항목들을 종합적으로 검토하여 최적화된 결과를 도출하였다. 이렇듯 주어진 시간 내에 최대한 정확한 통계 정보를 수집하기 위해서는 다양한 검증 작업이 선행되어야 한다는 점을 다시 한 번 강조하고 싶다.

### (2) 옵티마이저와 파라미터

이 책의 시작 부분에서도 언급했듯이 옵티마이저가 최적의 실행 계획을 결정하는 데 가장 중요한 역할을 하는 요소는 위에서 설명한 통계 정보와 이제부터 설명하게 될 파라미터의 값이다. 통계 정보의 관리 정책과 마찬가지로 파라미터 값을 설정하기 전에도 충분한 검토가 필요하다. SQL을 튜닝하는 과정에 운영 중인 시스템의 파라미터 값을 변경하는 경우도 드물게 발생하지만, 가급적 변경을 최소화하는 것이 불필요한 SQL의 재검토를 막을 수 있다. 이제 옵티마이저에 영향을 줄 수 있는 대표적인 파라미터들을 살펴보겠다.

- **OPTIMIZER_MODE**

    옵티마이저의 모드를 결정하는 파라미터로, 기본값은 ALL_ROWS이다.

    옵티마이저의 모드가 변하면 실행 계획이 전혀 다르게 바뀔 수 있으므로 이 값을 변경할 때는 주의를 기울여야 하며, 시스템 운영 중에 DBMS 전체의 옵티마이저 모드를 변경하는 작업은 가급적 하지 않는 것이 좋다.

    참고로 옵티마이저 모드는 DBMS 단위, 세션 단위, SQL 단위로 설정하는 것이 가능한데, SQL 단위의 옵티마이저 모드가 최우선으로 적용되며, 세션 단위, DBMS 단위 순으로 적용된다.

- **OPTIMIZER_DYNAMIC_SAMPLING**

    ORACLE이 SQL PARSING 작업을 하는 동안 통계 정보가 없는 객체들을 발견하면 해당 객체들의 통계 정보를 자동으로 수집하는 기능을 DYNAMIC SAMPLING이라고 하는데, 이 기능을 사용할지 여부를 결정짓는 파라미터이다. ORACLE 10g 버전에 등장한 이 파라미터의 기본값은 2이며, DYNAMIC SAMPLING을 사용하겠다는 의미이다. 이 파라미터 값을 0으로 설정하면, DYNAMIC SAMPLING 기능을 사용하지 않는다. 이 파라미터에서 정의할 수 있는 값은 0부터 10까지이며, 주요 값들과 각각의 의미는 다음과 같다.

    - 0 : DYNAMIC SAMPLING 기능을 사용하지 않음
    - 2 : ORACLE 10g 이후 버전의 기본 값으로, 통계 정보가 없는 모든 테이블을 대상으로 통계 정보를 자동 수집
    - 4 : WHERE절에서 두 개 이상의 컬럼을 참조하고 있는 모든 테이블을 대상으로 통계 정보를 자동 수집
    - 10 : SQL에서 사용된 모든 테이블을 대상으로 통계 정보를 자동 수집

- **_OPTIM_PEEK_USER_BIND**

    BIND PEEKING이란, 바인드 변수를 사용하여 값을 입력 받는 SQL에 대해 처음 실행 시에 입력된 값을 통해 세운 실행 계획을 보관하고 있다가 이후에 같은 SQL이 실행되면 바인드 변수 값에 상관없이 이 실행 계획을 다시 사용하게 하는 기능이다.

    이 파라미터는 BIND PEEKING 기능의 사용 여부를 결정하기 위해 사용하며, 기본값은 TRUE이다. BIND PEEKING 기능을 사용하면, 특정 값에 편향된 실행 계획이 수립될 가능성이 높으므로 사용에 유의할 필요가 있다. 예를 들어 다음과 같은 SQL이 실행되었다고 하자.

```
SELECT E.ename
FROM   emp E
WHERE  E.city = :1 ;
```

emp 테이블로부터 사원들이 거주하고 있는 시의 정보를 입력하여 입력된 시에 살고 있는 직원들의 이름을 출력하는 SQL이다. 이 문장을 처음 실행했을 때 변수 값으로는 '속초'가 입력되었고 실제 사원들의 대부분이 서울에 거주하고 있다고 가정하자. 적은 수의 사원이 속초에 살고 있으므로 옵티마이저는 INDEX RANGE SCAN 방식으로 검색하는 것이 유리하다고 판단할 것이다. 하지만 이후에 '서울'이라는 값을 입력 받은 경우에도 오라클은 같은 SQL로 인식하므로 INDEX RANGE SCAN 방식을 사용하여 결과를 도출한다. FULL TABLE SCAN이 더 유리함에도 불구하고 말이다.

거꾸로 처음에 '서울'이라는 변수 값을 입력 받은 옵티마이저는 대부분의 사원이 서울에서 살고 있으므로 FULL TABLE SCAN 방식으로 데이터를 검색하도록 계획을 세우게 되고, 이후 '속초'라는 값이 입력된 경우에도 전체 테이블을 검색하여 결과를 가져온다.

따라서 데이터의 비율이 고르지 않고 특정 데이터에 집중되어 있는 상황이라면 이 기능은 가급적 활성화하지 않을 것을 권장한다.

이 외에 OPTIMIZER_INDEX_CACHING, OPTIMIZER_INDEX_COST_ADJ 등도 옵티마이저의 결정에 영향을 끼칠 수 있는 파라미터들이다. 이와 같은 파라미터들은 개발하고자 하는 애플리케이션의 유형에 따라 권장하는 값이 달라질 수 있으므로 운영 환경에 적용하기 전에 다양한 테스트를 통해 충분히 검증한 후 설정할 것을 권한다.

### (3) 옵티마이저의 한계

이 장에서는 옵티마이저의 작동 원리와 그 종류에 대해 살펴보았다. DBMS의 핵심 엔진이라고 불리는 옵티마이저의 기능은 버전이 올라갈수록 점차 발전되고 있다. 하지만 우리가 착각하지 말아야 할 것은 옵티마이저라고 해서 완벽한 계산을 수행할 수 있는 엔진이 아니라는 점이다. 옵티마이저는 여러 가지 환경 요소에 의존적이며, 그렇기 때문에 환경 요소가 변하면 얼마든지 다른 결과를 도출할 수 있다. 따라서 SQL 튜닝 작업을 하면서 옵티마이저의 기능과 산출물을 충분히 참고해야 하는 것은 마땅하지만 과도하게 맹신하는 것은 오히려 최적화 작업을 방해할 수도 있다. 결국 SQL 튜닝의 최종적인 책임은 DBMS가 아닌 개발자에게 있음을 잊지 말아야 한다.

그럼 옵티마이저가 가질 수 있는 한계점에 대해 좀 더 구체적으로 살펴보고, 한계점에 도달했을 때 어떻게 대처하면 되는지에 대해 생각해보자.

- **바인드 변수 사용의 한계**

    SQL을 작성할 때 바인드 변수를 사용하는 것은 아주 일반적인 일이다. 바인드 변수를 사용하면 같은 SQL에 대해 실행 계획을 다시 사용할 수 있어 DBMS 성능을 향상시킬 수 있기 때문이다. 하지만 이는 바인드 변수로 입력될 값과 비교될 컬럼의 데이터 분포도가 고른 경우에만 해당되는 이야기다. 비교할 컬럼의 데이터 비율이 고르지 못한 경우, 비율이 지나치게 많거나 적은 데이터에 치중하여 실행 계획을 세울 수 있기 때문이다.

    그렇다면 이와 같은 문제는 해결이 불가능한가? 물론 그렇지는 않다. 바인드 변수에 입력될 값의 예측이 가능한 경우, 입력 받을 값에 따라 각각 적절한 힌트를 사용할 수 있다. 또한, ORACLE 11g 이후 버전을 사용하고 있다면, ADAPTIVE CURSOR SHARING이라는 기능을 사용할 수도 있다. 이 기능은 입력 받은 데이터의 분포도를 고려하여 실행 계획을 공유하는 것인데, 이 기능을 사용할 경우 메모리 영역에 대한 대기 이벤트가 증가할 수 있으므로 주의 깊게 사용해야 한다.

- **잘못된 비용(Cardinality) 계산의 한계**

    컬럼의 통계 정보만 가지고는 조건절에서 사용된 조건을 만족하는 데이터의 양이 어느 정도인지 알 수 없으므로, 통계 정보를 통해 예측하게 되는 옵티마이저의 비용 계산 결과도 완벽하게 맞을 수는 없다. 이와 같은 현상은 조건절의 조건이 복잡해질수록 더 두드러진다. 다음 SQL을 통해 이해해보자.

```
SELECT E.전화번호
FROM    사원 E
WHERE   E.사원번호 LIKE :사원번호||'%'
    AND E.사원이름 LIKE :사원이름||'%';
```

이 SQL에서는 사원번호 LIKE :사원번호와 사원이름 LIKE :사원이름이라는 두 개의 조건을 만족하는 사원의 전화번호를 검색하고자 한다. 조건절에서 사용된 사원번호 컬럼과 사원이름 컬럼 각각의 히스토그램 정보를 수집했다고 하더라도, 두 가지 조건을 모두 만족하는 데이터 수를 컬럼 각각의 통계 정보를 통해서는 알 수가 없으므로 실제보다 높거나 낮은 비용으로 계산될 수 있다.

이런 문제에 대한 보완책으로, ORACLE 11g 버전부터 확장 통계라는 개념이 도입되어 서로 다른 컬럼 간의 상관 관계 정보를 옵티마이저에게 전달할 수 있게 되었으나, WHERE절에 나열되는 컬럼의 조합별 통계 정보를 수집하는 것 또한 간단하지가 않고, 수집한다고 하더라도 수집에 걸리는 시간이 상당하다.

- **동시성을 배제한 비용 계산의 한계**

  옵티마이저는 비용을 예측할 때, 해당 SQL이 단독으로 실행된다는 전제로 계산을 한다. 하지만 실제 운영 환경에서 하나의 SQL만 실행되는 경우는 거의 없다. 그렇기 때문에 동시 실행을 감안하지 않고 예측된 비용은 맹점을 가질 수 있다. 가령, 여러 SQL이 동시에 실행되면서 동일한 블록에 동시에 접근하는 상황이 발생할 경우, 대기 이벤트가 발생할 수 있다. 이렇듯 동시 실행으로 인한 부하 상황은 성능 테스트나 운영 중의 부하 상황을 통해서만 확인이 가능하며, 이때 도출되는 대기 이벤트에 따라 해결 방안을 모색해야 한다.

- **히스토그램의 한계**

  히스토그램의 정보를 수집하기 위해 설정할 수 있는 버킷의 수는 최대 254개까지로 사용이 제한되어 있다. 따라서 254개 이상의 값을 갖는 컬럼의 경우,

비용 예측 결과가 정확하지 않을 수 있다. 또한 문자데이터 타입을 사용하는 컬럼의 경우, 최초 32개 문자에 대한 통계 정보만으로 히스토그램을 관리하므로 알아두길 바란다.

- **날짜 유형에 대한 비용 예측의 한계**

    날짜 유형의 데이터를 날짜 데이터 타입이 아닌 문자 데이터 타입의 컬럼으로 선언하여 사용할 경우, 오라클은 해당 타입에 따른 비용 계산 방식을 달리하므로 정확한 예측이 어려워질 수 있다. 예를 들어 날짜 데이터를 DATE 타입으로 선언하면, 특정 연도의 특정 월에는 1부터 최대 31까지의 날짜만 존재하게 되겠지만, 'YYYYMMDD' 형식을 갖는 VARCHAR 타입의 데이터를 선언하면, 이는 연속된 문자열이기 때문에 31일 이후의 날짜가 존재할 수 있다고 판단한다. 결국, 앞서 옵티마이저의 ESTIMATOR 부분에서 설명한 CARDINALITY를 계산하는 방식에 차이가 생기고, 그 결과 예측되는 최종 비용 또한 정확성이 떨어지게 된다.

- **통계 정보의 한계**

    적은 양의 데이터를 가지고 있는 A라는 테이블의 통계 정보를 생성한 후, 분기별 배치 작업을 한 결과 이 테이블의 데이터가 대량 증가했다고 가정하자. A 테이블을 사용하는 SQL에 대해 옵티마이저가 실행 계획을 세운다면 데이터 수가 적은 상태의 통계 정보를 참조할 것이므로 적절한 인덱스가 있더라도 FULL TABLE SCAN을 하도록 할 것이다. 따라서 데이터 수가 급격하게 변하는 테이블의 경우 통계 정보 생성 주기에 유의해야 한다.

지금까지 DBMS의 엔진 역할을 하는 옵티마이저의 기능과 종류에 대해 알아보았다. DBMS가 발전할수록 옵티마이저의 기능은 함께 발전해왔고 앞으로도 더 나은 기능을 갖게 될 것이다. 다만 주의할 점은, 옵티마이저의 기능을 최대한으로 활용하기 위해 옵티마이저의 선택에 영향을 줄만한 요소들에 대해서는 사전에 점검할 필요가 있다.

무엇보다 시스템에 최적화된 파라미터 값이 설정되어 있어야 하고, 최신의 통계 정보를 적절히 수집하고 있어야 한다. 또한 옵티마이저가 착오 없이 선택할 수 있도록 성능 검색에 필요한 인덱스를 설계하여 생성하고, 성능 검색을 저해하는 힌트를 사용하지 않도록 개발자 차원에서도 반드시 확인해야 한다. 이와 같은 환경만 잘 갖추어 있다면 현재 버전의 옵티마이저도 여러분들이 실행할 SQL의 해법을 충분히 알려줄 것이다.

# 3
# 실행 계획

## 3.1 실행 계획이란?

앞서 2장에서는 옵티마이저가 어떠한 과정을 거쳐 실행 계획을 도출하는지 살펴보았다. 이렇게 만들어진 실행 계획은 여러 가지 방법을 통해 확인할 수 있다. 실제 프로젝트에서 튜닝 업무를 하다 보면 개발자들이 TOAD나 ORANGE와 같은 DBMS 관리 툴을 사용해 실행 계획을 확인하는 것을 자주 보게 된다. 하지만 실행 계획에서 보여주는 각각의 값들이 무엇을 의미하는지 명확히 이해하고 있는 개발자는 많지 않을 것이다. 다음은 필자가 직접 튜닝을 했던 SQL의 실행 계획이다.

```
Rows     Row Source Operation
-------  ---------------------------------------------------
      8  SORT GROUP BY
 132008   VIEW
 132058    WINDOW NOSORT
 132058     SORT GROUP BY
 132058      HASH JOIN
 119205       VIEW  VW_NSO_1
 119205        HASH UNIQUE
 119248         UNION-ALL
      3          NESTED LOOPS
      3           REMOTE  M0001
      3           TABLE ACCESS BY INDEX ROWID TB_R0001
      3            INDEX UNIQUE SCAN TB_R0001_PK
     61          HASH UNIQUE
    107           NESTED LOOPS
      3            NESTED LOOPS
      3             REMOTE  M0001
      3             TABLE ACCESS BY INDEX ROWID TB_R0001
      3              INDEX UNIQUE SCAN TB_R0001_PK
```

```
      107              REMOTE   C0001
    16603           HASH UNIQUE
    16603             TABLE ACCESS BY INDEX ROWID TB_R0002
  1322447               INDEX SKIP SCAN TB_R0002_IDX_12
   102581         HASH UNIQUE
   670933           NESTED LOOPS
    16603             TABLE ACCESS BY INDEX ROWID TB_R0002
  1322447               INDEX SKIP SCAN TB_R0002_IDX_12
   670933             REMOTE   C0001
  1157503       TABLE ACCESS BY INDEX ROWID TB_R0003
  1157503         INDEX RANGE SCAN TB_R0003_IDX_03
```

이 실행 계획을 보고 SQL이 어떤 순서로 어떤 방법을 통해 처리될지 정확하게 이해하는 개발자라면 이 장을 읽지 않고 넘어가도 좋다. 하지만 튜닝 업무를 전문으로 하는 튜너가 아니라면 이와 같은 실행 계획을 정확히 이해하고 분석하기란 쉬운 일이 아닐 것이다.

또 한 가지 당부하고 싶은 점은, 실행 계획을 검토하고 확인하기 이전에 본인이 작성한 SQL이 어떻게 진행될 것인가 대해 미리 예상하는 습관이다. SQL을 작성하고 실행 계획을 확인하는 데 그칠 것이 아니라 SQL을 작성하면서 미리 실행 계획을 예상하고, 예상한 대로 실행 계획이 수립되었는지를 확인하는 것이야말로 DBMS가 제공하는 실행 계획을 제대로 활용하는 것이라고 할 수 있다.

이 장에서는 실행 계획에서 보여주는 많은 값이 어떤 의미를 갖고 있으며, 그 값에 따라 어떤 판단을 해야 하는지 자세히 다루도록 하겠다. 그동안 궁금했던 실행 계획에 대해 차근차근 이해하여 앞으로 작성할 SQL의 실행 계획을 예상하는 것은 물론 정확하게 판독할 수 있는 안목을 갖추어 나가길 바란다.

### 3.1.1 접근 경로의 이해

위에서 제시한 실행 계획을 보면 SCAN이라는 단어가 자주 등장한다. SCAN이란, 말 그대로 데이터를 읽는 작업을 말하는데, SCAN을 수행하는 방식을 일컬어 '접근 경로(ACCESS PATH)'라고 한다. 그동안 실행 계획을 관심 있게 봐 온 개발자라면 INDEX UNIQUE SCAN, INDEX RANGE SCAN, FULL TABLE

SCAN 등과 같은 용어들이 아주 낯설지는 않을 것이다. 바로 이런 용어들이 접근 경로를 나타내는 용어들이다.

접근 경로는 크게 FULL TABLE SCAN, ROWID SCAN, INDEX SCAN으로 분류할 수 있는데, 각각의 방식을 간단하게 설명하면 다음과 같다.

- **FULL TABLE SCAN**
  테이블의 전체 데이터를 읽어 조건에 맞는 데이터를 추출하는 방식

- **ROWID SCAN**
  ROWID를 기준으로 데이터를 추출하는 방식으로, 단일 행에 접근하는 방식 가운데서 가장 빠름

- **INDEX SCAN**
  원하는 데이터를 추출하기 위하여 인덱스를 사용하여 검색하는 방식

이 가운데 실제 개발 업무를 하면서 주로 접할 수 있는 것은 FULL TABLE SCAN과 INDEX SCAN이다. 이 두 가지 접근 경로에 대해 개발자들이 흔히 갖는 편견이 있다. 그것은 바로 FULL TABLE SCAN은 무조건 성능에 좋지 않고, INDEX SCAN이 성능에 좋다는 것이다. 하지만 이건 편견에 가깝다.

데이터가 많은 테이블로부터 극히 일부의 데이터를 추출해야 하는 경우에는 INDEX SCAN이 유용한 것이 사실이지만, 반대로 테이블에 있는 대부분의 데이터를 추출해야 하는 경우라면 차라리 테이블 전체를 읽는 FULL TABLE SCAN이 더 효과적일 수 있다. 다시 말해서, 많은 사용자가 접속해서 다양한 데이터에 접근하는 OLTP 시스템이라면 INDEX SCAN이 유리하게 작용할 수 있지만, 통계 작업을 위해 대량의 데이터를 추출하는 배치 프로그램에서는 FULL TABLE SCAN이 유용할 수 있다는 이야기이다.

테이블의 전체 데이터를 읽는 FULL TABLE SCAN에 비해 INDEX SCAN은 처리하는 방식에 따라 종류가 다양하게 나뉜다. INDEX SCAN의 세부적인 종

류와 각 종류에 대한 설명은 다음과 같다.

| 종류 | 설명 |
| --- | --- |
| INDEX UNIQUE SCAN | • UNIQUE INDEX를 이용하여 필요한 데이터 블록을 접근하는 방식<br>• 한 건 이하의 ROWID를 반환하는 INDEX SCAN 방식 |
| INDEX RANGE SCAN | • 인덱스를 이용하여 필요한 데이터 블록을 접근하는 방식 중 가장 일반적인 형태<br>• 한 건 이상의 필요한 데이터가 포함된 일정 범위의 인덱스 블록을 오름차순으로 접근하는 방식<br>• 동일 INDEX KEY 값에 대해서는 ROWID를 기준으로 오름차순 정렬 |
| INDEX RANGE SCAN DESCENDING | • INDEX RANGE SCAN과 기본적인 접근 방식은 동일<br>• 오름차순이 아닌 내림차순으로 인덱스 블록을 접근하는 방식 |
| INDEX SKIP SCAN | • 결합 인덱스의 선행 컬럼을 건너뛰는 형태로 인덱스 블록에 순차적으로 접근<br>• 결합 인덱스 선행 컬럼의 중복을 제거한 값의 종류가 적을 경우, FULL TABLE SCAN보다 효과적일 수 있음 |
| INDEX FULL SCAN | • 인덱스 리프 블록 전체를 SCAN하는 방식<br>• 단일 블록을 순차적으로 접근하므로, 인덱스 키 순으로 정렬 보장<br>• 병렬 처리 불가능 |
| INDEX FAST FULL SCAN | • 인덱스 리프 블록 전체를 SCAN하는 방식<br>• 병렬 처리가 가능하나 인덱스 키 순으로 정렬은 보장 불가능 |
| INDEX JOIN | • 두 개 이상의 인덱스를 SCAN한 후 ROWID끼리 HASH JOIN하는 방식<br>• 인덱스 키 순으로 정렬 보장 불가능 |
| BITMAP INDEX | • 인덱스 키 값에 BITMAP 정보와 각각의 비트 위치 정보를 ROWID로 변환해주는 매핑 기능을 이용하여 블록에 접근하는 방식<br>• AND 또는 OR 조건을 처리하기 위해 BOOLEAN 연산을 이용 |

**표 3-1** INDEX SCAN의 종류

그렇다면 옵티마이저는 어떠한 판단을 기준으로 위에서 언급한 접근 경로를 선택하게 되는 것일까? 먼저 FULL TABLE SCAN을 선택하는 경우에 대해 알아보자.

- 조건절에서 비교한 컬럼에 인덱스가 없는 경우
- 조건절에서 비교한 컬럼에 최적화된 인덱스는 있으나, 조건을 만족하는 데이터가 테이블의 많은 양을 차지하여 FULL TABLE SCAN의 비용이 INDEX SCAN보다 적다고 판단하는 경우

- 조건절에서 비교한 컬럼에 최적화된 인덱스는 있으나, 테이블의 데이터 자체가 적어 FULL TABLE SCAN의 비용이 INDEX SCAN보다 적다고 판단하는 경우
- 테이블 생성 시 설정한 DEGREE 속성 값이 크게 설정되어 있는 경우

다음은 옵티마이저가 ROWID SCAN을 선택하는 경우다.

- 조건절에 ROWID를 직접 명시할 경우
- INDEX SCAN을 통해 ROWID를 추출한 후 테이블에 접근할 경우

참고로 ROWID는 테이블에 저장된 각각의 행이 갖는 주소를 의미하며, 16진수로 표현되는 값이다.

마지막으로 옵티마이저가 INDEX SCAN을 선택하는 경우에 대해서는 위에서 설명한 각각의 종류별로 선택하는 기준을 소개하겠다.

| 종류 | 선택 기준 |
| --- | --- |
| INDEX UNIQUE SCAN | • UNIQUE INDEX를 구성하는 모든 컬럼이 조건절에 '=' 로 명시된 경우 |
| INDEX RANGE SCAN | • INDEX UNIQUE SCAN을 제외한 모든 INDEX SCAN에서 사용되며, UNIQUE 성격의 결합 인덱스의 선두 컬럼이 WHERE절에 사용되거나 일반 인덱스의 컬럼이 WHERE절에 존재하는 경우<br>　　COL1 = :B1<br>　　COL1 < :B1<br>　　COL1 > :B1<br>　　COL1 = :B1 AND COL2 < :B1<br>　　…<br>• 다음과 같이 와일드 카드 문자(%)가 조건 값의 뒤에 존재하는 경우<br>　　LIKE 'ABC%' |
| INDEX RANGE SCAN DESCENDING | • INDEX RANGE SCAN을 수행함과 동시에 ORDER BY DESC절을 만족하는 경우 |
| INDEX SKIP SCAN | • 결합 인덱스의 선행 컬럼이 WHERE절에 없는 경우<br>• 옵티마이저가 INDEX SKIP SCAN이 FULL TABLE SCAN보다 빠르다고 판단하는 경우 |

| | | |
|---|---|---|
| INDEX FULL SCAN | | · ORDER BY/GROUP BY의 모든 컬럼이 인덱스의 전체 또는 일부로 정의된 경우<br>· 정렬이 필요한 명령에서 INDEX ENTRY를 순차적으로 읽는 방식으로 처리<br>· 일반적으로 INDEX SCAN 후 TABLE SCAN이 동반 |
| INDEX FULL SCAN DESCENDING | | · INDEX FULL SCAN을 수행함과 동시에 ORDER BY DESC절을 만족하는 경우 |
| INDEX FAST FULL SCAN | | · FULL TABLE SCAN을 하지 않아도 INDEX FAST FULL SCAN으로 원하는 데이터를 추출할 수 있고, 추출된 데이터의 정렬이 불필요한 경우<br>· 결합 인덱스를 구성하는 컬럼 중에 최소 한 개 이상은 NOT NULL이어야 함 |
| INDEX JOIN | | · 추출하고자 하는 데이터가 조인하는 인덱스에 모두 포함되어 있고, 추출되는 데이터의 정렬이 필요 없는 경우 |

표 3-2 옵티마이저의 접근 경로 선택 기준

## 3.1.2 실행 계획 내 주요 OPERATION

접근 경로는 실행 계획을 통해 확인할 수 있는데, 어떠한 형태로 출력하며 함께 출력되는 옵션에는 어떠한 값들이 있는지 살펴보자.

| OPERATION | 옵션 | 설명 |
|---|---|---|
| AND-EQUAL | - | ROWID를 포함한 다수의 집합을 서로 비교하여 중복을 제거하고, 각각의 집합에 모두 존재하는 ROWID만을 추출해내는 OPERATION이며, 주로 단일 컬럼 인덱스의 접근 경로에서 사용 |
| BITMAP | CONVERSION | ROWID를 BITMAP 형태로 변환하는 OPERATION을 의미 |
| | OR | 두 개의 BITMAP을 비트 단위의 OR 연산 수행 |
| | AND | 두 개의 BITMAP을 비트 단위의 AND 연산 수행 |
| CONNECT BY | - | CONNECT BY 구문이 사용된 쿼리에서 계층 순서로 데이터 처리 수행 |
| CONCATENATION | - | UNION ALL 구문 사용 시 해당 집합의 합집합 생성 |
| COUNT | - | 테이블로부터 추출한 데이터에 대한 COUNT 수행 |
| COUNT | STOPKEY | 테이블로부터 추출한 데이터에 대해 WHERE절의 ROWNUM 조건에 명시한 수치까지만 COUNT 수행 |

| | | |
|---|---|---|
| FILTER | - | 하위 단계에서 반환된 행 중에 특정 조건에 맞는 데이터만 추출하는 OPERATION |
| FIRST ROW | - | 추출한 행 중에 첫 번째 행만 반환 |
| FOR UPDATE | - | FOR UPDATE 구문 사용 시 해당 행에 대한 LOCK 설정 및 해당 행 반환 |
| HASH | GROUP BY | GROUP BY 구문 사용 시 HASH 형태의 GROUP BY 수행 |
| HASH JOIN | - | HASH JOIN 수행 |
| | ANTI | HASH (LEFT) ANTIJOIN 수행 |
| | SEMI | HASH (LEFT) SEMIJOIN 수행 |
| | RIGHT ANTI | HASH RIGHT ANTIJOIN 수행 |
| | RIGHT SEMI | HASH RIGHT SEMIJOIN 수행 |
| | OUTER | HASH (LEFT) OUTER JOIN 수행 |
| | RIGHT OUTER | HASH RIGHT OUTER JOIN 수행 |
| INDEX | UNIQUE SCAN | 접근 경로에서 기술한 내용과 동일 |
| | RANGE SCAN | |
| | RANGE SCAN DESCENDING | |
| | FULL SCAN | |
| | FULL SCAN DESCENDING | |
| | FAST FULL SCAN | |
| | SKIP SCAN | |
| INTERSECTION | - | 두 집합 간의 교집합을 추출하고 중복 제거 |
| MERGE JOIN | - | MERGE JOIN 수행 |
| | OUTER | MERGE OUTER JOIN 수행 |
| | ANTI | MERGE ANTIJOIN 수행 |
| | SEMI | MERGE SEMIJOIN 수행 |
| | CARTESIAN | 조인 조건이 없는 경우 발생. 각각의 집합이 N, M건인 경우, 조인 결과 건수는 N * M건으로 증가 |

| | | |
|---|---|---|
| MINUS | - | 첫 번째 집합에서 두 번째 집합에 속한 행을 제거 |
| NESTED LOOPS | - | NESTED LOOP JOIN 수행 |
| | OUTER | NESTED LOOP OUTER JOIN 수행 |
| PARTITION | - | 파티션 접근 |
| | SINGLE | 단일 파티션만 접근 |
| | ITERATOR | 다수의 파티션을 접근 |
| | ALL | 전체 파티션을 접근 |
| | INLIST | ITERATOR와 유사하나, IN절에 명시된 파티션을 접근 |
| REMOTE | - | DB LINK로 연결된 원격지 데이터베이스 접근 |
| SEQUENCE | - | 시퀀스 객체 접근 |
| SORT | AGGREGATE | 추출된 행에 대한 그룹핑 결과를 반환 |
| | UNIQUE | 추출된 행을 정렬하여 중복 값을 제거 |
| | GROUP BY | GROUP BY 구문 사용 시 정렬 형태의 GROUP BY 수행 |
| | ORDER BY | ORDER BY 구문 사용 시 추출된 행에 대한 정렬 수행 |
| TABLE ACCESS | FULL | 접근 경로에서 기술한 내용과 동일 |
| | BY INDEX ROWID | 인덱스의 ROWID를 통한 테이블의 데이터 추출 |
| | BY GLOBAL INDEX ROWID | 파티션이 되지 않은 글로벌 인덱스의 ROWID를 통한 테이블의 데이터 추출 |
| | BY LOCAL INDEX ROWID | 파티션이 된 로컬 인덱스의 ROWID를 통한 테이블의 데이터 추출 |
| UNION | - | 두 집합의 합집합을 생성, 중복 제거 |
| VIEW | - | 뷰나 인라인 뷰를 사용한 데이터 추출 |

표 3-3 실행 계획상의 OPERATION별 옵션

## 3.2 실행 계획 확인 방법

지금까지 우리는 접근 경로가 무엇인지와 실행 계획에서는 접근 경로를 어떻게 출력하는지에 대해 살펴보았고, 이제 실행 계획을 볼 준비가 되었다. 그렇다면 실행 계획은 어떻게 출력할 수 있을까? 이를 위해 실행 계획을 출력하는 다양한 방법 중에 이 책에서는 EXPLAIN PLAN 명령어를 사용하는 방법, AUTOTRACE를 사용하는 방법, SQL_TRACE를 사용하는 방법을 소개하겠다.

### 3.2.1 EXPLAIN PLAN

**(1) EXPLAIN PLAN 사용 방법**

① **사전 준비**

ORACLE에서는 실행 계획을 테이블에 저장하는데, 이 테이블의 이름은 PLAN_TABLE이다. 이 테이블이 만들어져 있지 않은 상태에서 EXPLAIN PLAN 명령을 실행하면 ORACLE은 에러 메시지를 출력한다.

PLAN_TABLE은 아래의 스크립트를 실행하면 쉽게 생성할 수 있다. 단, ORACLE 10g 이후 버전부터는 별도의 PLAN_TABLE을 생성하지 않아도 시스템에 존재하는 SYS.PLAN_TABLE$ 테이블을 사용하여 실행 계획을 저장하는 것이 가능해졌다.

```
$ORACLE_HOME/rdbms/admin/utlxplan.sql
```

이렇게 만들어진 PLAN_TABLE에는 옵티마이저가 제시한 실행 계획이 행 단위로 저장된다. PLAN_TABLE의 구조를 통해 저장되는 정보들을 살펴보자.

| 항목 | 설명 |
| --- | --- |
| STATEMENT_ID | EXPLAIN PLAN 명령을 수행할 때 사용자가 정의한 ID |
| PLAN_ID | 데이터베이스 내에서 실행 계획이 갖게 되는 단일한 속성 |
| TIMESTAMP | EXPLAIN PLAN 명령을 수행한 날짜 및 시간 정보 |
| REMARKS | EXPLAIN PLAN 명령을 수행할 때 사용자가 임의로 넣는 주석 |

| | |
|---|---|
| OPERATION | SELECT, DELETE, INSERT, UPDATE 가운데 하나가 수행될 때 단계별 작동 형태를 정의. AGGREGATE, AND-EQUAL, CONNECT BY, CONCATENATION, FOR UPDATE, INDEX 등의 기능 및 작동 방식 표현 |
| OPTIONS | OPERATION의 상세 옵션을 설명 |
| OBJECT_NODE | 참조하는 객체의 데이터베이스 링크 이름 |
| OBJECT_OWNER | 테이블 또는 인덱스의 소유주 |
| OBJECT_NAME | 테이블 또는 인덱스의 이름 |
| OBJECT_ALIAS | SQL에서 정의된 테이블 또는 뷰의 유일한 별칭 |
| OBJECT_INSTANCE | FROM절에 기술된 객체에 부여하는 번호 |
| OBJECT_TYPE | 객체의 유형 |
| OPTIMIZER | 옵티마이저 모드 정보 |
| ID | 수립된 각 실행 단계의 일련번호 |
| PARENT_ID | ID에 해당하는 부모 ID |
| POSITION | 동일 PARENT_ID를 가지는 ID 사이의 처리 순서 |
| COST | 각 처리 단계별 비용 |
| CARDINALITY | 명령 수행으로 인해 접근하게 될 행 수의 쿼리 최적화 방법에 의한 예측값 |
| BYTES | 명령 수행으로 인해 접근하게 될 바이트 수의 쿼리 최적화 방법에 의한 예측값 |

표 3-4 PLAN_TABLE의 구조

## ② EXPLAIN PLAN 수행

이제 위에서 생성한 PLAN_TABLE에 SQL의 실행 계획 정보를 기록하라는 명령을 내릴 차례다. 방법을 설명하기 전에 다음 SQL을 먼저 살펴보자.

```
EXPLAIN PLAN                            <= EXPLAIN PLAN 선언부
SET STATEMENT_ID = 'EP_TEST'            <= SQL에 임의의 ID 부여
FOR
SELECT E.empno, E.ename, D.deptname     <= SQL 입력부
FROM    emp E, dept D
WHERE   E.deptno=D.deptno ;
```

일반적으로 우리가 사용하는 SELECT문을 쓰기 전에 실행 계획을 저장하라는

선언을 하고, 실행할 SQL에 임의의 ID를 부여한 다음 FOR를 쓰면 된다. 이때 해당 SQL의 실행 계획을 저장하는 것뿐, 실제로 SQL이 실행되는 것은 아니다. 따라서 SQL을 실행하지 않고 접근 경로만 확인하고 싶을 때 유용하게 쓸 수 있다.

### ③ EXPLAIN PLAN 확인

이렇게 PLAN_TABLE에 저장된 실행 계획은 어떻게 확인할 수 있을까? PLAN_TABLE을 직접 조회하는 방법과 ORACLE에서 제공하는 패키지를 활용하는 두 가지 방법이 있다. 각각의 방법에 대해 좀 더 자세히 살펴보자.

- **PLAN_TABLE을 직접 조회하는 방법**

```
SELECT LPAD(operation, LENGTH(operation) + 2 * ( LEVEL - 1 ))
       ||DECODE(id, 0, 'cost  estimate:'|| DECODE(position, '0', 'N/A', position), NULL)
       || ' '
       ||options
       || DECODE(object_name, NULL, NULL,':')
       || RPAD(object_owner, Length(object_name) + 1, ',')
       || object_name
       || DECODE (object_type, 'UNIQUE', '(U) ','NON_UNIQUE', '(NU)', NULL)
       || DECODE(object_instance, NULL, NULL, '(' ||object_instance ||')') "Explain Plan"
FROM   plan_table
START WITH id = 0
       AND    STATEMENT_ID = '&&id'
CONNECT BY PRIOR id = parent_id
       AND STATEMENT_ID = '&&id';
```

위와 같은 SQL을 실행하면 EXPLAIN PLAN 명령을 사용해서 PLAN_TABLE에 저장한 실행 계획을 검색해볼 수 있다. 변수 &&id에는 EXPLAIN PLAN 명령을 수행할 당시 지정한 STATEMENT_ID를 입력하면 된다. 이처럼 PLAN_TABLE을 직접 조회하는 방법은 조회를 위한 SQL이 보다시피 복잡하고, PLAN_TABLE의 구조를 잘 알아야 하므로 잘 사용하지 않는다.

- **ORACLE에서 제공하는 패키지(DBMS_XPLAN)를 활용**

PLAN_TABLE을 직접 조회하는 방법의 불편함을 줄이고자 ORACLE에서는 DBMS_XPLAN 패키지를 제공하고 있다. DBMS_XPLAN 패키지의 함수 및 옵션을 어떻게 사용하느냐에 따라 출력 형태를 달리할 수 있다.

먼저 DBMS_XPLAN 패키지의 DISPLAY_CURSOR 함수를 사용하면, 예측된 실행 계획과 함께 SQL의 실제 실행 계획을 확인할 수 있다. SQL의 실제 실행 계획과 통계 정보를 확인할 수 있는 것은 큰 장점이기도 하지만, 성능이 매우 나쁜 SQL에 이 옵션을 사용하면 실제 수행 시 사용되는 I/O 및 CPU 자원을 소비하므로 가급적 사용을 자제하는 것이 좋다.

또한 DBMS_XPLAN 패키지의 DISPLAY 함수를 사용하면, 실제 측정한 정보가 아닌 예측 정보를 보여주는데, PLAN_TABLE을 직접 조회하는 방법보다 손쉽게 더 많은 정보를 볼 수 있다는 장점이 있다. 이 패키지는 ORACLE 9.2 버전부터 사용이 가능하며, 이 기능을 사용하기 위해서는 아래의 네 가지 뷰에 대한 조회 권한이 필요하다.

- V$SESSION
- V$SQL_PLAN
- V$SQL
- V$SQL_PLAN_STATISTICS_ALL

DBMS_XPLAN 패키지의 DISPLAY 함수를 사용하여 PLAN_TABLE에 저장된 실행 계획을 검색하는 구문을 살펴보자.

```
SELECT *
FROM   TABLE(DBMS_XPLAN.DISPLAY('table_name', STATEMENT_ID, 'FORMAT'));
```

이 구문에서 table_name에는 실행 계획을 저장하는 기본 테이블인 PLAN_TABLE을 입력하고 STATEMENT_ID에는 실행 계획을 검색하고자 하는 SQL의 ID를 입력하면 되는데, NULL로 두고 검색할 경우 해당 세션에서 가장 최근에 실행된 SQL의 실행 계획을 보여준다.

FORMAT 파라미터는 말 그대로 해당 실행 계획을 어떤 형태로 보여줄 것인가를 결정한다. FORMAT 파라미터에서 주로 쓰는 값들을 정리하면 다음과 같다.

| 구분 | FORMAT | 설명 |
|---|---|---|
| DISPLAY (예측) | BASIC | OPERATION ID, OPERATION NAME, OPTION 등 가장 기본적인 최소한의 정보를 출력 |
| | TYPICAL | 기본 설정 값. 실행 계획에서 얻고자 하는 대부분의 정보를 제공. BASIC + ROWS, BYTES, OPTIMIZER COST, PARALLEL, PREDICATE 등 |
| | SERIAL | TYPICAL과 동일한 정보를 제공하지만, PARALLEL 정보는 제외 |
| | ALL | 사용자 레벨의 최대한의 정보를 제공. TYPICAL + PROJECTION, ALIAS, REMOTE SQL 등 |
| | ADVANCED | ALL + PEEKED_BINDS 등 제공 |
| DISPLAY_CURSOR (실측) | ALLSTATS | 실제 액세스한 행 수와 수행 시간과 CR(Current Reads), PR(Physical Reads), PW(Physical Writes) 정보 제공. 수행 횟수에 따라 누적된 값 출력 |
| | ALLSTATS LAST | ALLSTATS와 동일한 정보를 제공하지만, 최종 정보만 제공. 단, 누적값 아님 |
| | ADVANCED ALLSTATS LAST | DISPLAY_CURSOR에서 지원하는 모든 정보 제공 |

**표 3-5** DBMS_XPLAN 형식

또한, 앞으로 다룰 장들에서 예제로 제시될 실행 계획 정보에 제시될 항목이 나타내는 의미를 짚고 넘어갈 필요가 있다. 다음 표를 참고하기 바란다.

| 구분 | 항목 | 정의 |
|---|---|---|
| RUNTIME STATISTICS | STARTS | 실행 계획 정보 중 OPERATION ID, OPERATION NAME, OPTION 같은 가장 기본적인 최소한의 정보를 출력 |
| | A-ROWS | 실제 SQL이 수행된 후 수집되는 행 수. TRACE 결과의 ROWS와 같은 항목 값 |
| | A-TIME | 실제 SQL 수행에 소요된 시간 |
| QUERY OPTIMIZER ESTIMATIONS | E-ROWS (ROWS) | SQL에 대한 예측되는 행의 수 |
| | E-BYTES (BYTES) | SQL 실행 시 접근하는 데이터 바이트 수의 예측값 |

| | | |
|---|---|---|
| I/O STATISTICS | BUFFERS | TRACE 결과의 CR(Current Reads) 항목에 해당. SQL 처리 시 발생한 CURRENT BLOCK 값 |
| | READS | TRACE 결과의 PR(Physical Reads)와 같은 항목. SQL 처리 시 발생한 PR(Physical Reads) 값 |
| | WRITES | SQL 수행 시 발생한 PW(Physical Writes) 수 |
| MEMORY UTILIZATIONS STATISTICS | 0MEM | OPTIMAL EXECUTION을 위해 필요한 메모리 양의 예측값 |
| | 1MEM | ONE-PASS EXECUTIONS을 위해 필요한 메모리 양의 예측값 |
| | 0/1/M | OPTIMAL/ONE-PASS/MULTIPASS MODE에서 수행 시 소요될 시간의 예측값 |
| | USED_MEM | 최근 실행 시 실제 메모리를 사용한 양 |
| | USED_TMP | 최근 실행 시 TEMPORARY 영역을 사용한 값 |

표 3-6 실행 계획의 항목 및 정의

DBMS_XPLAN 패키지의 DISPLAY 함수를 사용하면서 일반적으로 많이 쓰는 TYPICAL과 ALL을 사용했을 때, 출력되는 실행 계획이 어떻게 달라지는지 살펴보자. 먼저 TYPICAL을 사용한 예이다.

```
EXPLAIN PLAN FOR
    SELECT *
    FROM   t1
    WHERE  c1 = 1
           AND c2 = '1234';
```

해석되었습니다.

**SELECT * FROM TABLE( DBMS_XPLAN.DISPLAY( 'PLAN_TABLE', NULL, 'TYPICAL' ) );**

Plan hash value: 1420382924

```
--------------------------------------------------------------------------------
| Id  | Operation                    | Name  | Rows | Bytes | Cost (%CPU)| Time     |
--------------------------------------------------------------------------------
|   0 | SELECT STATEMENT             |       |    1 |     7 |     2   (0)| 00:00:01 |
|*  1 |  TABLE ACCESS BY INDEX ROWID | T1    |    1 |     7 |     2   (0)| 00:00:01 |
|*  2 |    INDEX RANGE SCAN          | T1_N1 |    1 |       |     1   (0)| 00:00:01 |
--------------------------------------------------------------------------------
```

```
Predicate Information (identified by operation id):
---------------------------------------------------

   1 - filter("C2"=TO_NUMBER('1234'))
   2 - access("C1"=1)
```

다음은 ALL을 사용한 경우이다.

```
SQL> SELECT * FROM TABLE( DBMS_XPLAN.DISPLAY( 'PLAN_TABLE', NULL, 'ALL' ) );

Plan hash value: 1420382924

--------------------------------------------------------------------------------
| Id  | Operation                    | Name  | Rows  | Bytes | Cost (%CPU)| Time     |
--------------------------------------------------------------------------------
|   0 | SELECT STATEMENT             |       |     1 |     7 |     2   (0)| 00:00:01 |
|*  1 |  TABLE ACCESS BY INDEX ROWID | T1    |     1 |     7 |     2   (0)| 00:00:01 |
|*  2 |   INDEX RANGE SCAN           | T1_N1 |     1 |       |     1   (0)| 00:00:01 |
--------------------------------------------------------------------------------

Query Block Name / Object Alias (identified by operation id):
-------------------------------------------------------------

   1 - SEL$1 / T1@SEL$1
   2 - SEL$1 / T1@SEL$1

Predicate Information (identified by operation id):
---------------------------------------------------

   1 - filter("C2"=TO_NUMBER('1234'))
   2 - access("C1"=1)

Column Projection Information (identified by operation id):
-----------------------------------------------------------

   1 - "C1"[NUMBER,22], "C2"[NUMBER,22]
   2 - "T1".ROWID[ROWID,10], "C1"[NUMBER,22]
```

이처럼 패키지를 활용하면 PLAN_TABLE에 저장된 실행 계획 정보를 손쉽게 조회할 수 있다는 장점 외에도 바로 다음에 다루게 될 AUTOTRACE 기능까지 내포하고 있어 그 쓰임새가 다양하다. 각 기능을 숙지하여 튜닝 업무에 활용하면 도움이 될 것이다.

### 3.2.2 AUTOTRACE

**(1) AUTOTRACE 사용 방법**

SQL의 실행 계획을 확인하는 방법 두 번째로 SQL*Plus에서 사용할 수 있는 AUTOTRACE 기능을 소개하겠다. 이 기능을 사용하면 실행 계획을 확인함과 동시에 실행 결과와 통계 정보까지 확인할 수 있다. AUTOTRACE 기능을 사용하기 위해서는 EXPLAIN PLAN과 마찬가지로 PLAN_TABLE을 미리 생성해야 하며, AUTOTRACE 명령을 수행할 수 있는 권한이 필요하다.

① **사전 준비**

- **PLAN_TABLE 생성**

- **PLUSTRACE 권한 부여**

    AUTOTRACE 기능을 사용하려면 DBA로부터 PLUSTRACE라는 롤을 받아야 한다. 이 롤은 아래의 스크립트를 실행하면 생성된다.

    $ORACLE_HOME/sqlplus/admin/plustrce.sql

    만일 이 롤이 없는 상태에서 PLUSTRACE 권한에 대한 GRANT 명령을 수행하면 다음과 같이 ORA-01919 에러 메시지를 출력하므로, 이런 경우에는 SYSDBA 사용자로 로그인하여 위의 스크립트를 실행한 후 다시 권한을 부여받아야 한다.

```
SQL> conn /as sysdba
Connected.
SQL> grant plustrace to scott;
Grant plustrace to scott
      *
ERROR at line 1:
ORA-01919: role 'PLUSTRACE' does not exist
```

② **AUTOTRACE 수행**

사전 작업이 완료되었으면 AUTOTRACE 명령을 통해 실행 계획을 확인할 수 있다. AUTOTRACE 명령과 함께 사용할 수 있는 옵션들이 있는데, 이러한 옵션을 잘 활용하면 원하는 형태의 실행 계획을 출력하는 것이 가능하다. AUTOTRACE 명령은 실행하고자 하는 SQL을 실행하기 직전에 다음과 같은 명령문을 실행하면 된다.

```
SET AUTOT[RACE] {OFF | ON | TRACE[ONLY]} [EXP[LAIN]] [STAT[ISTICS]]
```

위의 구문에서 볼 수 있는 것처럼, AUTOTRACE 명령을 사용할 때에는 ON/OFF/TRACE 등과 같은 옵션을 쓸 수 있는데, 각각의 옵션을 사용함에 따라 결과가 어떻게 달리 출력되는지 지금부터 예제를 통해 확인해보자. 참고로 실행 계획의 STATISTICS 정보로 출력되는 값 가운데 눈여겨서 봐야 할 값들에 어떤 것들이 있고 각각의 값이 어떤 의미를 갖는지 정리했다.

| 항목 | 설명 |
| --- | --- |
| DB BLOCK GETS | LOGICAL READ의 하나로, CURRENT MODE의 블록을 읽은 개수이다. 해당 세션에서 DML에 의해 변경을 일으킨 블록을 읽을 때 DB_BLOCK_GETS 항목에 READ BLOCK 수가 카운트된다. TKPROF 출력 결과에서 CURRENT에 해당하는 값이다. |
| CONSISTENT GETS | LOGICAL READ의 하나이며, CONSISTENT MODE의 블록을 읽은 개수이다. 메모리 내에 있는 변경되지 않은 블록을 읽거나, 타 세션에서 변경한 블록이지만 아직 COMMIT을 하지 않은 블록을 읽은 경우가 이에 해당한다. TKPROF 출력 결과에서 QUERY에 해당하는 값이다. |
| PHYSICAL READS | 물리적인 디스크에서 읽은 데이터 블록 개수이다. TKPROF 출력 결과에서 DISK에 해당하는 값이다. |

**표 3-7** 실행 계획의 STATISTICS 항목 및 설명

이제 다음과 같은 SQL을 실행하여 각 옵션별 출력 형태를 비교해보자.

```
SELECT E.empno,
       E.ename,
       E.job,
       E.mgr,
       E.hiredate,
       E.sal,
       E.comm,
       E.deptno
FROM   emp E
WHERE  E.deptno IS NOT NULL ;
```

- **SET AUTOTRACE ON**

SQL을 실제로 실행하며, 실행 결과와 실행 계획 및 통계 정보를 출력한다.

```
EMPNO      ENAME      JOB        MGR        HIREDATE     SAL        COMM       DEPTNO
---------- ---------- ---------- ---------- ------------ ---------- ---------- ----------
7902       FORD       ANALYST    7566       03-DEC-81    3000                  20
7934       MILLER     CLERK      7782       23-JAN-82    1300                  10
...
14 rows selected.

Execution Plan
----------------------------------------------------------
Plan hash value: 2872589290

--------------------------------------------------------------------------
| Id  | Operation         | Name | Rows  | Bytes | Cost (%CPU)| Time     |
--------------------------------------------------------------------------
|   0 | SELECT STATEMENT  |      |    14 |   476 |     3   (0)| 00:00:01 |
|*  1 |  TABLE ACCESS FULL| EMP  |    14 |   476 |     3   (0)| 00:00:01 |
--------------------------------------------------------------------------

Predicate Information (identified by operation id):
---------------------------------------------------
   1 - filter("E"."DEPTNO" IS NOT NULL)

Statistics
----------------------------------------------------------
        184  recursive calls
          0  db block gets
         44  consistent gets
          6  physical reads
          0  redo size
       1539  bytes sent via SQL*Net to client
        469  bytes received via SQL*Net from client
          2  SQL*Net roundtrips to/from client
          2  sorts (memory)
          0  sorts (disk)
         14  rows processed
```

- **SET AUTOTRACE ON EXPLAIN**

  SQL을 실제로 실행하며, 실행 결과와 실행 계획을 출력한다.

```
EMPNO      ENAME      JOB        MGR        HIREDATE     SAL        COMM       DEPTNO
---------- ---------- ---------- ---------- ------------ ---------- ---------- ----------
7902       FORD       ANALYST    7566       03-DEC-81    3000                  20
7934       MILLER     CLERK      7782       23-JAN-82    1300                  10
...
14 rows selected.

Execution Plan
----------------------------------------------------------
Plan hash value: 2872589290

--------------------------------------------------------------------------
| Id  | Operation         | Name | Rows  | Bytes | Cost (%CPU)| Time     |
--------------------------------------------------------------------------
|   0 | SELECT STATEMENT  |      |    14 |   476 |     3   (0)| 00:00:01 |
|*  1 |  TABLE ACCESS FULL| EMP  |    14 |   476 |     3   (0)| 00:00:01 |
--------------------------------------------------------------------------

Predicate Information (identified by operation id):
---------------------------------------------------

   1 - filter("E"."DEPTNO" IS NOT NULL)
```

- **SET AUTOTRACE ON STATISTICS**

  SQL을 실제로 실행하며, 실행 결과와 통계 정보를 출력한다.

```
EMPNO      ENAME      JOB        MGR        HIREDATE     SAL        COMM       DEPTNO
---------- ---------- ---------- ---------- ------------ ---------- ---------- ----------
7902       FORD       ANALYST    7566       03-DEC-81    3000                  20
7934       MILLER     CLERK      7782       23-JAN-82    1300                  10
...
14 rows selected.

Statistics
----------------------------------------------------------
          0  recursive calls
          0  db block gets
          8  consistent gets
          0  physical reads
          0  redo size
       1539  bytes sent via SQL*Net to client
        469  bytes received via SQL*Net from client
          2  SQL*Net roundtrips to/from client
          0  sorts (memory)
          0  sorts (disk)
         14  rows processed
```

- **SET AUTOTRACE TRACEONLY**

  SQL을 실제로 실행하나, 실행 결과는 보여주지 않고, 실행 계획과 통계 정보를 출력한다.

  ```
  14 rows selected.

  Execution Plan
  ----------------------------------------------------------
  Plan hash value: 2872589290

  --------------------------------------------------------------------------
  | Id  | Operation         | Name | Rows | Bytes | Cost (%CPU)| Time     |
  --------------------------------------------------------------------------
  |   0 | SELECT STATEMENT  |      |   14 |   476 |     3   (0)| 00:00:01 |
  |*  1 |  TABLE ACCESS FULL| EMP  |   14 |   476 |     3   (0)| 00:00:01 |
  --------------------------------------------------------------------------

  Predicate Information (identified by operation id):
  ---------------------------------------------------

     1 - filter("E"."DEPTNO" IS NOT NULL)

  Statistics
  ----------------------------------------------------------
            0  recursive calls
            0  db block gets
            8  consistent gets
            0  physical reads
            0  redo size
         1539  bytes sent via SQL*Net to client
          469  bytes received via SQL*Net from client
            2  SQL*Net roundtrips to/from client
            0  sorts (memory)
            0  sorts (disk)
           14  rows processed
  ```

- **SET AUTOTRACE TRACEONLY EXPLAIN**

  SQL을 실제로 실행하지는 않고 실행 계획만 출력한다. 단, DML 문장의 경우는 이 설정을 하여도 SQL을 실행하므로 주의해야 한다.

  ```
  Execution Plan
  ----------------------------------------------------------
  Plan hash value: 2872589290

  --------------------------------------------------------------------------
  | Id  | Operation         | Name | Rows | Bytes | Cost (%CPU)| Time     |
  --------------------------------------------------------------------------
  ```

```
|   0 | SELECT STATEMENT   |     |    14 |   476 |     3   (0)| 00:00:01 |
|*  1 |  TABLE ACCESS FULL| EMP  |    14 |   476 |     3   (0)| 00:00:01 |
------------------------------------------------------------------------

Predicate Information (identified by operation id):
---------------------------------------------------

   1 - filter("E"."DEPTNO" IS NOT NULL)
```

· **SET AUTOTRACE TRACEONLY STATISTICS**

SQL을 실제로 실행하나, 실행 결과는 보여주지 않고, 통계 정보만 출력한다.

```
14 rows selected.

Statistics
----------------------------------------------------------
          0  recursive calls
          0  db block gets
          8  consistent gets
          0  physical reads
          0  redo size
       1539  bytes sent via SQL*Net to client
        469  bytes received via SQL*Net from client
          2  SQL*Net roundtrips to/from client
          0  sorts (memory)
          0  sorts (disk)
         14  rows processed
```

지금까지 예로 살펴본 AUTOTRACE의 옵션을 정리하면 다음과 같다. 다음 표를 참고하여 보고자 하는 내용에 따라 적절히 옵션을 채택하여 사용하자.

| 옵션별 명령어 | SQL 수행 | 실행 계획 출력 | 실행 결과 출력 | 통계 정보 출력 |
| --- | --- | --- | --- | --- |
| SET AUTOTRACE ON | O | O | O | O |
| SET AUTOTRACE ON EXPLAIN | O | O | O | X |
| SET AUTOTRACE ON STATISTICS | O | X | O | O |
| SET AUTOTRACE ON TRACEONLY | O | O | X | O |
| SET AUTOTRACE TRACEONLY EXPLAIN<br>(= SET AUTOT TRACEONLY EXP) | X<br>(DML은 O) | O | X | X |
| SET AUTOTRACE TRACEONLY STATISTICS | O | X | X | O |

표 3-8 AUTOTRACE 옵션별 차이점

### 3.2.3 SQL TRACE 파일

**(1) SQL TRACE란?**

SQL TRACE는, 실행 계획은 물론 여러 세션에서 수행한 SQL의 통계 정보, 수행 시간, 결과 등을 TRACE로 기록하여 이를 파일 형태로 저장하는 방법이다. 이때 만들어지는 파일은 trc 확장자를 갖는다. SQL TRACE는 세션 또는 시스템 단위로 설정할 수 있으며, 이렇게 만들어진 TRACE 파일은 바이너리 형태로 저장되므로 읽기 편한 형태의 파일로 변환하는 과정이 필요하다. 파일 변환을 위해 TKPROF 유틸리티를 사용하며, 다음과 같은 명령문을 프롬프트에서 실행하면 텍스트 파일로 변환하는 것이 가능하다. 이때 sys=no라는 옵션을 사용하면, 시스템에서 내부적으로 수행되는 SQL 문장에 대해서는 변환을 제외해 주므로 일반적으로 많이 쓴다.

```
tkprof   trace_file.trc new_file.txt   sys=no
```

**(2) SQL TRACE 파일 생성 방법**

SQL TRACE를 설정하는 방법은 다양하다. 가장 많이 사용하는 방법 세 가지를 소개하면 다음과 같다.

- 파라미터 설정
- 이벤트 설정
- 패키지를 이용한 설정

여기서 어떤 방법을 사용하든 SQL TRACE 파일을 생성하기 위해서는 사전에 준비해야 할 작업이 있다. SQL TRACE와 연관이 있는 파라미터들의 설정을 먼저 해야 하며, TRACE 파일 생성에 필요한 권한 또한 필요하다. 설정해야 할 파라미터 값과 권한을 정리해보자.

- **파라미터**
    - TIMED_STATISTICS = TRUE
    - MAX_DUMPFILE_SIZE = 크기 / UNLIMITED
    - USER_DUMP_DEST = TRACE 파일의 생성 위치
- **권한**
    USER_DUMP_DEST에 설정한 경로에 대한 읽기 및 쓰기 권한

TIMED_STATISTICS는 시간과 관련된 통계 정보를 사용할 것인지 설정하는 파라미터이다. SQL 실행 계획을 보여주는 데 있어서 시간과 관련된 정보는 매우 중요하므로 이 파라미터는 반드시 TRUE로 설정해야 한다. 단, ORACLE 10g 이후 버전을 사용하고 있다면 이 파라미터의 기본값이 TRUE이므로 별도로 설정할 필요는 없다.

다음으로 MAX_DUMPFILE_SIZE는 생성될 TRACE 파일에 허용할 최대 사이즈를 설정하는 파라미터이다. 현재 사용 중인 서버의 용량 등을 고려하여 책정하면 된다.

마지막으로 USER_DUMP_DEST는 TRACE 파일을 생성할 경로를 지정하는 파라미터이다. 이 파라미터를 지정할 때는 해당 경로에 대한 읽기 및 쓰기 권한이 있는지 사전에 확인해야 한다.

이상의 파라미터에 대한 설정을 마쳤다면, SQL TRACE 파일 생성을 위한 준비가 끝난 것이다. 이제 SQL TRACE 파일을 생성하기 위해 사용하는 세 가지 방법을 익혀보자.

① **파라미터 설정**
SQL_TRACE라는 파라미터의 값을 활성화시켜 SQL TRACE 파일을 생성하는 방법이다. 이 방법은 인스턴스 단위 또는 세션 단위로 설정하는 것이 가능하다.

- **인스턴스 단위 설정**

    초기 파라미터 파일의 SQL_TRACE 파라미터 값을 TRUE로 설정한다. 동적 파라미터 파일(spfileSID.ora)을 설정한 시스템이라면 ALTER SYSTEM 명령어를 사용하여 가동 중에도 이 값을 변경하는 것이 가능하다.

    이렇게 설정을 마치고 나면 인스턴스 전체에서 일어나는 작업들에 대해 TRACE를 남기는 것이 가능해진다. 하지만 이와 같은 설정은 자칫 과도한 자원 사용 등의 문제를 야기시킬 수 있으므로 꼭 필요한 경우가 아니라면 권하지 않는다. 가급적이면 모니터링하고자 하는 특정 세션에 대해서만 TRACE 파일을 생성하도록 다음과 같은 방법을 쓰는 것이 좋다.

- **세션 단위 설정**

    ALTER SESSION 명령어를 사용하여 현재 사용 중인 세션에서 일어날 SQL 명령어들에 대해 TRACE 파일에 기록을 남기도록 한다. 명령문은 다음과 같다.

    ```
    ALTER SESSION SET SQL_TRACE=TRUE ;
    ```

② **이벤트 설정**

ORACLE에서는 이벤트 설정을 통해서도 DBMS의 상태를 분석하는 TRACE 파일을 생성하도록 지정할 수 있다. 성능 문제가 있거나, 에러가 발생했을 경우 10046 TRACE 이벤트를 활성화시켜 SQL TRACE 파일의 생성 및 분석이 가능한데, 이때 제공하는 정보는 SQL_TRACE 파라미터를 설정하여 생성되는 TRACE 파일의 그것과 동일하며, 레벨을 지정하면 바인드 변수 값이나 대기 이벤트 정보까지 추가적으로 모니터링을 할 수 있다.

이와 같이 이벤트 설정을 통해 TRACE 파일을 생성하도록 할 때는 다음과 같은 단위로 설정이 가능하다.

- 인스턴스 전체에 설정
- 현재 접속 중인 세션에 설정

- 다른 세션에 설정

위에서도 언급한 것처럼 인스턴스 전체에 이와 같은 이벤트 설정을 할 경우, 시스템상의 전체 세션에 대해 모니터링을 하기 때문에 시스템 성능에 영향을 줄 수 있고, 지속적으로 대량의 TRACE 파일을 생성할 수 있으므로 이 점에 주의하여 가급적 문제가 있는 세션에 대해서만 설정할 것을 권한다.

또한 10046 이벤트를 설정할 때는 LEVEL의 값을 함께 입력하는 데 각각의 레벨에 따라 수집하는 TRACE의 내용이 조금씩 다르다. 각 레벨에서 수집하는 TRACE의 내용은 다음과 같다.

- LEVEL 1 : SQL_TRACE 파라미터 설정과 동일한 정보
- LEVEL 4 : LEVEL 1의 정보 및 바인드 변수 정보
- LEVEL 8 : LEVEL 1의 정보 및 대기 이벤트 정보
- LEVEL 12 : LEVEL 4, 8의 정보

그럼 각 단위에서 설정을 위해 사용하는 명령문들을 살펴보자.

- **인스턴스 전체에 설정**

    두 가지 방법으로 인스턴스 전체에 대한 TRACE를 활성화할 수 있다.

    첫 번째는 초기 파라미터 파일에 이벤트 정보를 입력하는 방법이고, 두 번째는 ALTER SYSTEM 명령문을 사용하여 앞으로 접속하게 될 신규 세션 전체에 대해 설정하는 방법이다. 이 두 가지 방법은 결국 시스템에 접속 중인 모든 세션에 대해 모니터링을 수행하고, 그에 따른 TRACE를 생성하는 결과를 가져와 과도한 자원 사용 등의 문제를 야기시킬 수 있으므로 권하지 않는 방법이다.

초기 파라미터 파일을 수정

```
event="10046 trace name context forever, level 4"
```

신규 세션 전체에 적용

```
ALTER SYSTEM SET events '10046 trace name context forever, level 12';
```

- **현재 접속 중인 세션에 설정**

  이번에는 현재 접속 중인 세션에 대해서 TRACE를 활성화하는 명령문이다. 앞서 파라미터 설정으로 TRACE를 생성하게 하는 명령문과 동일하다.

  ```
  ALTER SESSION SET SQL_TRACE=TRUE ;
  ```

- **다른 세션에 적용**

  다른 세션에 대해 TRACE를 활성화하기 위해서는 DBMS_SYSTEM 패키지를 사용하여 설정하는 방법과 ORADEBUG라는 디버그 툴을 사용하여 설정할 수 있다. 먼저, DBMS_SYSTEM 패키지를 활용하여 설정하는 구문부터 살펴보자.

  ```
  EXECUTE SYS.DBMS_SYSTEM.SET_EV(SID,SERIAL#,<EVENT>,<LEVEL>,'<ACTION>') ;
  ```

  이 구문을 참고하여, 124라는 ID를 갖는 세션에 대해 10046 이벤트를 LEVEL 12로 적용하는 명령문을 작성해보면 다음과 같다.

  ```
  EXECUTE SYS.DBMS_SYSTEM.SET_EV(124,219,10046,12,'') ;
  ```

  참고로 위에서 설정한 내용을 비활성화할 때는 다음과 같은 명령문을 사용한다.

  ```
  EXECUTE SYS.DBMS_SYSTEM.SET_EV(124,219,10046,0,'') ;
  ```

  이번에는 ORADEBUG라는 디버그 툴을 사용하는 방법을 소개하겠다. 먼저

이 툴을 사용하려면 이벤트를 설정할 대상의 OS 프로세스 번호를 먼저 검색해야 하는데, 다음과 같이 V$PROCESS 뷰를 이용해서 검색할 수 있으며, 기타 모니터링 툴을 사용해서 OS에서 직접 취해오는 방법을 사용해도 무관하다.

```
SELECT  spid
FROM    V$PROCESS
WHERE   username = 'user_name';
```

대상이 되는 OS 프로세스 번호의 검색을 마쳤다면, 다음과 같은 명령문을 사용하여 다른 세션에 TRACE 기능을 활성화시킬 수 있다. 위에서 검색한 OS 프로세스 번호를 아래의 OS_PROCESS_ID 자리에 입력하면 된다.

```
oradebug setospid OS_PROCESS_ID
oradebug event 10046 trace name context forever, level 4
```

### ③ 패키지를 이용한 설정

ORACLE에서는 지금까지 설명한 파라미터 및 이벤트의 설정으로 TRACE를 활성화하는 방법 이외에 패키지를 활용하여 좀 더 간단히 TRACE를 활성화하는 방법을 제공한다. 이때 사용하는 패키지의 이름이 DBMS_MONITOR이며, 이 패키지를 사용하면 일반적인 세션 단위만이 아니라 서비스나 클라이언트 단위로도 TRACE를 활성화할 수 있다. 이 패키지를 사용하여 각각의 단위에서 TRACE를 활성화하고 비활성화하는 명령문을 살펴보자.

- **세션 단위**

    일반적으로 사용하는 세션 단위의 TRACE 활성화 방법이다. 아래에서 사용하게 될 세션 ID 및 SERIAL#의 정보는 V$SESSION을 통해 검색할 수 있다.

    활성화

    ```
    EXECUTE DBMS_MONITOR.SESSION_TRACE_ENABLE(session_id, serial#) ;
    ```

    비활성화

    ```
    EXECUTE DBMS_MONITOR.SESSION_TRACE_DISABLE(session_id, serial#) ;
    ```

- **클라이언트 단위**

  클라이언트 ID 값을 통해 해당 클라이언트에 대해서만 TRACE를 활성화하는 방법이다. 이 방법을 통해 수집된 TRACE 기록은 V$CLIENT_STATS를 통해 확인이 가능하다.

  활성화

  ```
  EXECUTE DBMS_MONITOR.CLIENT_ID_TRACE_ENABLE( 'client_name', TRUE, FALSE ) ;
  ```

  비활성화

  ```
  EXECUTE DBMS_MONITOR.CLIENT_ID_TRACE_DISABLE('client_name') ;
  ```

- **서비스, 모듈, 액션, 인스턴스 단위**

  서비스, 모듈, 액션, 인스턴스 단위로 TRACE를 활성화하는 방법이다. 이 방법을 통해 수집된 TRACE 기록은 V$SERV_MOD_ACT_STATS를 통해 확인이 가능하다.

  활성화

  ```
  EXECUTE DBMS_MONITOR.SERV_MOD_ACT_TRACE_ENABLE('service_name', DBMS_MONITOR.ALL_
                                                 MODULES, DBMS_MONITOR.ALL_ACTIONS,
                                                 TRUE, FALSE, NULL) ;
  ```

  비활성화

  ```
  EXECUTE DBMS_MONITOR.SERV_MOD_ACT_TRACE_DISABLE('service_name', DBMS_MONITOR.ALL_
                                                  MODULES, DBMS_MONITOR.ALL_ACTIONS,
                                                  NULL) ;
  ```

### 3.2.4 각종 툴의 활용

지금까지 DBMS_XPLAN 패키지와 SQL TRACE를 활용하여 실행 계획을 확인하는 방법을 익혔다. 각각의 기능이 갖는 성격은 유사하지만 설정 방법에 따라 볼 수 있는 정보에 차이가 있다는 사실을 알 수 있다. 실행 계획의 확인 방법에 따른 차이점을 요약하면 다음과 같다.

| 항목 | DBMS_XPLAN.display_cursor | DBMS_XPLAN.display | SQL TRACE |
| --- | --- | --- | --- |
| 실행 결과 | 실제 결과 | 예측 | 실제 결과 |
| 실행 SQL | 1개 이상 | 1개 | 1개 이상 |
| 함수 수행 정보 | X | X | O |
| 단계별 통계치 | O | X | X |
| 실행 계획 정보 | O | O | O |

표 3-9 실행 계획의 확인 방법 비교

이상으로 살펴본 여러 가지 방법 외에도 시중에 나와 있는 각종 DBMS 관리 툴을 사용하면 손쉽게 실행 계획을 확인할 수 있다. DBMS 관리 툴을 사용할 때에도 각각의 툴이 사용할 실행 계획 저장 테이블을 지정해야 한다. 다음 그림은 많은 프로젝트에서 사용하고 있는 DBMS 관리 툴인 TOAD와 ORANGE에서 실행 계획 테이블을 지정하는 화면이다.

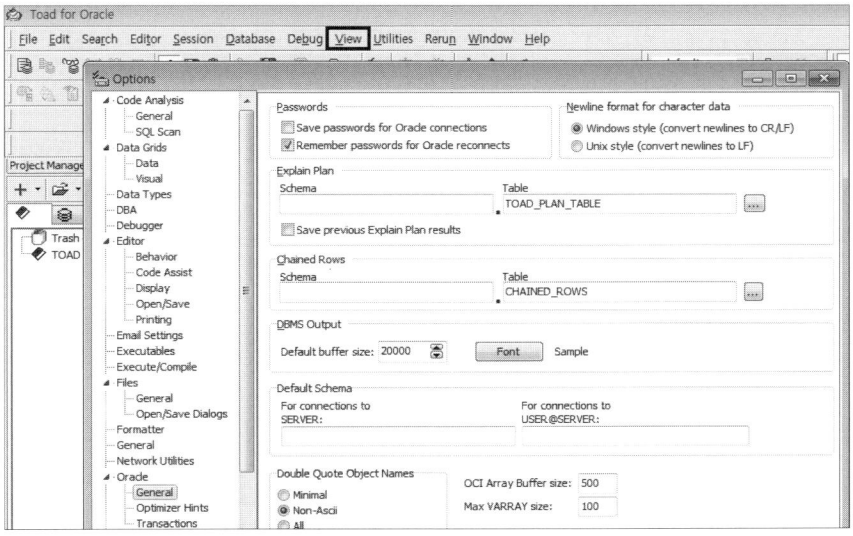

그림 3-1 TOAD에서 Plan Table 지정하는 방법

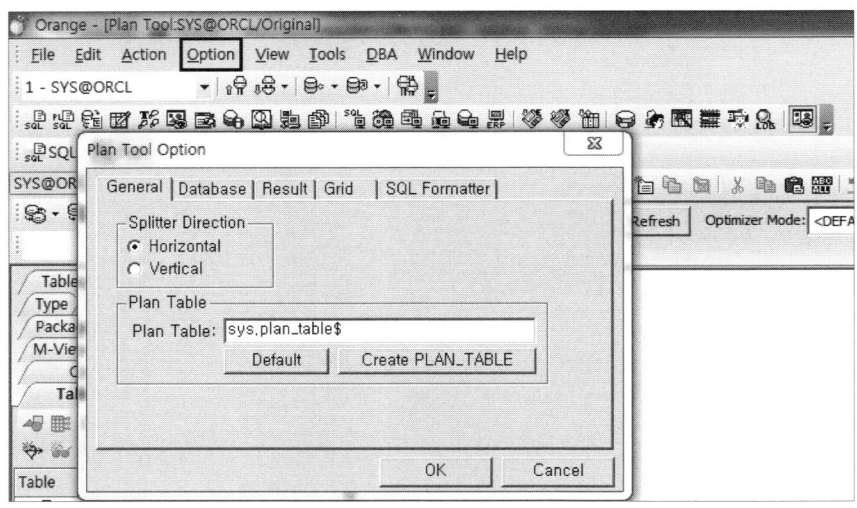

그림 3-2 ORANGE에서 Plan Table 지정하는 방법

## 3.3 실행 계획 해석

지금까지 보았듯이 실행 계획이란 매우 다양한 형태로 출력되며, 보여주는 정보 또한 광범위하다. 따라서 실행 계획을 정확하게 읽고 분석하는 것은 비록 어렵고 귀찮기는 하지만 SQL 튜닝을 하는 데 있어 가장 기본이 되는 작업이라고 할 수 있다. 실제 프로젝트에서 개발자들을 만나보면 실행 계획을 어떤 순서로 읽어야 하는지를 궁금해 하는 경우가 많다. 이 책에서 이야기할 몇 가지 규칙만 정확하게 이해하면, 대다수의 실행 계획을 읽어내는 데에는 문제가 없을 것이다.

### 3.3.1 실행 계획 읽는 순서

실행 계획은 여러 단계로 구성되어 있으며, 이 단계를 일컬어 '스텝'이라고 표현한다. 각각의 스텝에는 그 단계에서 어떤 명령이 수행되었고, 총 몇 건의 데이터가 처리되었으며 이 처리를 위해 얼마만큼의 비용과 시간이 소요되었는지를 표시한다. 앞으로 우리는 다양한 예제를 통해 실행 계획을 읽는 순서에 대한 훈련을 할 것이다. 이때 우리가 반드시 숙지해야 할 몇 가지 규칙을 소개하겠다.

이 규칙은 반드시 기억하기 바란다.

- 위에서 아래로 읽어 내려가면서 제일 먼저 읽을 스텝을 찾는다.
- 내려가는 과정에서 같은 들여쓰기가 존재하면, 무조건 위 → 아래 순으로 읽는다.
- 읽고자 하는 스텝보다 들여쓰기가 된 하위 스텝이 존재한다면, 가장 안쪽으로 들여쓰기 된 스텝을 시작으로 하여 한 단계씩 상위 스텝으로 읽어 나온다.

간단한 예로 실행 계획을 읽는 연습을 시작해보자.

```
-------------------------------------------------------------------
| Id  | Operation          | Name | Rows  | Bytes | Cost (%CPU)| Time     |
-------------------------------------------------------------------
|   0 | SELECT STATEMENT   |      |     1 |    87 |     3   (0)| 00:00:01 |
|*  1 |  TABLE ACCESS FULL | EMP  |     1 |    87 |     3   (0)| 00:00:01 |
-------------------------------------------------------------------
```

이 실행 계획의 위에서 아래로 읽어가는 중에 같은 들여쓰기로 되어 있는 스텝은 존재하지 않는다. 따라서 가장 안으로 들여쓰기가 되어 있는 ID 1을 가장 먼저 수행한다. 그리고 나면 상위 스텝인 ID 0을 수행한다. 정리하면 ID 1 → 0 순으로 수행하게 된다. 하나의 예를 더 살펴보자.

```
-------------------------------------------------------------------
| Id  | Operation            | Name    | Rows | Bytes | Cost (%CPU)| Time     |
-------------------------------------------------------------------
|   0 | SELECT STATEMENT     |         |    3 |   300 |     4   (0)| 00:00:01 |
|   1 |  NESTED LOOPS        |         |    3 |   300 |     4   (0)| 00:00:01 |
|*  2 |   INDEX UNIQUE SCAN  | PK_DEPT |    1 |    13 |     1   (0)| 00:00:01 |
|*  3 |   TABLE ACCESS FULL  | EMP     |    3 |   261 |     3   (0)| 00:00:01 |
-------------------------------------------------------------------
```

이 예의 경우 위에서 아래로 읽어 가는 중에, 같은 들여쓰기로 되어 있는 스텝이 존재하는 것을 볼 수 있다. ID 2와 3 스텝이 그렇다. 이렇게 같은 들여쓰기에 대해서는 위에서 아래로 즉, ID 2를 먼저 수행하고 ID 3을 읽어 수행한다.

또한 ID 2와 3 모두 하위 스텝은 존재하지 않으므로, 두 스텝의 수행을 마치고 나면 상위 스텝인 ID 1을 수행한 다음, 그 상위 스텝인 ID 0을 수행하게 된다. 결국 ID 2 → 3 → 1 → 0의 순서로 수행한다. 이제 실행 계획을 읽는 데에 자신감이 조금은 생겼을 것이다. 다음 예제를 살펴보자.

```
-----------------------------------------------------------------------------------
| Id  | Operation                     | Name    | Rows  | Bytes | Cost (%CPU)| Time     |
-----------------------------------------------------------------------------------
|   0 | SELECT STATEMENT              |         |       |       |   3 (100)|          |
|   1 |  NESTED LOOPS                 |         |     1 |   117 |   3   (0)| 00:00:01 |
|   2 |   TABLE ACCESS BY INDEX ROWID | EMP     |     1 |    87 |   2   (0)| 00:00:01 |
|*  3 |    INDEX UNIQUE SCAN          | PK_EMP  |     1 |       |   1   (0)| 00:00:01 |
|   4 |   TABLE ACCESS BY INDEX ROWID | DEPT    |   409 | 12270 |   1   (0)| 00:00:01 |
|*  5 |    INDEX UNIQUE SCAN          | PK_DEPT |     1 |       |   0   (0)|          |
-----------------------------------------------------------------------------------
```

위에서 아래로 읽어 가는 중에, 같은 들여쓰기로 되어 있는 스텝 ID 2와 4가 발견되었다. 같은 스텝에 대해서는 위에서 아래로 즉, ID 2를 읽고, ID 4를 나중에 읽는다. 하지만 ID 2를 읽으려고 보니, 한 번 더 들여쓰기가 된 하위 스텝 ID 3이 존재하므로 ID 3을 먼저 읽고 ID 2를 읽게 된다. 또한 스텝 ID 4를 읽을 때도, 하위 스텝인 ID 5가 존재하므로, ID 5를 읽고 나서 ID 4을 읽게 되는 것이다. 이렇게 같은 들여쓰기가 되어 있는 스텝에 대해 작업이 끝나면, ID 2와 4의 상위 스텝인 ID 1을 읽고, 다음으로 ID 1의 상위 스텝인 ID 0을 읽는다. 이를 정리하면 실행 계획의 수행 순서는 ID 3 → 2 → 5 → 4 → 1 → 0 순이 되는 것이다. 그럼 마지막으로 한 가지 예만 더 살펴보겠다.

```
-----------------------------------------------------------------------------------
| Id  | Operation                     | Name    | Rows  | Bytes | Cost (%CPU)| Time     |
-----------------------------------------------------------------------------------
|   0 | SELECT STATEMENT              |         |    14 |  1638 |  17   (0)| 00:00:01 |
|   1 |  NESTED LOOPS                 |         |       |       |          |          |
|   2 |   NESTED LOOPS                |         |    14 |  1638 |  17   (0)| 00:00:01 |
|   3 |    TABLE ACCESS FULL          | EMP     |    14 |  1218 |   3   (0)| 00:00:01 |
|*  4 |    INDEX UNIQUE SCAN          | PK_DEPT |     1 |       |   0   (0)| 00:00:01 |
|   5 |   TABLE ACCESS BY INDEX ROWID | DEPT    |     1 |    30 |   1   (0)| 00:00:01 |
-----------------------------------------------------------------------------------
```

다른 예제들과 마찬가지로 이 예제도 위에서 아래로 읽어 가는 중에, 같은 들여쓰기가 되어 있는 스텝 ID 2와 5를 볼 수 있다. 이 경우 위에서 아래로 읽기 때문에 ID 2를 먼저, ID 5를 나중에 읽는다. 먼저 읽을 것을 결정한 ID 2를 읽으려고 보니 들여쓰기가 된 하위 스텝이 존재하는 것을 알 수 있고, 하위 스텝인 ID 3과 4가 같은 들여쓰기가 되어 있다. 같은 들여쓰기로 되어 있는 스텝에 대해서는 위에서 아래로 수행이 되므로 ID 3을 먼저 읽고, ID 4를 나중에 읽게 될 것이다. 최종적으로 이 실행 계획을 읽는 순서는 ID 3 → 4 → 2 → 5 → 1 → 0의 순서인 것이다.

지금까지 다양한 예제들을 통해 실행 계획을 읽는 순서를 익혔다. 이제 3장 초반에 소개했던 실행 계획을 다시 한 번 살펴보기 바란다. 얼마 전까지는 어떻게 읽어야 할지 막연하기만 했던 실행 계획이 조금은 친숙하게 느껴질 것이다.

### 3.3.2 예제를 통한 실행 계획 분석

이 장에서는 SQL을 튜닝할 때 가장 중요한 실행 계획을 출력하는 방법과 읽는 방법에 대해 자세히 다루었다. 이 장에서 다룬 방법들을 동원하여 SQL을 분석해 나가는 과정을 하나의 예제를 통해 정리해보겠다.

```
SELECT /*+ LEADING(E) */ *
FROM   employees E,
       jobs J,
       departments D
WHERE  E.job_id = J.job_id
  AND  E.department_id = D.department_id
  AND  E.employee_id < 103;
```

Execution Plan
```
---------------------------------------------------------------
| Id  | Operation                     | Name          | Rows | Bytes | Cost (%CPU)| Time     |
---------------------------------------------------------------
|   0 | SELECT STATEMENT              |               |    3 |   363 |     8  (0)| 00:00:01 |
|   1 |  NESTED LOOPS                 |               |      |       |           |          |
|   2 |   NESTED LOOPS                |               |    3 |   363 |     8  (0)| 00:00:01 |
|   3 |    NESTED LOOPS               |               |    3 |   303 |     5  (0)| 00:00:01 |
|   4 |     TABLE ACCESS BY INDEX ROWID| EMPLOYEES    |    3 |   204 |     2  (0)| 00:00:01 |
|*  5 |      INDEX RANGE SCAN         | EMP_EMP_ID_PK |    3 |       |     1  (0)| 00:00:01 |
|   6 |     TABLE ACCESS BY INDEX ROWID| JOBS         |    1 |    33 |     1  (0)| 00:00:01 |
|*  7 |      INDEX UNIQUE SCAN        | JOB_ID_PK     |    1 |       |     0  (0)| 00:00:01 |
```

```
|*  8 |    INDEX UNIQUE SCAN          | DEPT_ID_PK   |     1 |       |     0   (0)| 00:00:01 |
|   9 |    TABLE ACCESS BY INDEX ROWID| DEPARTMENTS  |     1 |    20 |     1   (0)| 00:00:01 |
-------------------------------------------------------------------------------------------------

Predicate Information (identified by operation id):
---------------------------------------------------

   5 - access("E"."EMPLOYEE_ID"<103)
   7 - access("E"."JOB_ID"="J"."JOB_ID")
   8 - access("E"."DEPARTMENT_ID"="D"."DEPARTMENT_ID")
```

가장 먼저 실행 계획을 보기 위해 AUTOTRACE 명령을 사용하여 TRACE를 생성할 것을 설정하였다. 이때 SET AUTOTRACE TRACE[ONLY] 옵션을 사용하였으므로, 실제 SQL은 실행되지 않으면서 실행 계획만 보여준다. 출력된 실행 계획을 위에서 학습한 읽는 순서대로 읽어 보면 스텝 ID 5 → 4 → 7 → 6 → 3 → 8 → 2 → 9 → 1 → 0 순서이다. 그렇다면 각각의 스텝에서 어떤 동작이 수행될 것인지 순서대로 살펴보자.

- ID 5: E.employee_id<103를 만족하는 데이터를 찾기 위해 EMP_EMP_ID_PK 인덱스를 사용하여 INDEX RANGE SCAN을 하면서 조건을 만족하는 인덱스 블록과 키 값을 검색한 결과, 해당 스텝에서 3건의 행을 반환
- ID 4: ID 5에서 읽은 ROWID를 기반으로 employees 테이블을 접근하여, 조건에 부합하는 3건을 반환
- ID 7: ID 4에서 반환된 행의 JOB_ID 컬럼값을 가지고 와서 일치하는 값을 JOB_ID_PK라는 인덱스에서 INDEX UNIQUE SCAN 방식으로 검색한 결과 1건의 ROWID를 반환
- ID 6: ID 7에서 반환된 1건의 ROWID 값을 가지고 일치하는 데이터를 jobs 테이블에서 TABLE ACCESS BY INDEX ROWID 방식으로 검색한 결과, 1건의 행을 반환
- ID 3: 위의 과정을 거쳐 ID 4와 ID 6에서 검색된 데이터들을 조인하는데, NESTED LOOP JOIN 방식이므로 ID 4에서 반환환 행의 수 만큼 반복하여

조인한 결과, 조건을 만족하는 3건 반환
- ID 8 → 2 → 9 → 1도 이와 같은 규칙에 맞춰 처리
- ID 0: 모든 과정을 처리한 후 조건을 만족하는 3건 반환

이 실행 계획에서 나오는 인덱스의 사용 방식이나 조인의 수행 방식은 앞으로 4장과 5장에서 깊이 있게 다룰 것이므로 지금 완벽하게 이해가 되지 않는다고 난감해 할 필요는 없다. 이 장에서는 실행 계획을 어떤 순서로 읽고 분석할 것인가에 대해서만 집중하자.

마지막으로 실행 계획을 분석하여 SQL을 튜닝할 때, 우선적으로 확인해야 할 몇 가지 사항을 언급하고 이 장을 마치도록 하겠다.

- **조인 대상 테이블의 조인 컬럼에 인덱스가 있는지 확인한다.**

    NESTED LOOP JOIN 시, 대상 테이블의 조인 컬럼에 인덱스가 없으면 옵티마이저는 일반적으로 예상하는 실행 계획과 전혀 다른 실행 계획을 세울 가능성이 높아지며, 예상하는 대로 실행 계획을 세웠다고 하더라도 실행에 필요한 비용이 높아질 것이다.

    위의 예제에서 다루었던 SQL을 예로 보면, employees 테이블이 조인을 수행하는 기준 테이블, 즉 드라이빙 테이블이 된다. 그리고 이 테이블을 기준으로 E.job_id = J.job_id이라는 조건을 통해 jobs 테이블과 조인을 하게 되며, 마찬가지로 E.department_id = D.department_id이라는 조건을 통해 departments 테이블과도 조인을 하는 것이다. 이 경우 조인에 참여하게 되는 jobs 테이블의 job_id 와 departments 테이블의 department_id 컬럼에는 반드시 인덱스가 존재해야 한다. 또한 효율적인 인덱스가 있음에도 불구하고 인덱스를 제대로 사용하지 못하는 경우에 대해서는 인덱스를 사용할 수 있는 방안을 모색하여 반드시 인덱스를 사용할 수 있도록 조치해야 한다. 이 방안에 대해서는 4장에서 자세히 다루도록 하겠다.

- **INDEX SCAN이 효과적임에도 불구하고 FULL TABLE SCAN을 하는 것은 아닌지 확인한다.**

    위 예제의 실행 계획에서는 각각의 테이블을 검색하기 위해 조건절에 맞는 적절한 인덱스를 사용하고 있다. 단, 이 경우에도 유의해야 할 점은 E.employee_id < 103이라는 조건을 만족하는 데이터가 전체 테이블의 많은 비율을 차지하는 경우에는, INDEX SCAN보다 FULL TABLE SCAN이 더 유리할 수 있으므로, 실제 데이터의 분포를 검색해보는 것이 좋다.

    하지만 데이터의 분포에도 문제가 없고 적절한 인덱스가 존재함에도 불구하고 인덱스를 사용하지 않는 경우는 그 원인을 확실히 짚고 넘어가야 한다. 예를 들어 조건절에서 사용된 컬럼이 다양한 이유로 변형되면, 이를 인덱스 컬럼으로 인식하지 못하여 필요한 인덱스를 사용할 수 없기 때문이다. 이러한 경우에도 필요한 인덱스를 사용할 수 있도록 조치해야 빠른 시간 내에 원하는 데이터를 도출할 수 있다.

- **실행 계획의 ROWS 컬럼 값에 급격한 증가나 감소가 있는지 확인한다.**

    위의 예제를 통해 본 실행 계획에서는 각 스텝별로 반환되는 행의 수가 크게 다르지 않으므로, 일단 문제가 없어 보이기는 하나 여기에도 함정이 있을 수 있다. 위 실행 계획은 어디까지나 옵티마이저가 DBMS에 축적된 통계 정보의 값을 토대로 예측한 결과이다. 따라서 통계 정보에 대한 업데이트를 놓쳐 통계 정보가 실제와 많이 다를 경우, ROWS에서 보여주는 값이 실제로 SQL을 실행했을 때와 다를 수 있다는 것이다.

    따라서 좀 더 정확한 SQL 수행 비용 예측을 위해 GATHER_PLAN_STATISTICS라는 힌트를 사용하거나 세션 레벨에서 STATISTICS_LEVEL 값을 변경하고 SQL을 실행한 후, DBMS_XPLAN 패키지를 사용하여 실행 계획을 보기도 한다. 아래 예제는 위에서 사용한 SQL에 대해 GATHER_PLAN_STATISTICS 힌트를 사용하여 실행 계획을 추출한 경우이다. 위의 실행 계획과 어떠한 차이가 있는지 살펴보자.

```
SELECT /*+ GATHER_PLAN_STATISTICS LEADING(E) */ *
FROM    employees E,
        jobs J,
        departments D
WHERE   E.job_id = J.job_id
        AND E.department_id = D.department_id
        AND E.employee_id < 103;

SELECT * FROM TABLE(DBMS_XPLAN.DISPLAY_CURSOR(NULL,NULL,'ALLSTATS LAST'));

Execution Plan
-----------------------------------------------------------
---------------------------------------------------------------------------------------------
| Id  | Operation                     | Name         | Starts | E-Rows | A-Rows |   A-Time   | Buffers |
---------------------------------------------------------------------------------------------
|   1 |  NESTED LOOPS                 |              |      1 |        |      3 |00:00:00.01 |      14 |
|   2 |   NESTED LOOPS                |              |      1 |      3 |      3 |00:00:00.01 |      11 |
|   3 |    NESTED LOOPS               |              |      1 |      3 |      3 |00:00:00.01 |       9 |
|   4 |     TABLE ACCESS BY INDEX ROWID| EMPLOYEES   |      1 |      3 |      3 |00:00:00.01 |       4 |
|*  5 |      INDEX RANGE SCAN         | EMP_EMP_ID_PK|      1 |      3 |      3 |00:00:00.01 |       2 |
|   6 |     TABLE ACCESS BY INDEX ROWID| JOBS        |      3 |      1 |      3 |00:00:00.01 |       5 |
|*  7 |      INDEX UNIQUE SCAN        | JOB_ID_PK    |      3 |      1 |      3 |00:00:00.01 |       2 |
|*  8 |    INDEX UNIQUE SCAN          | DEPT_ID_PK   |      3 |      1 |      3 |00:00:00.01 |       2 |
|   9 |   TABLE ACCESS BY INDEX ROWID | DEPARTMENTS  |      3 |      1 |      3 |00:00:00.01 |       3 |
---------------------------------------------------------------------------------------------

Predicate Information (identified by operation id):
---------------------------------------------------
  5 - access("E"."EMPLOYEE_ID"<103)
  7 - access("E"."JOB_ID"="J"."JOB_ID")
  8 - access("E"."DEPARTMENT_ID"="D"."DEPARTMENT_ID")
```

실행 계획에서 E-ROWS가 앞서 본 실행 계획의 ROWS와 동일한 항목으로 옵티마이저가 예측한 값이고, A-ROWS 항목이 SQL을 실제로 실행했을 때 각 스텝이 실제로 반환할 결과의 수이다. 다행히 E-ROWS와 A-ROWS의 각 스텝간 결과값의 차이가 크지 않으므로 앞서 출력된 실행 계획에 큰 문제가 없다는 결론을 내릴 수 있다.

하지만 E-ROWS와 A-ROWS의 각 스텝 간 결과값의 차이가 큰 경우에는 현재 DBMS가 가지고 있는 통계 정보에 대해 의심해 봐야 한다. 실제로 통계 정보와 실제 측정치가 많이 다른 경우는 다시 통계 정보를 수집하는 등의 조치를 취해야 한다.

또한 각각의 조건을 처리하는 데 어떤 방식을 채택했는지 확인하려면

Predicate Information의 정보를 보기 바란다.

이상으로 실행 계획이 표현되는 방식과 판독하는 방법을 살펴보았다.

SQL이 나아갈 방향을 알려주는 실행 계획은, SQL 튜닝의 가장 기본이 되는 분석 자료이다. 작성한 SQL의 드라이빙 테이블이 어떤 테이블로 선정되었는지, 어떤 인덱스를 사용하여 어떤 순서로 실행될 것인지를 파악하는 것만으로 SQL이 갖는 기본적인 문제점은 파악하고 쉽게 해결할 수 있기 때문이다.

SQL을 한 문장씩 작성할 때마다 결과값이 맞는지 아닌지 확인하는 데서 그치지 않고 작성한 SQL이 어떤 실행 계획을 가질 것인지 예상하고 확인하는 것만으로도 시스템의 성능 향상에 기여하는 것임을 잊지 말자.

# 4
# 인덱스

## 4.1 인덱스란?

앞장에서 우리는 실행 계획을 읽는 방법에 대해 알아보았다. 이제 SQL이 어떤 순서로 진행될 것인지 분석하는 눈을 갖게 된 것이다. 이제부터는 실행 계획 각각의 스텝을 이해하는 데 필요한 지식들을 다루게 될 것이다. 1장에서도 언급했지만 SQL 튜닝을 할 때 문제 요소로 가장 많이 지적된 것이 인덱스와 조인이었다. 이는 인덱스와 조인에 대한 이해만 정확하게 하고 있어도 최적화된 SQL을 작성하는 데 큰 도움이 될 것임을 의미한다. 이 장에서는 먼저 인덱스에 대해 SQL 튜닝 측면에서 다루도록 하겠다.

| 사번 | 이름 | 부서 | 전화번호 | 주소 |
|---|---|---|---|---|
| 10001 | 정지혜 | 총무팀 | 010XXXX5671 | 서울시 금천구 |
| 10002 | 김윤성 | 인사팀 | 010XXXX5672 | 서울시 영등포구 |
| 10003 | 권지윤 | 법무팀 | 010XXXX5673 | 대전시 유성구 |
| 10004 | 양용열 | 인사팀 | 010XXXX1234 | 인천시 부평구 |
| 10005 | 김남훈 | 영업팀 | 010XXXX1232 | 서울시 중랑구 |
| 10006 | 한승란 | 영업팀 | 010XXXX1000 | 서울시 강동구 |
| ... | | | | |

위와 같이 데이터가 입력된 사원 테이블로부터 이름이 '김윤성'인 사원의 정보

를 검색하는 SQL을 실행했다고 하자. 만일 이 사원 테이블에 만 명의 사원에 대한 정보가 저장되어 있다면, 만 건의 레코드를 모두 읽어 이름 = '김윤성'이라는 조건을 만족하는 데이터들을 찾아올 것이다. 그리고 이 검색 속도는 사원이 늘어나면 늘어날수록 점점 느려질 것이다. 이렇게 느려지는 현상을 해결하기 위해 등장한 것이 바로 인덱스이다.

인덱스란, 데이터의 고유성을 확인하거나 검색 성능을 향상시키기 위해 사용하는 객체이다. 특정 컬럼에 인덱스를 생성하면, 해당 컬럼의 데이터들을 정렬하여 별도의 공간에 데이터의 물리적 주소와 함께 저장한다. 인덱스를 생성할 때 수행하는 정렬 작업은 이후 해당 데이터를 빠르게 검색하는 데 중요한 역할을 한다. 왜냐하면 무작위로 입력된 데이터에 비해 정렬된 데이터는 선후관계를 파악할 수 있어 불필요한 데이터를 읽지 않고 원하는 데이터에만 접근할 수 있도록 도와주기 때문이다.

좀 더 쉬운 이해를 위해 우리나라의 역사를 연대별로 정리한 국사책을 예로 들어보겠다. 이 책은 고조선, 삼국시대, 통일신라, 고려, 조선의 순서로 시간의 흐름에 따라 기술되어 있다. 이 책을 공부한 후, 공민왕이 세운 업적이 기억나지 않아 다시 책을 폈다. 그런데 공민왕이 어느 시대의 왕인지도 기억나지 않는다. 그렇다면 어떻게 할 것인가? 앞에서부터 다시 책을 읽어나가는 수밖에 없을 것이다. 공민왕은 고려시대의 왕이니 그나마 다행이지만 조선시대의 왕이었다면 책을 반 이상 다시 읽어야 찾을 수 있게 되는 것이다.

이러한 불편을 해소하기 위한 방책으로 책의 맨 뒤에 색인이라는 것을 제공한다. 키워드가 되는 단어들을 중심으로 책의 내용을 찾을 수 있도록 돕는 역할을 하는 것이다. 바로 이 색인의 기능이 인덱스의 그것과 유사하다.

인덱스는 시스템을 구성하는 데 있어서 필수적인 객체는 아니다. 하지만 DBMS를 도입한 시스템치고 인덱스를 사용하지 않는 시스템은 없다. 인덱스의 존재 여부가 시스템의 전체 성능을 좌우할 수 있기 때문이다. 그렇다고 해서 무작정 많은 인덱스를 만드는 것이 성능 개선에 도움을 주는 것은 아니다. 세상에 공짜는 없다. 인덱스가 주는 혜택이 있는가 하면 그에 따른 부작용이 있다. 이제부터 인덱스를 정확하게 이해하고 제대로 쓰는 방법에 대해 학습할 것이다. 거듭 강조하지만, 필자들이 실제 프로젝트에서 SQL을 튜닝하면서 지적한 문제들의 52% 이상이 인덱스와 연관된 문제였다는 점을 잊지 말아야 할 것이다.

인덱스는 분류하는 기준에 따라 다음과 같이 다양하게 나뉜다.

- 인덱스 컬럼 값의 유일성 : UNIQUE/NON-UNIQUE
- 인덱스를 구성하는 컬럼의 수 : 단일 인덱스/결합 인덱스
- 인덱스의 물리적 구성 방식 : B* Tree /BITMAP/CLUSTER

이 가운데 인덱스의 물리적 구성 방식에 따른 분류를 기준으로 인덱스의 종류별 개념 및 특성을 이 장에서 살펴보고자 한다.

### 4.1.1 B* Tree 인덱스의 개념 및 작동 원리

ORACLE에서 제공하는 인덱스의 유형에는 여러 가지가 있지만, 그 중에서도 가장 보편적으로 사용되는 밸런스드 트리 인덱스에 대해 먼저 살펴보자. 우리가 흔히 말하는 인덱스는 대부분 밸런스드 트리 인덱스를 의미한다. 밸런스드 트리 인덱스는 B Tree, B+Tree, B* Tree 인덱스로 구분된다. 각각의 인덱스가 어떤 차이를 갖는지는 여기서 언급하지 않겠지만, 책의 내용이 ORACLE을 기반으로 설명을 하고 있는 만큼 ORACLE에서 밸런스드 트리 인덱스로 정의하고 있는 B* Tree 인덱스를 중점적으로 설명하겠다. 또한 용어의 혼동을 피하기 위해, 이후로는 밸런스드 트리 인덱스를 B* Tree 인덱스로 표기한다.

### (1) B* Tree 인덱스의 구조

B* Tree 인덱스는 ORACLE 뿐 아니라 다른 관계형 DBMS에서도 많이 사용하는 가장 보편적인 인덱스다. 나라 이름을 저장한 컬럼에 B* Tree 인덱스를 생성하

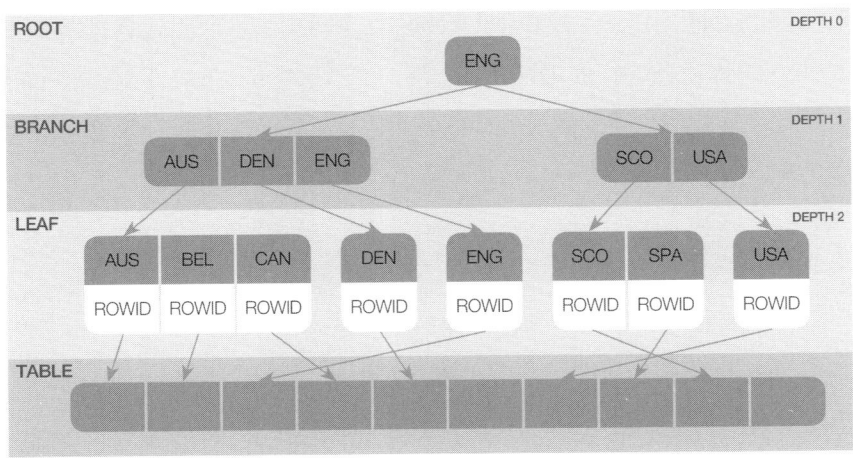

**그림 4-1** B* Tree 인덱스 구조

면 다음 그림과 같은 구조로 인덱스가 만들어진다.

그림에서 보는 것처럼 B* Tree 인덱스는 나무처럼 뿌리 - 줄기 - 잎의 구조를 갖는다. 특정 컬럼에 인덱스를 생성하는 순간 컬럼의 값들을 정렬하는데, 정렬한 순서가 중간쯤 되는 데이터를 뿌리에 해당하는 ROOT 블록으로 지정하고, ROOT 블록을 기준으로 가지가 되는 BRANCH 블록을 정의한다. 마지막으로 잎에 해당하는 LEAF 블록에 인덱스의 키가 되는 데이터와 데이터의 물리적 주소 정보인 ROWID를 저장한다. 이처럼 키가 되는 데이터를 저장하는 ROOT 블록에 대해 DEPTH 0이라고 표현하며, LEAF 블록으로 갈수록 DEPTH는 하나씩 늘어난다.

ROOT 블록과 LEAF 블록은 반드시 하나의 DEPTH를 갖는 것에 비해 BRANCH 블록은 데이터 양에 따라 여러 DEPTH로 나뉘는데, 극단적으로 데이터가 증가하지 않는다면 DEPTH 3을 넘어서는 경우가 거의 없으므로 DEPTH로 인한 성능 저하는 걱정하지 않아도 된다. 참고로 B* Tree 인덱스는 ROOT 블록을 기준으로 모든 LEAF 블록이 같은 DEPTH를 유지하도록 지속적으로 균형을 맞춘다.

또한, LEAF 블록에 저장되는 인덱스의 키 데이터는 먼저 오름차순으로 정렬한 뒤 순차적으로 저장되는데, 사용자의 필요에 의해 데이터를 내림차순으로 정렬한 뒤 저장할 수도 있으며, 이를 내림차순 인덱스(DESCENDING INDEX)라고 한다. 시스템을 개발하다 보면 통상적으로 내림차순 검색을 하게 되는 컬럼들이 있다. 쉬운 예로 입사일이 최근에 가까운 사원부터 사원 정보를 검색하는 경우를 들 수 있다. 이 경우 'ORDER BY 입사일 DESC'와 같은 표현식을 쓰는데, 이와 같은 컬럼에 대해 내림차순 인덱스를 적절히 생성해두면 효율적인 검색을 할 수 있다.

지금까지 설명한 B* Tree 인덱스의 특징을 정리하면 다음과 같다.

- B* Tree 인덱스는 언제나 균형이 맞는다. 이는 곧, 모든 LEAF 블록이 동일한 DEPTH에 존재한다는 뜻이다.
- B* Tree 인덱스의 LEAF 블록에는 키 데이터와 키 데이터를 포함한 레코드의 물리적 주소 정보를 키 데이터 정렬 순서에 맞춰 저장한다.
- B* Tree 인덱스의 키 데이터가 테이블에서 UPDATE가 되면, 인덱스에서는 DELETE와 INSERT를 하는 것으로 처리된다

## (2) B* Tree 인덱스의 동작

### ① 데이터를 검색할 때

인덱스의 가장 중요한 기능은 데이터의 조회 속도를 빠르게 하는 것이다. B* Tree 인덱스는 ROOT 블록을 시작으로 BRANCH 블록, LEAF 블록의 순서로 데이터를 검색하는데, 얼마나 많은 BRANCH 블록과 LEAF 블록을 경유할지는 조건의 유형에 따라 달라진다. 그리고 이 유형이 3장에서 설명한 INDEX SCAN의 방식을 결정짓는 요소가 된다. 대표적인 INDEX SCAN 방식들이 어떠한 경로로 데이터를 조회하는지 알아보자.

· **INDEX UNIQUE SCAN**

인덱스를 사용한 검색 방식 가운데 가장 빠른 방법이다. 이 방식을 사용하기 위해서는 기본 키 또는 UNIQUE INDEX가 생성되어 있어야 하며, 인덱스를 구성하고 있는 모든 컬럼이 조건절에서 '='로 비교되어야 한다. 조인되는 INNER TABLE과의 조인 조건에도 UNIQUE INDEX 또는 기본 키 컬럼이 모두 조인에 참여했을 때에만 INDEX UNIQUE SCAN을 할 수 있다.

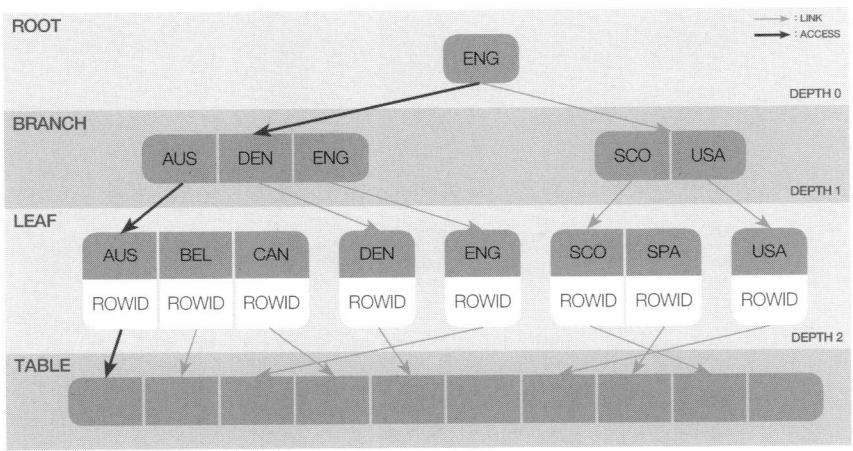

그림 4-2 INDEX UNIQUE SCAN의 동작 원리

아래에 소개할 SQL은 INDEX UNIQUE SCAN으로 처리된 사례이다. 인라인 뷰 VA 안에서 처리된 결과가 tb_bill_table(별칭 TB) 테이블과 조인될 때, 사용된 조인 조건이 TB.bill_no = VA.bill_no이다. TB 테이블의 bill_no 컬럼에는 PK를 설정하여 UNIQUE INDEX가 생성된 상태이며, 이로써 UNIQUE SCAN이 보장되므로 조인되고자 하는 bill_no 값을 한 번씩만 조인해서 원하는 결과 값을 얻을 수 있다.

**SQL**

```
SELECT VA.*,
       FUNCTION_GET_CODE_NAME('001', TB.product_location) AS PRODUCT_LOCATION_MAME
FROM   (SELECT /*+ INDEX_ASC(TA TB_HEADER_TABLE_IDX1) */
```

```
            TA.store_type,
            TO_CHAR(TO_DATE(TA.sale_date, 'YYYYMMDD'), 'YYYY-MM-DD') SALE_DATE,
            TA.bill_no,
            TA.state,
            TA.corn_id,
            FUNCTION_GET_CORN_NAME(TA.corn_id)   AS CORN_NAME,
            (중략)
       FROM  tb_header_table TA
       WHERE TA.store_type IN ( '01', '02', '03', '05', '06', '07' )
             AND TA.eng_name LIKE 'KIM%'
             AND TA.sale_date BETWEEN '20070407' AND '20110404'
             AND TA.sale_type IN ( '0', '1', '2', '3' )
             AND TA.corn_id NOT IN ( '11', 12', '13', '17' )
       ) VA,
       tb_bill_table TB
WHERE  TB.bill_no = VA.bill_no
ORDER  BY VA.sale_date DESC,
          VA.bill_no ;
```

**실행 계획**

```
---------------------------------------------------------------------------------------------
| Id  | Operation                     | Name               | Rows | Bytes | Cost (%CPU)| Time     |
---------------------------------------------------------------------------------------------
|   0 | SELECT STATEMENT              |                    |   20 |  2480 |   10  (10) | 00:00:01 |
|   1 |  SORT ORDER BY                |                    |   20 |  2480 |   10  (10) | 00:00:01 |
|   2 |   NESTED LOOPS                |                    |      |       |            |          |
|   3 |    NESTED LOOPS               |                    |   20 |  2480 |    9   (0) | 00:00:01 |
|   4 |     INLIST ITERATOR           |                    |      |       |            |          |
|*  5 |      TABLE ACCESS BY INDEX ROWID| TB_HEADER_TABLE  |   20 |  2140 |    5   (0) | 00:00:01 |
|*  6 |       INDEX RANGE SCAN        | TB_HEADER_TABLE_IDX1|  28 |       |    1   (0) | 00:00:01 |
|*  7 |     INDEX UNIQUE SCAN         | TB_BILL_TABLE_PK   |    1 |       |    1   (0) | 00:00:01 |
|   8 |    TABLE ACCESS BY INDEX ROWID| TB_BILL_TABLE      |    1 |    17 |    1   (0) | 00:00:01 |
---------------------------------------------------------------------------------------------

Predicate Information (identified by operation id):
---------------------------------------------------

  5 - filter("TA"."SALE_DATE">='20070407' AND "TA"."CORN_ID"<>'11' AND "TA"." CORN_ID"<>'12'
             AND "TA"." CORN_ID"<>'13' AND "TA"." CORN_ID"<>'17' AND ("TA"."SALE_TYPE"='0' OR
             "TA"."SALE_TYPE"='1' OR "TA"."SALE_TYPE"='2' OR "TA"."SALE_TYPE"='3') AND
             "TA"."SALE_DATE"<='20110404')
  6 - access(("TA"."STORE_TYPE"='01' OR "TA"."STORE_TYPE"='02' OR "TA"."STORE_TYPE"='03' OR
             "TA"."STORE_TYPE"='05' OR "TA"."STORE_TYPE"='06' OR "TA"."STORE_TYPE"='07') AND "TA"."ENG_
NAME" LIKE 'KIM%')
      filter("TA"."ENG_NAME" LIKE 'KIM%')
  7 - access("TB"."BILL_NO"="TA"."BILL_NO")
```

· **INDEX RANGE SCAN**

인덱스를 사용해 인덱스가 생성된 컬럼에 대해 범위 검색을 하는 방법이다.

UNIQUE INDEX를 사용하지 않거나, 비교연산자를 사용한 대다수의 경우가 이 방식으로 처리되는데, 비교연산자로는 〈, 〈=, 〉, 〉=, BETWEEN, LIKE 등이 사용될 수 있다. 이 방법으로 검색된 데이터는 오름차순 또는 내림차순으로 정렬하여 출력할 수 있다.

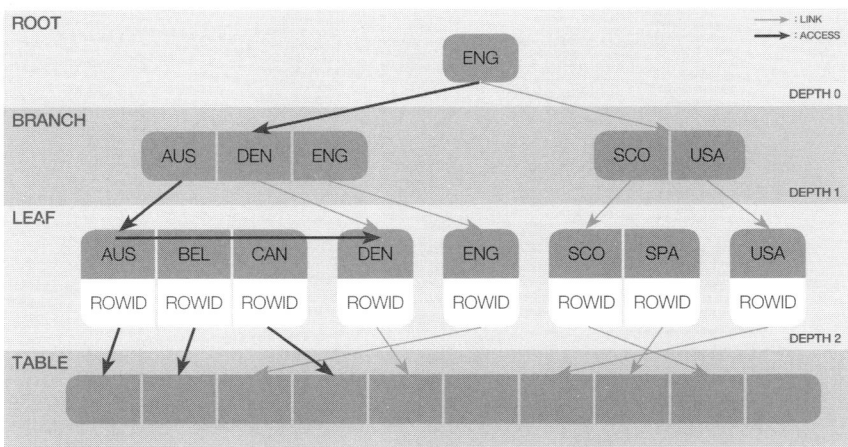

그림 4-3 INDEX RANGE SCAN의 동작 원리

인덱스를 사용한 검색 방법 중 가장 흔히 볼 수 있는 INDEX RANGE SCAN 실행 계획은 다음과 같이 출력된다.

**SQL**

```
SELECT COUNT(TA.node_oid)
FROM   tb_node_table TA,
       tb_workflow_table TB
WHERE  TA.work_flow_oid= TB.work_flow_oid
       AND    TA.state = '10'
       AND    TB.active_yn = 'Y'; ′
```

**실행 계획**

```
Execution Plan
---------------------------------------------------------
   0      SELECT STATEMENT Optimizer=CHOOSE
   1   0    SORT (AGGREGATE)
   2   1      NESTED LOOPS
```

```
    3    2       INDEX(RANGE SCAN) OF 'TB_NODE_TABLE_IDX1'(NON-UNIQUE)
    4    2       INDEX(RANGE SCAN) OF 'TB_WORKFLOW_TABLE_IDX1' (NON-UNIQUE)
```

인덱스 구조

| 테이블 이름 | 인덱스 이름 | 구성 컬럼 |
|---|---|---|
| TB_NODE_TABLE | TB_NODE_TABLE_IDX1 | STATE, WORK_FLOW_OID |
| TB_WORKFLOW_TABLE | TB_WORKFLOW_TABLE_IDX1 | WORK_FLOW_OID, ACTIVE_YN |

위의 사례는 일반 인덱스를 사용한 INDEX RANGE SCAN의 예이며, 아래의 예는 사용하려는 인덱스가 UNIQUE INDEX임에도 불구하고 비교연산자를 사용하여 범위 검색을 하기 때문에 INDEX RANGE SCAN 방식으로 처리된 경우를 보여준다.

SQL

```
SELECT E.emp_name, E.department
FROM   emp E
WHERE  emp_no > 1234 ;
```

실행 계획

```
Execution Plan
---------------------------------------------------------
    0       SELECT STATEMENT
    1    0    TABLE ACCESS (BY INDEX ROWID) of 'EMP'
    2    1      INDEX (RANGE SCAN) OF 'EMP_PK' (UNIQUE)
```

· **INDEX SKIP SCAN**

ORACLE 9i부터 적용이 가능한 방식으로, 결합 인덱스의 선행 컬럼에 대한 조건이 없고 후행 컬럼에 대한 조건만 있는 경우에 적용된다. 이 방식은 선행 컬럼 값의 중복을 제거한 값의 종류가 적은 경우에 유리하다.

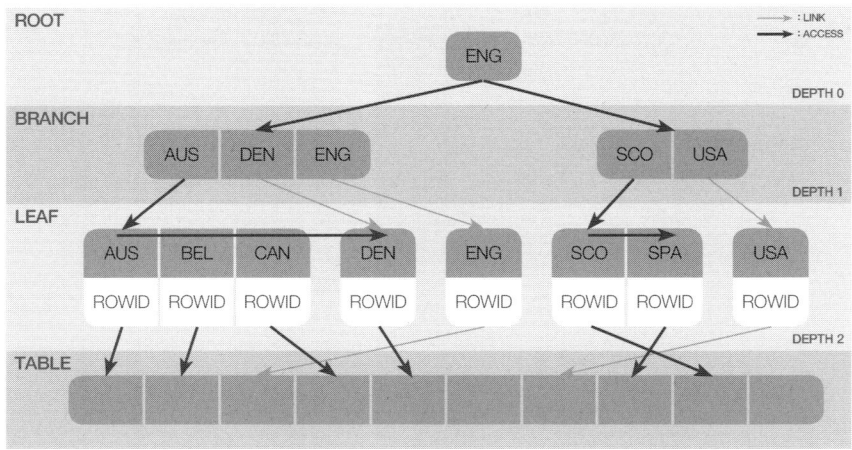

**그림 4-4** INDEX SKIP SCAN의 동작 원리

다음은 INDEX SKIP SCAN을 수행한 사례 SQL이다. 인덱스를 구성하는 첫 번째 컬럼에 대한 조건이 WHERE절에 없음에도 불구하고, 인덱스를 사용한 검색을 하는 것을 볼 수 있다.

**SQL**

```
SELECT  TA.plan_code,
        (중략)
FROM    master_table TA
WHERE   TA.plan_code= :1
        AND TA.gender_code= :2
        AND TA.receive_code = :3
```

**실행 계획**

```
ID         OPERATION                 OPTIONS                    OBJECT_NAME
---------- ------------------------- -------------------------- -------------------
           0 SELECT STATEMENT
           1 TABLE ACCESS             BY INDEX ROWID             MASTER_TABLE
           2   INDEX                  SKIP SCAN                  MASTER_TABLE_PK
```

**인덱스 구조**

| 테이블 이름 | 인덱스 이름 | 구성 컬럼 |
|---|---|---|
| MASTER_TABLE | MASTER_TABLE_PK | ST_ID, **PLAN_CODE, GENDER_CODE** |

- **INDEX FULL SCAN**

  조건절에서 인덱스 컬럼 중 하나 이상을 사용한 경우 또는 SQL에서 사용한 컬럼들이 모두 하나의 인덱스에 존재할 경우 적용되는 방식이다. 이 가운데 SQL에서 사용한 컬럼들이 모두 하나의 인덱스에 존재할 경우, 인덱스를 구성하는 컬럼 중 최소한 하나의 컬럼은 NOT NULL 제약 조건을 충족해야 한다. 또, 이 방식을 병렬로 처리하는 것은 불가능하다.

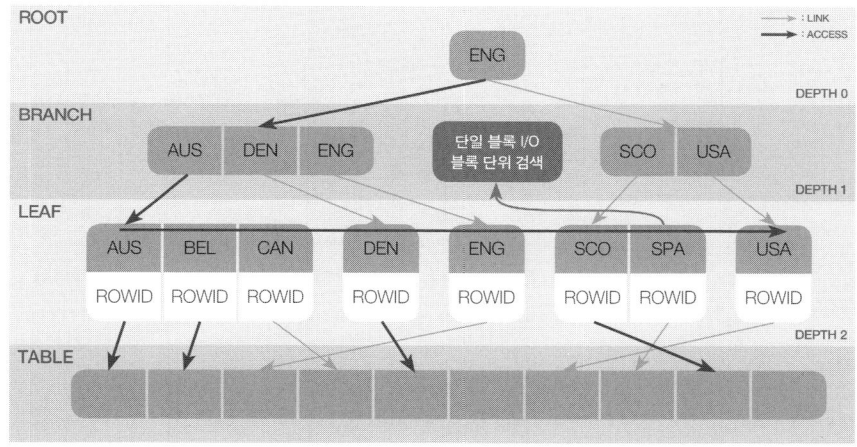

그림 4-5 INDEX FULL SCAN의 동작 원리

- **INDEX FAST FULL SCAN**

  SELECT절과 조건절에 사용된 모든 컬럼이 인덱스 컬럼으로 구성되어 있어 테이블을 검색하지 않고 인덱스의 블록만을 스캔하여 원하는 데이터를 검색하는 방식이다. INDEX FULL SCAN과 달리 병렬 처리가 가능하나, 인덱스 키 데이터의 정렬은 보장되지 않는다. 참고로 뒤에서 학습할 비트맵 인덱스에 대해서는 이 방식을 적용할 수 없다.

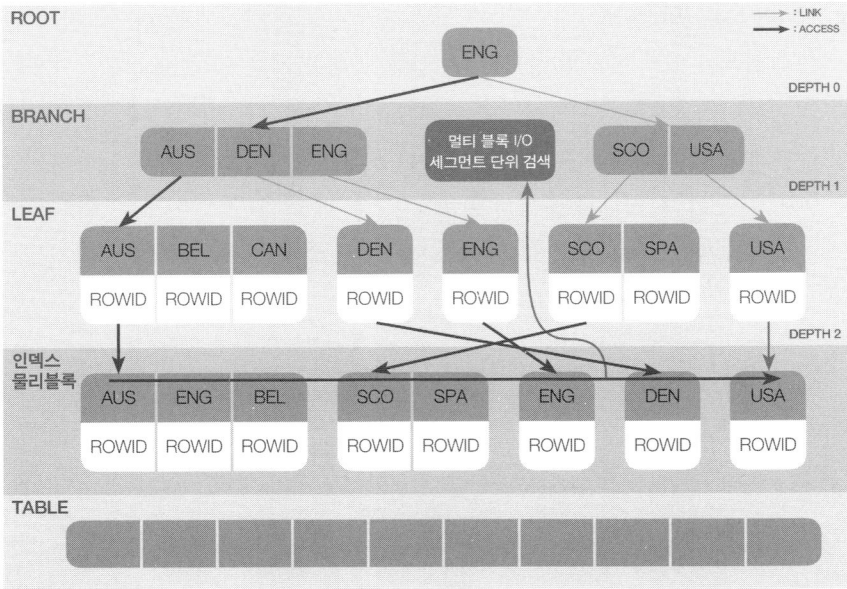

**그림 4-6** INDEX FAST FULL SCAN의 동작 원리

다음은 INDEX FAST FULL SCAN으로 처리된 SQL과 그 실행 계획이다.

SQL
```
SELECT DISTINCT project_id ,
                project_type,
        (중략)
FROM    (SELECT VA.parent_id,
                VA.child_project_id,
                TD.child_project_id,
                VA.parent_project_name,
                VA.child_project_name,
                TE.name,
                VA.parent_type,
                VA.child_type,
                TE.project_type,
                VA.flag1,
                VA.flag2,
                TE.flag FLAG3
        FROM    (SELECT TB.project_id       AS PARENT_ID,
                        TB.child_project_id AS CHILD_PROJECT_ID,
                        TA.name             AS PARENT_PROJECT_NAME,
                        TC.name             AS CHILD_PROJECT_NAME,
                        TA.parent_type      AS PARENT_TYPE,
```

```
                    TC.parent_type       AS CHILD_TYPE,
                    TA.flag FLAG1,
                    TC.flag              AS FLAG2
             FROM   master_table TA,
                    master_relation TB,
                    master_table TC
             WHERE  TA.project_id = TB.project_id
                    AND TC.project_id = TB.child_project_id
                    AND TA.project_type = 'A'
                    AND TC.project_type NOT IN ( '1', '2' )
            ) VA
            LEFT OUTER JOIN master_relation TD
            ON VA.child_project_id = TD.project_id
            LEFT OUTER JOIN master_table TE
            ON TE.project_id = TD.child_project_id
    WHERE   VA.flag = 'Y'
            OR VA.flag2 = 'Y'
            OR TE.flag = 'Y'
    ORDER   BY VA.parent_id,
               VA.child_project_id,
               TD.model_id
);
```

### 실행 계획

| Id   | Operation                    | Name              | Rows | Bytes | Time     |
|------|------------------------------|-------------------|------|-------|----------|
| 0    | SELECT STATEMENT             |                   | 40   | 3560  | 00:00:01 |
| 1    | HASH UNIQUE                  |                   | 40   | 3560  | 00:00:01 |
| * 2  | FILTER                       |                   |      |       |          |
| * 3  | HASH JOIN OUTER              |                   | 40   | 3560  | 00:00:01 |
| * 4  | HASH JOIN OUTER              |                   | 40   | 2960  | 00:00:01 |
| * 5  | HASH JOIN                    |                   | 40   | 2080  | 00:00:01 |
| * 6  | HASH JOIN                    |                   | 40   | 1480  | 00:00:01 |
| 7    | TABLE ACCESS BY INDEX ROWID  | MASTER_TABLE      | 40   | 600   | 00:00:01 |
| * 8  | INDEX RANGE SCAN             | MASTER_TABLE_IDX2 | 40   |       | 00:00:01 |
| 9    | **INDEX FAST FULL SCAN**     | **MASTER_RELATION_PK** | 1708 | 37576 | 00:00:01 |
| * 10 | TABLE ACCESS FULL            | MASTER_TABLE      | 1692 | 25380 | 00:00:01 |
| 11   | INDEX FAST FULL SCAN         | MASTER_RELATION_PK | 1708 | 37576 | 00:00:01 |
| 12   | TABLE ACCESS FULL            | MASTER_TABLE      | 1707 | 25605 | 00:00:01 |

### 인덱스 구조

| 테이블 이름      | 인덱스 이름          | 구성 컬럼                      |
|------------------|----------------------|--------------------------------|
| MASTER_RELATION  | MASTER_RELATION_PK   | PROJECT_ID,CHILD_PROJECT_ID    |

## ② 데이터를 생성할 때

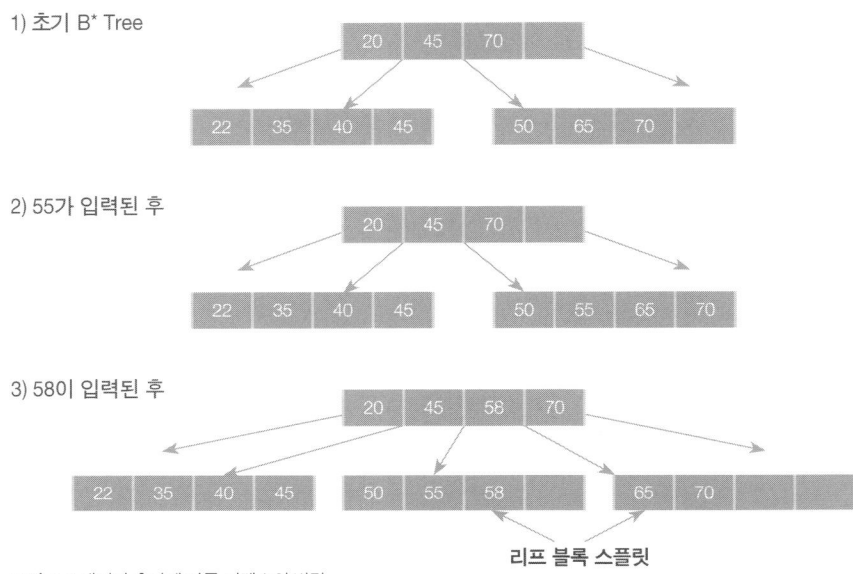

1) 초기 B* Tree

2) 55가 입력된 후

3) 58이 입력된 후

**리프 블록 스플릿**

**그림 4-7** 데이터 추가에 따른 인덱스의 변경

위 그림에서 볼 수 있는 것처럼, 테이블에 데이터를 추가하면 인덱스에서도 키의 엔트리가 추가된다. 테이블에 입력된 데이터는 데이터 블록의 빈 공간에 들어가지만, 인덱스는 반드시 키값으로 정렬하여 저장해야 하기 때문에 새로운 데이터의 키값이 기존 키값보다 큰 경우가 아니라면 기존 키값들의 사이에 끼어들게 된다. 이때 사용하고자 하는 인덱스 블록의 빈 공간이 충분하다면, 해당 블록에 새로운 키값과 그 물리적 주소 정보를 입력하지만, 해당 인덱스 블록에 충분한 공간이 없는 경우는 인덱스 블록 스플릿이 발생한다.

인덱스 블록 스플릿(INDEX BLOCK SPLIT)이 일어나면, 해당 블록이 반으로 쪼개져 두 개의 블록으로 나뉜다. 그리고 나서 새로운 키값은 정렬된 순서에 맞춰 끼어들어가는 것이다. 참고로, BRANCH 블록과 ROOT 블록은 항상 50 대 50으로 블록 스플릿을 수행하는데, ROOT 블록이 스플릿되면 인덱스의 DEPTH가 하나 늘어나는 결과를 낳는다. 그림 4-7에선 '58'이 입력되었을 때 리프 블록 스플릿이 일어난 후 58이 추가되는 것을 보여준다.

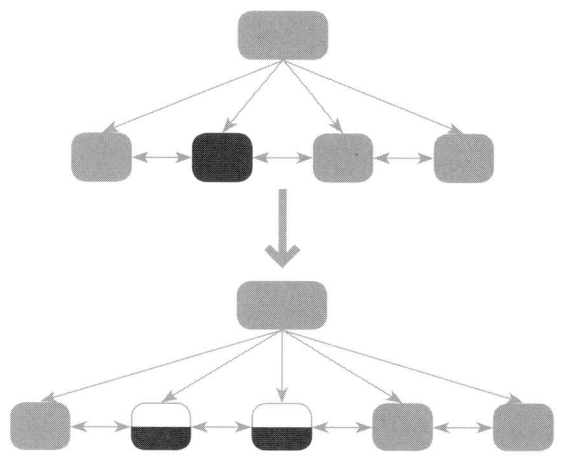

**그림 4-8** 50:50 블록 스플릿

반면, 새로 입력된 키값이 현존하는 최고 키값보다 큰 경우에는 해당 블록이 99:1로 쪼개진 후 1이 입력된 마지막 블록에 새로운 값을 입력 받는다.

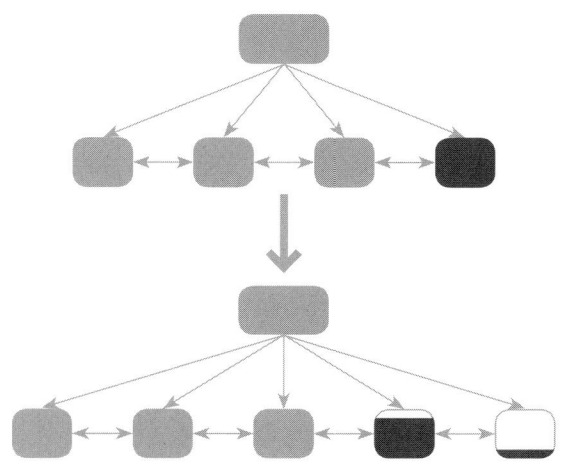

**그림 4-9** 99:1 블록 스플릿

얼핏 보면 이 두 가지 유형의 스플릿 중 99:1로 스플릿되는 것이 50:50으로 스플릿되는 것에 비해 스토리지 공간 측면에서 더 효율적이라고 판단할 수도 있다. 하지만 지속적으로 큰 데이터가 입력되는 OLTP 환경이라면 이야기가 달라진다. 여러 블록이 동시에 스플릿되기 위해 일으키는 대기 이벤트(enq: TX Index Contention)로 인해 심각한 성능 저하가 발생할 수 있기 때문이다. 인덱스 블록 스플릿으로 인한 성능 저하에 대해서는 이 장의 후반부에 좀 더 자세히 설명하겠다.

### ③ 데이터가 삭제될 때

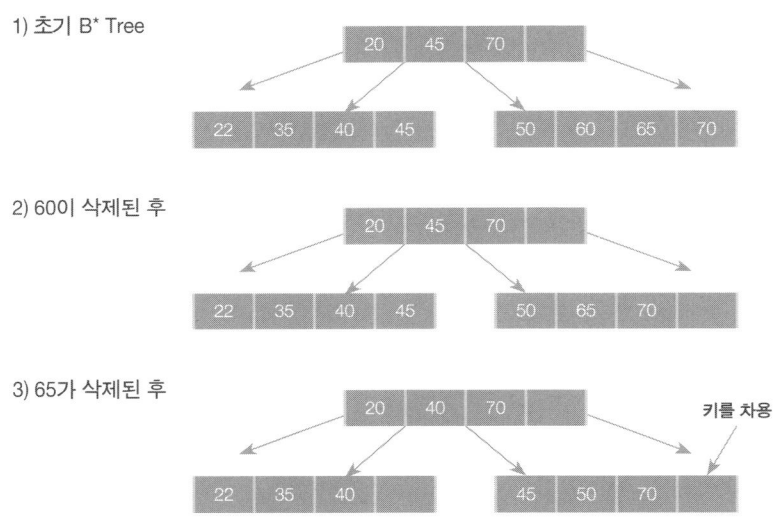

**그림 4-10** 데이터 삭제에 따른 인덱스의 변경

위 그림은 데이터가 테이블로부터 삭제되면 인덱스가 어떻게 재구성되는지를 보여주는 그림이다. 이 그림에서 보여주는 재구성 방식은 일반적인 밸런스드 트리 인덱스의 알고리즘을 도식화해서 보여준 것이며, 실제 ORACLE의 동작 방식과는 조금 다르다. ORACLE은 인덱스 키에 해당하는 값을 삭제하면 해당 키에 대한 엔트리 정보에 이 값이 삭제되었다는 표시만 하고, 추후에 해당 엔트리를 다시 사용할 수 있도록 설계되어 있다. 이를 그림으로 표현하면 다음과 같다.

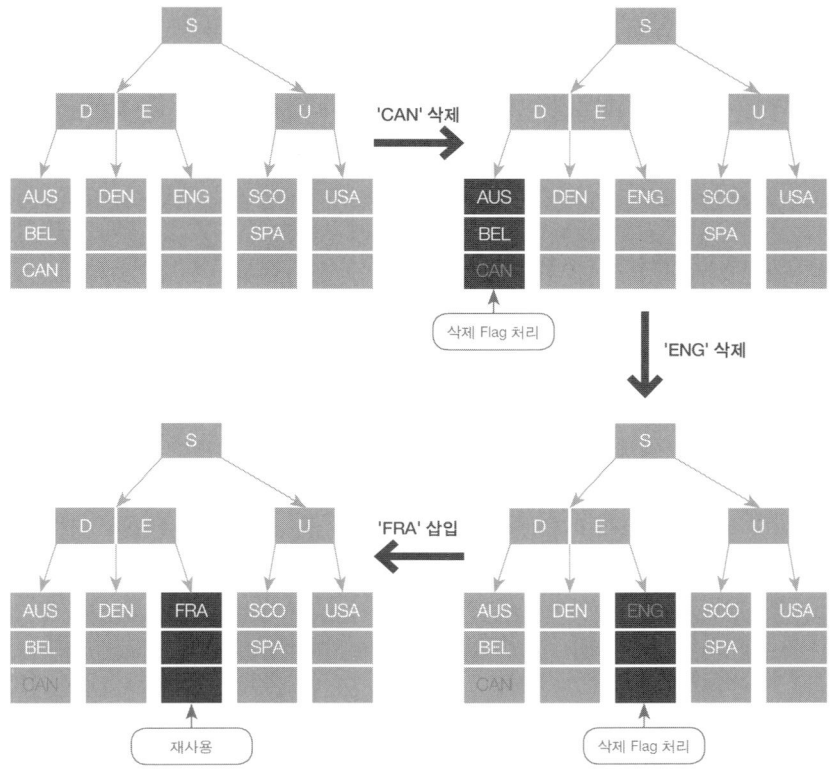

**그림 4-11** ORACLE에서의 데이터 삭제에 따른 인덱스 변경

이런 기능은 블록 내 모든 엔트리 공간을 재사용할 수 있다는 장점을 갖지만, 엔트리가 삭제된 후에 다시 사용되지 않고 계속해서 비어 있을 수 있다는 단점이 있다. 이런 상황이 반복되면 빈 블록이 늘면서 스토리지 공간이 낭비될 뿐 아니라, 비어 있는 LEAF 블록들로 인해 INDEX RANGE SCAN의 수행 속도 또한 최적의 성능을 낼 수 없게 된다. 따라서 이처럼 삭제된 키 엔트리는 ORACLE에서 제공하는 인덱스 리빌드 기능을 이용하여 정리하는 것이 바람직하다. 하지만 인덱스 리빌드는 이미 존재하는 인덱스를 다시 생성하는 것과 같은 작업을 수행하므로, 가급적 시스템을 사용하는 사용자가 적을 때 수행하는 것이 좋다.

④ 데이터를 변경할 때

테이블의 데이터를 변경하는 것은 인덱스 블록 입장에서는 데이터가 삭제된 후 입력되는 것과 같다. 따라서 위에서 언급한 데이터의 삭제와 입력이 연달아 발생하는 것으로 이해하면 된다.

### 4.1.2 그 밖의 인덱스의 종류

**(1) 비트맵 인덱스**

앞 절에서 설명한 B* Tree 인덱스는 여러 종류의 인덱스 가운데 가장 많이 쓰이는 유용한 인덱스임에 틀림없다. 다만 몇 가지 제약 사항이 있는데, 첫 번째는 값의 종류가 적은 컬럼에 대해서는 인덱스 효과를 기대할 수 없다는 점이고, 두 번째는 NULL 값에 대한 조건 비교 및 부정형 조건 비교에는 인덱스를 활용할 수 없다는 점이다.

이와 같은 제약에 대한 보완책으로 제시할 수 있는 방법이 바로 비트맵 인덱스(BITMAP INDEX)다. 비트맵 인덱스는 컴퓨터에서 사용하는 최소 단위인 비트 값을 이용하여 컬럼 값을 저장하고, ROWID를 자동으로 생성하는 인덱스이다. 비트맵 인덱스의 리프 블록 구조를 그림으로 표현하면 다음과 같다.

| 컬럼 값 | START ROWID | END ROWID | BITMAP |
|---|---|---|---|

**그림 4-12** 비트맵 인덱스의 리프 블록 구조

START ROWID와 END ROWID에는 해당 컬럼의 데이터가 저장된 처음 ROWID와 마지막 ROWID가 입력되며, B* Tree 인덱스가 데이터 각각의 ROWID를 저장했던 것과는 다르게 비트맵 값을 저장한다.

예를 들어 사원 정보 테이블의 성별 컬럼에 비트맵 인덱스를 생성했다고 가정하자. 성별 컬럼에 '남' 또는 '여'라는 값을 저장한다고 하면, 다음 그림과 같은 비트맵 인덱스의 리프 블록이 생성될 것이다.

START ROWID와 END ROWID 값을 참조한 결과, 이 두 값은 11번 블록부터 12번 블록까지 저장되어 있음을 알 수 있고, 각 블록에 저장된 값을 토대로 비트맵 컬럼에 비트를 이용한 값을 저장하는 것이다.

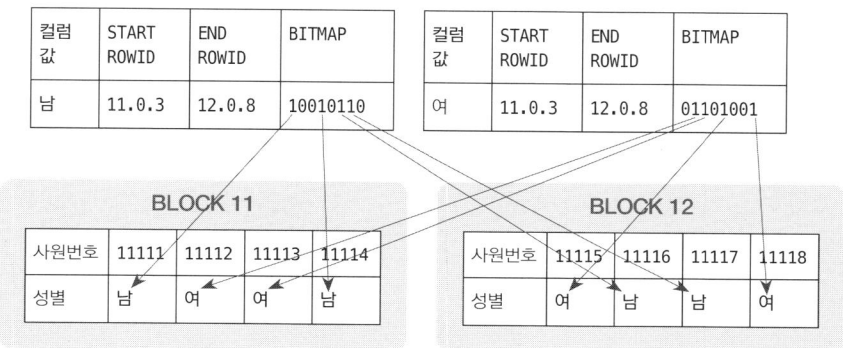

**그림 4-13** 비트맵 인덱스의 적용 예시

이처럼 입력될 값의 종류가 적은 컬럼의 경우는 때에 따라 비트맵 인덱스가 B* Tree 인덱스보다 유용할 수 있다. 다만 INSERT, UPDATE, DELETE가 빈번히 발생하는 컬럼이라면 비트맵 값의 갱신으로 인한 부하가 집중되어 오히려 성능이 저하될 수 있으므로 이 점에 주의하기 바란다.

지금까지 살펴본 비트맵 인덱스의 특징을 정리하면 다음과 같다.

- UNIQUE INDEX로는 생성이 불가능하다.
- NULL 값의 저장이 가능하다.
- 최대 30개 컬럼까지 생성이 가능하다.

앞서 설명한 B* Tree 인덱스와 비트맵 인덱스의 차이점을 표로 정리하면 다음과 같다.

| 구분 | B* Tree 인덱스 | 비트맵 인덱스 |
|---|---|---|
| 유리한 업무 환경 | 온라인 업무 처리 환경 | 대량 데이터 처리 환경 |
| 구성 | 키값 + ROWID | 키값 + START ROWID+ END ROWID + BITMAP |
| LOCK 지원 | 행 단위 LOCK 지원 | DML(INSERT/UPDATE/DELETE) 사용 시 행 단위의 LOCK 지원하지 않음 |
| 적용 대상 컬럼 | CARDINALITY가 높은 컬럼 | CARDINALITY가 낮은 컬럼 |
| 인덱스 생성 시간 | 비트맵 인덱스에 비해 느림 | B* Tree 인덱스에 비해 빠름 |
| NULL 비교 | 인덱스 사용 불가 | 인덱스 사용 가능 |
| 부정형 비교 | 인덱스 사용 불가 | 인덱스 사용 가능 |

표 4-1 B* Tree 인덱스와 비트맵 인덱스의 비교

### (2) 클러스터 인덱스

클러스터 인덱스(CLUSTERED INDEX)를 이해하기 위해서 먼저 클러스터에 대해 이해할 필요가 있다. 클러스터란, 같은 성질의 컬럼을 가지고 있는 테이블들이나 조인 등을 위해 자주 함께 사용되는 테이블들을 하나의 그룹으로 묶은 객체이다. 클러스터를 사용할 경우, 하나의 클러스터로 묶인 테이블들의 데이터는 하나의 블록 또는 인접한 블록에 저장된다. 이렇게 클러스터로 묶인 테이블들이 공통적으로 갖게 되는 컬럼을 클러스터 키라고 하며, 클러스터 키 컬럼에 만들어진 인덱스를 클러스터 인덱스라고 한다.

예를 들어 emp 테이블과 dept 테이블이 모두 부서 정보를 저장하는 deptno라는 컬럼을 갖고 있고, 이 컬럼을 조인 조건으로 사용하여 빈번한 조회를 일으킨다면, 그림 4-13과 같이 deptno를 클러스터 키로 하는 클러스터 테이블과 클러스터 인덱스를 만들 수 있다.

이 인덱스는 연관이 있는 데이터들을 물리적으로 같은 블록에 저장하여 연관이 있는 데이터들을 함께 조회하고자 하는 경우 적은 I/O만으로 원하는 데이터를 추출할 수 있는 장점이 있다. 하지만, DML 문장에서는 물리적으로 데이터의 위치를 고정해야 하기 때문에 오히려 성능이 떨어질 수 있으므로 신중

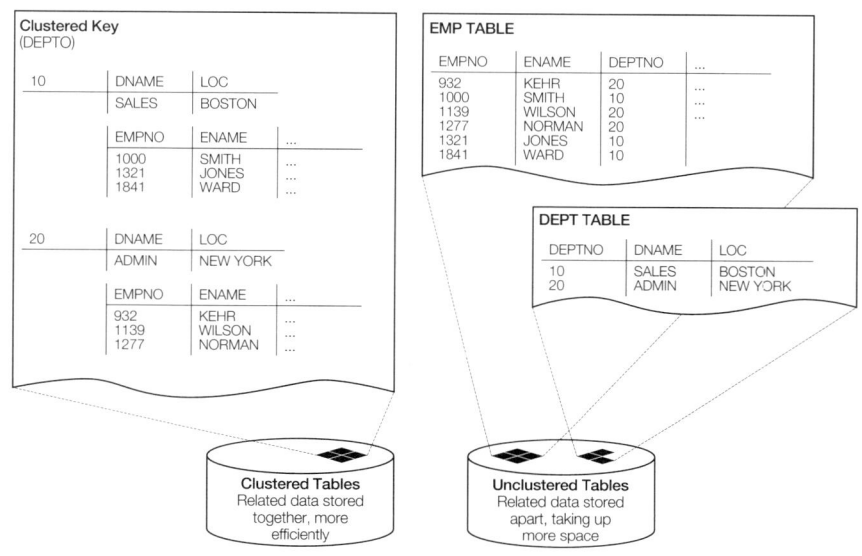

**그림 4-14** 클러스터 인덱스가 있는 테이블과 클러스터 인덱스가 없는 테이블의 데이터 저장

하게 구성해야 한다.

　예를 들어 고객의 구매 정보를 저장하는 구매 이력 테이블을 생각해보자. 한 고객의 정보가 여러 일자에 거쳐 저장될 수 있는 테이블에서 특정 고객의 정보만 취합하고자 하는 경우 고객번호 컬럼에 클러스터 인덱스를 만드는 것이 효율적이다.

### (3) 인덱스 구조 테이블

인덱스 구조 테이블(INDEX ORGANIZED TABLE, IOT)은 겉으로는 테이블처럼 보이나 사실상 기본 키 순서로 정렬하여 데이터를 저장한 인덱스이다. 일반적으로 인덱스를 사용하여 데이터를 조회할 때는 인덱스에 대해 1차적으로 I/O를 발생시킨 후, 조건을 만족하는 데이터가 입력된 테이블의 데이터를 검색하기 위해 2차적인 I/O를 발생시킨다. 하지만 이 테이블을 사용하면, 인덱스 블록에 대해서만 I/O를 발생시키는 결과를 가져와 I/O 감소를 통한 성능 향상을 꾀할 수 있다.

아래 SQL은 사원번호, 사원 이름, 부서번호를 저장하는 인덱스 구조 테이블의 생성문이다

```
CREATE TABLE iot_emp
  (
    empno  VARCHAR(10) NOT NULL,
    ename  VARCHAR(30),
    deptno VARCHAR(5),
    PRIMARY KEY (empno)
  )
ORGANIZATION INDEX;
```

인덱스 구조 테이블을 사용하면 FULL TABLE SCAN이 발생했을 때, 기본 키값을 기준으로 정렬된 결과를 받아볼 수 있으며, 넓은 범위를 검색하는 경우에도 키값을 근간으로 빠르게 데이터를 조회할 수 있다. 하지만 기본 키 외의 컬럼 수가 많은 경우라면, 데이터 추가 및 변경 작업 등으로 인덱스 리프 블록에 스플릿이 자주 발생하므로 오히려 조회 성능이 떨어질 수 있다. 따라서 인덱스 구조 테이블의 컬럼 수는 가급적 적은 것이 좋다.

인덱스 구조 테이블의 특징을 정리하면 다음과 같다.

- 인덱스 구조 테이블은 기본 키를 반드시 가져야 한다.
- 인덱스 구조 테이블은 순차적인 처리에 강하다.
- 인덱스 구조 테이블은 인덱스 키값과 키가 아닌 값을 모두 저장한다.

### (4) 함수 기반 인덱스

조건절에서 비교하고자 하는 컬럼에 함수를 사용한 후 값을 비교하면 해당 컬럼에 인덱스가 있다고 하더라도 인덱스를 사용한 검색이 불가능하다. 이런 경우 표현식을 수정하여 문제를 해결하기도 하지만, 함수를 사용한 비교가 불가피한 경우에는 함수 기반 인덱스를 생성하여 조회 속도를 빠르게 할 수 있다.
사원들의 정보를 저장하는 emp 테이블에 사원들의 영문 이름을 저장하는 ename이라는 컬럼이 있다고 가정하자. 이 컬럼에 입력된 영문 이름은 대소문

자가 혼용되어 있다고 할 때, 'SMITH'라는 영문 이름을 가진 사원의 정보를 검색하고자 한다면, 어떤 SQL을 작성할 것인가? 혹시 다음과 같이 작성하지는 않았는가?

```
SELECT  E.empno
FROM    emp E
WHERE   E.ename = 'SMITH' ;
```

만일 위와 같이 검색하고자 했다면 원하는 결과가 출력되지 않을 수도 있다. 이유는 대문자로 'SMITH'라고 입력된 사원들의 정보만 가져올 것이기 때문이다. 따라서 이런 경우는 컬럼의 값을 모두 대문자로 바꾸거나 소문자로 바꾼 후 검색을 할 수 있다. 다음 SQL처럼 말이다.

```
SELECT  E.empno
FROM    emp E
WHERE   UPPER(E.ename) = 'SMITH';
```

이 경우는 ename의 값을 모두 대문자로 바꾼 후, 그 값이 'SMITH'인 사원의 정보를 검색하는 것이므로 원하는 데이터를 모두 볼 수가 있다. 하지만 ename 컬럼에 UPPER라는 함수를 사용해 변형을 일으킨 후 비교를 했기 때문에 ename 컬럼에 인덱스가 있다고 해도 인덱스를 사용한 검색을 할 수 없게 되어 검색 속도가 느릴 수 있다. 이런 경우 컬럼에 함수를 적용한 상태로 B* Tree 인덱스를 생성할 수 있는데, 이와 같은 인덱스를 함수 기반 인덱스(FUNCTION BASED INDEX)라고 한다. 일반적으로 다음과 같은 SQL을 사용하여 인덱스를 생성한다.

```
CREATE INDEX emp_idx1
ON emp (UPPER(ename)) ;
```

함수 기반 인덱스는 생성하기도 쉽고 사용 방법도 간단하여 애플리케이션을 일일이 수정하지 않고도 성능 향상을 기대할 수 있다는 장점이 있지만, 테이블의 데이터가 추가되거나 키 컬럼이 수정되면 그에 따른 처리 비용이 일반 인덱스보다 많이 들기 때문에 시스템 부하를 야기시킬 수 있다. 따라서 테이블의 데이터가 자주 추가되거나 키 컬럼이 변경되는 경우에는 함수 기반 인덱스를 만들지 않는 것이 좋다.

### (5) 리버스 키 인덱스

리버스 키 인덱스(REVERSE KEY INDEX)는 인덱스 컬럼의 순서는 유지하면서 해당 컬럼 값의 각 바이트의 위치를 거꾸로 뒤집어 만드는 B* Tree 인덱스이다. 예를 들어 c1이라는 컬럼의 키값이 '123456'이라고 하면, 인덱스에 저장할 때는 이 값을 '654321'로 저장하는 것이다.

이와 같은 인덱스는 어떤 때에 활용할 수 있을까? 인덱스가 구성된 컬럼에 연속적으로 증가하는 키값이 입력되는 경우에 활용하는 것이 대표적이다. 현재 입력된 값 중 가장 큰 값보다 큰 값이 순차적으로 입력되면 인덱스의 LEAF 블록 중 가장 오른쪽의 LEAF 블록에 경합이 발생할 것이기 때문이다. 따라서 인덱스가 생성된 컬럼에 입력되는 값이 순차적으로 증가하면서, 빈번하게 입력되는 경우 동일 블록에 대한 경합을 피하는 방법으로 유용하게 사용할 수 있다. 다만 '='로 비교하는 조회에는 문제가 없어도, 범위 검색을 하는 경우는 성능을 보장받을 수 없으므로 프로젝트에서 활용되는 경우는 많지 않다.

## 4.2 인덱스 생성 방안

### 4.2.1 인덱스 설계

지금까지 인덱스의 종류에 어떤 것들이 있는지 살펴보았다. 이쯤에서 인덱스를 생성하는 구문을 다시 한 번 보도록 하자.

```
CREATE INDEX index_name
ON table_name (column_name1, column_name2, …);
```

위의 생성문에서 볼 수 있는 것처럼 인덱스를 생성하려면 인덱스를 생성할 컬럼을 먼저 선정해야 한다. 테이블의 어떤 컬럼에 어떤 종류의 인덱스를 생성할지 결정하는 것을 인덱스 설계라고 하는데, 인덱스 설계는 이론적으로 설계 단계에 완성해야 한다. 하지만 실제로 프로젝트를 진행하다 보면 구축 단계에도 인덱스 설계를 해야 하는 경우가 자주 발생한다. 그 이유는 설계 단계에서 구축한 데이터 모델은 프로젝트 진행 과정에서 변할 수 있고, 요구사항 변경으로 인해 설계 단계에 예측하지 못했던 인덱스가 필요해질 수 있기 때문이다.

완벽한 인덱스 설계를 위해서는, 시스템에서 사용될 모든 SQL을 하나하나 확인하여 접근 경로를 취합한 후 필요한 인덱스를 구성하는 것이 좋다. 하지만 이는 굉장히 많은 시간이 걸리므로, 다양한 애플리케이션 테스트를 통해 테스트 시 수행된 SQL의 접근 경로 정보를 참고하여 필요한 인덱스를 구성하는 것도 좋은 방법 중 하나다.

### 4.2.2 인덱스 컬럼 선정 가이드

위와 같은 과정을 통하여 시스템에서 사용할 SQL의 접근 경로를 확인했다면, 이를 기반으로 인덱스를 생성할 컬럼을 선정한다. 기본적으로 조건절에 등장하는 컬럼과 조인 조건으로 사용되는 컬럼에는 인덱스를 만드는 것이 성능 면에서 유리하다. 인덱스 컬럼을 선정하는 원칙에 대해 좀 더 상세하게 알아보자.

**(1) 조건절에 자주 등장하는 컬럼**

조건절의 비교 대상으로 자주 등장하는 컬럼이라면 일단 인덱스 생성을 검토해야 하고, 조건을 만족하는 값이 전체 데이터의 15~20% 이내라면 인덱스를 생성하는 것이 좋다. 또한 조건절에서 비교해야 하는 컬럼이 여러 개이고, 그 중 하나의 컬럼으로 인덱스를 만드는 것만으로는 효과가 미미하다면 여러 컬럼을 조합하여 만드는 결합 인덱스를 생성해야 한다. 이때 결합 인덱스를 구성하는 컬럼의 순서는 성능을 크게 좌우하므로, 컬럼 순서를 정하는 우선순위에 대해 반드시 숙지하길 바란다.

- **조건절에 항상 사용되는 컬럼**

  결합 인덱스의 첫 번째 컬럼이 조건절에서 사용되지 않으면, 이 인덱스가 활용될 가능성은 줄어든다. 물론 이전에 설명한 INDEX SKIP SCAN 방식을 사용하면 일부 활용하는 것이 가능하지만, 조건절에서 사용된 컬럼이 결합 인덱스의 선두 컬럼으로 구성되어 있어야 성능 검색에 유리하다. 하지만 조건에서 항상 사용된다고 하더라도 이미 다른 컬럼을 통해 걸러진 조건을 포함하는 컬럼이라면, 결합 인덱스의 구성에서 제외시키는 것이 좋다. 예를 들면 주민등록번호 값과 동시에 비교되는 성별 컬럼이 대표적이다. 주민등록번호 값에 이미 성별에 대한 정보를 포함하고 있으므로 두 컬럼이 함께 인덱스로 생성될 필요는 없는 것이다.

- **항상 '='로 비교되는 컬럼**

  조건절에서 사용되는 컬럼 가운데 '='로 비교되는 컬럼을 선두에 두고 결합 인덱스를 생성하는 것이 좋다. 이때 간과하지 말아야 할 점은, 내부적으로 '='로 처리되는 연산들이 있다는 것이다. 예를 들어 IN이나 OR와 같은 경우 내부적으로는 '=' 연산을 수행하므로, 이와 같은 표현식을 사용하여 비교하는 컬럼들에 대해서도 결합 인덱스 생성 여부를 고려해야 한다.

- **분포도가 좋은 컬럼을 선두에 위치**

  위에서 이야기한 두 가지 조건을 만족하는 컬럼이 여전히 두 개 이상이거나 두 개의 컬럼이 모두 '='로 비교되지 않는 경우라면, 그 다음으로는 데이터의 분포도를 살펴보자. 분포도가 좋은 컬럼을 선두에 두면 처리해야 할 대상을 초기에 줄여주므로 검색 성능을 향상시킬 수 있다. 다만 주의할 점은, 데이터의 분포도가 좋다고 해도 프로그램에서 많은 양의 데이터를 가져다 쓰는 경우가 대부분이라면 인덱스의 선두 컬럼에 두는 것은 위험하다는 것이다.

  예를 들어 주문 테이블의 주문 날짜 컬럼은 매우 다양한 값을 가질 것이다. 하지만 이 테이블을 사용하는 주문 통계 프로그램에서 6개월 간의 주문 정보를 검색한다면, 대상 데이터의 비율이 많아지므로 인덱스의 효율을 기대하기 어렵다.

  또한 아래의 SQL처럼 시스템의 날짜가 테이블에 시작일과 종료일 사이에 있는 데이터를 가져오는 SQL문을 자주 사용하는데, 비록 종료일의 분포도가 상대적으로 좋지 않더라도 종료일을 선두에 두고 결합 인덱스를 만드는 것이 효율적이다. 일반적으로 시스템의 날짜 이전에 축적된 데이터가 그렇지 않은 경우보다 많기 때문이다.

```
SELECT  TA.col1
FROM    hist_table TA
WHERE   TA.start_date <= SYSDATE
    AND TA.end_date   >= SYSDATE ;
```

- **ORDER BY절에서 자주 사용하는 정렬 순서로 컬럼 순서 지정**

  ORDER BY절 등을 통해 수행하는 정렬 빈도 및 순서를 고려하여 결합 인덱스의 컬럼 순서를 선정하기도 한다. 인덱스를 생성하면 데이터를 정렬한 후 인덱스 키로 저장하기 때문에 정렬 작업으로 인한 부담을 줄일 수 있기 때문이다. 단, 대상 컬럼의 데이터가 긴 경우라면, 인덱스의 사이즈가 방대해질 수 있으므로 가급적 지양하는 것이 좋다.

지금까지 학습한 인덱스 컬럼 선정 가이드를 응용하여 아래의 SQL에 어떠한 인덱스가 필요한지 생각해보자.

**SQL**

```
SELECT user_id,
       NVL(login_type, 0),
       last_login_time,
       last_login_ip,
       NVL(fail_code, 0) AS FAIL_CODE
FROM   tb_user_login
WHERE  user_id = :1 ;
```

**실행 계획**

```
0           SELECT STATEMENT
1    0         TABLE ACCESS FULL (TB_USER_LOGIN)
```

위 SQL은 사용자의 로그인 정보를 저장하고 있는 tb_user_login 테이블로부터 사용자의 고유한 식별자인 user_id 값을 이용하여 특정 사용자의 정보를 추출하기 위해 사용하는 SQL이다. user_id는 사용자의 고유한 식별자로, 분포도가 좋은 컬럼임에도 불구하고 인덱스가 없어서 FULL TABLE SCAN을 수행하고 있다. 따라서 tb_user_login 테이블의 user_id 컬럼에 인덱스를 생성해야 한다.

그럼 이번에는 여러 컬럼에 대해 다양한 조건을 제시한 SQL과 실행 계획을 살펴보자.

**SQL**

```
SELECT COUNT(*) AS COUNT
FROM   customer_table TA,
       master_table TB
WHERE  TA.customer_id = TB.customer_id
       AND TA.rf_code = TB.rf_code
       AND TB.customer_code = :1           -- ①
       AND TB.reject_code IN ( :3, :4, :5 ) -- ②
       AND TB.reject_date BETWEEN :6 AND :7 -- ③
       AND TA.customer_state_code = :2
       AND TB.reject_time IS NULL
       AND TA.use_yn = 'Y';
```

**실행 계획**

```
Execution Plan
-------------------------------------------------------------------------------
0        SELECT STATEMENT Optimizer=ALL_ROWS (Cost=5 Card=1 Bytes=89)
1    0     SORT (AGGREGATE) (Card=1 Bytes=89)
2    1       NESTED LOOPS (Cost=5 Card=1 Bytes=89)
3    2         TABLE ACCESS (FULL) OF 'MASTER_TABLE' (TABLE) (Cost=4 Card=1 Bytes=59)
4    2         TABLE ACCESS (BY INDEX ROWID) OF 'CUSTOMER _TABLE' (TABLE) (Cost=1 Card=1 Bytes=30)
5    4           INDEX (UNIQUE SCAN) OF 'CUSTOMER_TABLE_PK' (INDEX (UNIQUE)) (Cost=0 Card=1)
```

이 경우는 하나의 테이블이 아니라 두 개의 테이블을 조인하여 데이터를 검색하고 있다. 조인에 대해서는 5장에서 상세히 다룰 예정이다.

별칭 TA, TB로 정의된 두 테이블 가운데 테이블의 성격상 TB를 먼저 접근할 드라이빙 테이블로 선정하였고, TB로부터 필요한 데이터를 검색하기 위한 조건들을 살펴본 결과 ①, ②, ③이 있는 것을 확인했다.

이 가운데 인덱스 컬럼 선정 가이드에 따라 ①에서 '='로 비교되는 customer_code 컬럼과 ②에서 IN으로 비교되는 reject_code, ③에서 between으로 비교되는 reject_date 컬럼을 후보로 하여 데이터 분포를 살펴본 결과, 세 컬럼 중 어느 한 컬럼만으로 만든 인덱스는 최적의 성능을 내기에 부족함이 있다고 판단하여 결합 인덱스를 만들기로 했다. 먼저 '='로 비교되는 ①의 customer_code 컬럼이 내부적으로 '='로 비교되는 IN을 사용한 ②의 reject_code 컬럼에 비해 분포도가 좋은 것을 확인하여 customer_code + reject_code 순의 컬럼 다음에 BETWEEN 으로 비교하고 있는 ③의 reject_date 컬럼의 순서로 결합 인덱스를 만들 것을 결정했다. 하지만 ②에서 비교되는 변수값이 테이블 대부분의 데이터를 포함하고 있는 관계로 인덱스 컬럼으로써 가치가 없다고 판단, customer_code + reject_date로 구성된 결합 인덱스를 생성한 결과 성능이 개선되었다.

### (2) 조인 조건으로 사용되는 컬럼

이제부터는 조인 조건으로 사용되는 컬럼에 인덱스를 생성하기 위해 검토하는 과정을 사례를 통해 살펴보겠다. 두 개의 테이블을 조인하는 다음 SQL을 보자.

SQL

```
SELECT *
FROM    (SELECT ROWNUM RNUM,
                INNER_TABLE.*
         FROM   (SELECT TA.seq_no,
                        TA.org_id,
                        TB.org_nm,
                        TA.stats_nm,
                        TA.stats_kind_code,
                        (중략)
                 FROM   tb_stats TA,
                        tb_organization TB
                 WHERE  TA.org_id = TB.org_id
                        AND TB.status_coe = '1'
                 ORDER  BY TA.insert_date DESC,
                           TA.seq_no DESC
                ) INNER_TABLE
        )
WHERE   rnum > :1
AND     rnum <= :2 + :3 ;
```

실행 계획

| Id | Operation | Name | Starts | E-Rows | A-Rows | A-Time | Buffers | OMem | 1Mem | Used-Mem |
|---|---|---|---|---|---|---|---|---|---|---|
| 0 | SELECT STATEMENT | | 1 | | 10 | 00:00:00.77 | 57735 | | | |
| * 1 | FILTER | | 1 | | 10 | 00:00:00.77 | 57735 | | | |
| * 2 | VIEW | | 1 | 1912 | 10 | 00:00:00.77 | 57735 | | | |

```
|   3 |   COUNT            |                |   1 |       | 1912 |00:00:00.77| 57735 |      |      |          |
|   4 |   VIEW             |                |   1 | 1912  | 1912 |00:00:00.77| 57735 |      |      |          |
|   5 |   SORT ORDER BY    |                |   1 | 1912  | 1912 |00:00:00.77| 57735 | 407K | 407K | 361K (0) |
|*  6 |   HASH JOIN        |                |   1 | 1912  | 1912 |00:00:00.01 |  358 | 899K | 899K | 1315K (0)|
|   7 |   TABLE ACCESS FULL| TB_ORGANIZATION|   1 | 1356  | 1625 |00:00:00.01 |   26 |      |      |          |
|   8 |   TABLE ACCESS FULL| TB_STATS       |   1 | 1912  | 1912 |00:00:00.01 |  332 |      |      |          |
```

**인덱스**

| 테이블 이름 | 인덱스 이름 | 구성 컬럼 |
|---|---|---|
| TB_STATS | TB_STATS_PK | SEQ_NO |

위 SQL은 TB.status_code = '1'인 데이터 건수가 일정한 tb_organization(별칭 TB) 테이블을 드라이빙 테이블로 하여 TA.org_id = TB.org_id라는 조인 조건을 만족하는 데이터를 tb_stats(별칭 TA) 테이블로부터 가져오고 있다. 이때 TA 테이블의 조인 조건 컬럼인 org_id에 인덱스가 없다 보니 추후 TA 테이블의 데이터 건수가 많아져도 TA 테이블을 HASH JOIN 방식을 써서 FULL TABLE SCAN하게 된다. orderby절을 고려한 org_id, insert_date, seg_no로 인덱스 생성 시 NESTED LOOP JOIN으로 처리되는 것이 유리한 조인에 대해서는 INNER TABLE의 조인 조건 컬럼에 반드시 인덱스가 있어야 한다.

아래 SQL도 조인 조건으로 사용된 컬럼에 인덱스가 없어서 FULL TABLE SCAN이 발생하면서 성능이 저하된 사례이다.

**SQL**

```
SELECT  TA.node_id,
        TA.node_name,
        TA.templete_id,
        TA.initial_id,
        TA.node_type,
        TA.node_ko_name,
        TA.state,
        (중략)
FROM    tb_node TA,
        tb_node_link TB,
        tb_node TC
WHERE   TA.node_id = TB.post_node_id
  AND   TB.pre_node_id = TC.node_id
  AND   TB.pre_node_state IN ( 'A' )
  AND   TC.node_id = :1 ;
```

**인덱스**

| 테이블 이름 | 인덱스 이름 | 구성 컬럼 |
|---|---|---|
| TB_NODE_LINK | TB_NODE_LINK_IDX1 | NEXT_ID |
|  | TB_NODE_LINK_PK | LINK_ID |

위 SQL은 tb_node(별칭 TC) 테이블로부터 node_id = :1 조건을 만족하는 데이터를 걸러낸 후 450만 건이 넘는 레코드를 저장하고 있는 대용량의 tb_node_link(별칭 TB) 테이블과 TB.pre_node_id = TC.node_id 조건을 만족하는 데이터에 대해 조인한다. 하지만 조인 컬럼인 pre_node_id에 인덱스가 정의되어 있지 않아 테이블 TB_NODE_LINK에 대해 FULL TABLE SCAN이 발생하게 된다.

다음에 소개할 SQL은, 스칼라 서브쿼리 내에서 조인을 수행하는 사례이다. 스칼라 서브쿼리란, 정확히 한 컬럼, 한 행의 결과를 리턴하는 SELECT절의 서브쿼리를 말한다.

**SQL**

```
SELECT *
FROM   (SELECT INNER_TABLE.*,
               ROWNUM AS ROW_SEQ
        FROM   (SELECT TA.org_code,
                       TA.receive_code,
                       TA.document_code,
                       NVL((SELECT TC.code_name
                            FROM   code_master TB,
                                   code_detail TC
                            WHERE  TB.main_code_id = TC.main_code_id
                            AND    TB.delete_yn = 'N'
                            AND    TC.delete_yn = 'N'
                            AND    TB.code_id IN ( :1 )
                            AND    TC.code_value = TA.document_code),
                       TA.document_code),
                       (중략)
                FROM   master_table TA
                WHERE  TA.org_code = :2
                AND    TA.rcv_dt BETWEEN :3 ||'0101' AND :4 ||'1231'
                AND    TA.receive_code = :5
                GROUP  BY TA.org_code,
                          TA.receive_code,
                          TA.document_code
                ORDER  BY TA.org_code,
                          TA.receive_code,
```

```
                         TA.document_code) INNER_TABLE
         WHERE  ROWNUM <= 1000)
WHERE   row_seq BETWEEN 1 AND 1000 ;
```

이 SQL은 SELECT절에서 스칼라 서브쿼리를 사용했다. SELECT절에서 스칼라 서브쿼리를 사용하면 서브쿼리가 속해 있는 메인쿼리로부터 가져오는 결과 건수만큼 서브쿼리를 수행하게 된다. 즉 메인쿼리의 조건을 만족하는 결과 건수가 많아지면 많아질수록 스칼라 서브쿼리의 수행 횟수 및 비용도 함께 늘어나는 것이다.

위 예의 스칼라 서브쿼리에서 검색하는 code_detail(별칭 TC) 테이블에는 조인 조건 컬럼인 code_value 컬럼에 인덱스가 없어서 메인쿼리의 결과를 한 건 처리할 때마다 이 테이블에 대해 FULL TABLE SCAN을 수행하고 있다. 만약 메인쿼리의 결과가 1,000건이라면 이 테이블을 1,000번 전체 검색하는 것이다. 이런 상황을 막기 위해 스칼라 서브쿼리 내에서 사용하는 조인조건 컬럼에도 빠뜨리지 말고 인덱스를 생성해야 한다.

다음 SQL도 유사한 사례이다.

**SQL**

```
SELECT TA.order_ID,
       TA.req_code,
       TA.buyer_id,
       TA.detail_code,
       TA.detail_name,
       TA.cost_amt,
       TO_CHAR(TA.due_date, 'YY-MM-DD'),
       TO_CHAR(TF.input_date, '$'),
       TA.del_reason,
       TO_CHAR(TF.last_update, 'YY-MM-DD'),
       TC.description,
       TC.order_id,
       (SELECT COUNT(*)
        FROM   tb_request_buyer
        WHERE  req_code = TA.req_code),
       (SELECT COUNT(*)
        FROM   tb_request_buyer
        WHERE  req_code = TA.req_code
        AND    totalqy > 0),
       (SELECT description
```

```
          FROM   tb_code_detail
          WHERE  com_code = 'LEVEL2'
          AND    TA.buyer_id = sub_code),
       TF.class_code
FROM   tb_order TA,
       (SELECT TI.order_id,
       (중략)
        GROUP  BY TX.req_code, TK.class_code) TF
WHERE  TA.req_code = TF.req_code
AND TF.order_sum = TF.tot_sum
AND TA.order_id = TC.order_id
AND ( TA.flag IS NULL OR TA.flag = 'A' )
AND TA.foreign_flag = 'A'
AND TO_CHAR(TF.last_update, 'YYYY-MM-DD') >= '2009-12-10'
AND TO_CHAR(TF.last_update, 'YYYY-MM-DD') <= '2010-03-10'
ORDER  BY TC.order_id DESC,
          TA.req_code ;
```

**실행 계획**

Elapsed: 00:04:36.75

```
Execution Plan
----------------------------------------------------------
   0      SELECT STATEMENT Optimizer=CHOOSE (Cost=86290 Card=1 Bytes=237)
   1    0   SORT (AGGREGATE)
   2    1     TABLE ACCESS (FULL) OF ' TB_REQUEST_BUYER' (Cost=289 Card=5 Bytes=50)
   3    0   SORT (AGGREGATE)
   4    3     TABLE ACCESS (FULL) OF ' TB_REQUEST_BUYER' (Cost=289 Card=5 Bytes=60)
   5    0   TABLE ACCESS (BY INDEX ROWID) OF 'TB_CODE_DETAIL' (Cost=1 Card=1 Bytes=30)
   6    5     INDEX (RANGE SCAN) OF 'TB_CODE_DETAIL_PK' (UNIQUE) (Cost=2 Card=1)
   7    0   SORT (ORDER BY) (Cost=86290 Card=1 Bytes=237)
   8    7     HASH JOIN (Cost=86266 Card=1 Bytes=237)
(중략)
  25   17                 INDEX (UNIQUE SCAN) OF 'TB_ORDER_PK' (UNIQUE)
  26    8        TABLE ACCESS (FULL) OF 'TB_ORDER' (Cost=27 Card=4610Bytes=336530)

Statistics
----------------------------------------------------------
          0  recursive calls
          0  db block gets
     548374  consistent gets
     175277  physical reads
          0  redo size
       9834  bytes sent via SQL*Net to client
        807  bytes received via SQL*Net from client
          9  SQL*Net roundtrips to/from client
          4  sorts (memory)
          0  sorts (disk)
        118  rows processed
```

### 인덱스 구조

| 테이블 이름 | 인덱스 이름 | 구성 컬럼 |
| --- | --- | --- |
| TB_REQUEST_BUYER | TB_REQUEST_BUYER_PK | ORDER_ID,PART_ID,TT_COUNT |

실행 계획에서 볼 수 있듯이 스칼라 서브쿼리의 조인 컬럼에 인덱스가 없어 스칼라 서브쿼리를 처리할 때마다 tb_request_buyer 테이블을 FULL TABLE SCAN하고 있다. 따라서 이 경우 서브쿼리에서 검색하고자 한 tb_request_buyer 테이블의 조인 조건 컬럼인 req_code 컬럼을 선두에 둔 결합 인덱스를 생성해야 한다. 참고로, 이 SQL은 이 문제 이외의 성능 상 문제가 더 있으나 이 장의 내용과 무관하므로 자세한 설명은 생략한다.

다음은 INNER TABLE의 조인 조건 컬럼에 인덱스가 있지만, 조인 조건 외의 조건으로 제시된 컬럼도 인덱스로 가치가 있기 때문에 조인 조건 컬럼과 함께 결합 인덱스를 생성하여 성능을 개선한 사례다.

**SQL**

```
SELECT COUNT(*) AS CNT
FROM   (SELECT TA.receive_no,
               DECODE(SUM(DECODE(TB.class_code, '?', 0,1)), '0', ' ','?') CLASS_CODE,
               TA.receive_date,
               NVL(TA.flag, '')  FLAG
        FROM   master_table TA,
               detail_table TB,
               code_table TC
        WHERE  TA.apply_no > '50'
               AND SUBSTR(TA.receive_no, 2, 1) != '1'
               AND TA.receive_date = REPLACE('?', '.', '')
               AND TA.receive_no = TB.receive_no
               AND TA.receive_no = TC.receive_no
               AND ( TA.last_up_code NOT IN ('?', '?', '?', '?')
                    OR TA.last_up_code IS NULL )
               AND TC.class_code NOT IN ( '00' )
               AND TA.receive_proc_code = '?'
               AND TB.main_code LIKE '00'||'%'
               AND TB.class_code IN ('?', '?', '?', '?')
               AND TB.last_version = '1'
               AND NOT EXISTS (SELECT 1
                               FROM   tb_history
                               WHERE  receive_no = TB.receive_no
                                      AND    amt_seq = 0
                                      AND    seq = TB.seq)
```

```
        GROUP   BY TA.receive_no,
                TA.RECEIVE_DATE,
                TA.flag
     ) VA ;
```

### 실행 계획

| Id | Operation | Name | Rows | Bytes | Cost (%CPU) | Time | Pstart | Pstop |
|---|---|---|---|---|---|---|---|---|
| 0 | SELECT STATEMENT | | 1 | 4 | 43 (3) | 00:00:01 | | |
| 1 | SORT AGGREGATE | | 1 | 4 | | | | |
| 2 | VIEW | | 1 | 4 | 43 (3) | 00:00:01 | | |
| 3 | HASH GROUP BY | | 1 | 109 | 43 (3) | 00:00:01 | | |
| 4 | NESTED LOOPS | | 1 | 109 | 42 (0) | 00:00:01 | | |
| 5 | NESTED LOOPS ANTI | | 1 | 91 | 40 (0) | 00:00:01 | | |
| 6 | NESTED LOOPS | | 1 | 70 | 39 (0) | 00:00:01 | | |
| 7 | TABLE ACCESS BY INDEX ROWID | MASTER_TABLE | 1 | 36 | 4 (0) | 00:00:01 | | |
| * 8 | INDEX RANGE SCAN | MASTER_TABLE_IDX11 | 1 | | 3 (0) | 00:00:01 | | |
| * 9 | TABLE ACCESS BY GLOBAL INDEX ROWID | DETAIL_TABLE | 1 | 34 | 36 (0) | 00:00:01 | ROWID | ROWID |
| * 10 | **INDEX RANGE SCAN** | **DETAIL_TABLE_IDX5** | 91 | | 3 (0) | 00:00:01 | | |
| * 11 | INDEX UNIQUE SCAN | TB_HISTORY_PK | 1 | 21 | 1 (0) | 00:00:01 | | |
| * 12 | TABLE ACCESS BY INDEX ROWID | CODE_TABLE | 1 | 18 | 2 (0) | 00:00:01 | | |
| * 13 | INDEX UNIQUE SCAN | CODE_TABLE_PK | 1 | | 1 (0) | 00:00:01 | | |

### 인덱스 구조

| 테이블 이름 | 인덱스 이름 | 구성 컬럼 |
|---|---|---|
| DETAIL_TABLE | DETAIL_TABLE_PK | RECEIVE_NO, AMT_SEQ, SEQ |
| | DETAIL_TABLE_IDX2 | INPUT_DATE |
| | DETAIL_TABLE_IDX3 | RECEIPT_NO |
| | **DETAIL_TABLE_IDX5** | **RECEIVE_NO** |

위 SQL의 실행 계획을 보면, 드라이빙 테이블로 master_table(별칭 TA)가, 그 다음 조인할 테이블로 detail_table(별칭 TB)이 채택되었다. 이 두 테이블 간의 조인 조건은 TA.receive_no = TB.receive_no였으며, TB 테이블의 receive_no 컬럼에 만들어진 인덱스 detail_table_idx5를 사용하고 있었다. 그런데 TB 테이블은 데이터가 많은 대량 테이블로, 조인 조건을 만족하는 데이터의 양이 많아 현재의 인덱스를 활용하는 것으로는 성능에 최적화된 접근이라고 보기 어려운 상황이었다. 그래서 조인 조건 이외에 TB 테이블의 대상 데이터를 간추릴 수 있는 조건을 찾아본 결과, TB.class_code In과 TB.last_version=보다 TB.main_ code LIKE '00' || '%' 조건이 변별력이 높은 조건임을 확인하고, 현재 사용하고 있는 detail_table_idx5 인덱스의 구조를 receive_no + main_code 컬럼으로 구성된 결합 인덱스로 수정하여 성능을 개선하였다.

이제 마지막으로 또 다른 형태의 조인이라고 할 수 있는 CONNECT BY 구문을 사용했을 때에는 어떻게 인덱스를 구성하는 것이 좋은지 사례를 통해 설명하겠다.

**SQL**

```
SELECT  group_name_path
FROM    (SELECT group_id,
                SUBSTR(( SYS_CONNECT_BY_PATH (group_name, ' > ') ), 4) AS GROUP_NAME_PATH
         FROM    tb_organization
         WHERE   use_yn = 'Y'
                 AND region = :b3
                 AND sub_region = :b2
         START WITH group_id = :b1
         CONNECT BY PRIOR group_id = upper_group_id)
WHERE   group_id = :B4 ;
```

**실행 계획**

```
0       SELECT STATEMENT
1         VIEW
2           FILTER
3             CONNECT BY NO FILTERING WITH START-WITH ()
4               TABLE ACCESS FULL (TB_ORGANIZATION)
```

**인덱스 구조**

| 테이블 이름 | 인덱스 이름 | 구성 컬럼 |
|---|---|---|
| TB_ORGANIZATION | TB_ORGANIZATION_PK | GROUP_ID |

이처럼 CONNECT BY 구문을 사용한 SQL을 작성할 때에는 대상 테이블의 인덱스 구조를 반드시 확인해야 한다. 먼저 START WITH절에 기술한 조건 컬럼에 인덱스가 있는지 확인해야 하고, CONNECT BY절에서 비교하는 대상 컬럼에 인덱스가 있는지 확인해야 한다. 위의 SQL에서 사용된 group_id 컬럼과 upper_group_id 컬럼이 이에 해당한다. 그래야만 CONNECT BY 구문을 사용

했을 때 최적의 성능을 보장받을 수 있다. 이 내용은 5장에서 좀 더 자세히 언급하겠다.

지금까지 설명한 것처럼 조건절에 자주 등장하거나 조인 조건에 사용된 컬럼 외의 컬럼들을 가지고 인덱스를 생성하거나 기존 인덱스에 이 컬럼들을 추가하는 경우가 있는데, 가장 대표적인 경우가 ORDER BY절 등에서 지시한 정렬 작업을 인덱스를 통해 하고자 할 때와, 테이블에 접근하지 않고 인덱스만 검색하여 원하는 데이터를 출력하고자 할 때이다. 참고로 알아두기 바란다.

### 4.2.3 B* Tree 인덱스를 사용하지 못하는 경우

위에서 언급한 대로 조건절에 자주 등장하는 컬럼이라고 판단하여 최적화된 인덱스를 생성했다 하더라도, 경우에 따라 만들어 놓은 인덱스를 사용할 수 없는 상황이 발생한다. 대표적인 경우를 정리하면 다음과 같다.

- 컬럼의 내외부 변형
- IS NULL, IS NOT NULL을 사용한 비교
- LIKE 검색 시 변수 앞 '%' 사용
- 여러 컬럼에 대한 OR 조건 사용
- 부정형 비교

지금부터 인덱스를 사용할 수 없는 각각의 경우에 대해 사례와 함께 해결 방안을 소개하겠다. 앞으로 볼 사례들을 바탕으로 올바른 SQL 작성에 주의를 기울인다면, 인덱스가 있음에도 불구하고 활용하지 못하는 상황은 막을 수 있을 것이다. 잘못된 통계 정보나 크기가 적어서 옵티마이저가 인덱스를 사용하지 않는 경우는 제외한다.

### (1) 컬럼의 내부 변형

아래 SQL은 조건절에서 제시한 컬럼의 내부 변형 사례이다. ORACLE은 컬럼

과 비교하고자 하는 값의 데이터 타입이 서로 다를 경우, 내부적으로 데이터 변환을 수행한다. 이런 경우 해당 컬럼에 인덱스가 생성되어 있더라도 이 인덱스를 사용할 수 없다. 프로젝트 현장에서 튜닝한 사례를 바탕으로 자세히 살펴보자.

**SQL**

```
SELECT  TA.product_id,
        TA.order_seq,
        TA.record_id,
        (중략)
FROM    tb_product TA
WHERE   1 = 1
        AND TA.product_id = 1234567
        AND TA.order_seq = 3
        AND TA.record_id = 654321 ;
```

**실행 계획**

```
| Id | Operation         | Name       | Starts | E-Rows | A-Rows | A-Time      | Buffers |
----------------------------------------------------------------------------------------------
|  0 | SELECT STATEMENT  |            |      1 |        |      0 | 00:00:00.01 |       4 |
|* 1 | TABLE ACCESS FULL | TB_PRODUCT |      1 |      1 |      0 | 00:00:00.01 |       4 |
```

**테이블 구조**

```
Column Name         Nullable Column Type       Distinct   Buckets
-----------------   --------------------       --------   -------
PRODUCT_ID          NOT NULL VARCHAR2(7)              1         1
ORDER_SEQ           NOT NULL NUMBER(4)                3         3
RECORD_ID           NOT NULL VARCHAR2(10)
(중략)
```

**인덱스 구조**

| 테이블 이름 | 인덱스 이름 | 구성 컬럼 |
|---|---|---|
| TB_PRODUCT | TB_PRODUCT_PK | PRODUCT_ID, ORDER_SEQ, RECORD_ID |

위 SQL의 검색 조건으로 제시된 product_id, order_seq, record_id 컬럼에는 이미 결합 인덱스가 구성되어 있다. 세 컬럼 가운데 product_id와 record_id는 데이터 타입이 VARCHAR2임에도 불구하고, 조건절에서 이 컬럼들의 비교

조건으로 제시한 값에 작은 따옴표를 사용하지 않았다. 이렇게 사용하는 경우 product_id = 1234567은 TO_NUMBER(product_id) = 1234567로, record_id = 654321은 TO_NUMBER(record_id) = 654321로 내부적인 변형이 일어나 인덱스를 사용한 검색이 불가능해진다.

이처럼 사용자의 개입 없이 ORACLE이 자체적으로 판단하여 조건절의 컬럼 타입이나 길이 등을 변경하는 것을 일컬어 '내부 변형'이라고 하는데, 잘못된 테이블 설계나 SQL 개발자의 실수가 주된 원인이다.

한 가지 참고할 것은, ORACLE이 이와 같은 내부 변형을 일으킬 때 가급적 숫자 데이터를 유지하려고 하는 속성이 있다는 점이다. 아래의 두 가지 경우를 통해 비교해보자.

- 비교할 컬럼이 문자 데이터 타입이고, 비교할 값이 숫자인 경우
    WHERE a = 1234 → WHERE TO_NUMBER(a) = 1234
- 비교할 컬럼이 숫자 데이터 타입이고, 비교할 값이 문자인 경우
    WHERE a = '1234' → WHERE a = TO_NUMBER('1234')

따라서 위의 경우는 첫 번째 인덱스를 사용할 수 없지만, 두 번째 경우는 인덱스를 사용할 수 있다.

이 내용을 참고하여 앞의 사례 SQL을 다음과 같이 수정하여 인덱스를 활용해보자.

SQL

```
SELECT  TA.product_id,
        TA.order_seq,
        TA.record_id,
        (중략)
FROM    tb_product TA
WHERE   1 = 1
        AND TA.product_id = '1234567'
        AND TA.order_seq = 3
        AND TA.record_id = '654321';
```

실행 계획

```
---------------------------------------------------------------------------------------------
| Id | Operation                         | Name          | Starts | E-Rows | A-Rows |   A-Time    | Buffers |
---------------------------------------------------------------------------------------------
|  0 | SELECT STATEMENT                  |               |    1   |        |    0   |00:00:00.01 |    4    |
|  1 |  TABLE ACCESS BY INDEX ROWID      | TB_PRODUCT    |    1   |    1   |    0   |00:00:00.01 |    4    |
|* 2 |   INDEX UNIQUE SCAN               | TB_PRODUCT_PK |    1   |    1   |    1   |00:00:00.01 |    3    |
---------------------------------------------------------------------------------------------

Predicate Information (identified by operation id):
---------------------------------------------------
1 - access("PRODUCT_ID"='1234567' AND "ORDER_SEQ"=3 AND "RECORD_ID"='654321')
```

컬럼의 내부 변형은 의외로 여러 프로젝트에서 꾸준히 발생되고 있는 성능 오류 문제 중 하나이다. 다음 SQL도 프로젝트에서 직접 경험한 사례이다.

SQL

```
SELECT TA.store_id,
       TA.bill_no,
       (중략)
       FUNCTION_GET_CODE_NAME(111, TA.cust_type) CUST_TYPE_NAME,
       FUNCTION_GET_CODE_NAME(222, TA.gender_code) GENDER_NAME,
       TA.depart_date,
       TB.bill_flag,
       (SELECT item_001
         FROM   tb_code_master
         WHERE  code_fg = 011
           AND code_no = TA.loc_code) TRANS
FROM   tb_sale TA,
       tb_sale_location TB
WHERE  TA.bill_no = 123456789
   AND TA.sale_type = 0
   AND TA.bill_no = TB.bill_no ;
```

실행 계획

```
-----------------------------------------------------------------------------------------
| Id | Operation                         | Name              | Rows | Bytes | Cost (%CPU)| Time     |
-----------------------------------------------------------------------------------------
|  0 | SELECT STATEMENT                  |                   |   1  |   92  |  332K  (1) | 01:06:31 |
|* 1 |  TABLE ACCESS FULL                | TB_CODE_MASTER    |   1  |   15  |   65   (0) | 00:00:01 |
|  2 |  NESTED LOOPS                     |                   |      |       |            |          |
|  3 |   NESTED LOOPS                    |                   |   1  |   92  |  332K  (1) | 01:06:31 |
|* 4 |    TABLE ACCESS FULL              | TB_SALE           |   1  |   75  |  332K  (1) | 01:06:31 |
|* 5 |    INDEX UNIQUE SCAN              | TB_SALE_LOCATION_PK |  1 |       |    1   (0) | 00:00:01 |
|  6 |   TABLE ACCESS BY INDEX ROWID     | TB_SALE_LOCATION  |   1  |   17  |    1   (0) | 00:00:01 |
-----------------------------------------------------------------------------------------
```

Predicate Information (identified by operation id):

```
----------------------------------------------
 1 - filter("CODE_NO"=:B1 AND TO_NUMBER("CODE_FG")=011)
 4 - filter(TO_NUMBER("TA"."BILL_NO")=123456789 AND TO_NUMBER("TA"."SALE_TYPE")=0)
 5 - access("TA"."BILL_NO"="TB"."BILL_NO")
```

이 SQL은 유통 시스템에서 특정 bill_no를 갖는 상품의 매장 정보, 상품 정보, 고객 정보를 조회하기 위해 사용한 SQL이다. 실행 계획의 predicate 정보에 나타난 것을 보면 bill_no는 문자 데이터 타입으로 정의된 컬럼임에도 불구하고, 조건절에서 비교하고 있는 값에 작은 따옴표를 쓰지 않아 이 값을 숫자로 인식하면서 내부적으로 TO_NUMBER(TA.bill_no)=123456789로 변형을 일으켰고, 이 컬럼에 생성되어 있는 인덱스를 사용할 수 없게 되었다. 따라서 bill_no 값을 문자 데이터 타입으로 입력을 받을 수 있도록 프로그램을 수정하여 문제를 개선하였다. 스칼라 서브쿼리의 code_fg=011도 마찬가지다.

컬럼 내부 변형의 또 다른 사례를 살펴보자. LIKE를 사용한 검색은 문자형 데이터 타입의 범위 검색에 자주 사용되는데, 숫자 데이터 타입을 갖는 컬럼에 대해 LIKE 검색을 시도하면 ORACLE은 이 처리를 위해 조건절에서 사용된 컬럼에 대해 문자 데이터 타입으로의 변형을 일으킨다.

- 비교할 컬럼이 문자 데이터 타입이고, 비교할 값이 숫자인 경우
  WHERE a LIKE 1234% → 에러 발생
- 비교할 컬럼이 숫자 데이터 타입이고, 비교할 값이 문자인 경우
  WHERE a LIKE '1234%' → WHERE TO_CHAR(a) LIKE '1234%'

이처럼 숫자 데이터 타입을 갖는 컬럼에 대해 LIKE 검색을 하여 내부 변형이 일어나는 사례는 현재의 프로그램을 수정하여 신규 프로그램을 개발하는 프로젝트에서 흔히 볼 수 있다. 데이터 모델이 변경되었음에도 불구하고 기존의 프로그램을 그대로 가져다가 개발 작업을 하면서 이처럼 의도하지 않은 변형을 불러온 것이다. 그렇다면 다음과 같은 cust_id 컬럼이 숫자 데이터 타입인 SQL을 보고 개선안을 찾아보도록 하자.

**SQL**

```
SELECT reg_no
       cusomer_name,
       reg_date
       (중략)
FROM   tb_customer
WHERE  cust_id LIKE :CUST_ID || '%' ;
```

**실행 계획**

```
Execution Plan
----------------------------------------------------------
Plan hash value: 3494077711

--------------------------------------------------------------------------
| Id  | Operation          | Name        | Rows  | Bytes | Cost (%CPU)| Time     |
--------------------------------------------------------------------------
|   0 | SELECT STATEMENT   |             |  443K |   16M |  115K  (1) | 00:23:07 |
|*  1 | TABLE ACCESS FULL  | TB_CUSTOMER |  443K |   16M |  115K  (1) | 00:23:07 |
--------------------------------------------------------------------------
```

이 경우도 마찬가지로 현재 숫자 데이터 타입으로 정의된 cust_id 컬럼에 대해 문자 비교 연산자인 LIKE를 사용하여 비교하고 있으므로, cust_id LIKE :CUST_ID||'%'라는 조건이 내부적으로 TO_CHAR(cust_id) LIKE :CUST_ID||'%'로 변형을 일으킨다. 따라서 cust_id 값의 자리수가 같은 경우 다음과 같이 범위를 검색하는 연산자를 사용하여 이 컬럼에 만든 인덱스를 사용하도록 했다.

**SQL**

```
SELECT reg_no,
       cusomer_name,
       reg_date
       (중략)
FROM   tb_customer
WHERE  cust_id BETWEEN TO_NUMBER(RPAD(:CUST_ID, 9, '0')) AND TO_NUMBER(RPAD(:CUST_ID, 9, '9')) ;
```

**실행 계획**

```
Execution Plan
----------------------------------------------------------
Plan hash value: 255852799

--------------------------------------------------------------------------
| Id  | Operation          | Name        | Rows  | Bytes | Cost (%CPU)| Time     |
--------------------------------------------------------------------------
```

```
|   0 | SELECT STATEMENT  |               |   1 |   7 |   3  (0)| 00:00:01 |
|   1 |  SORT AGGREGATE   |               |   1 |   7 |         |          |
|*  2 |   INDEX RANGE SCAN| TB_CUSTOMER_PK |  100 | 700 |   3  (0)| 00:00:01 |
```

지금까지 설명한 컬럼의 내부 변형은 각종 연산 및 함수 사용 시에도 발생한다. 다음은 여러 형태의 데이터 타입을 갖는 데이터에 연산을 수행하거나 함수를 적용했을 때, 내부 변형을 거쳐 결과값이 갖게 되는 데이터 타입을 정리한 것이다.

- CHAR + NUMBER → NUMBER
- DATE + NUMBER → DATE
- DATE + DATE → NUMBER
- TRUNC(DATE) → DATE
- NVL(**CHAR**, NUMBER) → CHAR
- NVL(**NUMBER**, CHAR) → NUMBER
- DECODE(?, ?, **CHAR**, NUMBER) → CHAR
- DECODE(?, ?, **NUMBER**, CHAR) → NUMBER

### (2) 컬럼의 외부 변형

다음으로는 SQL을 작성한 개발자가 직접 컬럼에 변형을 가하여 인덱스를 사용할 수 없게 된 외부 변형의 사례를 소개하겠다.

**SQL**

```
SELECT TO_CHAR(NVL(MAX(rank_no) + 1, '' ||'000001')) AS RANK_NO
FROM   master_table
WHERE  SUBSTR(rank_no, 1, 6) = '123456';
```

**실행 계획**

```
Row Source Operation
-------------------------------------------------
SORT AGGREGATE
 TABLE ACCESS FULL MASTER_TABLE
```

인덱스 구조

| 테이블 이름 | 인덱스 이름 | 구성 컬럼 |
|---|---|---|
| MASTER_TABLE | MASTER_TABLE_PK | MASTER_NO |
| | MASTER_TABLE_IDX1 | RANK_NO |

이 SQL은 조건절에서 비교하고 있는 rank_no 컬럼에 SUBSTR이라는 함수를 사용해 변형을 일으킨 경우이다. 이 컬럼에는 이미 인덱스가 만들어져 있었지만, 이와 같은 외부 변형으로 인해 인덱스를 사용할 수 없게 된 것이었다. 따라서 아래의 SQL과 같이 외부 변형을 피하는 방법으로 SQL을 수정하면 의도한 대로 인덱스를 사용할 수 있다.

SQL

```
SELECT  TO_CHAR(NVL(MAX(rank_no) + 1, '' ||'000001')) AS RANK_NO
FROM    master_table
WHERE   rank_no LIKE '123456' ||'%';
```

실행 계획

```
Row Source Operation
---------------------------------------------------
SORT AGGREGATE
 INDEX RANGE SCAN MASTER_TABLE_IDX1
```

다음으로 소개할 SQL도 외부 변형의 또 다른 사례로, 조건절의 컬럼을 연결 연산자로 연결하여 인덱스를 사용할 수 없게 된 경우이다.

SQL

```
SELECT *
FROM   (SELECT ROWNUM AS RNUM,
               record_id,
               (중략)
        FROM    master_table
        WHERE   order_no = :1
                AND code_1 ||code_2 ||code_3 ||code_4 = :2
        ORDER   BY 2 DESC)
WHERE  rnum > 30 * ( 1 - 1 )
AND    rnum <= ( 30 * 1 ) ;
```

**실행 계획**

```
0           SELECT STATEMENT
1      0      VIEW
2      1        SORT ORDER BY ()
3      2          COUNT
4      3            TABLE ACCESS FULL (MASTER_TABLE)
```

**인덱스 구조**

| 테이블 이름 | 인덱스 이름 | 구성 컬럼 |
|---|---|---|
| MASTER_TABLE | MASTER_TABLE_PK | PRODUCT_ID, ORDER_NO, RECORD_ID |
|  | MASTER_TABLE_IDX1 | CODE_1, CODE_2, CODE_3, CODE_4, ORDER_NO, RECORD_ID |

이 경우도 마찬가지로 master_table_idx1 인덱스를 사용할 수 있도록 다음과 같이 SQL을 수정하여 외부 변형 요소를 제거해야 한다.

**SQL**

```
SELECT *
FROM   (SELECT rownum AS RNUM,
               record_id,
               (중략)
        FROM   master_table
        WHERE  order_no = :1
               AND code_1 = SUBSTR(:2, ?, ?)
               AND code_2 = SUBSTR(:2, ?, ?)
               AND code_3 = SUBSTR(:2, ?, ?)
               AND code_4 = SUBSTR(:2, ?, ?)
        ORDER  BY 2 DESC)
WHERE  rnum > 30 * ( 1 - 1 )
AND    rnum <= ( 30 * 1 ) ;
```

다음에 소개할 사례는 사용자가 직접 정의한 함수로, 인덱스 컬럼에 외부 변형을 일으킨 사례이다. 이 SQL을 사용한 프로젝트는 데이터 암호화를 위해 입력 받은 값을 헥사 값으로 바꾸어 저장했는데, 헥사 값으로 저장된 데이터를 조회하기 위해 프로젝트에서 개발한 함수를 사용하고 있었다. 문제는 이 함수를 사용하여 비교를 하다 보니 인덱스 컬럼에 외부 변형이 일어나 인덱스를 사용할 수 없게 되었고, 그 결과 수십만 건이 넘는 테이블을 매번 FULL TABLE SCAN하면서 성능 문제가 발생했다. 그럼 문제가 되었던 SQL을 살펴보자.

**SQL**

```
SELECT '01' AS TYPE,
       TA.sell_id,
       TA.line_id,
       (중략)
FROM   tb_sell_table TA
WHERE  TO_HEXA_STRING(TA.physical_id) = '1234BAE10231212FFFF';
```

**실행 계획**

```
| Id  | Operation         | Name         | Starts | E-Rows | A-Rows |   A-Time    | Buffers | Reads |
|*  1 | TABLE ACCESS FULL | TB_SELL_TABLE|    1   |   607  |    0   | 00:00:27.21 |  11506  | 10012 |
```

**함수 구조**

```
FUNCTION TO_HEXA_STRING(num IN NUMBER)
RETURN VARCHAR2
AS
BEGIN
    RETURN TOHEXASTRING(num, 16);
END HEXA_STRING;
```

**인덱스 구조**

| 테이블 이름 | 인덱스 이름 | 구성 컬럼 |
|---|---|---|
| TB_SELL_TABLE | TB_SELL_TB_PK | SELL_ID,LINE_ID,DEV_GRP_CD ,SEQNO |
|  | TB_SELL_TB_IDX1 | PHYSICAL_ID |

TO_HEXA_STRING라는 함수는, 함수 구조에서 볼 수 있듯이 NUMBER 데이터 타입의 값을 헥사값으로 변환한 후 리턴하게 하는 함수다. 따라서 거꾸로 헥사값을 입력 받아 NUMBER 데이터 타입으로 리턴하는 함수 TO_NUMBER를 사용하여 다음과 같이 SQL을 수정해야 한다.

**SQL**

```
SELECT '01' AS TYPE,
       TA.sell_id,
       TA.line_id,
       (중략)
FROM   tb_sell_table TA
WHERE  TA.physical_id = TO_NUMBER('1234BAE10231212FFFF','XXXXXXXXXXXXXXXXX') ;
```

**실행 계획**

```
| Id | Operation                    | Name           | Starts | E-Rows | A-Rows | A-Time      | Buffers | Reads |
|  1 | TABLE ACCESS BY INDEX ROWID  | TB_SELL_TABLE  |    1   |    1   |    0   | 00:00:00.01 |    5    |   0   |
|* 2 |  INDEX UNIQUE SCAN           | TB_SELL_TB_IDX1|    1   |    1   |    0   | 00:00:00.01 |    5    |   0   |
```

실제 프로젝트에서 튜닝을 하다 보면 외부 변형을 가장 많이 일으키는 경우가 TO_CHAR(date_column) = '20130110'와 같은 구문이다. 따라서 이와 같은 경우는 BETWEEN이나 부등호를 활용하여 외부 변형을 일으키지 않게 하는 것도 하나의 튜닝 방안이 될 수 있다.

### (3) IS NULL, IS NOT NULL을 사용한 비교

우리가 일반적으로 많이 쓰는 B* Tree 인덱스는 엔트리에 NULL 값을 저장하지 않는다. 따라서 인덱스를 생성한 컬럼에 대해 IS NULL로 비교를 하는 경우 인덱스를 사용하지 않는다. 단, 결합 인덱스를 쓰는 경우는 조금 다르다. col1 + col2 컬럼들로 구성된 결합 인덱스가 있다고 가정했을 때, 조건절에 col1 IS NULL AND col2 = 'ABCDE'와 같은 형태의 표현식을 써서 검색하는 경우는 인덱스를 사용한 검색이 가능하다.

다음에 소개할 사례는 NULL인 데이터가 아주 드물게 있는 컬럼으로부터 NULL인 데이터를 출력하고자 작성한 SQL이다.

**SQL**

```
(생략)
SELECT region_id,
       COUNT(*) CNT
FROM   tb_history_table
WHERE  flag = 'Y'
       AND close_date IS NULL
       AND delete_date IS NULL
       AND LOWER(history_level) IN ( '1', '2', '5', '7' )
       GROUP  BY region_id
       (생략);
```

실행 계획

```
| Id  | Operation           | Name            | Starts | E-Rows | A-Rows | A-Time      | Buffers | Reads |
(생략)
| 12  |   VIEW              |                 |    1   |   347  |   288  |00:00:00.59  |  41221  |   0   |
| 13  |    HASH GROUP BY    |                 |    1   |   347  |   288  |00:00:00.59  |  41221  |   0   |
|* 14 |     TABLE ACCESS FULL| TB_HISTORY_TABLE|    1   |   423  |   865  |00:00:00.57  |  41221  |   0   |
(생략)

Predicate Information (identified by operation id):
---------------------------------------------------
14 - filter(("CLOSE_DATE" IS NULL AND "DELETE_DATE" IS NULL AND (LOWER("HISTORY_LEVEL")='1' OR LOWER("HISTORY_
LEVEL")='2' OR
LOWER("HISTORY_LEVEL")='5' OR LOWER("HISTORY_LEVEL")='7') AND "FLAG"='Y'))
```

IS NULL을 사용하여 비교하고 있는 close_date, delete_date 컬럼이 소속된 tb_history_table 테이블은 20만 건 이상의 레코드를 저장하고 있는 테이블인데, 조건절에서 제시한 조건처럼 close_date와 delete_date 컬럼이 모두 NULL인 데이터는 869건에 지나지 않는다. 이 두 컬럼에는 인덱스가 만들어져 있음에도 불구하고 FULL TABLE SCAN을 하고 있는데, 이유는 IS NULL을 사용한 비교 때문이다.

따라서 close_date, delete_date 컬럼의 NULL인 데이터를 모두 임의의 값인 '00000000000000'로 바꾸고 해당 컬럼에 DEFAULT 값을 설정하여 앞으로 입력 받을 값에 대해서도 아무 값도 입력하지 않으면 자동적으로 '00000000000000'이 입력되도록 했다. 그 다음으로 이 컬럼들의 인덱스를 사용할 수 있도록 close_date IS NULL AND delete_date IS NULL이라는 조건을 close_date = '00000000000000' AND delete_date = '00000000000000'로 변경했다. 위의 두 컬럼이 date type인 경우는 가능성이 희박한 '9999년 12월 31일'로 하면 될 것이다.

### (4) LIKE 검색 시 변수 앞 '%' 사용

검색 기능을 가진 시스템이라면 대부분 사용하는 와일드 카드 문자 '%'를 사용한 LIKE 검색은 특정 단어와 연관된 데이터를 모두 검색할 수 있다는 장점 때문에 활용도가 높다. 하지만 이 또한 인덱스에 대한 정확한 이해를 하지 않은 상태에서 사용하면 치명적인 성능 문제를 야기시킬 수 있다.

결론부터 이야기하면 비교할 값의 앞에는 가급적 '%'를 사용하지 않아야 한다. 물론, 요구사항을 충족시키기 위해 어쩔 수 없이 비교할 값의 앞에 '%'를 사용해야 하는 경우도 있지만, 그렇지 않은 경우에도 개발자가 습관적으로 비교할 값의 앞에 '%'를 사용하는 경우도 있다. 이런 경우 해당 컬럼에 인덱스가 있어도 인덱스를 사용할 수가 없어 FULL TABLE SCAN을 할 것이다. 개발자의 소소한 실수가 검색 성능을 저하시킬 수 있는 것이다. 다음 SQL을 보자.

**SQL**

```
SELECT ROWNUM                                  AS RNUM,
       order_seq,
       order_name,
       FUNCTION_GET_CODE(org_code)             AS ORG_NAME,
       FUNCTION_GET_CODE(order_kind_code)      AS ORDER_KIND_NAME,
       FUNCTION_GET_CODE(order_at)             AS ORDER_NAME,
       cur_order_at,
       (중략)
FROM   tb_order A
WHERE  order_at <> '01'
AND    ROWNUM <= 100
AND    order_name LIKE '%' ||:1 ||'%'
ORDER  BY order_seq DESC;
```

**실행 계획**

```
0                    SELECT STATEMENT
1        0             SORT ORDER BY ()
2        1               COUNT STOPKEY ()
3        2                 TABLE ACCESS FULL (TB_ORDER)
```

**인덱스 구조**

| 테이블 이름 | 인덱스 이름 | 구성 컬럼 |
| --- | --- | --- |
| TB_ORDER | TB_ORDER_PK | ORDER_SEQ |
|  | TB_ORDER_IDX1 | ORDER_NAME |

사용자가 입력한 변수 값을 포함하고 있는 order_name을 가진 데이터들을 추출하기 위해 작성한 이 SQL은, LIKE를 사용한 비교 변수 앞에 '%' 문자를 사용하여 order_name 컬럼에 인덱스가 있음에도 불구하고 FULL TABLE SCAN을

하고 있었다. 이런 경우 변수 앞의 '%'가 요구사항을 충족하는 데 꼭 필요한 조치인지 재차 확인하고 그에 따른 적절한 조치를 해야 한다.

이해를 돕기 위해 인사 시스템에서 사원의 이름을 입력하여 LIKE 검색을 하는 경우를 생각해보자. 인사 시스템을 사용하는 사용자가 '김은정'이라는 이름을 갖는 사원의 정보를 검색하고자 할 때, 일반적으로 어떤 값을 입력하여 조회하겠는가? '김'만 입력하거나, '은정'만 입력해서 원하는 결과를 가져오려고 하는 경우가 과연 많을까? 대부분은 '김은정'이라는 이름 전체를 입력할 것이다. 하지만 사용자의 이와 같은 경향을 파악했다고 해서 '김'만 입력한 사용자를 무조건 배제할 수는 없겠지만, 굳이 성만 가지고 또는 이름만 가지고 검색하는 방법을 허용하고자 한다면 성, 이름 컬럼을 분리하는 등의 설계상의 튜닝을 부가적으로 할 것을 권한다. 하지만 무엇보다 효율적인 튜닝은 사용자가 변수 값을 입력하는 단계에 비교적 정확한 값을 입력하도록 유도하는 것이다. 건수가 많은 테이블에서 '김'씨 성을 조회하는 것은 의미가 없고 성능에 나쁜 영향을 주기 때문에 '검색어는 두 글자 이상이어야 합니다', '성과 이름을 붙여 입력해주세요 예)홍길동' 등과 같은 메시지를 자주 보게 되는 것도 그 이유에서이다.

SQL 튜닝이라고 해서 SQL만 가지고 조율하는 것이라고 생각하면 큰 오산이다. 사용자의 경향을 파악하고, 사용자 화면에 대한 조정을 권유하는 것 또한 SQL 튜닝의 일부이다.

### (5) 여러 컬럼에 대한 OR 조건 사용

OR를 사용하여 여러 컬럼에 대한 조건을 나열할 때, 사용된 컬럼 중 어느 하나라도 인덱스에 포함되어 있지 않으면, ORACLE의 옵티마이저는 FULL TABLE SCAN을 하도록 실행 계획을 세운다. 이 경우 적절한 인덱스를 생성하여 인덱스를 사용한 검색을 할 수 있지만, 인덱스 생성이 여의치 않은 상황이라면 다음 사례와 같이 힌트를 사용하거나 각각의 컬럼에 대한 조건을 분리한 후 UNION ALL로 연결하는 방법으로 튜닝할 수 있다.

## SQL

```
SELECT (중략)
FROM   bs_master TA,
       sl_master TB,
       bs_detail TC,
       sl_detail TD
WHERE  TA.cust_no = TB.inwh_cust_no
  AND  TA.cust_no = TC.cust_no
  AND  TB.cont_no = TD.cont_no
  AND  TB.inwh_ad_seq = TC.addr_seq
  AND  TD.prod_divs = 1
  AND  ( TA.address1 = :1
         OR TC.mobile_no = REPLACE(:2, '-', '')
         OR TC.phone_no1 = REPLACE(:3, '-', '') )
ORDER BY 2 DESC, 3;
```

### 실행 결과

```
| Id  | Operation                       | Name           | Starts | E-Rows | A-Rows |   A-Time     | Buffers | Reads |
|   0 | SELECT STATEMENT                |                |    1   |        |    15  | 00:00:18.96  |  91688  | 13993 |
~
|  12 |   SORT AGGREGATE                |                |   15   |    1   |    15  | 00:00:00.01  |     33  |     7 |
|  13 |    FIRST ROW                    |                |   15   |    1   |    15  | 00:00:00.01  |     33  |     7 |
|* 14 |     INDEX RANGE SCAN (MIN/MAX)  | SL_LOG_IDX5    |   15   |    1   |    15  | 00:00:00.01  |     33  |     7 |
|  15 |   SORT ORDER BY                 |                |    1   | 33002  |    15  | 00:00:18.96  |  91688  | 13993 |
|  16 |    NESTED LOOPS                 |                |    1   |        |    15  | 00:00:41.29  |  91589  | 13985 |
|  17 |     NESTED LOOPS                |                |    1   | 33002  |    15  | 00:00:41.29  |  91574  | 13971 |
|  18 |      NESTED LOOPS               |                |    1   | 33002  |    15  | 00:00:41.29  |  91541  | 13963 |
|* 19 |       HASH JOIN                 |                |    1   | 84818  |    27  | 00:00:08.18  |  91483  | 13945 |
|  20 |        TABLE ACCESS FULL        | BS_MASTER      |    1   | 1999K  | 2000K  | 00:00:03.03  |  22162  | 13931 |
|  21 |        TABLE ACCESS FULL        | BS_DETAIL      |    1   | 4261K  | 4262K  | 00:00:02.19  |  69321  |    14 |
|  22 |       TABLE ACCESS BY INDEX ROWID| SL_MASTER     |   27   |    1   |    15  | 00:00:00.05  |     58  |    18 |
|* 23 |        INDEX RANGE SCAN         | SL_MASTER_IDX5 |   27   |    1   |    15  | 00:00:00.05  |     43  |     8 |
|* 24 |      INDEX RANGE SCAN           | SL_DETAIL_IDX2 |   15   |    1   |    15  | 00:00:00.01  |     33  |     8 |
|* 25 |     TABLE ACCESS BY INDEX ROWID | SL_DETAIL      |   15   |    1   |    15  | 00:00:00.01  |     15  |    14 |
```

### 인덱스 구조

| 테이블 이름 | 인덱스 이름 | 구성 컬럼 |
|---|---|---|
| BS_DETAIL | BS_DETAIL_IDX3 | MOBILE_NO, PHONE_NO1 |
| BS_MASTER | BS_MASTER_IDX1 | ADDRESS1 |

위의 SQL 같은 경우 OR로 연결된 세 개의 조건 1) TA.address1= :1, 2) TC.mobile_no = REPLACE(:2, '-', ''), 3) TC.phone_no1 = REPLACE(:3, '-', '') 중 1), 2)는 사용할 수 있는 인덱스가 있으나 3) 조건에는 유용한 인덱스가 없

으므로 bs_detail 테이블의 phone_no1 컬럼에 인덱스를 별도로 생성한 후 /*+ USE_CONCAT */ 힌트를 사용하여 각각의 조건 검색에 유리한 인덱스를 사용하도록 유도해야 한다.

참고로 OR문을 사용해 여러 조건을 나열할 때에는, 결과를 만족하는 값이 많은 조건을 OR 뒤에 두는 것이 성능 면에서 유리하다. OR로 연결된 조건들을 비교하는 작업을 수행할 때는 OR 뒤부터 비교를 시작하기 때문이다.

### (6) 부정형 비교

지금까지 언급한 경우 외에도 인덱스를 사용할 수 없는 경우가 한 가지 더 있다. 바로 부정형 비교를 사용한 경우다. 부정형 비교라고 하면, 〈〉, !=, NOT IN, NOT EXISTS 등의 표현식을 사용한 SQL이라고 보면 되겠다. 다음 사례에서 사용한 SQL을 보자.

**SQL**

```
UPDATE master_table TA
SET    TA.loan_yn = 'Y'
WHERE  TA.fom_year = '2012'
       AND TA.fom_code = '1'
       AND TA.loan_code != '01';
```

master_table이라는 테이블의 loan_yn 컬럼 값을 갱신하기 위해 사용한 이 SQL에서 조건절에 제시된 세 가지 조건 가운데 검색 대상을 걸러내기에 가장 좋은 조건은 TA.loan_code != '01'이었다. NOT NULL 제약 조건이 정의된 loan_code 컬럼의 데이터 대부분이 '01'이었기 때문이다. 이 컬럼은 특성상 '01'부터 '09'의 값만 입력될 수 있는 구조로, 인덱스를 사용해 검색하면, 성능이 좋아질 것이기 때문에 이 컬럼에 인덱스를 생성한 후 TA.loan_code != '01'이라는 조건을 TA.loan_code 〉 '01'로 변경하여 생성한 인덱스를 사용할 수 있도록 해야 한다.

### 4.2.4 인덱스 생성 및 관리 시 고려할 사항

지금까지 다양한 사례를 통해 본 것처럼 인덱스는 검색 성능을 향상하는 데 중요한 역할을 하는 객체이다. 따라서 시스템을 개발하는 도중에도 필요에 따라 인덱스를 추가할 수도 있고, 기존 인덱스의 구성을 변경하여 SQL의 성능을 향상시킬 수 있다. 하지만 이처럼 인덱스를 추가하거나 변경할 것을 결정할 때는 반드시 고려해야 할 것들이 있다. 하나하나 살펴보도록 하자.

**(1) 다른 SQL에 미치는 영향도**

인덱스를 새로 만들거나 변경하면 ORACLE은 해당 인덱스의 통계 정보를 수집하거나 갱신한다. 특히 기존 인덱스를 변경하는 작업을 할 경우, 이 인덱스를 사용하도록 한 실행 계획이 모두 INVALID 상태로 바뀌어 해당 실행 계획을 재사용하는 것이 불가능해진다. 이는 인덱스를 삭제하는 경우도 마찬가지다.

이렇게 SQL의 실행 계획이 INVALID 상태로 바뀌고 나면, 동일한 SQL이 실행되어도 메모리에 존재하는 실행 계획을 사용할 수 없게 되므로 HARD PARSING을 하여 새로운 실행 계획을 세우게 된다. 바꾸어 이야기하면, 그동안 실행 계획을 공유하여 잘 수행되고 있던 SQL이 인덱스의 변경으로 인해 실행 계획을 다시 세우는 과정에서 오히려 비효율적인 선택을 할 가능성이 있다는 것이다. 따라서 이와 같은 폐해를 막기 위해서는 해당 SQL의 접근 경로를 조사하여 일차적으로 검증을 하고, 운영 환경과 최대한 유사한 개발 및 검증 환경에서 다양하게 검토하는 작업을 반드시 거쳐야 한다.

운영 환경과 유사한 개발 및 검증 환경이 없는 경우에는 불가피하게 실제 운영 환경에 인덱스를 생성하거나 변경하여 효과를 확인할 수밖에 없는데, 이러한 경우 ORACLE 11g에서 새롭게 등장한 INVISIBLE INDEX 기능을 쓰면 다른 프로그램에 영향을 주지 않으면서 특정 세션에서 인덱스의 효과를 검증할 수 있다.

INVISIBLE INDEX란, OPTIMIZER_USE_INVISIBLE_INDEXES라는 ORACLE의 파라미터를 TRUE로 설정하지 않는 이상, INVISIBLE 속성으로 만든 인덱스는 옵티마이저가 실행 계획을 세울 때 무시하도록 하는 기능이다. 따라서 인덱스를 생성할 때 해당 인덱스의 속성을 INVISIBLE로 설정하고, 테스트하고자 하는 세션에서만 OPTIMIZER_USE_INVISIBLE_INDEXES 파라 미터를 TRUE로 설정한 뒤에 SQL을 검증하면, 운영 환경에서 수행 중인 다른 SQL에는 영향을 끼치지 않으면서 실행 계획 정보를 확인할 수 있다.

### (2) DML 부하

비트맵 인덱스나 인덱스 구조 테이블, 클러스터 인덱스를 만들 경우 발생할 수 있는 DML 부하에 대해서는 앞서 각각의 인덱스를 소개할 때 간단하게 언급하였다. 이와 같은 부하는 B* Tree 인덱스를 설계할 때도 배제할 수 없는 사항이다. 통상적으로 테이블에 인덱스가 하나 추가되면, 이 테이블에 발생할 DML의 부하 또한 증가한다. 실제로 DB를 운영하다 보면 인덱스가 많은 테이블에 DML을 수행했을 때 실행 속도가 지연되는 현상을 흔히 목격할 수 있다. 이러한 이유로 데이터 이관 작업과 같은 대량 데이터 작업 시에는 PK를 제외한 나머지 인덱스를 생성하지 않은 상태에서 데이터를 옮기고, 나중에 인덱스를 일괄적으로 생성하는 것이다. 인덱스가 있는 상태에서 대량의 데이터가 추가되거나 변경되면, 이 데이터들을 토대로 생성된 인덱스 또한 갱신 작업을 거쳐야 하기 때문이다. 인덱스는 어디까지나 검색을 빠르게 하기 위해 사용하는 객체일 뿐, 데이터의 입력이나 갱신 작업에는 오히려 걸림돌이 될 수 있다는 사실을 염두에 두고 인덱스를 설계해야 한다.

프로젝트에서 이와 같은 주의사항을 이야기하면 개발자들이 가끔 "그렇다면 한 개의 테이블에 몇 개의 인덱스를 만드는 것이 가장 적절할까요?"라는 질문을 한다. 결론부터 이야기하면 일률적으로 몇 개의 인덱스가 최적이라고 단정지을 수는 없다. 이유는 각각의 테이블에 발생하는 트랜잭션의 성격이 각각 다르기 때문이다. 따라서 핵심 업무와 연관된 테이블이면서, 다양한 조회 조건으로 검색을 주로 하는 테이블이라면 DML 부하를 감수하고서라도 조회 성능을 높이기 위한 인덱스를 다양하게 만들어야 할 것이다. 하지만, 조회는 거의 하지 않고 데이터의 입력 및 변경 작업을 주로 하는 테이블이라면 가능한 최소한의 인덱스를 생성하는 것이 좋다.

### (3) 인덱스 블록 스플릿 등으로 인한 내부 경합

앞서 B* Tree의 동작 방식을 설명하면서 인덱스 블록 스플릿이 생기는 원인에 대해 언급하였다. 여러 세션으로부터 인덱스 엔트리의 최대 값보다 큰 값이 동시간대에 지속적으로 입력될 경우, 99:1 스플릿이 대량으로 일어나면서 enq: TX Index Contention라는 ORACLE 대기 이벤트가 발생하고, 이 때문에 내부 경합이 발생할 수 있다. 따라서 이와 같은 내부 경합으로 인한 성능 저하를 막으려면, 다음과 같은 방안을 모색해야 한다.

- **인덱스의 필요성 및 데이터 입력방식 검토**

  많은 시스템에서 테이블에 시스템 속성이라는 것을 정의해둔다. 레코드의 특정 컬럼이 변경될 때마다 시스템의 일자 및 시간 정보를 가져와 저장하는 컬럼이 대표적이라고 할 수 있다. 이러한 컬럼은 레코드의 내용이 변경될 때마다 함께 변경되는 값이므로 이와 같은 컬럼에 인덱스를 생성하면 대기 이벤트로 인한 성능 저하가 발생할 수 있다. 따라서 해당 인덱스가 정말 필요한지 재차 검토하고, 필요하다고 판단되면 아래의 사례를 참고하여 데이터 생성 방식을 변경하는 등의 개선책을 적용하는 것이 좋다.

  다음 예는 한 프로젝트의 배치 프로그램에서 발생한 사례로, 특정 컬럼의 데이터 생성 방식을 변경하여 ORACLE의 대기 이벤트가 발생하는 것을 개선한 경우다.

**SQL**

```
BEGIN
    FOR CUR IN (SELECT ROWNUM RNUM, ROWID, lon_no
                FROM master_table
                WHERE ROWNUM < 5000)
        LOOP
            BEGIN
                INSERT INTO history_table ( org_group_cd , (중략) , input_date , (중략) )
                VALUES  ('', (중략), SYSDATE , (중략)          )
                (업무 로직)
            END;
        END LOOP;
    EXCEPTION
        WHEN OTHERS THEN DBMS_OUTPUT.PUT_LINE(SQLERRM);
END;
```

### 인덱스 구조

| 테이블 이름 | 인덱스 이름 | 구성 컬럼 |
|---|---|---|
| HISTORY_TABLE | HISTORY_TABLE_IDX1 | INPUT_DATE |

이 SQL은 인덱스를 생성한 input_date 컬럼에 SYSDATE 값이 지속적으로 입력되면서 인덱스 내부 경합이 발생하고 있었는데 input_date 컬럼을 분석한 결과, 데이터가 입력된 시점의 날짜 정보만 SYSDATE를 사용하여 입력하고 있었다. 따라서 이 컬럼에 대한 데이터 입력을 건에 따라 처리하지 않고 일단 NULL 값을 입력한 후, 일괄적으로 날짜 정보를 갱신하는 방법으로 문제를 개선하였다.

- **인덱스 키 컬럼의 변경**

또 다른 방법으로 인덱스를 구성하는 컬럼의 순서를 변경하거나 컬럼을 추가하여 특정 LEAF 블록에 데이터의 입력이 집중되는 것을 막을 수 있다.

- **리버스 키 인덱스의 사용**

고유한 숫자 값을 자동으로 제공하는 시퀀스를 이용해서 인덱스 키값을 생성하는 경우, 새로 입력을 받는 키값이 오른쪽 리프 블록에 집중되면서 인덱스 블록 스플릿이 발생할 수 있다. 이런 경우에는 리버스 키 인덱스를 사용하는 것이 하나의 방편이 될 수 있지만, 이 인덱스를 사용할 경우 INDEX RANGE SCAN이 불가능해지므로 자주 사용하지는 않는다.

- **인덱스 블록 크기의 변경**

인덱스의 블록 크기를 크게 설정하는 것도 인덱스 블록 스플릿을 방지하는 하나의 방안이 될 수 있다. 큰 크기의 블록을 사용할 경우, 하나의 블록에 들어갈 수 있는 키 엔트리 수가 많아지므로 분할 횟수가 그만큼 줄어들기 때문이다. 그러나 블록 크기가 너무 커지면 하나의 블록에 있는 데이터를 메모리에서 읽어들이는 과정에서 메모리 관련 대기 이벤트가 발생할 수 있으므로 신중하게 결정해야 한다.

### (4) 스토리지 공간 절약

테이블의 데이터를 저장하기 위해 스토리지를 소비하는 것처럼 인덱스도 스토리지 공간을 소비한다. 다시 말하면 인덱스를 많이 생성하는 것은 그만큼 사용 가능한 스토리지가 줄어든다는 것을 의미한다. 이런 상황을 고려하여 ORACLE은 B* Tree 인덱스를 압축하는 기능을 제공한다.

인덱스 t1_idx1이 c1, c2, c3로 구성된 결합 인덱스이고, c1, c2는 중복되는 값이 많으며, c3는 동일한 c1, c2를 갖는 값에 대해 대부분 고유한 값을 갖는다고 가정했을 때, 인덱스 압축 기능을 사용하면 중복이 많은 c1, c2에 대해 한 번만 저장하고, 중복되지 않는 c3 부분은 그대로 저장할 수 있다. 이러한 압축 기능은 인덱스 생성으로 인한 디스크 사용량을 줄이는 것은 물론, 더 많은 인덱스 키값을 버퍼 캐시에 저장하게 하여 데이터를 다시 사용할 확률을 높여준다.

반면, 인덱스 구조를 복잡하게 만들어 데이터의 입력·수정 시, CPU 자원을 추가적으로 사용하는 단점이 있으므로, CPU 자원이 부족한 경우보다는 I/O에 의한 성능 개선을 꾀할 때 사용하는 것이 좋다.

### (5) 인덱스 리빌드 필요 시점

인덱스에서 삭제된 키 엔트리들을 정리하기 위해 ORACLE에서 제공하는 인덱스 리빌드 기능을 설명한 바 있다. 삭제된 키 엔트리가 많으면 인덱스가 제 역할을 제대로 할 수 없기 때문에 반드시 인덱스를 리빌드 하는 것이 좋다. 인덱스 리빌드가 필요한 시점에 대해 간략하게 정리해보았다.

- **대량 데이터가 삭제된 경우**

  앞서 인덱스 동작 방식에서도 기술했듯이, 대량의 데이터가 삭제된 후 삭제된 인덱스 블록이 재사용되지 않고 단편화되면 인덱스를 리빌드한다.

- **인덱스가 UNUSABLE 상태가 된 경우**

  데이터를 일괄적으로 로딩하는 작업을 하고 나면 일부 인덱스가 UNUSABLE 상태로 변할 수 있으므로, 데이터 로딩 작업 이후에는 반드시 인덱스의 상태를 점검하여 UNUSABLE 상태가 된 인덱스는 리빌드한다.

- **글로벌 인덱스가 있는 테이블의 파티션을 삭제하거나 변경한 경우**
  파티션된 테이블에 글로벌 인덱스가 존재하는 경우, 해당 테이블의 파티션을 삭제하거나 변경한 후에는 반드시 인덱스를 리빌드한다.

## 4.3 인덱스를 활용한 SQL 튜닝 사례

지금까지 우리는 SQL 튜닝과 깊은 연관이 있는 인덱스의 작동 원리와 종류를 살펴보고, 인덱스를 어떻게 설계하고 관리하면 SQL의 성능을 개선할 수 있는가에 대해 학습했다. 지금까지 학습한 규칙에 따라 인덱스를 설계하고 관리한다면 꽤 많은 성능 문제를 해결할 수 있을 것이라고 확신한다. 이제부터는 조금 더 다양한 사례를 통해 인덱스를 사용한 SQL 튜닝 방법을 살펴보도록 하겠다.

### 4.3.1 인덱스 생성을 통한 성능 개선

이미 여러 번 언급한 것처럼 SQL의 수행 속도는 인덱스와 밀접한 연관이 있다. 필요한 인덱스가 있고 없음에 따라 SQL의 성능이 얼마나 달라지는지 사례 SQL들을 통해 살펴보자. 먼저 한 프로젝트에서 사용한 SQL부터 소개하겠다.

**SQL**

```
SELECT  master_cs_no
FROM    mater_table
WHERE   cs_no = '100000123456'
        AND use_yn = 'Y';
```

**실행 결과**

```
call      COUNT      cpu    elapsed       disk      query    current       rows
-------  -------  -------  ---------  ---------  ---------  ---------  ---------
Parse          1     0.00       0.00          0          0          0          0
Execute        1     0.00       0.00          0          0          0          0
Fetch          2     1.91       6.31     353875     353884          0          1
-------  -------  -------  ---------  ---------  ---------  ---------  ---------
total          4     1.91       6.31     353875     353884          0          1

Misses in library cache during parse: 1
```

```
Optimizer mode: ALL_ROWS
Parsing user id: 5
Number of plan statistics captured: 1

Rows (1st) Rows (avg) Rows (max)  Row Source Operation
---------- ---------- ----------  ----------------------------------------
         1          1          1  TABLE ACCESS FULL MATER_TABLE
```

위 SQL은 아주 간단한 SQL임에도 불구하고 cs_no = '100000123456'라는 조건 검색에 필요한 인덱스가 없어 FULL TABLE SCAN을 수행하고 있다. 따라서 master_table 테이블의 cs_no 컬럼에 인덱스를 생성한 결과, 실행 계획이 다음과 같이 달라지면서 수행 시간도 대폭 단축된 것을 확인할 수 있다.

**실행 계획**

```
call     COUNT    cpu    elapsed    disk    query    current    rows
-------  -----    ----   -------    ----    -----    -------    ----
Parse        1    0.01    0.00        0        0          0        0
Execute      1    0.00    0.00        0        0          0        0
Fetch        2    0.00    0.00        3        5          0        1
-------  -----    ----   -------    ----    -----    -------    ----
total        4    0.01    0.00        3        5          0        1

Misses in library cache during parse: 1
Optimizer mode: ALL_ROWS
Parsing user id: 5
Number of plan statistics captured: 1

Rows (1st) Rows (avg) Rows (max)  Row Source Operation
---------- ---------- ----------  ----------------------------------------
         1          1          1  TABLE ACCESS BY INDEX ROWID MASTER_TABLE (cr=5 pr=3 pw=0 time=1897 us cost=5 size=22 card=1)
         1          1          1   INDEX RANGE SCAN MASTER_TABLE_IDX1 (cr=4 pr=2 pw=0 time=1624 us cost=3 size=0 card=1)(object id 105774)
```

이번에 소개할 SQL은 여러 테이블을 조인하는 SQL에서 드라이빙 테이블에 적절한 인덱스가 없는 경우이다.

**SQL**

```
SELECT TC.doc_no ,
       TA.cust_no ,
       TA.create_seq
FROM   tb_doc_master TA,
       tb_si_detail TB,
       tb_si_master TC
WHERE  TA.del_yn = 'N'
       AND TA.create_seq = 1
```

```
            AND TA.del_yn = 'N'
            AND TA.doc_no = TB.doc_no
            AND TB.del_yn = 'N'
            AND TB.doc_no = TC.doc_no
            AND TC.doc_kind_cd = '07' ;
```

실행 계획

| call | COUNT | cpu | elapsed | disk | query | current | rows |
|------|-------|------|---------|------|-------|---------|------|
| Parse | 1 | 0.02 | 0.01 | 0 | 0 | 0 | 0 |
| Execute | 1 | 0.00 | 0.00 | 0 | 0 | 0 | 0 |
| Fetch | 1 | 0.13 | 0.45 | 2701 | 2705 | 0 | 0 |
| total | 3 | 0.15 | 0.47 | 2701 | 2705 | 0 | 0 |

Misses in library cache during parse: 1
Optimizer mode: FIRST_ROWS
Parsing user id: 52
Number of plan statistics captured: 1

```
Rows (1st) Rows (avg) Rows (max)  Row Source Operation
---------- ---------- ----------  -------------------------------------------------
         0          0          0  NESTED LOOPS  (cr=2705 pr=2701 pw=0 time=457225 us)
         0          0          0   NESTED LOOPS  (cr=2705 pr=2701 pw=0 time=457219 us cost=739 size=350 card=5)
         0          0          0    NESTED LOOPS  (cr=2705 pr=2701 pw=0 time=457216 us cost=738 size=185 card=5)
         0          0          0     TABLE ACCESS FULL TB_SI_MASTER (cr=2705 pr=2701 pw=0 time=457211 us cost=737 size=95 card=5)
         0          0          0     TABLE ACCESS BY INDEX ROWID TB_SI_DETAIL (cr=0 pr=0 pw=0 time=0 us cost=1 size=18 card=1)
         0          0          0      INDEX UNIQUE SCAN TB_SI_DETAIL_PK (cr=0 pr=0 pw=0 time=0 us cost=1 size=0 card=1)(object id 60441)
         0          0          0    INDEX UNIQUE SCAN TB_DOC_MASTER_PK (cr=0 pr=0 pw=0 time=0 us cost=1 size=0 card=1)(object id 60438)
         0          0          0   TABLE ACCESS BY INDEX ROWID TB_DOC_MASTER (cr=0 pr=0 pw=0 time=0 us cost=1 size=33 card=1)
```

실행 계획을 보면 드라이빙 테이블인 tb_si_master에 적절한 인덱스가 없어 FULL TABLE SCAN을 수행하고 있다. 따라서 tb_si_master 테이블의 조건 컬럼 가운데 doc_kind_cd 컬럼의 전체 분포도가 좋지 않지만 특정한 값인 '07'인 경우는 분포도가 좋기 때문에 doc_kind_cd 컬럼에 인덱스를 생성하면, 다음과 같이 성능이 개선된다.

SQL

| call | COUNT | cpu | elapsed | disk | query | current | rows |
|------|-------|------|---------|------|-------|---------|------|
| Parse | 1 | 0.01 | 0.01 | 0 | 0 | 0 | 0 |
| Execute | 1 | 0.00 | 0.00 | 0 | 0 | 0 | 0 |
| Fetch | 1 | 0.00 | 0.00 | 0 | 2 | 0 | 0 |
| total | 3 | 0.01 | 0.01 | 0 | 2 | 0 | 0 |

Misses in library cache during parse: 1
Optimizer mode: FIRST_ROWS
Parsing user id: 52
Number of plan statistics captured: 1

```
Rows (1st) Rows (avg) Rows (max)  Row Source Operation
---------- ---------- ----------  ----------------------------------------------------
     0          0          0      NESTED LOOPS  (cr=2 pr=0 pw=0 time=102 us)
     0          0          0       NESTED LOOPS  (cr=2 pr=0 pw=0 time=100 us cost=4 size=350 card=5)
     0          0          0        NESTED LOOPS  (cr=2 pr=0 pw=0 time=99 us cost=2 size=185 card=5)
     0          0          0         TABLE ACCESS BY INDEX ROWID SI_MASTER (cr=2 pr=0 pw=0 time=96 us cost=1 size=95 card=5)
     0          0          0          INDEX RANGE SCAN TB_SI_MASTER_IDX1 (c~=2 pr=0 pw=0 time=82 us cost=1 size=0 card=5)(object id 119252)
     0          0          0         TABLE ACCESS BY INDEX ROWID TB_SI_DETAIL (cr=0 pr=0 pw=0 time=0 us cost=1 size=18 card=1)
     0          0          0          INDEX UNIQUE SCAN TB_SI_DETAIL_PK (cr=0 pr=0 pw=0 time=0 us cost=1 size=0 card=1)(object id 60441)
     0          0          0        INDEX UNIQUE SCAN TB_DOC_MASTER_PK (cr=0 pr=0 pw=0 time=0 us cost=1 size=0 card=1)(object id 60438)
     0          0          0       TABLE ACCESS BY INDEX ROWID TB_DOC_MASTER (cr=0 pr=0 pw=0 time=0 us cost=1 size=33 card=1)
```

한 가지 사례를 더 살펴보자.

### SQL

```
SELECT TA.dc_no,
       TY.cust_name,
       TY.cust_rno,
       TA.rcpt_no,
       TZ.inst_nm,
       TE.rtm_date,
       dc_cd,
       TC.dept_name,
       TD.dept_cd,
       ''   cl_cd_nm,
       NVL(TA.rcpt_date, req_date) RCPT_DT,
       0    SUM_AMT_01,
       0    SUM_AMT_02,
       0    SUM_AMT_03,
       0    SUM_AMT_04
  FROM tb_sc_master TA,
       tb_se_master TB,
       tb_department_master TC,
       tb_sale_inst_detail TD,
       tb_sale_detail TE,
       tb_cust_master TY,
       tb_inst_master TZ
 WHERE TA.cust_no = TB.cust_no(+)
   AND TA.dc_cd = TC.dc_cd(+)
   AND TA.rcpt_no = TD.rcpt_no(+)
   AND TA.rcpt_inst_no = TD.inst_no(+)
   AND TA.rcpt_no = TE.rcpt_no (+)
   AND TA.dc_seq = TE.dc_seq (+)
   AND TA.dc_pay_seq = TE.dc_pay_seq (+)
   AND TA.cust_no = TY.cust_no
```

```
           AND   TA.rcpt_inst_no = TZ.inst_no
           AND   TY.cust_rno = '123456'
           AND   TA.del_yn = 'N'
           AND   TB.del_yn(+) = 'N'
           AND   TC.del_yn(+) = 'N'
           AND   TE.del_yn(+) = 'N'
 ORDER     BY rct_dt DESC ;
```

### 실행 계획

```
call      COUNT    cpu    elapsed    disk    query   current    rows
-------   -----   -----   --------   -----   -----   -------   -----
Parse       1      0.06    0.04        0       2        0        0
Execute     1      0.00    0.00        0       0        0        0
Fetch       1      0.36    3.31      78706   78709      0        0
-------   -----   -----   --------   -----   -----   -------   -----
total       3      0.42    3.36      78706   78711      0        0

Misses in library cache during parse: 1
Optimizer mode: FIRST_ROWS
Parsing user id: 84
Number of plan statistics captured: 1

Rows (1st) Rows (avg) Rows (max)  Row Source Operation
---------- ---------- ----------  --------------------------------------------------
    0          0          0       SORT ORDER BY (cr=78709 pr=78706 pw=0 time=3319425 us cost=23369 size=15600 card=78)
    0          0          0        NESTED LOOPS OUTER (cr=78709 pr=78706 pw=0 time=3319394 us cost=23368 size=15600 card=78)
    0          0          0         NESTED LOOPS OUTER (cr=78709 pr=78706 pw=0 time=3319389 us cost=23366 size=344 card=2)
    0          0          0          NESTED LOOPS OUTER (cr=78709 pr=78706 pw=0 time=3319387 us cost=23362 size=316 card=2)
    0          0          0           NESTED LOOPS OUTER (cr=78709 pr=78706 pw=0 time=3319385 us cost=23358 size=272 card=2)
    0          0          0            NESTED LOOPS  (cr=78709 pr=78706 pw=0 time=3319381 us cost=23356 size=232 card=2)
    0          0          0             NESTED LOOPS  (cr=78709 pr=78706 pw=0 time=3319376 us cost=23354 size=190 card=2)
    0          0          0              **TABLE ACCESS FULL TB_CUST_MASTER** (cr=78709 pr=78706 pw=0 time=3319373 us cost=21421 size=31 c
    0          0          0              **TABLE ACCESS FULL TB_SC_MASTER** (cr=0 pr=0 pw=0 time=0 us cost=1934 size=128 card=2)
    0          0          0             TABLE ACCESS BY INDEX ROWID TB_INST_MASTER (cr=0 pr=0 pw=0 time=0 us cost=1 size=21 card=1)
    0          0          0              INDEX UNIQUE SCAN TB_INST_MASTER_PK (cr=0 pr=0 pw=0 time=0 us cost=0 size=0 card=1)(object i
    0          0          0            TABLE ACCESS BY INDEX ROWID TB_DEPARTMENT_MASTER (cr=0 pr=0 pw=0 time=0 us cost=1 size=20 card=1)
    0          0          0             INDEX UNIQUE SCAN TB_DEPARTMENT_MASTER_PK (cr=0 pr=0 pw=0 time=0 us cost=0 size=0 card=1)(object id 15
    0          0          0           TABLE ACCESS BY INDEX ROWID TB_SALE_INST_DETAIL (cr=0 pr=0 pw=0 time=0 us cost=2 size=22 card=1)
    0          0          0            INDEX UNIQUE SCAN TB_SALE_INST_DETAIL_PK (cr=0 pr=0 pw=0 time=0 us cost=1 size=0 card=1)(object
    0          0          0          TABLE ACCESS BY INDEX ROWID TB_SE_MASTER (cr=0 pr=0 pw=0 time=0 us cost=2 size=14 card=1)
    0          0          0           INDEX UNIQUE SCAN TB_SE_MASTER_PK (cr=0 pr=0 pw=0 time=0 us cost=1 size=0 card=1)(object id 17677
    0          0          0         TABLE ACCESS BY INDEX ROWID TB_SALE_DETAIL (cr=0 pr=0 pw=0 time=0 us cost=1 size=980 card=35)
    0          0          0          INDEX RANGE SCAN TB_SALE_DETAIL_PK (cr=0 pr=0 pw=0 time=0 us cost=1 size=0 card=35)(object id 193
```

위 SQL은 드라이빙 테이블인 tb_cust_master와 다음으로 조인될 tb_sc_master 테이블에 검색 및 조인에 필요한 인덱스가 없어 FULL TABLE SCAN을 수행하면서 검색 속도가 느려진 경우이다. 이에 tb_cust_master 테이블의 검색 조건인 cust_rno = '123456'를 빠르게 처리할 수 있도록 tb_cust_master 테이블의 cust_rno 컬럼에 인덱스를 생성하고, 다음으로 tb_sc_master 테이블의 조인 컬럼인 cust_no에 인덱스를 만들었다. 그 결과 다음과 같이 실행 계획이 변경되었으며, 3초 이상 걸리던 수행 시간도 0.02초로 줄어든 것을 확인할 수 있다.

**실행 계획**

```
call     COUNT   cpu     elapsed   disk    query   current   rows
-------  ------  ------  --------  ------  ------  --------  ------
Parse    1       0.01    0.01      0       2       0         0
Execute  1       0.00    0.00      0       0       0         0
Fetch    1       0.00    0.00      2       3       0         0
-------  ------  ------  --------  ------  ------  --------  ------
total    3       0.01    0.02      2       5       0         0

Misses in library cache during parse: 1
Optimizer mode: FIRST_ROWS
Parsing user id: 84
Number of plan statistics captured: 1

Rows (1st) Rows (avg) Rows (max)  Row Source Operation
---------- ---------- ----------  -------------------------------------------------
    0          0          0       SORT ORDER BY (cr=3 pr=2 pw=0 time=6663 us cost=24 size=15600 card=78)
    0          0          0        NESTED LOOPS OUTER (cr=3 pr=2 pw=0 time=6650 us cost=23 size=15600 card=78)
    0          0          0         NESTED LOOPS   (cr=3 pr=2 pw=0 time=6649 us cost=21 size=344 card=2)
    0          0          0          NESTED LOOPS OUTER (cr=3 pr=2 pw=0 time=6645 us cost=19 size=302 card=2)
    0          0          0           NESTED LOOPS OUTER (cr=3 pr=2 pw=0 time=6645 us cost=15 size=274 card=2)
    0          0          0            NESTED LOOPS OUTER (cr=3 pr=2 pw=0 time=6643 us cost=13 size=234 card=2)
    0          0          0             NESTED LOOPS   (cr=3 pr=2 pw=0 time=6641 us cost=9 size=190 card=2)
    0          0          0              TABLE ACCESS BY INDEX ROWID TB_CUST_MASTER (cr=3 pr=2 pw=0 time=6639 us cost=4 size=31 card=1)
    0          0          0               **INDEX RANGE SCAN TB_CUST_MASTER_IDX1** (cr=3 pr=2 pw=0 time=6629 us cost=3 size=0 card=1)
    0          0          0              TABLE ACCESS BY INDEX ROWID TB_SC_MASTER (cr=0 pr=0 pw=0 time=0 us cost=5 size=128 card=2)
    0          0          0               **INDEX RANGE SCAN TB_SC_MASTER_IDX1** (cr=0 pr=0 pw=0 time=0 us cost=2 size=0 card=2)(object id 193
    0          0          0             TABLE ACCESS BY INDEX ROWID TB_SALE_INST_DETAIL (cr=0 pr=0 pw=0 time=0 us cost=2 size=22 card=1)
    0          0          0              INDEX UNIQUE SCAN TB_SALE_INST_DETAIL_PK (cr=0 pr=0 pw=0 time=0 us cost=1 size=0 card=1)(object id 170
    0          0          0            TABLE ACCESS BY INDEX ROWID TB_DEPARTMENT_MASTER (cr=0 pr=0 pw=0 time=0 us cost=1 size=20 card=1)
    0          0          0             INDEX UNIQUE SCAN TB_DEPARTMENT_MASTER_PK (cr=0 pr=0 pw=0 time=0 us cost=0 size=0 card=1)(object_
    0          0          0           TABLE ACCESS BY INDEX ROWID TB_SE_MASTER (cr=0 pr=0 pw=0 time=0 us cost=2 size=14 card=1)
    0          0          0            INDEX UNIQUE SCAN TB_SE_MASTER_PK (cr=0 pr=0 pw=0 time=0 us cost=1 size=0 card=1)(object id 176772)
    0          0          0          TABLE ACCESS BY INDEX ROWID TB_INST_MASTER (cr=0 pr=0 pw=0 time=0 us cost=1 size=21 card=1)
    0          0          0           INDEX UNIQUE SCAN TB_INST_MASTER_PK (cr=0 pr=0 pw=0 time=0 us cost=0 size=0 card=1)(object id 188223)
    0          0          0         TABLE ACCESS BY INDEX ROWID TB_SALE_DETAIL (cr=0 pr=0 pw=0 time=0 us cost=1 size=980 card=35)
    0          0          0          INDEX RANGE SCAN TB_SALE_DETAIL_PK (cr=0 pr=0 pw=0 time=0 us cost=1 size=0 card=35)(object id 193501)
```

## 4.3.2 결합 인덱스로의 변경을 통한 성능 개선

**SQL**

```
SELECT TA.*,
       DECODE('KO', 'KO', TA.kor_name,
                    'EN', TA.eng_name)   AS NAME,
       FUNCTION_GET_CUSTNAME(TA.cust_id) AS CUST_NAME
FROM   (SELECT Z.*
         FROM (SELECT ROWNUM    RN,
                      COUNT(*) OVER() TOTAL_COUNT,
                      TA.sl_id,
                      TA.sl_pjt_id,
                      TA.sl_cd,
                      TA.cust_id,
                      TA.bp_cust_id,
                      TA.reg_cust_id,
                      TA.buy_cust_id,
                      TB.item_id,
                      TB.in_item_id,
                      TB.kor_name,
                      TB.eng_name
                 FROM tb_master TA,
                      tb_detail TB,
                      tb_item_detail TC
                WHERE TA.sl_id = TB.sl_id
                  AND TB.itm_id = TC.itm_id
                  AND TC.to_date = '99991231235959'
                  AND TC.stu_cd = '1'
                  AND TA.sl_date <= :1 || '235959'
                  AND TA.sl_date >  :2 || '000000'
                  AND TB.cust_id IS NULL
                  AND TA.sl_cd IN ( 'A', 'C', 'D' )
                ORDER BY TB.itm_id) Z
        WHERE Z.rn BETWEEN ( '1' - 1 ) * '50' + 1 AND '1' * '50') TA
WHERE  1 = 1
ORDER BY T.rn ;
```

**실행 계획**

| Id | Operation | Name | Starts | E-Rows | A-Rows | A-Time | Buffers | OMem | 1Mem | Used-Mem |
|---|---|---|---|---|---|---|---|---|---|---|
| 0 | SELECT STATEMENT | | 1 | | 0 | 00:00:03.20 | 88119 | | | |
| 1 | SORT ORDER BY | | 1 | 101 | 0 | 00:00:03.20 | 88119 | 1024 | 1024 | |
| * 2 | VIEW | | 1 | 101 | 0 | 00:00:03.20 | 88119 | | | |
| 3 | WINDOW SORT | | 1 | 101 | 0 | 00:00:03.20 | 88119 | 1024 | 1024 | |
| 4 | COUNT | | 1 | | 0 | 00:00:03.20 | 88119 | | | |
| * 5 | FILTER | | 1 | | 0 | 00:00:03.20 | 88119 | | | |
| 6 | NESTED LOOPS | | 1 | 101 | 0 | 00:00:03.20 | 88119 | | | |

```
|   7 |      NESTED LOOPS               |                  | 1 |  178  |    0 |00:00:03.20| 88119 |   |   |
|   8 |       INLIST ITERATOR           |                  | 1 |       |    6 |00:00:03.20| 88100 |   |   |
|*  9 |        TABLE ACCESS BY INDEX ROWID| TB_MASTER      | 3 | 4541  |    6 |00:00:03.20| 88100 |   |   |
|* 10 |         INDEX RANGE SCAN        | TB_MASTER_IDX1   | 3 | 1816K | 1816K|00:00:01.38|  3304 |   |   |
|* 11 |      TABLE ACCESS BY INDEX ROWID| TB_DETAIL        | 6 |   1   |    6 |00:00:00.01|    19 |   |   |
|* 12 |       INDEX RANGE SCAN          | TB_DETAIL_IDX2   | 6 |   1   |    6 |00:00:00.01|    13 |   |   |
|* 13 |       INDEX RANGE SCAN          | TB_ITEM_DETAIL_PK| 0 |   1   |    0 |00:00:00.01|     0 |   |   |
```

Predicate Information (identified by operation id):
---------------------------------------------------

2 - filter(("Z"."RN">=1 AND "Z"."RN"<=50))
5 - filter(:1||'235959'>:2||'000000')
9 - filter(("TA"."SL_DATE"<=:1||'235959' AND "SL_DATE">:2||'000000'))
10 - access(("TA"."SL_CD"='A' OR "TA"."SL_CD"='C' OR "TA"."SL_CD"='D'))
11 - filter("TB"."CUST_ID" IS NULL)
12 - access("TA"."SL_ID"="TB"."SL_ID")
13 - access("TB"."ITM_ID"="TC"."ITM_ID" AND "TC"."STU_CD"='1' AND "TC"."T0_DATE"='99991231235959')

**인덱스 구조**

| 테이블 이름 | 인덱스 이름 | 구성 컬럼 |
|---|---|---|
| TB_MASTER | TB_MASTER_IDX1 | SL_CD |

세 개의 테이블을 조인하여 조건에 부합하는 데이터를 추출하는 위의 SQL을 실행하면, 가장 먼저 tb_master(별칭 TA) 테이블에 접근한다. TA 테이블에 대한 검색 조건으로는 sl_cd 컬럼과 sl_date 컬럼이 제시되고 있는데, 실행 계획을 보면 TA 테이블은 tb_master_idx1 인덱스를 사용하고 있는 것으로 보아 sl_cd 컬럼에 대한 비교에만 인덱스를 사용하는 것을 알 수 있다. sl_cd 컬럼은 코드값이 입력되는 컬럼으로, sl_cd IN ('A','C','D')라는 조건을 만족하는 데이터만 180만 건이 넘었다. 이는 전체 데이터의 90% 이상을 차지하는 건 수이다. 한마디로 현재 사용하는 인덱스는 성능 검색에 큰 도움을 주지 못하는 것이었다.

이런 경우 나머지 조건 컬럼들이 인덱스로써 가치가 있는지 검토할 필요가 있다. 나머지 조건 컬럼에 해당하는 sl_date 컬럼은 입력 받은 날짜를 통해 일정 기간의 데이터만 출력하기 위해 WHERE절에서 사용하고 있는 것을 확인했고, 짧은 기간에 대한 검색이 주로 일어나므로 인덱스로써 가치가 있는 컬럼이라고 판단하여 단일 컬럼 인덱스이던 tb_master_idx1을 다음과 같이 결합 인덱스로 변경했다.

```
DROP INDEX tb_master_idx1;
CREATE INDEX tb_master_idx1
ON tb_master (sl_cd, sl_date);
```

그 결과 다음과 같이 실행 계획상의 통계 값이 변경되었다.

### 실행 계획

| Id | Operation | Name | Starts | E-Rows | A-Rows | A-Time | Buffers | OMem | 1Mem | Used-Mem |
|---|---|---|---|---|---|---|---|---|---|---|
| 0 | SELECT STATEMENT | | 1 | | 0 | 00:00:00.01 | 33 | | | |
| 1 | SORT ORDER BY | | 1 | 101 | 0 | 00:00:00.01 | 33 | 1024 | 1024 | |
| * 2 | VIEW | | 1 | 101 | 0 | 00:00:00.01 | 33 | | | |
| 3 | WINDOW SORT | | 1 | 101 | 0 | 00:00:00.01 | 33 | 1024 | 1024 | |
| 4 | COUNT | | 1 | | 0 | 00:00:00.01 | 33 | | | |
| * 5 | FILTER | | 1 | | 0 | 00:00:00.01 | 33 | | | |
| 6 | NESTED LOOPS | | 1 | 101 | 0 | 00:00:00.01 | 33 | | | |
| 7 | NESTED LOOPS | | 1 | 178 | 0 | 00:00:00.01 | 33 | | | |
| 8 | INLIST ITERATOR | | 1 | | 6 | 00:00:00.01 | 14 | | | |
| 9 | TABLE ACCESS BY INDEX ROWID | TB_MASTER | 3 | 4541 | 6 | 00:00:00.01 | 14 | | | |
| * 10 | **INDEX RANGE SCAN** | **TB_MASTER_IDX1** | 3 | 8174 | 6 | 00:00:00.01 | 8 | | | |
| * 11 | TABLE ACCESS BY INDEX ROWID | TB_DETAIL | 6 | 1 | 0 | 00:00:00.01 | 19 | | | |
| * 12 | INDEX RANGE SCAN | TB_DETAIL_IDX2 | 6 | 1 | 6 | 00:00:00.01 | 13 | | | |
| * 13 | INDEX RANGE SCAN | TB_ITEM_DETAIL_PK | 0 | 1 | 0 | 00:00:00.01 | 0 | | | |

Predicate Information (identified by operation id):
---
2 - filter(("Z"."RN">=1 AND "Z"."RN"<=50))
5 - filter(:1||'235959'>:2||'000000')
**10 - access((("TA"."SL_CD"='A' OR "TA"."SL_CD"='C' OR "TA"."SL_CD"='D')) AND
"TA"."SL_DATE">:2||'000000' AND "TA"."SL_DATE"<=:1||'235959')**
11 - filter("TB"."CUST_ID" IS NULL)
12 - access("TA"."SL_ID"="TB"."SL_ID")
13 - access("TB"."ITEM_ID"="TC"."ITEM_ID" AND "TC"."STU_CD"='1' AND "TC"."TO_DATE"='99991231235959')

이렇듯 인덱스를 사용하여 SQL을 튜닝할 때는 무턱대고 새로운 인덱스를 만들 것이 아니라 이미 있는 인덱스의 구성을 검토한 후 기존의 인덱스를 변경하는 것 또한 하나의 튜닝 방법이 될 수 있다. 이미 언급한 바 있지만 인덱스의 수를 늘리는 것은 조회 속도에는 긍정적인 영향을 끼치는 반면, 데이터의 입력이나 갱신 속도에는 좋지 않은 영향을 끼치기 때문이다.

### 4.3.3 ORDER BY절 사용과 인덱스 설계

많은 개발자들이 데이터 정렬을 위해 ORDER BY절에 제시하는 컬럼들로 인덱스를 만들면 정렬로 인한 부하를 줄일 수 있다는 사실을 알고 있다. 하지만 ORDER BY절에 등장하는 컬럼들을 사용해 단편적으로 인덱스를 생성하는 것보다는 조건절에 자주 등장하는 컬럼과 적절하게 조합하여 인덱스를 만들면 조회 작업 시 훨씬 큰 성능 개선 효과를 볼 수 있다.

**SQL**

```
SELECT /*+ INDEX(TC TB_MODEL_MASTER_IDX1) */
       TC.parent,
       TC.plant,
       (중략)
FROM   tb_model_master TC
WHERE  TC.stop_date = '20121010'
       AND TC.child = '1234-567890'
       AND TC.plant = 'KOR1'
       AND TC.flag = 'N'
       AND TC.instance_code <> 'C'
       AND NOT EXISTS (SELECT 'X'
                       FROM   tb_model_detail TA
                       WHERE  TC.model_id = TA.model_id
                              AND TA.flag <> 'N')
       AND EXISTS (SELECT 'X'
                   FROM   tb_model_detail TB
                   WHERE  TB.stop_date = '20121010'
                          AND TC.model_id = TB.model_id
                          AND TB.flag = 'N')
ORDER BY TC.parent;
```

**실행 계획**

| Id | Operation | Name | Starts | E-Rows | A-Rows | A-Time | Buffers | Reads |
|---|---|---|---|---|---|---|---|---|
| (중략) | | | | | | | | |
| 5 | NESTED LOOPS SEMI | | 1 | 1 | 2876 | 00:00:17.64 | 217K | 15640 |
| 6 | NESTED LOOPS ANTI | | 1 | 1 | 2876 | 00:01:07.68 | 203K | 15640 |
| * 7 | TABLE ACCESS BY INDEX ROWID | TB_MODEL_MASTER | 1 | 1 | 2876 | 00:00:55.22 | 188K | 10991 |
| * 8 | **INDEX FULL SCAN** | **TB_MODEL_MASTER_IDX1** | 1 | 2 | 18811 | 00:00:01.68 | **171K** | **351** |
| * 9 | TABLE ACCESS BY INDEX ROWID | TB_MODEL_DETAIL | 2876 | 74M | 0 | 00:00:13.91 | 14357 | 4649 |
| * 10 | INDEX RANGE SCAN | TB_MODEL_DETAIL_IDX1 | 2876 | 1 | 5861 | 00:00:06.61 | 8862 | 2039 |
| * 11 | TABLE ACCESS BY INDEX ROWID | TB_MODEL_DETAIL | 2876 | 1315 | 2876 | 00:00:00.08 | 14332 | 0 |
| * 12 | INDEX RANGE SCAN | TB_MODEL_DETAIL_IDX1 | 2876 | 12 | 5859 | 00:00:00.04 | 8839 | 0 |

인덱스 구조

| 테이블 이름 | 인덱스 이름 | 구성 컬럼 |
|---|---|---|
| TB_MODEL_MASTER | TB_MODEL_MASTER_IDX1 | PARENT,CHILD,PLANT |
| | TB_MODEL_MASTER_IDX2 | CHILD,PLANT,STOP_DATE |

위 SQL을 보면 SORT를 하지 않기 위해 ORDER BY절에 제시된 parent 컬럼의 인덱스 tb_model_master_idx1을 사용하도록 힌트를 사용했다. 이런 경우 parent 컬럼 정렬에 대한 인덱스 효과는 볼 수 있으나, WHERE절의 검색 조건을 만족하는 대상 데이터를 줄이는 데에는 인덱스를 활용할 수 없게 된다.

다른 인덱스들의 구조를 확인한 결과, WHERE 조건절에 '=' 비교로 제시된 컬럼들을 포함한 tb_model_master_idx2 인덱스가 존재하지만, parent 컬럼은 이 인덱스에 없었다. 이와 같은 경우, tb_model_master_idx2 인덱스의 맨 마지막 컬럼 뒤에 parent 컬럼을 추가하면, INDEX RANGE SCAN으로 검색 대상을 줄임과 동시에 정렬 효과까지 인덱스를 통해 얻을 수 있다.

따라서 아래의 SQL을 사용하여 tb_model_master_idx2 인덱스를 변경한 후, 힌트도 tb_model_master_idx2 인덱스를 사용하도록 변경한 뒤 다시 실행해보았다. 실행 계획이 어떻게 달라졌는지 앞의 실행 계획과 비교하여 살펴보자.

```
DROP INDEX tb_model_master_idx2;
CREATE INDEX tb_model_master_idx2
ON tb_model_master(child, plant, stop_date, parent);
```

SQL

```
SELECT /*+ INDEX(TC TB_MODEL_MASTER_IDX2) */
       TC.parent,
       TC.plant,
       (중략)
FROM   tb_model_master TC
WHERE  TC.stop_date = '20121010'
       AND TC.child = '1234-567890'
       AND TC.plant = 'KOR1'
       AND TC.flag = 'N'
       AND TC.instance_code <> 'C'
       AND NOT EXISTS (SELECT 'X'
                       FROM   tb_model_detail TA
                       WHERE  TC.model_id = TA.model_id
                              AND TA.flag <> 'N')
```

```
              AND EXISTS (SELECT 'X'
                           FROM   tb_model_detail TB
                           WHERE  TB.stop_date = '20121010'
                             AND  TC.model_id = TB.model_id
                             AND  TB.flag = 'N')
ORDER  BY TC.parent;
```

**실행 계획**

```
----------------------------------------------------------------------------------------------------------
| Id | Operation                      | Name                | Starts | E-Rows | A-Rows |   A-Time   | Buffers | Reads |
----------------------------------------------------------------------------------------------------------
(중략)
|  5 | NESTED LOOPS SEMI              |                     |     1  |     1  |  2876  |00:00:13.09 |  43012  | 14153 |
|  6 | NESTED LOOPS ANTI              |                     |     1  |     1  |  2876  |00:00:12.46 |  28680  | 14153 |
|* 7 | TABLE ACCESS BY INDEX ROWID    | TB_MODEL_MASTER     |     1  |     1  |  2876  |00:00:06.85 |  14323  |  9897 |
|* 8 |   INDEX RANGE SCAN             | TB_MODEL_MASTER_IDX2|     1  |    10  | 18166  |00:00:00.02 |    296  |   102 |
|* 9 | TABLE ACCESS BY INDEX ROWID    | TB_MODEL_DETAIL     |  2876  |   74M  |     0  |00:00:07.34 |  14357  |  4256 |
|*10 |   INDEX RANGE SCAN             | TB_MODEL_DETAIL_IDX1|  2876  |     1  |  5861  |00:00:05.60 |   8862  |  1921 |
|*11 | TABLE ACCESS BY INDEX ROWID    | TB_MODEL_DETAIL     |  2876  |  1315  |  2876  |00:00:00.06 |  14332  |     0 |
|*12 |   INDEX RANGE SCAN             | TB_MODEL_DETAIL_IDX1|  2876  |    12  |  5859  |00:00:00.04 |   8839  |     0 |
----------------------------------------------------------------------------------------------------------

Predicate Information (identified by operation id):
---------------------------------------------------
…(중략)
  7 - filter(("TC"."FLAG"='N' AND "TC"."INSTANCE_CODE"<>'C'))
  8 - access("TC"."CHILD"='1234-567890' AND "TC"."PLANT"='KOR1' AND "TC"."STOP_DATE"='20121010')
  9 - filter("TA"."FLAG"<>'N')
 10 - access("TC"."MODEL_ID"="TA"."MODEL_ID")
 11 - filter(("TB"."STOP_DATE"='20121010' AND "TB"."FLAG"='N'))
 12 - access("TC"."MODEL_ID"="TB"."MODEL_ID")
```

WHERE절에 제시된 검색 조건 컬럼들을 무시한 채, ORDER BY절에 제시된 컬럼을 기준으로 인덱스를 사용하는 것은 오히려 성능 저하의 원인이 될 수 있다. 따라서 ORDER BY절의 정렬 수행을 위해 인덱스를 사용하고자 할 때는 기타 검색 조건들을 충분히 검토한 후 효율적인 인덱스를 설계하여 사용할 것을 권한다.

실제 프로젝트에서 개발한 시스템의 한 쿼리를 살펴보자.

**SQL**

```
SELECT TB.dc_no,
       TA.cust_no,
```

```
        TA.create_seq,
        TA.dc_cd,
        TA.dc_date,
        TA.dc_rcpt_seq,
        TB.apply_cd
FROM    tb_doc_master TA,
        tb_si_detail TB
WHERE   TA.cust_no = '1234567890'
        AND TA.create_seq = 1
        AND TA.dc_cd = 'B'
        AND TA.pcs_cd >= TO_NUMBER('1')
        AND TA.del_yn = 'N'
        AND TB.apply_cd IN ( '01', '02', '03', '05' )
        AND TB.dc_no = TA.dc_no
ORDER   BY TB.dc_no;
```

실행 계획

```
Rows (1st) Rows (avg) Rows (max) Row Source Operation
---------- ---------- ---------- ----------------------------------------------------
         3          3          3 NESTED LOOPS  (cr=37928 pr=36554 pw=0 time=2292277 us)
         3          3          3  NESTED LOOPS  (cr=37926 pr=36554 pw=0 time=2301214 us cost=10788 size=69 card=1)
         3          3          3   TABLE ACCESS BY INDEX ROWID TB_DOC_MASTER (cr=37921 pr=36554 pw=0 time=2301092 us cost=10787 size=50 card=1
        85    1722885    1722885    INDEX FULL SCAN TB_DOC_MASTER_PK (cr=5638 pr=5632 pw=0 time=2781727 us cost=1428 size=0 card=1722868)
         3          3          3   INDEX RANGE SCAN TB_SI_DETAIL_PK (cr=5 pr=0 pw=0 time=109 us cost=1 size=0 card=1)(object id 107317)
         3          3          3  TABLE ACCESS BY INDEX ROWID TB_SI_DETAIL (cr=2 pr=0 pw=0 time=50 us cost=1 size=19 card=1)
```

인덱스 구조

| 테이블 이름 | 인덱스 이름 | 구성 컬럼 |
|---|---|---|
| TB_DOC_MASTER | **TB_DOC_MASTER_IDX1** | **CUST_NO,CREATE_SEQ** |
| | TB_DOC_MASTER_IDX2 | BUSS_ID |
| | **TB_DOC_MASTER_PK** | **DC_NO** |

이 SQL의 효율적인 검색을 위해서는 고객번호를 저장하는 cust_no 컬럼을 선두 컬럼으로 구성한 tb_doc_master_idx1 인덱스를 사용하는 것이 적합해보인다. 하지만 실행 계획을 보면 tb_doc_master_pk 인덱스를 사용하고 있는 것을 알 수 있다. 옵티마이저는 효율적인 인덱스를 두고도 왜 비효율적인 인덱스를 선택한 것일까? 원인은 OPTIMIZER_MODE와 ORDER BY절에 있다.

이 프로젝트는 OPTIMIZER_MODE로 FIRST_ROWS 방식을 채택하고 있었다. OPTIMIZER_MODE로 FIRST_ROWS 또는 FIRST_ROWS_n를 선택하고

있는 프로젝트에서 이런 경우가 자주 발생하는데, ORDER BY절이 있는 SQL의 경우 ORDER BY절에 제시한 컬럼을 중심으로 인덱스를 채택하는 것이다. 따라서 이런 경우는 힌트를 사용하여 성능 검색에 유리한 인덱스를 사용하도록 제어할 필요가 있다. 다음과 같은 방법으로 힌트를 추가하고 나니 비록 SORT를 하지만, 검색을 위해 사용한 인덱스의 접근 건수와 비용이 확연히 적어진 것을 확인할 수가 있다.

**SQL**

```
SELECT /*+ INDEX(TA TB_DOC_MASTER_IDX1) */
       TB.dc_no,
       TA.cust_no,
       TA.create_seq,
       TA.dc_cd,
       TA.dc_date,
       TA.dc_rcpt_seq,
       TB.apply_cd
FROM   tb_doc_master TA,
       tb_si_detail TB
WHERE  TA.cust_no = '1234567890'
AND TA.create_seq = 1
AND TA.dc_cd = 'B'
AND TA.pcs_cd >= TO_NUMBER('1')
AND TA.del_yn = 'N'
AND TB.apply_cd IN ( '01', '02', '03', '05' )
AND TB.dc_no = TA.dc_no
ORDER  BY TB.dc_no;
```

**실행 계획**

```
Rows (1st) Rows (avg) Rows (max)  Row Source Operation
---------- ---------- ----------  ---------------------------------------------
         3          3          3  SORT ORDER BY (cr=14 pr=0 pw=0 time=253 us cost=4 size=207 card=3)
         3          3          3   NESTED LOOPS  (cr=14 pr=0 pw=0 time=258 us)
         3          3          3    NESTED LOOPS  (cr=11 pr=0 pw=0 time=208 us cost=3 size=207 card=3)
         3          3          3     TABLE ACCESS BY INDEX ROWID TB_DOC_MASTER (cr=6 pr=0 pw=0 time=141 us cost=2
         4          4          4      INDEX RANGE SCAN TB_DOC_MASTER_IDX1 (cr=3 pr=0 pw=0 time=83 us cost=1 size=0
         3          3          3     INDEX RANGE SCAN TB_SI_DETAIL_PK(cr=5 pr=0 pw=0 time=47 us cost=1 size=0
```

ORDER BY절을 고려하여 인덱스를 설계할 때 한 가지 유의할 점은, ORDER BY절에서 하나의 컬럼에 대해서만 정렬하지 않고 여러 컬럼에 대해 정렬하는 경우, 사용할 수 있는 결합 인덱스와 사용할 수 없는 결합 인덱스가 있다는 것이다. t1이라는 테이블의 컬럼 c1과 컬럼 c2에 대해 다음과 같이 두 개의 결합 인덱스를 생성했다고 하자.

```
CREATE INDEX t1_idx1
ON t1(c1 ASC, c2 ASC) ;
```

```
CREATE INDEX t1_idx2
ON t1(c1 ASC, c2 DESC) ;
```

t1_idx1 인덱스는 두 컬럼에 대해 모두 오름차순으로 인덱스를 생성했고, t1_idx2 인덱스는 c1 컬럼에 대해서는 오름차순, c2 컬럼에 대해서는 내림차순으로 인덱스를 생성했다. 이와 같이 생성한 인덱스가 어떤 때 사용되고 어떤 때 사용될 수 없는지 다음 네 가지의 ORDER BY 구문을 통해 살펴보도록 하자.

| | |
|---|---|
| 1 | ORDER BY c1, c2 |
| 2 | ORDER BY c1 DESC, c2 DESC |
| 3 | ORDER BY c1, c2 DESC |
| 4 | ORDER BY c1 DESC, c2 |

먼저 1의 경우, c1과 c2에 대해 모두 오름차순으로 정렬하라는 의미이기 때문에 당연히 인덱스 t1_idx1을 사용하여 정렬을 수행할 것이다. 2의 경우는 6장에서 다루게 될 힌트 INDEX_DESC를 활용하면 현재 두 컬럼 모두 오름차순으로 정렬된 t1_idx1을 거꾸로 내림차순으로 정렬하여 사용하는 것이 가능하다.

다음으로 3의 경우를 보자. ORDER BY절에서 c1 컬럼에 대해서는 오름차순, c2 컬럼에 대해서는 내림차순으로 정렬하고자 했다. 이는 인덱스 t1_idx2의 구성과 동일하므로, 이 경우는 t1_idx2라는 인덱스를 사용하여 정렬을 수행할 것이다. 마지막으로 4의 경우는 t1_idx2 인덱스와 정반대의 정렬을 원하는 경우이다. 이 경우는 INDEX_DESC 힌트를 사용하여 정렬에 t1_idx2 인덱스를 활용할 수 있다.

이처럼 결합 인덱스를 생성하는 데 있어 오름차순 및 내림차순을 설정할 때는 실제 프로그램에서 주로 사용되는 ORDER BY 구문을 참고하여 설계해야 한다.

### 4.3.4 함수 기반 인덱스의 활용

일반적으로 많이 사용하는 B* Tree 인덱스를 만든 컬럼을 조건절에서 비교할 때, 컬럼에 변형을 가하면 인덱스가 있어도 사용할 수가 없다. 예를 들어 회원번호 컬럼의 앞에서부터 여섯 자리가 입력 받은 값과 같은 데이터를 출력하고자, SUBSTR(회원번호,1,6)=:A라는 조건을 사용했다고 해보자. 이 경우 회원번호 컬럼에 인덱스가 있다고 해도 해당 인덱스를 사용할 수 없다. 컬럼을 그대로 사용한 것이 아니라 SUBSTR이라는 함수를 사용하여 변형을 일으켰기 때문이다. 그렇다면 해결책은 없을까?

　변형을 가하지 않는 대안을 찾는 것이 첫 번째 방법이다. 이 경우라면 회원번호 LIKE :A||'%' 같은 방법으로 컬럼에 변형을 가하지 않고 같은 결과를 도출하는 방법을 쓰면 된다. 하지만 부득이하게 컬럼을 변형하여 비교할 수밖에 없는 경우가 있다. 다음 SQL을 보자.

**SQL**

```
SELECT NVL(MAX(SUBSTR(cust_no, 8, 5)), 0) + 1 AS CUST_NO
FROM   tb_cust_detail
WHERE  SUBSTR(cust_no, 2, 6) = SUBSTR('20110907', 3, 6) ;
```

**실행 계획**

```
Rows (1st) Rows (avg) Rows (max)  Row Source Operation
---------- ---------- ----------  --------------------
         1          1          1  SORT AGGREGATE (cr=22962 pr=0 pw=0 time=4876783 us)
         1          1          1   TABLE FULL SCAN TB_CUST_DETAIL
```

이런 경우라면 어떻게 변형을 없앨 것인가? cust_no LIKE 형태로 조건을 변경하거나, 테이블 구조를 변경하는 것이 바람직하지만, 이렇듯 피치 못하게 컬럼의 변형을 해야 하는 경우는 함수 기반 인덱스를 생성하면 인덱스를 사용한 검색을 할 수 있다. 지금의 경우라면 다음과 같이 함수 기반 인덱스를 생성할 수 있다.

```sql
CREATE INDEX tb_cust_detail_idx1
ON tb_cust_detail (SUBSTR(cust_no, 2, 6));
```

함수 기반 인덱스를 생성한 후 위의 SQL을 다시 실행하면 다음과 같이 인덱스를 사용한 검색을 하게 된다.

SQL

```
Rows (1st) Rows (avg) Rows (max)  Row Source Operation
---------- ---------- ----------  ----------------------------------------------
         1          1          1  SORT AGGREGATE (cr=4 pr=3 pw=0 time=1163 us)
         1          1          1   TABLE ACCESS BY INDEX ROWID CUST_DETAIL
         1          1          1    INDEX RANGE SCAN CUST_DETAIL_IDX1
```

이처럼 함수 기반 인덱스는 생성하는 방법도 복잡하지 않고, 비교적 쉽게 사용할 수 있다는 장점이 있으나, 해당 컬럼에 값이 입력되거나 변경되는 작업이 일어날 때마다 사용된 함수 또는 연산을 매번 수행한 뒤 인덱스의 키값을 변경해야 하므로, 인덱스를 만들 컬럼의 데이터가 자주 변경된다면 사용을 자제하는 것이 좋다.

### 4.3.5 INDEX SCAN보다 FULL TABLE SCAN이 효율적인 경우

SQL 튜닝을 할 때 우선적으로 검토하는 사항 중 하나는 조건절에서 사용한 컬럼이 인덱스를 적절하게 사용하고 있는가 여부이다. 일반적인 경우라면 조건절에서 사용된 컬럼에 있는 인덱스를 사용하는 것이 효율적이지만 항상 그런 것은 아니다.

SQL

```sql
SELECT /*+INDEX(TA TB_MONTH_PLAN_MASTER_PK)*/
       TA.gubun_code,
       TA.project_id,
       'K',
       TA.template_code,
       TA.user_id,
```

```
        (중략)
FROM    tb_month_plan_master TA
WHERE   TA.gubun_code IN ( 'C0001', 'C0003' );
```

실행 계획

| Id | Operation | Name | Starts | A-Rows | A-Time | Buffers | Reads |
|---|---|---|---|---|---|---|---|
| 1 | SORT AGGREGATE | | 1 | 1 | 00:00:03.07 | 313K | 64059 |
| 2 | CONCATENATION | | 1 | 2065K | 00:00:04.13 | 313K | 64059 |
| 3 | TABLE ACCESS BY INDEX ROWID | TB_MONTH_PLAN_MASTER | 1 | 1936K | 00:00:01.94 | 275K | 61205 |
| *4 | INDEX RANGE SCAN | TB_MONTH_PLAN_MASTER_PK | 1 | 1936K | 00:00:00.01 | 14231 | 14231 |
| 5 | TABLE ACCESS BY INDEX ROWID | TB_MONTH_PLAN_MASTER | 1 | 129K | 00:00:00.26 | 38162 | 2854 |
| *6 | INDEX RANGE SCAN | TB_MONTH_PLAN_MASTER_PK | 1 | 129K | 00:00:00.01 | 1025 | 1025 |

Predicate Information (identified by operation id):
---------------------------------------------------

 4 - access("TA"."GUBUN_CODE"='C0001')
 6 - access("TA"."GUBUN_CODE"='C0003')

인덱스 구조

| 테이블 이름 | 인덱스 이름 | 구성 컬럼 |
|---|---|---|
| TB_MONTH_PLAN_MASTER | TB_MONTH_PLAN_MASTER_PK | GUBUN_CODE, PROJECT_ID, ISSUE_MONTH |

위 사례에서 사용한 SQL을 보자. WHERE절을 보면 gubun_code 값을 입력 받아 조건을 만족하는 데이터들을 검색하도록 하고 있다. 그리고 gubun_code 컬럼에 만든 인덱스 tb_month_plan_master_pk를 사용하도록 힌트까지 사용하였다. 그 결과 275K 블록을 읽어 원하는 데이터를 추출할 수 있었다.

하지만 아래 SQL과 같이 힌트를 제거하고 나니 옵티마이저는 INDEX RANGE SCAN이 아닌 FULL TABLE SCAN을 선택했고 그 결과 57,032개 블록만을 사용하여 동일한 결과를 가져왔다. 왜 이런 결과가 나온 것일까?

SQL

```
SELECT TA.gubun_code,
       TA.project_id,
       'K',
       TA.template_code,
       TA.user_id,
       (중략)
```

```
FROM    tb_month_plan_master TA
WHERE   TA.gubun_code IN ( 'C0001', 'C0003' );
```

실행 계획

```
---------------------------------------------------------------------------------------
| Id | Operation         | Name              | Starts | E-Rows | A-Rows | A-Time      | Buffers | Reads |
---------------------------------------------------------------------------------------
|  1 | SORT AGGREGATE    |                   |    1   |    1   |     1  |00:00:01.54  |  57032  | 57018 |
|* 2 | TABLE ACCESS FULL | TB_MONTH_PLAN_MASTER |  1   |  2041K | 2065K  |00:00:12.39  |  57032  | 57018 |
---------------------------------------------------------------------------------------

Predicate Information (identified by operation id):
---------------------------------------------------
   2 - filter(("TA"."GUBUN_CODE"='C0001' OR "TA"."GUBUN_CODE"='C0003'))
```

I/O 측면에서 볼 때, INDEX RANGE SCAN은 단일 블록 I/O 방식을 쓰고, FULL TABLE SCAN은 멀티 블록 I/O 방식을 사용한다. 멀티 블록 I/O는 한 번 I/O를 수행할 때 인접한 여러 개의 블록을 동시에 읽어 메모리에 적재하는 방식으로, ORACLE에 설정해 둔 파라미터 값에 의해 그 수가 결정된다. 그 결과 분포도가 좋지 않은 컬럼에 인덱스가 있는 경우는 멀티 블록 I/O 방식을 채택하는 FULL TABLE SCAN이 INDEX RANGE SCAN에 비해 I/O 호출 횟수가 적어 성능이 오히려 좋아진다고 판단하는 것이다.

INDEX RANGE SCAN이 효율적인 경우는 검색해 오고자 하는 데이터 수가 테이블에 저장된 전체 데이터 수의 10~15%를 밑도는 경우라고 통상적으로 이야기한다. 하지만 10~15%로 기준을 정의하는 것 또한 위험하다. 예로 총 1억 건의 레코드를 저장한 테이블을 생각해보자. 이 테이블의 10~15%는 1,000만 건이 넘는데, 그런 경우 FULL TABLE SCAN이 더 유리할 수 있다. 따라서 각각의 경우에 어떤 방식이 유리한지를 판단하고 최적의 방식을 택하는 것이 최선이다.

지금까지 SQL 성능에 가장 많은 영향을 끼치는 인덱스를 다양한 각도에서 살펴보았다. 수백 초 걸리던 SQL이 인덱스를 생성하는 것만으로 1초 이내에 실행되는 예제들을 통해 인덱스의 영향력은 이미 충분히 느꼈을 것이다. 이렇듯 유용한 인덱스를 잘 활용하려면, 작성한 SQL에 필요한 인덱스를 정확하게 설계하고 구성하는 안목을 길러야 한다. 이 장에서 언급한 인덱스 컬럼 선정 규칙을 반드시 기억하여 스스로 작성한 SQL이 효율적으로 실행될 수 있도록 하자.

# 5
# 조인

## 5.1 조인이란?

이 장에서는 인덱스 다음으로 많은 SQL 튜닝 원인을 제공하는 조인에 대해 다루어 보도록 하겠다. 관계형 데이터베이스에서 어떤 정보를 조회하거나 변경하고 삭제하는 등의 업무를 수행할 때, 하나의 테이블만 가지고 작업을 하는 경우는 거의 없다. 대부분 최소 두 개 이상의 테이블을 연결하여 원하는 데이터를 조회하거나 변경하고 삭제한다. 이렇게 두 개 이상의 테이블을 연결 지어 수행하는 작업을 '조인'이라고 한다. 다음과 같이 사원들의 기본 정보를 저장하는 사원 테이블과 부서 정보를 저장하는 부서 테이블이 있다고 가정해보자.

[사원]

| 사번 | 이름 | 부서명 | 전화번호 | 주소 |
| --- | --- | --- | --- | --- |
| 10001 | 김과장 | 총무팀 | 010XXXX5671 | 서울시 금천구 |
| 10002 | 이차장 | 인사팀 | 010XXXX5672 | 서울시 영등포구 |
| 10003 | 윤사원 | 법무팀 | 010XXXX5673 | 대전시 유성구 |
| 10004 | 김주임 | 영업팀 | 010XXXX1234 | 인천시 부평구 |
| 10005 | 민이사 | 업무1팀 | 010XXXX1232 | 서울시 중랑구 |
| 10006 | 최상무 | 업무2팀 | 010XXXX1000 | 서울시 강동구 |
| 10007 | 성사원 |  | 010XXXX1111 | 서울시 은평구 |

[부서]

| 부서명 | 대표 전화번호 | 주소 |
|---|---|---|
| 총무팀 | 02XXXX5671 | 서울시 영등포구 여의도동 1번지 |
| 인사팀 | 02XXXX5672 | 서울시 영등포구 여의도동 1번지 |
| 법무팀 | 02XXXX5673 | 서울시 영등포구 여의도동 1번지 |
| 영업팀 | 02XXXX5674 | 서울시 영등포구 여의도동 1번지 |
| 업무1팀 | 02XXXX5675 | 서울시 영등포구 여의도동 100번지 |
| 업무2팀 | 02XXXX5676 | 서울시 영등포구 여의도동 100번지 |
| 업무3팀 | 02XXXX5677 | 서울시 영등포구 여의도동 100번지 |

이 회사에서 근무하는 어떤 사원의 근무지 정보를 출력하려면, 사원 테이블만 가지고는 출력할 수가 없다. 따라서 다음과 같은 SQL을 사용하여 사원 테이블과 부서 테이블의 정보를 조인하여 원하는 데이터를 출력한다.

```
SELECT  e.이름, d.주소
FROM    사원 e, 부서 d
WHERE   e.부서명 = d.부서명
        AND e.사번 = '10006' ;
```

이와 같은 조인을 수행하는 SQL을 입력 받으면 옵티마이저는 테이블 각각의 접근 경로를 검토하여 조인 순서 및 조인 방식을 결정한다. 이때 DBMS가 먼저 접근하는 테이블을 드라이빙 테이블이라고 하는데, 드라이빙 테이블을 어떤 테이블로 하느냐에 따라 전체적인 조인 수행 속도에 영향을 끼칠 수 있다. 또한 조인하고자 하는 테이블 및 데이터의 특성에 따라 유리한 조인 방식을 적절히 취하는 것이 SQL의 성능을 향상시키는 데 중요한 요소로 작용한다. 조인은 조인에 참여하는 대상 데이터와 조인을 수행하는 방식에 따라 그 종류를 나눌 수 있는데, 이제부터 설명할 각각의 조인 방식을 숙지하면 옵티마이저가 선택한 조인 기법이 검색 성능에 유리한지 아닌지 판별할 수 있는 분석력을 갖출 수 있을 것이다.

## 5.2 대상 데이터에 따른 조인의 종류

조인에 참여할 대상에 따라 조인을 분류하면 INNER JOIN, OUTER JOIN, CARTESIAN JOIN, SELF JOIN 등이 있다. 각 조인 방식의 개요 및 처리 방식을 사례를 통해 자세히 알아보도록 하겠다.

### 5.2.1 INNER JOIN

흔히 조인이라고 부르는 것은 바로 INNER JOIN이다. 그렇기 때문에 INNER JOIN을 단순 조인(SIMPLE JOIN)이라고도 부른다. INNER JOIN은 두 개 이상의 테이블로부터 조인 조건을 만족하는 데이터만 반환해주는 조인 방식이다. 벤 다이어그램으로 설명하면, 다음 그림의 A와 B가 겹치는 부분, 즉 A에도 존재하면서 B에도 있는 데이터를 결과로 반환하는 것이다.

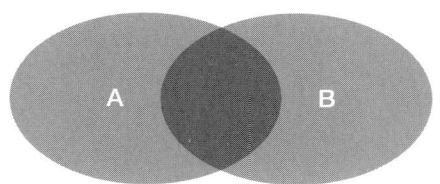

INNER JOIN의 처리 방식을 정확하게 이해하기 위해 이번 장 초반에 사용한 사원 테이블과 부서 테이블을 다시 한 번 상기해보자.

[사원]

| 사번 | 이름 | 부서명 | 전화번호 | 주소 |
| --- | --- | --- | --- | --- |
| 10001 | 김과장 | 총무팀 | 010XXXX5671 | 서울시 금천구 |
| 10002 | 이차장 | 인사팀 | 010XXXX5672 | 서울시 영등포구 |
| 10003 | 윤사원 | 법무팀 | 010XXXX5673 | 대전시 유성구 |
| 10004 | 김주임 | 영업팀 | 010XXXX1234 | 인천시 부평구 |
| 10005 | 민이사 | 업무1팀 | 010XXXX1232 | 서울시 중랑구 |
| 10006 | 최상무 | 업무2팀 | 010XXXX1000 | 서울시 강동구 |
| 10007 | 성사원 |  | 010XXXX1111 | 서울시 은평구 |

[부서]

| 부서명 | 대표 전화번호 | 주소 |
|---|---|---|
| 총무팀 | 02XXXX5671 | 서울시 영등포구 여의도동 1번지 |
| 인사팀 | 02XXXX5672 | 서울시 영등포구 여의도동 1번지 |
| 법무팀 | 02XXXX5673 | 서울시 영등포구 여의도동 1번지 |
| 영업팀 | 02XXXX5674 | 서울시 영등포구 여의도동 1번지 |
| 업무1팀 | 02XXXX5675 | 서울시 영등포구 여의도동 100번지 |
| 업무2팀 | 02XXXX5676 | 서울시 영등포구 여의도동 100번지 |
| 업무3팀 | 02XXXX5677 | 서울시 영등포구 여의도동 100번지 |

이 테이블의 데이터를 자세히 보면, 대부분의 사원들은 특정 부서에 소속되어 있지만 10007번 사번을 갖는 성사원의 경우 입사한 지 얼마 지나지 않아 아직 소속 부서가 없다. 이번에는 부서 테이블을 보자. 각각의 부서에는 1명 이상의 사원이 소속되어 있지만, 업무3팀의 경우 소속된 사원이 없는 것을 알 수 있다. 이제 각각의 사원들이 어디에서 근무하는지 출력하는 SQL을 작성해보자.

```
SELECT e.이름, d.부서명, d.주소
FROM   사원 e, 부서 d
WHERE  e.부서명 = d.부서명 ;
```

아마도 위의 SQL과 같이 작성할 것이다. 하지만 이와 같은 문법은 엄밀히 말하면 ANSI에서 인정한 표준 SQL이 아니라 ORACLE을 비롯한 특정 DBMS의 문법에 기반한 것이다. ANSI 표준 문법을 사용하여 위 SQL을 작성하면 다음과 같다.

```
SELECT e.이름, d.부서명, d.주소
FROM   사원 e INNER JOIN 부서 d
ON     e.부서명 = d.부서명 ;
```

ORACLE에서는 위의 두 문법 중 어느 쪽을 사용해도 무방하며, 두 SQL의 결과는 다음과 같이 동일하다. 결과에서 알 수 있듯이 부서에 아직 소속되지 않은 사원의 정보나 사원을 아직 부여받지 않은 부서 정보는 출력되지 않는다. 이것이 우리가 일반적으로 생각하는 조인의 결과다.

| 이름 | 부서명 | 주소 |
|---|---|---|
| 김과장 | 총무팀 | 서울시 영등포구 여의도동 1번지 |
| 이차장 | 인사팀 | 서울시 영등포구 여의도동 1번지 |
| 윤사원 | 법무팀 | 서울시 영등포구 여의도동 1번지 |
| 김주임 | 영업팀 | 서울시 영등포구 여의도동 1번지 |
| 민이사 | 업무1팀 | 서울시 영등포구 여의도동 100번지 |
| 최상무 | 업무2팀 | 서울시 영등포구 여의도동 100번지 |

### 5.2.2 OUTER JOIN

OUTER JOIN은 조인 조건을 만족하지 않는 데이터까지도 모두 출력하고자 사용하는 조인 방법이다. 즉, 기준이 되는 테이블의 데이터 중 조인 조건을 만족하는 데이터는 출력하고 조인 조건을 만족하지 않는 데이터에 대해서는 NULL 값을 출력하는 방식이다.

위에서 언급한 대로 OUTER JOIN은 기준이 되는 테이블, 다시 말해서 그 정보를 온전히 보고 싶은 테이블에 대해 대상 테이블을 조인하는 방식이다. 이때 기준이 되는 테이블의 위치에 따라 LEFT OUTER JOIN, RIGHT OUTER JOIN, FULL OUTER JOIN으로 분류한다.

### (1) LEFT OUTER JOIN

FROM절에 기술된 왼쪽 테이블을 기준 테이블로 OUTER JOIN을 수행하는 방식이다. 벤 다이어그램으로 설명하면 A에 존재하는 데이터는 B에 조인 조건을 만족하는 데이터가 있거나 없거나 결과로 출력한다.

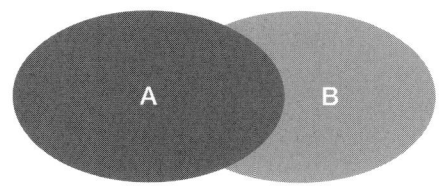

쉬운 이해를 돕기 위해 앞서 사용했던 테이블들을 가지고 LEFT OUTER JOIN을 수행해보겠다. SQL은 다음과 같이 작성하면 된다.

```
SELECT e.이름, d.부서명, d.주소
FROM   사원 e LEFT OUTER JOIN 부서 d
ON     e.부서명 = d.부서명 ;
```

이 경우 FROM절의 LEFT OUTER JOIN 구문 왼쪽에 있는 사원 테이블이 기준 테이블이 된다. 따라서 사원 테이블의 레코드는 비록 부서 테이블과 매칭되는 값이 없더라도 NULL 값으로 출력한다. 다음 출력 결과를 보면 쉽게 이해할 수 있을 것이다.

| 이름 | 부서명 | 주소 |
| --- | --- | --- |
| 김과장 | 총무팀 | 서울시 영등포구 여의도동 1번지 |
| 이차장 | 인사팀 | 서울시 영등포구 여의도동 1번지 |
| 윤사원 | 법무팀 | 서울시 영등포구 여의도동 1번지 |
| 김주임 | 영업팀 | 서울시 영등포구 여의도동 1번지 |
| 민이사 | 업무1팀 | 서울시 영등포구 여의도동 100번지 |
| 최상무 | 업무2팀 | 서울시 영등포구 여의도동 100번지 |
| 성사원 | | |

OUTER JOIN을 ORACLE에서는 다음과 같이 (+) 기호를 사용하여 작성할 수 있다. 이때 (+) 기호는 기준 테이블의 조건 컬럼이 아닌 조인 대상 테이블의 조건 컬럼 쪽에 기술한다.

```
SELECT e.이름, d.부서명, d.주소
FROM   사원 e, 부서 d
WHERE  e.부서명 = d.부서명(+) ;
```

이때 주의할 점은 OUTER JOIN이 될 테이블의 조인 조건으로 사용된 컬럼 이외의 컬럼들이 WHERE절에 조건으로 제시된 경우 이 조건들에도 (+) 기호를 기술해야 한다. 그렇지 않으면 INNER JOIN을 한 것과 같은 결과를 출력하기 때문이다.

## (2) RIGHT OUTER JOIN

LEFT OUTER JOIN의 반대 개념으로, RIGHT OUTER JOIN 구문의 오른쪽 테이블이 기준 테이블이 된다. 벤 다이어그램으로 설명하면 B에 존재하는 데이터는 A에 조인 조건을 만족하는 데이터가 있거나 없거나 결과로 출력한다.

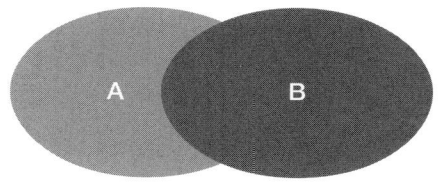

RIGHT OUTER JOIN은 SQL로 다음과 같이 작성한다.

```
SELECT  e.이름, d.부서명, d.주소
FROM    사원 e RIGHT OUTER JOIN 부서 d
ON      e.부서명 = d.부서명;
```

LEFT OUTER JOIN과 반대로 부서 테이블이 기준 테이블이 되며, 출력되는 결과는 다음과 같이 달라진다.

| 이름 | 부서명 | 주소 |
| --- | --- | --- |
| 김과장 | 총무팀 | 서울시 영등포구 여의도동 1번지 |
| 이차장 | 인사팀 | 서울시 영등포구 여의도동 1번지 |
| 윤사원 | 법무팀 | 서울시 영등포구 여의도동 1번지 |
| 김주임 | 영업팀 | 서울시 영등포구 여의도동 1번지 |
| 민이사 | 업무1팀 | 서울시 영등포구 여의도동 100번지 |
| 최상무 | 업무2팀 | 서울시 영등포구 여의도동 100번지 |
|  | 업무3팀 | 서울시 영등포구 여의도동 100번지 |

위의 SQL을 ORACLE 문법으로 작성하면 다음과 같이 쓸 수 있다.

```
SELECT e.이름, d.부서명, d.주소
FROM   사원 e, 부서 d
WHERE  e.부서명(+) = d.부서명;
```

### (3) FULL OUTER JOIN

이번에는 조인되는 양쪽 테이블을 모두 기준 테이블로 하는 FULL OUTER JOIN을 소개하겠다. 벤 다이어그램의 A와 B에 있는 데이터를 모두 출력한다.

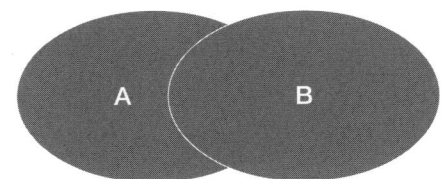

예상했겠지만, SQL과 출력 결과는 다음과 같다.

```
SELECT e.이름, d.부서명, d.주소
FROM   사원 e FULL OUTER JOIN 부서 d
ON     e.부서명 = d.부서명;
```

| 이름 | 부서명 | 주소 |
| --- | --- | --- |
| 김과장 | 총무팀 | 서울시 영등포구 여의도동 1번지 |
| 이차장 | 인사팀 | 서울시 영등포구 여의도동 1번지 |
| 윤사원 | 법무팀 | 서울시 영등포구 여의도동 1번지 |
| 김주임 | 영업팀 | 서울시 영등포구 여의도동 1번지 |
| 민이사 | 업무1팀 | 서울시 영등포구 여의도동 100번지 |
| 최상무 | 업무2팀 | 서울시 영등포구 여의도동 100번지 |
| 성사원 | | |
| | 업무3팀 | 서울시 영등포구 여의도동 100번지 |

주의할 점은 FULL OUTER JOIN은 ORACLE에서 사용하는 (+) 기호를 사용

한 문법으로 구현할 수 없다. 따라서 FULL OUTER JOIN이 필요한 경우는 반드시 ANSI 표준 문법으로 SQL을 작성해야 한다.

### 5.2.3 CARTESIAN JOIN

CARTESIAN JOIN은 조인 조건이 없이 테이블들을 조인하는 것을 말한다. 예를 들어 10건의 데이터가 저장된 A 테이블과 30건의 데이터가 저장된 B 테이블을 조인 조건 없이 조인할 경우, 10건 * 30건의 JOIN이 발생하여 300건의 결과가 출력된다. 이와 같은 조인 방식은 경우에 따라 의도적으로 사용하기도 하지만, 개발자의 실수로 조인 조건을 빠뜨려서 발생한 경우도 종종 보게 된다. 이런 경우 출력 결과에 문제가 발생하는 것은 물론 불필요한 성능 문제를 야기시킬 수 있으므로 실행 계획에 CARTESIAN JOIN이 출력될 경우, 의도한 것인지 아닌지 반드시 짚고 넘어가야 한다.

아래 SQL의 FROM절을 보면, 두 개의 테이블이 나열되어 있고 WHERE절에는 검색을 위한 조건도 제시되어 있다. 하지만 WHERE절에 제시된 조건은 emp 테이블에만 해당하는 검색 조건으로, 두 테이블 간의 조인을 위한 조건은 존재하지 않는다. 이렇게 조인 조건이 없다고 해서 조인이 수행되지 않거나 에러를 출력하지는 않으며, 이런 경우 WHERE 조건절의 조건을 만족하는 emp 테이블의 데이터와 jobs 테이블 전체 레코드를 모두 조인하게 된다. 이번에는 job_id = 'SA_REP'라는 조건을 만족하는 데이터가 총 30건이고, jobs 테이블의 전체 레코드 수가 19건이므로 총 570건의 결과를 출력하였다. 이렇게 출력된 결과물을 CARTESIAN PRODUCT라고 한다.

**SQL**
```
SELECT  E.emp_no,
        E.name,
        E.job_id,
        J.job_id,
        J.job_title
FROM    emp E,
        jobs J
WHERE   E.job_id = 'SA_REP';
```

실행 계획

```
| Id  | Operation                    | Name       | Rows | Bytes | Cost (%CPU)| Time     |
-----------------------------------------------------------------------------------------
|  0  | SELECT STATEMENT             |            |  570 | 31350 |    11  (0) | 00:00:01 |
|  1  |  MERGE JOIN CARTESIAN        |            |  570 | 31350 |    11  (0) | 00:00:01 |
|  2  |   TABLE ACCESS FULL          | JOBS       |   19 |   513 |     3  (0) | 00:00:01 |
|  3  |   BUFFER SORT                |            |   30 |   840 |     8  (0) | 00:00:01 |
|  4  |    TABLE ACCESS BY INDEX ROWID| EMP       |   30 |   840 |     3  (0) | 00:00:01 |
|* 5  |     INDEX RANGE SCAN         | EMP_JOB_IX |   30 |       |     0  (0) | 00:00:01 |
```

## 5.2.4 SELF JOIN

SELF JOIN은 말 그대로 하나의 테이블이 스스로를 조인하는 방식으로, 관계형 데이터 모델에서 순환참조 관계로 표현된 개체를 참조할 때 주로 사용된다.

사원 테이블로부터 사원과 사원의 관리자 정보를 함께 출력하는 경우가 SELF JOIN을 설명할 때 가장 많이 드는 예이다. 회사의 최고 관리자가 아닌 이상 모든 사원은 관리자를 갖게 되는데, 관리자도 결국은 사원의 한 명이기 때문에 관리자의 정보도 사원 테이블로부터 가져와야 한다. 이런 경우 사원 테이블은 논리적으로 두 개의 테이블이 되어, 하나는 사원 테이블로, 또 다른 하나는 관리자 테이블로 조인에 참여하게 된다. SELF JOIN은 스스로를 몇 번 조인을 하는가에 따라 SQL의 구현 방식이 달라진다. 그럼 다음과 같은 사원 테이블이 있다고 해보자.

예를 들어 사원번호가 7788인 SCOTT의 직속 관리자를 조회한다고 하자. 이런 경우, 아래 SQL과 같이 FROM절에 사원 테이블을 두 번 정의하여 SELF JOIN을 구현할 수 있다.

```
SELECT  E1.사원번호,
        E2.사원번호 AS 관리자번호
FROM    사원 E1,
        사원 E2
WHERE   E1.관리자번호 = E2.사원번호
        AND E1.사원번호 = 7788 ;
```

[사원]

| 사원번호 | 사원명 | 관리자번호 |
|---|---|---|
| 7839 | KING | |
| 7566 | JONES | 7839 |
| 7788 | SCOTT | 7566 |
| 7876 | ADAMS | 7788 |
| 7902 | FORD | 7566 |
| 7369 | SMITH | 7902 |
| 7698 | BLAKE | 7839 |
| 7499 | ALLEN | 7698 |
| 7521 | WARD | 7698 |

이처럼 하나의 테이블이 스스로를 한 번 조인하는 경우는 지금까지 배운 조인 문법으로 간단하게 구현할 수 있다. 하지만 실제로 SELF JOIN을 한 번만 수행하는 경우는 업무적으로 드물다. 스스로의 테이블을 여러 번 조인해야 하는 순환 관계에서는 원하는 조인의 수만큼 테이블을 나열해야 하기 때문에 위와 같이 FROM절에 테이블을 나열하는 방식으로는 구현에 한계가 있다.

이렇게 복잡한 순환 관계를 효율적으로 구현하기 위해서 두 가지 방법을 주로 사용하는데, 하나는 상용 DBMS에서 사용하는 CTE(COMMON TABLE EXPRESSION) 방식이고, 다른 하나는 ORACLE에서 사용하는 CONNECT BY 방식이다. 위의 테이블에서 사원번호가 7788인 SCOTT의 직속 관리자만이 아니라 직속 관리자의 관리자, 그 관리자의 관리자까지 더 이상 관리자가 존재하지 않을 때까지 조회하는 SQL을 이 두 가지 방식으로 나누어 작성하면 다음과 같다.

**CTE(COMMON TABLE EXPRESSION) 방식**

```
WITH MGR_FIND (LEVEL, 사원번호, 관리자번호)
  AS
  (
    SELECT 1 ,
           ROOT.사원번호 ,
           ROOT.관리자번호
    FROM   사원 ROOT
    WHERE  ROOT.사원번호 = 7788
    UNION ALL
    SELECT PARENT.LEVEL+1 ,
           PARENT.사원번호 ,
           CHILD.관리자번호
    FROM   MGR_FIND PARENT ,
           사원 CHILD
    WHERE  PARENT.관리자번호 = CHILD.사원번호
  )
SELECT *
  FROM MGR_FIND ;
```

**CONNECT BY 방식**

```
SELECT LEVEL, 사원번호, 관리자번호
FROM    사원
START WITH 사원번호 = 7788
CONNECT BY PRIOR 사원번호 = 관리자번호;
```

이 두 가지 방법을 통해 출력한 결과는 다음과 같다.

```
   LEVEL     사원번호        관리자번호
---------- ------------- -------------
       1      7788          7566
       2      7566          7839
       3      7839
```

그런데 이와 같은 순환 관계 SQL을 작성할 때는 몇 가지 유의해야 할 점이 있다.

첫째, 순환 관계를 시작하는 기점이 되는 컬럼과 관계를 규정하는 컬럼에 반드시 인덱스가 존재해야 한다. 위의 SQL에서 사원번호 컬럼은 시작점이 될 사원의 정보를 검색하기 위한 조건에 해당하고, 관리자 번호는 사원과 관리자 사이의 관계를 규정하는 컬럼에 해당하므로 이 두 컬럼을 선두로 하는 두 개의 인덱스가 반드시 존재해야 한다.

둘째, 논리적으로 순환하는 횟수가 무한대로 증가할 수 있는 경우, 순환 횟수를 LEVEL과 같은 가상 컬럼으로 제어해야 한다. 위의 상황을 예로 설명하면, 이 SQL을 실행했을 때 최고 관리자에 도달할 때까지 검색을 한 후 검색을 종료하겠지만 사원의 수가 많고 관리자의 층이 과도하게 많은 경우 가상의 컬럼을 사용하여 출력 대상을 적절하게 제어하는 것이 좋다.

셋째, CONNECT BY 방식에서 WHERE절의 조건은 CONNECT BY를 수행한 모든 결과 데이터에 대한 조건이며, CONNECT BY절의 조건은 순환 관계를 찾아가기 위해 사용되는 조건이다. 즉 순환 관계를 찾아 가는 과정에서 조건을 만족하지 않는 상황이 되면 더 이상 순환 관계를 찾아가지 않게 된다.

## 5.3 수행 방식에 따른 조인의 종류

이번에는 수행하는 방식에 따라 분류한 조인의 종류를 살펴보겠다. 조인을 어떤 방식으로 수행하는가에 따라 조인은 NESTED LOOP JOIN, SORT MERGE JOIN, HASH JOIN으로 분류한다. 수행 방식에 따른 조인의 종류는 SQL의 성능과 밀접한 관련이 있으므로 조금 더 깊게 다루도록 하겠다. 각 조인 방식의 개요와 처리 방식을 이해하고, 조인 방식을 통한 튜닝 방법을 다양한 사례를 통해 살펴보자.

### 5.3.1 NESTED LOOP JOIN

NESTED LOOP JOIN은 많은 사용자가 접속하여 사용하는 OLTP 시스템에서 가장 보편적으로 사용되는 조인 방식으로, 조인해야 할 데이터가 많지 않은 경우에 유용하다. NESTED LOOP JOIN을 간단하게 설명하면, 드라이빙 테이블로 선정된 테이블로부터 WHERE절에 정의된 검색 조건을 만족하는 데이터들을 걸러낸 후, 이 값들을 가지고 조인 대상 테이블을 반복적으로 검색하면서 조인 조건을 만족하는 최종 결과값을 얻어 내는 방식을 말한다.

이처럼 드라이빙 테이블로부터 추출한 데이터를 가지고 조인하게 되는 대상 테이블을 INNER TABLE이라고 하며, INNER TABLE에 대한 접근 경로는 드라이빙 테이블에 의존한다. 흔히 데이터 모델의 1:N 관계를 갖는 개체 사이에서 1에 해당하는 개체가 드라이빙 테이블이 되는 것이 일반적이지만, 1에 해당하는 테이블이 코드값 등을 저장하는 성격의 테이블인 경우는 N에 해당하는 테이블을 드라이빙 테이블로 사용할 수도 있다. 사원 테이블과 부서 테이블을 예로 들면, 총무부의 사원들의 정보를 보고 싶다면 부서 테이블이, 이름이 홍길동인 사원의 부서 정보를 보고 싶다면 사원 테이블이 드라이빙 테이블이 되는 것이다.

NESTED LOOP JOIN 방식으로 조인을 할 경우, 드라이빙 테이블의 조건을 만족하는 결과 데이터가 많다면 그만큼 반복해서 INNER TABLE에 접근해야 하므로 성능은 자연히 나빠질 것이다. 따라서 NESTED LOOP JOIN 방식을 채택할 때는 드라이빙 테이블의 선택이 매우 중요하다. 또한 INNER TABLE의 조인 조건으로 사용될 컬럼에 인덱스가 존재하는지 여부도 성능을 좌우하는 중요한 요소이다. INNER TABLE의 조인 조건으로 사용되는 컬럼에 인덱스가 없을 경우, 드라이빙 테이블을 통해 도출된 결과 데이터가 아무리 적다고 해도, 도출된 각각의 데이터와 일치하는 행을 찾아내기 위해 INNER TABLE에 대한 FULL TABLE SCAN을 여러 차례 수행해야 하기 때문이다.

NESTED LOOP JOIN의 처리 방식에 대한 이해를 돕고자 예시 SQL이 어떻게 처리되는지 그림으로 표현해보았다. 사원들의 정보를 저장하고 있는 emp 테이블과 부서에 대한 정보를 저장하고 있는 dept 테이블의 조인을 통해 SALES 부서에서 근무하는 사원들의 이름과 봉급, 부서명을 검색하고자 한다. 이를 위해 작성한 다음 SQL이 처리되는 과정을 그림을 통해 살펴보자.

SQL

```
SELECT E.ename,
       E.salary,
       D.dept_name
```

```
FROM    emp E,
        dept D
WHERE   D.dept_name = 'SALES'
        AND E.dept_no = D.dept_no ;
```

**인덱스 구조**

| 테이블 이름 | 인덱스 이름 | 구성 컬럼 |
|---|---|---|
| DEPT | DEPT_IX1 | DEPT_NAME |
|  | DEPT_ID_PK | DEPT_NO |
| EMP | EMP_IX1 | DEPT_NO, ENAME |
|  | EMP_IX2 | ENAME |

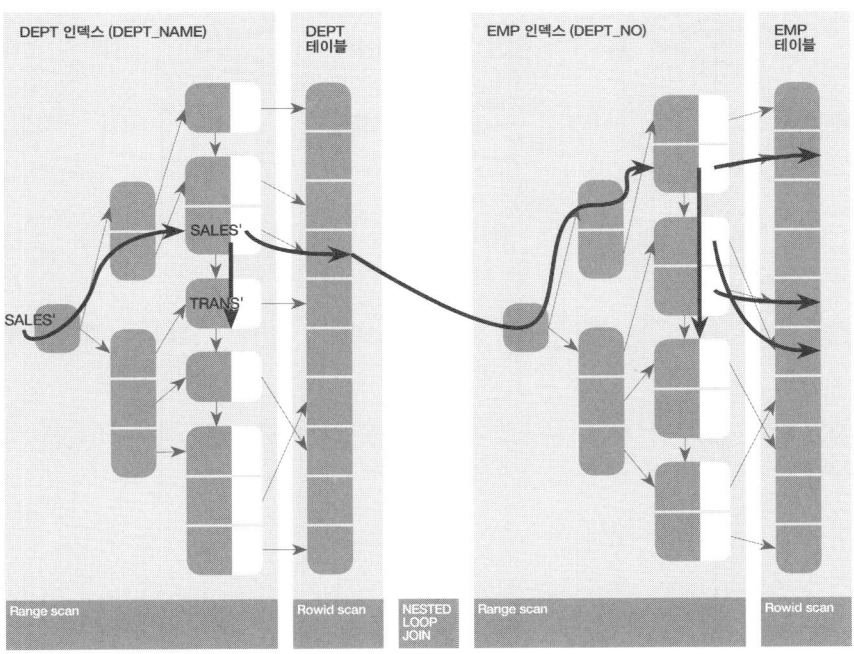

그림 5-1 NESTED LOOP JOIN의 처리 방식

위 그림에서 볼 수 있듯이 드라이빙 테이블로 선택된 테이블 dept의 검색 조건인 D.dept_name = 'SALES'을 만족하는 데이터를 추출하기 위해 DEPT_IX1이라는 인덱스를 사용하였으며, 이렇게 검색된 데이터를 가지고 같은 dept_no를

갖는 사원들의 정보를 EMP_IX1 인덱스를 사용하여 조회하였다.

반대로 이름이 홍길동인 사원의 부서 정보를 검색하는 SQL문을 실행했다면, emp 테이블이 드라이빙 테이블이 되면서 다음과 같은 방식으로 처리되었을 것이다.

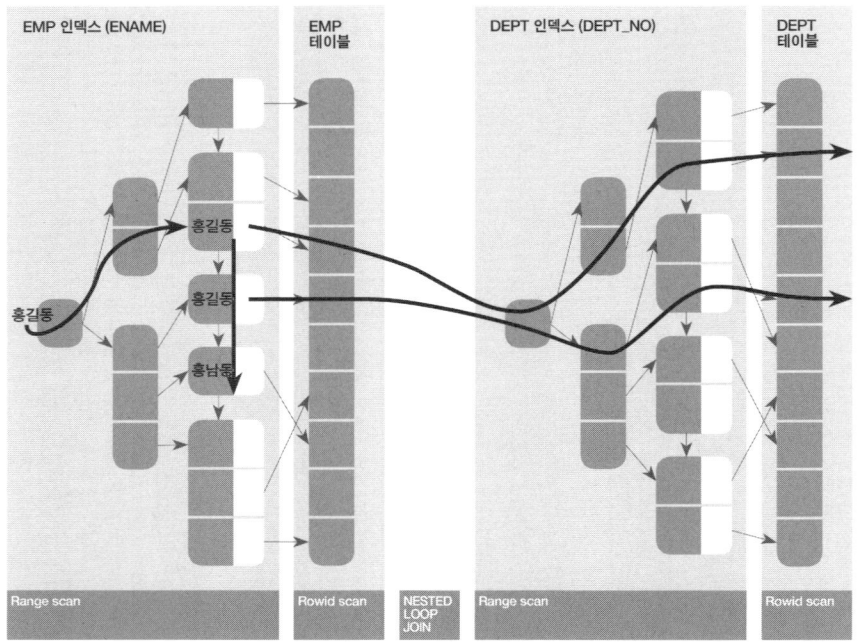

그림 5-2 NESTED LOOP JOIN의 처리 방식

이번에는 세 개 테이블을 조인하는 문장을 통해 어떤 실행 계획이 만들어지는지 살펴보자. emp, jobs, dept라는 3개의 테이블을 조인하여 emp_no가 103보다 작은 사원의 emp_no, job_title, salary, dept_name 정보를 출력하는 SQL이다. 이 SQL이 NESTED LOOP JOIN을 사용하여 계획을 수립한다면 다음과 같은 실행 계획을 세울 것이다.

**SQL**

```
SELECT E.emp_no,
       J.job_title,
```

```
            E.salary,
            D.dept_name
    FROM    emp E,
            jobs J,
            dept D
    WHERE   E.emp_no < 103
            AND E.job_id = J.job_id
            AND E.dept_no = D.dept_no;
```

**실행 계획**

```
| Id  | Operation                    | Name       | Rows | Bytes | Cost (%CPU)|
---------------------------------------------------------------------------------
|  0  | SELECT STATEMENT             |            |   3  |  189  |   10  (10)|
|  1  |  NESTED LOOPS                |            |   3  |  189  |   10  (10)|
|  2  |   NESTED LOOPS               |            |   3  |  141  |    7  (15)|
|* 3  |    TABLE ACCESS FULL         | EMP        |   3  |   60  |    4  (25)|
|  4  |    TABLE ACCESS BY INDEX ROWID| JOBS      |  19  |  513  |    2  (50)|
|* 5  |     INDEX UNIQUE SCAN        | JOB_ID_PK  |   1  |       |           |
|  6  |   TABLE ACCESS BY INDEX ROWID| DEPT       |  27  |  432  |    2  (50)|
|* 7  |    INDEX UNIQUE SCAN         | DEPT_ID_PK |   1  |       |           |
```

앞서 말한 것처럼 NESTED LOOP JOIN을 수행하기 위해서는 가장 먼저 드라이빙 테이블을 선정해야 한다. 드라이빙 테이블은 위에서 언급한 1:N 관계와 코드성 테이블 여부를 고려해야 하며, WHERE절에 명시된 조건을 만족하는 결과가 적은 쪽을 택하는 것이 일반적으로 유리하다.

이렇게 가장 먼저 접근할 드라이빙 테이블이 정해졌다면, 그 다음부터 일어나게 될 조인에 대해서는 단계적으로 분리하여 생각하는 것이 좋다. 위의 SQL이 수행되는 과정을 세 단계로 나눈다면 다음과 같을 것이다.

단계1 : SELECT … FROM emp E WHERE E.emp_no < 103
단계2 : SELECT … FROM jobs J WHERE 단계1을 만족하는 E.job_id = J.job_id
단계3 : SELECT … FROM dept D WHERE 단계2를 만족하는 E.dept_no = D.dept_no

각각의 단계에 대해 점검해야 할 기본적인 튜닝 요소들은 다음과 같다.

단계1 : 조건절에 제시된 emp_no 컬럼에 인덱스가 존재하는가?

단계2 : jobs 테이블에 대한 조인 조건인 job_id 컬럼에 인덱스가 존재하는가?

단계3 : dept 테이블에 대한 조인 조건인 dept_no 컬럼에 인덱스가 존재하는가?

각 단계의 튜닝은 4장을 참고하기 바란다.

이 밖에도 단계2를 수행하기 위한 단계1의 결과 건수가 얼마나 되는가를 점검해야 하는데, 단계1에서 추출해낸 결과 건수가 단계2에서 조인할 jobs 테이블의 건수보다 많다면 NESTED LOOP JOIN 방식이 성능 검색에 유리하지 않을 수 있기 때문이다. 마찬가지로 단계3을 수행하기 위한 단계2까지의 결과 건수도 같은 이유로 점검할 필요가 있다.

또한 단계1의 결과를 jobs 테이블과 조인했을 경우와 dept 테이블과 조인했을 때 결과가 더 적은 쪽을 먼저 조인하는 것이 유리하므로 이와 같은 조인 순서에 대해서도 고려하는 것이 좋다.

이제 실제로 사용되고 있는 SQL을 통해 NESTED LOOP JOIN의 처리 방식을 구체적으로 이해해보자.

**SQL**

```
SELECT  TC.customer_name,
        TC.customer_zip_code,
        (중략)
FROM    tb_tx_master TA,
        tb_acount TB,
        tb_customer TC,
        tb_detail_customer TD,
        tb_code TE,
        tb_code TF
WHERE   1=1
        AND TA.txcms_id = TB.txcms_id
        AND TB.account_id = TC.account_id
        AND TB.customer_id = TD.customer_id
        AND TA.tx_b_code = TE.common_code
        AND TA.tx_c_code = TF.common_code
        AND TA.tx_pay_yn = 'Y'
        AND TA.tx_pay_date BETWEEN '20120601' AND '20120630'
        AND TA.amount_salcal > 0
        AND TE.common_group_code = 'TX_CODE'
```

```
              AND  TF.common_group_code = 'TX_CODE'
   ORDER   BY  TD.customer_fullname ;
```

실행 계획

```
call     count    cpu    elapsed    disk    query    current    rows
-------  -----  ------  ---------  ------  -------  ---------  ------
Parse      1    0.02     0.02        0       0         0         0
Execute    1    0.00     0.00        0       0         0         0
Fetch    123    0.13     0.12       33    17558        0       1827
-------  -----  ------  ---------  ------  -------  ---------  ------
total    125    0.15     0.14       33    17558        0       1827

Misses in library cache during parse: 1
Optimizer mode: FIRST_ROWS
Parsing user id: 52
Number of plan statistics captured: 1

Rows (1st) Rows (avg) Rows (max)  Row Source Operation
---------- ---------- ----------  ------------------------------------------------
     1827       1827       1827   SORT ORDER BY (cr=17558 pr=33 pw=0 time=120866 us cost=40 size=312 card=1)
     1827       1827       1827    NESTED LOOPS  (cr=17558 pr=33 pw=0 time=156414 us)
     1827       1827       1827     NESTED LOOPS  (cr=15731 pr=33 pw=0 time=148610 us cost=39 size=312 card=1)
     1827       1827       1827      NESTED LOOPS  (cr=15722 pr=33 pw=0 time=139829 us cost=38 size=280 card=1)
     1827       1827       1827       NESTED LOOPS  (cr=10239 pr=21 pw=0 time=104778 us cost=37 size=198 card=1)
     1827       1827       1827        NESTED LOOPS  (cr=6601 pr=21 pw=0 time=85394 us cost=36 size=146 card=1)
     1827       1827       1827         NESTED LOOPS  (cr=1768 pr=21 pw=0 time=63077 us cost=35 size=95 card=1)
       15         15         15          TABLE ACCESS BY INDEX ROWID TB_CODE (cr=8 pr=0 pw=0 time=304 us cost=1 size=256 card=8)
       15         15         15           INDEX RANGE SCAN PK_CODE (cr=2 pr=0 pw=0 time=90 us cost=1 size=0 card=8)(object id 36283)
     1827       1827       1827          TABLE ACCESS BY INDEX ROWID TB_TX_MASTER (cr=1760 pr=21 pw=0 time=53411 us cost=4 size=63 card=1)
     1830       1830       1830           INDEX RANGE SCAN IX_TX_MASTER (cr=40 pr=21 pw=0 time=7850 us cost=1 size=0 card=17)
     1827       1827       1827         TABLE ACCESS BY INDEX ROWID TB_ACOUNT (cr=4833 pr=0 pw=0 time=19139 us cost=1 size=51 card=1)
     1827       1827       1827          INDEX UNIQUE SCAN PK_ACOUNT (cr=3006 pr=0 pw=0 time=8725 us cost=1 size=0 card=1)
     1827       1827       1827        TABLE ACCESS BY INDEX ROWID TB_CUSTOMER  (cr=3638 pr=0 pw=0 time=15887 us cost=1 size=52 card=1)
     1827       1827       1827         INDEX UNIQUE SCAN PK_CUSTOMER  (cr=1811 pr=0 pw=0 time=6962 us cost=1 size=0 card=1)
     1827       1827       1827       TABLE ACCESS BY INDEX ROWID TB_DETAIL_CUSTOMER (cr=5483 pr=12 pw=0 time=33023 us cost=1 size=82 card=1)
     1827       1827       1827        INDEX UNIQUE SCAN PK_DETAIL_CUSTOMER (cr=3656 pr=0 pw=0 time=16401 us cost=1 size=0 card=1)
     1827       1827       1827      INDEX UNIQUE SCAN PK_CODE (cr=9 pr=0 pw=0 time=4629 us cost=1 size=0 card=1)(object id 36283)
     1827       1827       1827     TABLE ACCESS BY INDEX ROWID TB_CODE (cr=1827 pr=0 pw=0 time=4909 us cost=1 size=32 card=1)
```

총 6개의 테이블을 조인한 이 SQL을 실행한 결과, tb_code와 tb_tx_master 테이블을 시작으로 나머지 4개 테이블을 순차적으로 NESTED LOOP JOIN 방식으로 조인하고 있는 것을 실행 계획을 통해 확인할 수가 있다.

이번에는 NESTED LOOP JOIN을 수행하는 SQL에서 자주 볼 수 있는 튜닝 사례와 NESTED LOOP JOIN 방식을 적절히 사용하도록 하여 성능을 개선한 각종 사례를 소개하겠다.

첫 번째로 NESTED LOOP JOIN을 수행하는 쿼리에서 자주 볼 수 있는, 드라이빙 테이블의 인덱스를 잘못 사용하여 성능이 나빠진 SQL을 개선한 사례를 살펴보겠다. NESTED LOOP JOIN은 다른 조인 방식에 비해 드라이빙 테이블의 대상 데이터를 처리하는 성능이 중요하다. 수행 방식의 특성상 순차적으로 조인을 수행하기 때문에 드라이빙 테이블의 데이터 처리 속도가 느려지면 이후 수행 속도도 자연스럽게 지연되기 때문이다.

**SQL**

```
SELECT /*+ INDEX(TA IDX1_MASTER_CISP) */
       TE.customer_fullname,
       (중략)
FROM   tb_master_cisp TA,
       tb_detail_ciho TB,
       tb_detail_icfn TC,
       tb_detail_pnsc TD,
       tb_customer   TE
WHERE  1 = 1
       AND TA.cisp_fm_yn = 'Y'
       AND TA.delete_yn = 'N'
       AND TA.cisp_code = '11'
       AND TA.cisp_exam_yymm = '201109'
       AND TB.delete_yn = 'N'
       AND TA.customer_id= TB.custmoer_id
       AND TA.create_seq = TB.create_seq
       AND TB.customer_id= TC.custmoer_id
       AND TB.create_seq = TC.create_seq
       AND TB.ciho_epmt_date BETWEEN TC.icfn_begin_yyyymm AND TC.icfn_end_yyyymm
       AND TC.customer_id= TD.customer_id
       AND TB.institute_id = TE.institute_id
ORDER  BY jumin_id DESC;
```

**실행 계획**

| call | count | cpu | elapsed | disk | query | current | rows |
|------|-------|------|---------|------|--------|---------|------|
| Parse | 1 | 0.03 | 0.02 | 0 | 0 | 0 | 0 |
| Execute | 1 | 0.00 | 0.00 | 0 | 0 | 0 | 0 |
| Fetch | 2 | 5.39 | 8.96 | 191 | 573764 | 0 | 3 |
| total | 4 | 5.42 | 8.99 | 191 | 573764 | 0 | 3 |

Misses in library cache during parse: 1
Optimizer mode: FIRST_ROWS

```
Parsing user id: 52
Number of plan statistics captured: 1

Rows (1st) Rows (avg) Rows (max) Row Source Operation
---------- ---------- ---------- ----------------------------------------------
(중략)
     3          3          3  SORT ORDER BY (cr=573764 pr=191 pw=0 time=8968837 us cost=98684 size=178 card=1)
     3          3          3   NESTED LOOPS (cr=573756 pr=191 pw=0 time=7541925 us)
     3          3          3    NESTED LOOPS (cr=573753 pr=191 pw=0 time=7541877 us cost=98683 size=178 card=1)
     3          3          3     NESTED LOOPS (cr=573745 pr=191 pw=0 time=7541770 us cost=98682 size=124 card=1)
     3          3          3      NESTED LOOPS (cr=573737 pr=191 pw=0 time=7541649 us cost=98681 size=93 card=1)
     3          3          3       NESTED LOOPS (cr=573726 pr=191 pw=0 time=7541418 us cost=98199 size=60669 card=963)
     3          3          3        TABLE ACCESS BY INDEX ROWID TB_MASTER_CISP (cr=573715 pr=191 pw=0 time=7541203 us cost=97951 size=22839
 608789     608789     608789         INDEX RANGE SCAN IDX1_MASTER_CISP (cr=1788 pr=0 pw=0 time=1136191 us cost=501 size=0 card=678621)
     3          3          3        TABLE ACCESS BY INDEX ROWID TB_DETAIL_CIHO (cr=11 pr=0 pw=0 time=187 us cost=1 size=40 card=1)
     3          3          3         INDEX UNIQUE SCAN PK_DETAIL_CIHO (cr=8 pr=0 pw=0 time=133 us cost=1 size=0 card=1)
     3          3          3       TABLE ACCESS BY INDEX ROWID TB_DETAIL_ICFN (cr=11 pr=0 pw=0 time=220 us cost=1 size=30 card=1)
     3          3          3        INDEX RANGE SCAN PK_DETAIL_ICFN (cr=8 pr=0 pw=0 time=142 us cost=1 size=0 card=1)(object id 38874)
     3          3          3      TABLE ACCESS BY INDEX ROWID TB_CUSTOMER (cr=8 pr=0 pw=0 time=98 us cost=1 size=31 card=1)
     3          3          3       INDEX UNIQUE SCAN PK_CUSTOMER (cr=5 pr=0 pw=0 time=61 us cost=1 size=0 card=1)(object id 33598)
     3          3          3     INDEX UNIQUE SCAN PK_DETAIL_PNSC (cr=8 pr=0 pw=0 time=90 us cost=1 size=0 card=1)(object id 180063)
     3          3          3    TABLE ACCESS BY INDEX ROWID TB_DETAIL_PNSC (cr=3 pr=0 pw=0 time=28 us cost=1 size=54 card=1)
```

**인덱스 구조**

| 테이블 이름 | 인덱스 이름 | 구성 컬럼 |
|---|---|---|
| TB_MASTER_CISP | IDX1_MASTER_CISP | CISP_CODE,INSTITUTE_ID |
| | IDX2_MASTER_CISP | CISP_CHANGE_DATE,CISP_CODE,INSTITUTE_ID |
| | IDX3_MASTER_CISP | CISP_CODE, CISP_EXAM_YYMM |
| | PK_MASTER_CISP | CUSTMOER_ID,CREATE_SEQ,CISP_CHANGE_DATE,CISP_CHANGE_OR_SEQ,CISP_CHANGE_CN_SEQ |

tb_master_cisp(별칭 TA)가 드라이빙 테이블로 처리되는 위 SQL에서 드라이빙 테이블을 검색하기 위해 IDX1_MASTER_CISP 인덱스를 사용하도록 힌트로 지정하고 있다. 하지만 위 SQL을 처리하는 데에는 데이터의 분포도가 좋은 cisp_exam_yymm 컬럼을 포함한 IDX3_MASTER_CISP 인덱스가 성능 검색에 유리하기 때문에, 다음과 같이 힌트를 변경해야 한다.

**SQL**

```
SELECT /*+ INDEX(TA IDX3_MASTER_CISP) */
       TE.customer_fullname,
       (중략)
```

```
FROM   tb_master_cisp TA,
       tb_detail_ciho TB,
       tb_detail_icfn TC,
       tb_detail_pnsc TD,
       tb_customer TE
WHERE  1 = 1
       AND TA.cisp_fm_yn = 'Y'
       AND TA.delete_yn = 'N'
       AND TA.cisp_code = '11'
       AND TA.cisp_exam_yymm = '201109'
       AND TB.delete_yn = 'N'
       AND TA.customer_id= TB.custmoer_id
       AND TA.create_seq = TB.create_seq
       AND TB.customer_id= TC.custmoer_id
       AND TB.create_seq = TC.create_seq
       AND TB.ciho_epmt_date BETWEEN TC.icfn_begin_yyyymm AND TC.icfn_end_yyyymm
       AND TC.customer_id= TD.customer_id
       AND TB.institute_id = TE.institute_id
ORDER  BY jumin_id DESC ;
```

### 실행 계획

```
call     count       cpu    elapsed       disk      query    current       rows
------- ------   -------- ---------- ---------- ---------- ---------- ----------
Parse        1       0.02       0.01          0          0          0          0
Execute      1       0.00       0.00          0          0          0          0
Fetch        2       0.00       0.00          0         55          0          3
------- ------   -------- ---------- ---------- ---------- ---------- ----------
total        4       0.02       0.01          0         55          0          3

Misses in library cache during parse: 1
Optimizer mode: FIRST_ROWS
Parsing user id: 52
Number of plan statistics captured: 1

Rows (1st) Rows (avg) Rows (max)  Row Source Operation
---------- ---------- ----------  --------------------------------------------
(중략)
         3          3          3  SORT ORDER BY (cr=55 pr=0 pw=0 time=3040 us cost=1666 size=178 card=1)
         3          3          3   NESTED LOOPS (cr=47 pr=0 pw=0 time=544 us)
         3          3          3    NESTED LOOPS (cr=44 pr=0 pw=0 time=507 us cost=1665 size=178 card=1)
         3          3          3     NESTED LOOPS (cr=36 pr=0 pw=0 time=430 us cost=1664 size=124 card=1)
         3          3          3      NESTED LOOPS (cr=28 pr=0 pw=0 time=335 us cost=1663 size=93 card=1)
         3          3          3       NESTED LOOPS (cr=17 pr=0 pw=0 time=203 us cost=1181 size=60669 card=963)
         3          3          3        TABLE ACCESS BY INDEX ROWID TB_MASTER_CISP (cr=6 pr=0 pw=0 time=90 us cost=933 size=22839
         3          3          3         INDEX RANGE SCAN IDX3_MASTER_CISP (cr=3 pr=0 pw=0 time=41 us cost=4 size=0 card=4354)
         3          3          3        TABLE ACCESS BY INDEX ROWID TB_DETAIL_CIHO (cr=11 pr=0 pw=0 time=102 us cost=1 size=40
         3          3          3         INDEX UNIQUE SCAN PK_DETAIL_CIHO (cr=8 pr=0 pw=0 time=71 us cost=1 size=0 card=1)
         3          3          3       TABLE ACCESS BY INDEX ROWID TB_DETAIL_ICFN (cr=11 pr=0 pw=0 time=127 us cost=1 size=30
         3          3          3        INDEX RANGE SCAN PK_DETAIL_ICFN (cr=8 pr=0 pw=0 time=85 us cost=1 size=0 card=1)
         3          3          3     TABLE ACCESS BY INDEX ROWID TB_CUSTOMER (cr=8 pr=0 pw=0 time=77 us cost=1 size=31 card=1)
```

```
3        3        3           INDEX UNIQUE SCAN PK_CUSTOMER    (cr=5 pr=0 pw=0 time=46 us cost=1 size=0 card=1)
3        3        3           INDEX UNIQUE SCAN PK_DETAIL_PNSC (cr=8 pr=0 pw=0 time=69 us cost=1 size=0 card=1)
3        3        3           TABLE ACCESS BY INDEX ROWID TB_DETAIL_PNSC (cr=3 pr=0 pw=0 time=21 us cost=1 size=54 card=1)
```

두 번째로 INNER TABLE의 인덱스를 제대로 활용하지 않아 성능이 나빠진 SQL의 튜닝 사례를 소개하겠다.

**SQL**

```
SELECT  TA.station_code,
        TB.machine_address,
        TA.line_code,
        (중략)
FROM    tb_master_code TA,
        tb_master_machine TB
WHERE   TA.station_code = TB.station_code
    AND TA.use_yn = 'Y'
    AND TA.send_flag = '1'
    AND TA.station_type_code = 'MACHINE';
```

**실행 계획**

```
0                 0           SELECT STATEMENT
1        0        1              NESTED LOOPS
2        1        2                 TABLE ACCESS FULL (TB_MASTER_CODE )
3        1        2                 TABLE ACCESS FULL (TB_MASTER_MACHINE )
```

이 사례는 INNER TABLE인 tb_master_machine에 인덱스가 존재하지 않아 FULL TABLE SCAN을 수행하고 있었다. 문제는 NESTED LOOP JOIN의 특성상 드라이빙 테이블의 조건을 만족하는 결과 건수만큼 INNER TABLE에 반복해서 접근해야 하는데, 그때마다 FULL TABLE SCAN을 하다 보니 성능이 좋지 않았다. 따라서 tb_master_machine 테이블의 station_code 컬럼에 인덱스를 생성하였다. 그리고 tb_master_code 테이블의 검색 조건인 TA.send_flag = '1' AND TA.station_type_code = 'MACHINE'을 만족하는 결과 데이터가 전체 데이터에 비해 현저하게 적다는 사실을 확인하여 tb_master_code 테이블에 send_flag, station_type_code 컬럼으로 구성된 결합 인덱스를 생성하였다. 이 두 개의 인덱스를 생성하고 나니 실행 계획이 다음과 같이 바뀌었다.

실행 계획

```
SELECT STATEMENT
 NESTED LOOPS
   TABLE ACCESS BY INDEX ROWID (TB_MASTER_CODE )
     INDEX RANGE SCAN (IX_MASTER_CODE )
   TABLE ACCESS BY INDEX ROWID (TB_MASTER_MACHINE )
     INDEX RANGE SCAN (IX_MASTER_MACHINE )
```

세 번째로 HASH JOIN으로 수행되는 SQL을 NESTED LOOP JOIN으로 변경하여 성능을 개선한 사례를 소개하겠다. 다음은 한 프로젝트의 특정 업무 현황을 조회하기 위해 사용된 SQL이다. 이 SQL은 특정 기간 동안 적용된 특정 기관의 데이터를 출력하기 위해 작성되었다. WHERE 조건절의 a.apply_date BETWEEN :1 AND :2 부분에서 제시한 apply_date 컬럼을 선두에 둔 인덱스가 있고, 별칭 TB 테이블의 customer_id 컬럼에도 인덱스가 있지만, 옵티마이저가 판단할 때 apply_date 컬럼의 인덱스를 사용하는 것이 비용을 더 많이 쓴다고 판단하여 HASH JOIN을 선택하면서 성능 문제가 발생한 것이다.

SQL

```
SELECT
       TA.debtor_customer_id,
       TB.customer_name,
       TB.customer_address,
       TA.apply_date,
       TA.loan_date,
       (중략)
FROM   tb_detail_loan TA,
       tb_customer    TB
WHERE  TA.div_code = '01'
       AND TA.apply_date BETWEEN :1 AND :2
       AND TA.debtor_customer_id = TB.customer_id
ORDER  BY apply_seq ;
```

실행 계획

```
Elapsed: 00:00:36.86
---------------------------------------------------------------
| Id  | Operation                  | Name            |
---------------------------------------------------------------
(중략)
|   5 |   SORT ORDER BY            |                 |
|   6 |    HASH JOIN               |                 |
|*  7 |     TABLE ACCESS FULL      | TB_DETAIL_LOAN  |
```

```
|   8 |   TABLE ACCESS FULL          | TB_CUSTOMER           |
------------------------------------------------------------
Statistics
------------------------------------------------------------
          0  recursive calls
          0  db block gets
     109046  consistent gets
      97641  physical reads
          0  redo size
      98203  bytes sent via SQL*Net to client
       1070  bytes received via SQL*Net from client
         52  SQL*Net roundtrips to/from client
          2  sorts (memory)
          0  sorts (disk)
        764  rows processed
```

**인덱스 구조**

| 테이블 이름 | 인덱스 이름 | 구성 컬럼 |
|---|---|---|
| TB_DETAIL_LOAN | IX_DETAIL_LOAN_N01 | APPLY_DATE, DIV_CODE, APPLY_SEQ |
| | PK_DETAIL_LOAN | DEBTOR_CUSTOMER_ID, APPLY_DATE, DIV_CODE, APPLY_SEQ |
| TB_CUSTOMER | IX_CUSTOMER_N01 | JUMIN_ID |
| | IX_CUSTOMER_N02 | CUSTOMER_NAME |
| | PK_CUSTOMER | CUSTOMER_ID |

이와 같은 옵티마이저의 선택을 무조건 좋지 않다고 보긴 힘들다. 왜냐하면 apply_date 조건에 입력될 수 있는 기간에 제한이 없으므로, 긴 기간의 데이터를 검색하고자 하는 경우 드라이빙 테이블에서 조건을 만족하는 데이터가 많아지고, NESTED LOOP JOIN 방식이 오히려 비효율적일 수 있다. 하지만 실제 사용자의 입력 패턴을 고려해 본 결과, 한 달 이상 검색하는 경우가 없는 것을 파악했고, 따라서 NESTED LOOP JOIN을 사용하는 것이 성능 검색에 유리할 것이다.

따라서 다음 페이지의 SQL과 같이 힌트를 사용하여 NESTED LOOP JOIN 방식으로 조인을 수행하도록 유도해야 한다. NESTED LOOP JOIN 방식을 사용하도록 유도하는 힌트는 USE_NL이며, 힌트에 대해서는 다음 장에서 자세하게 다룰 예정이다.

### SQL

```
SELECT /*+ ORDERED USE_NL(TA TB) INDEX(TA IX_DETAIL_LOAN_N01) */
       TA.debtor_customer_id,
       TB.customer_name,
       TB.customer_address,
       TA.apply_date,
       TA.loan_date,
       (중략)
  FROM tb_detail_loan TA,
       tb_customer   TB
 WHERE TA.div_code = '01'
   AND TA.apply_date BETWEEN '20120901' AND '20120930'
   AND TA.debtor_customer_id = TB.customer_id
 ORDER BY apply_seq ;
```

### 실행 계획

```
call     count       cpu    elapsed       disk      query    current       rows
-------  ------  --------  ---------  ---------  ---------  ---------  ---------
Parse         1      0.01       0.01          0          0          0          0
Execute       1      0.00       0.00          0          0          0          0
Fetch        52      0.12       0.12          0       4949          0        764
-------  ------  --------  ---------  ---------  ---------  ---------  ---------
total        54      0.13       0.14          0       4949          0        764

Rows     Execution Plan
-------  --------------------------------------------------
(중략)
    764  SORT (ORDER BY)
    764   NESTED LOOPS
    764    NESTED LOOPS
    764     TABLE ACCESS   MODE: ANALYZED (BY INDEX ROWID) OF 'TB_DETAIL_LOAN' (TABLE)
    764      INDEX   MODE: ANALYZED (RANGE SCAN) OF 'IX_ DETAIL_LOAN_N01' (INDEX)
    764     INDEX   MODE: ANALYZED (UNIQUE SCAN) OF 'PK_CUSTOMER' (INDEX (UNIQUE))
    764    TABLE ACCESS   MODE: ANALYZED (BY INDEX ROWID) OF 'TB_CUSTOMER' (TABLE)
```

마지막으로 NESTED LOOP JOIN을 사용하여 수행되는 SQL의 드라이빙 테이블을 변경하여 성능을 개선한 사례를 소개한다.

### SQL

```
SELECT
       create_date,
       zip_code1,
       zip_code2,
       (중략)
  FROM (SELECT ROWNUM AS rnum,
               create_date,
               zip_code1,
```

```
              zip_code2,
              (중략)
    FROM    (SELECT /*+ USE_NL(TB) */
             TB.create_date,
             TB.zip_code1,
             TB.zip_code2,
             (중략)
          FROM  tb_detail_cons TA,
                tb_master_user TB,
                tb_master_addr TC
          WHERE TB.officd_code = 'A01'
             AND TB.user_id = TA.cons_user_id
             AND TB.dong_code = TC.dong_code
          ORDER BY user_id))
WHERE  rnum BETWEEN 1 AND 20 ;
```

### 실행 계획

Execution Plan

```
| Id  | Operation                      | Name            | Rows  | Bytes | Cost (%CPU)|
--------------------------------------------------------------------------------------
|  0  | SELECT STATEMENT               |                 |    1  |  168  |  122M  (1) |
|* 1  |  VIEW                          |                 |    1  |  168  |  122M  (1) |
|  2  |   COUNT                        |                 |       |       |            |
|  3  |    VIEW                        |                 |    1  |  155  |  122M  (1) |
|  4  |     NESTED LOOPS               |                 |       |       |            |
|  5  |      NESTED LOOPS              |                 |    1  |  168  |  122M  (1) |
|  6  |       NESTED LOOPS             |                 |    1  |  130  |  122M  (1) |
|  7  |        TABLE ACCESS BY INDEX ROWID| TB_DETAIL_CONS | 59M  | 2511M | 2215K  (1) |
|  8  |         INDEX FULL SCAN        | PK_DETAIL_CONS  |  59M  |       |  178K  (1) |
|* 9  |        TABLE ACCESS BY INDEX ROWID| TB_MASTER_USER |   1  |   86  |     3  (0) |
|* 10 |         INDEX RANGE SCAN       | PK_MASTER_USER  |    1  |       |     2  (0) |
|* 11 |       INDEX UNIQUE SCAN        | PK_MASTER_ADDR  |    1  |       |     0  (0) |
| 12  |      TABLE ACCESS BY INDEX ROWID| TB_MASTER_ADDR |    1  |   38  |     1  (0) |
--------------------------------------------------------------------------------------
```

### 인덱스 구조

| 테이블 이름 | 인덱스 이름 | 구성 컬럼 |
|---|---|---|
| TB_DETAIL_CONS | IX_DETAIL_CONS_01 | SEND_DATE |
|  | IX_DETAIL_CONS_03 | CREAT_DT |
|  | PK_DETAIL_CONS | CONS_USER_ID |
| TB_MASTER_USER | IX_MASTER_USER_01 | CARD_NO |
|  | IX_MASTER_USER_02 | OFFICD_CODE,CARD_APPLY_STATE_CODE |
|  | IX_MASTER_USER_04 | CARD_DELAY_DATE,OFFICD_CODE |
|  | PK_MASTER_USER | USER_ID,SEQ_NO |
| TB_MASTER_ADDR | PK_MASTER_ADDR | DONG_CODE |

위 SQL의 실행 계획을 보면 힌트 사용으로 인해 tb_detail_cons라는 테이블을 드라이빙 테이블로 하여 INDEX FULL SCAN을 한 후, tb_master_user 테이블을 NESTED LOOP JOIN 방식으로 조인하는 것을 알 수 있다. 참고로 드라이빙 테이블로 채택된 tb_detail_cons 테이블은 약 6천만 건의 레코드를 보유한 테이블이다. 비록 인덱스를 통해서 접근한다고는 하지만 접근 횟수가 많으므로 응답 시간이 늦어질 것이다.

다행히 TB.officd_code = 'A01'이라는 조건을 만족하는 데이터가 적어 tb_master_user 테이블을 드라이빙 테이블로 하여, tb_detail_cons, tb_master_addr의 순서로 조인할 수 있도록 다음과 같이 힌트를 변경하였다.

### SQL

```
SELECT
       create_date,
       zip_code1,
       zip_code2,
       (중략)
FROM   (SELECT ROWNUM AS rnum,
               create_date,
               zip_code1,
               zip_code2,
               (중략)
        FROM   (SELECT /*+ LEADING ( TB TA TC ) INDEX ( TB IX_MASTER_USER_02 ) */
                       TB.create_date,
                       TB.zip_code1,
                       TB.zip_code2,
                       (중략)
                FROM   tb_detail_cons TA,
                       tb_master_user TB,
                       tb_master_addr TC
                WHERE  TB.officd_code = 'A01'
                  AND  TB.user_id = TA.cons_user_id
                  AND  TB.dong_code = TC.dong_code
                ORDER  BY TA.cons_user_id))
WHERE  rnum BETWEEN 1 AND 20 ;
```

### 실행 계획

```
Elapsed: 00:00:00.01

Execution Plan
```

```
| Id   | Operation                     | Name              | Starts | E-Rows | E-Bytes | Cost (%CPU) | E-Time   |
|------|-------------------------------|-------------------|--------|--------|---------|-------------|----------|
|    0 | SELECT STATEMENT              |                   |   1    |        |         |   8 (100)   |          |
| *  1 |  VIEW                         |                   |   1    |   1    |   168   |   8  (13)   | 00:00:01 |
|    2 |   COUNT                       |                   |   1    |        |         |             |          |
|    3 |    VIEW                       |                   |   1    |   1    |   155   |   8  (13)   | 00:00:01 |
|    4 |     SORT ORDER BY             |                   |   1    |   1    |   168   |   8  (13)   | 00:00:01 |
|    5 |      NESTED LOOPS             |                   |   1    |        |         |             |          |
|    6 |       NESTED LOOPS            |                   |   1    |   1    |   168   |   7   (0)   | 00:00:01 |
|    7 |        NESTED LOOPS           |                   |   1    |   1    |   130   |   6   (0)   | 00:00:01 |
|    8 |         TABLE ACCESS BY INDEX ROWID | TB_MASTER_USER |   1    |   1    |    86   |   4   (0)   | 00:00:01 |
| *  9 |          INDEX RANGE SCAN     | IX_MASTER_USER_02 |   1    |   1    |         |   3   (0)   | 00:00:01 |
|   10 |         TABLE ACCESS BY INDEX ROWID | TB_DETAIL_CONS |   1    |   1    |    44   |   2   (0)   | 00:00:01 |
| * 11 |          INDEX UNIQUE SCAN    | PK_DETAIL_CONS    |   1    |   1    |         |   1   (0)   | 00:00:01 |
| * 12 |        INDEX UNIQUE SCAN      | PK_MASTER_ADDR    |   1    |   1    |         |   0   (0)   |          |
|   13 |       TABLE ACCESS BY INDEX ROWID | TB_MASTER_ADDR |   1    |   1    |    38   |   1   (0)   | 00:00:01 |
```

이상으로 우리는 조인 방식 중 가장 자주 접할 수 있는 NESTED LOOP JOIN 방식에 대해 살펴보았다. 지금까지 많은 사례를 통해 학습한 것처럼, NESTED LOOP JOIN 방식을 사용하는 SQL을 튜닝할 때는 드라이빙 테이블을 잘 선정하였는가, 조인 순서가 효율적인가, 드라이빙 테이블의 인덱스가 적절한가, INNER TABLE의 조인 컬럼에 인덱스가 있는가를 판단하여 차근차근 해법을 찾는 것이 중요하다.

### 5.3.2 HASH JOIN

NESTED LOOP JOIN은 드라이빙 테이블에서 접근할 데이터가 적고, 조인될 테이블에서 접근해야 할 데이터 또한 적을 경우 최적의 성능을 보여준다고 했다. 이와 반대로, 많은 양의 데이터를 조인해야 하는 경우에 옵티마이저는 NESTED LOOP JOIN보다는 SORT MERGE JOIN이나 HASH JOIN 방식을 선택한다. 이 가운데 HASH JOIN은, 조인될 두 테이블 중 하나를 해시 테이블로 선정하여 조인될 테이블의 조인 키 값을 해시 알고리즘으로 비교하여 매치되는 결과값을 얻는 방식이다.

HASH JOIN은 비용 기반 옵티마이저를 사용할 때에만 채택할 수 있는 조인 방식이며, '=' 비교를 통한 조인에서만 사용할 수 있다.

HASH JOIN이 어떠한 방식으로 처리되는지 SQL을 통해 살펴보자. 다음 SQL은 주문에 대한 정보를 저장하고 있는 orders 테이블과 주문 물품에 대한 정보를 저장하고 있는 order_items이라는 두 테이블을 조인하는 경우이다. 이 때 orders 테이블의 데이터들이 하나의 해시 테이블로 만들어져 조인될 대상인 order_items의 데이터들을 비교하게 된다.

```
SELECT  o.customer_id,
        l.unit_price * l.quantity
FROM    orders o,
        order_items l
WHERE   l.order_id = o.order_id
        AND o.buy_date BETWEEN '20120101' AND '20120131';
```

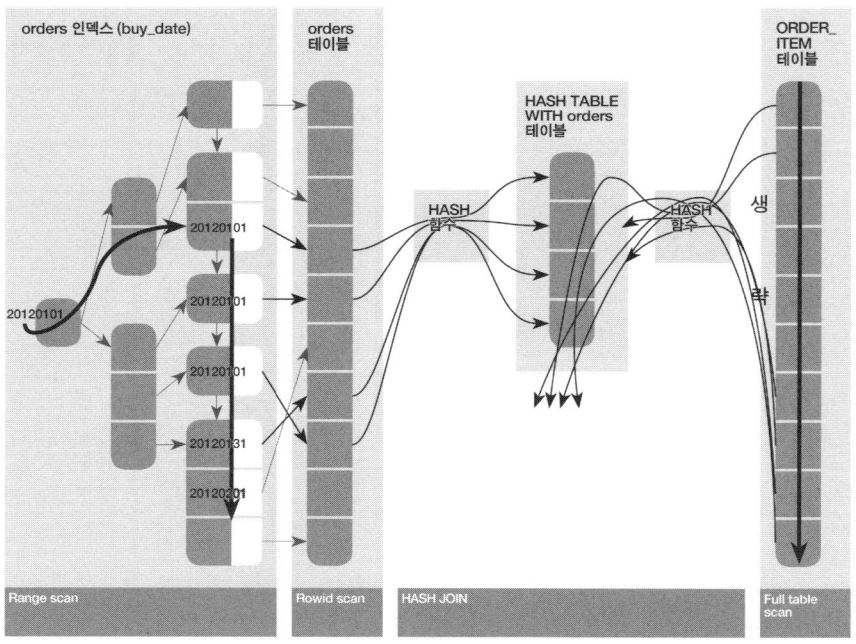

**그림 5-3** HASH JOIN의 처리 방식

아래에서 소개할 SQL은 실제 프로젝트에서 HASH JOIN을 사용한 사례이다. 실행 계획에서 알 수 있듯이 이 경우 tb_code 테이블에서 조건을 만족하는 데이터들로 해시 테이블을 만든 뒤, tb_master_pay 테이블과 HASH JOIN 방식으로 데이터를 추출하고 있다.

**SQL**

```
SELECT TA.recv_fullname,
       TA.recv_jumin_id,
       (중략)
FROM   tb_master_pay TA,
       (SELECT common_code,
               common_code_nm
          FROM tb_code
         WHERE common_cs_code = 'SITE') VB
WHERE  TA.site_code = VB.common_code
  AND  TA.result_code = '03'
  AND  TA.receive_date BETWEEN '20000401' AND '20120422'
ORDER BY TA.dept_code,
         TA.recv_fullname ;
```

**실행 계획**

```
Rows (1st) Rows (avg) Rows (max) Row Source Operation
---------- ---------- ---------- ---------------------------------
      2952       2952       2952 SORT ORDER BY (cr=1095455 pr=1095401 pw=0 time=186187258 us cost=299136 size=7392 card=66)
      2952       2952       2952 HASH JOIN (cr=1095411 pr=1095401 pw=0 time=208591518 us cost=299135 size=7392 card=66)
       105        105        105  TABLE ACCESS BY INDEX ROWID TB_CODE (cr=6 pr=0 pw=0 time=3082 us cost=4 size=224 card=7)
       105        105        105   INDEX RANGE SCAN PK_CODE (cr=2 pr=0 pw=0 time=16 us cost=2 size=0 card=7)(object id 165029)
      2952       2952       2952  TABLE ACCESS FULL TB_MASTER_PAY (cr=1095405 pr=1095401 pw=0 time=208581462 us cost=299130 size=5578480
```

이번에는 NESTED LOOP JOIN 방식으로 조인을 수행하는 SQL을 HASH JOIN 방식으로 처리하도록 유도하여 성능을 개선한 사례를 소개하겠다.

**SQL**

```
SELECT TA.org_id,
       TA.account_id,
       (중략)
FROM   tb_master_model TA,
       tb_master_account TB,
       tb_detail_product TC,
       tb_detail_account_prod TD
WHERE  TA.org_id = 'SALES'
  AND  TA.collback_yn = 'Y'
  AND  TB.use_yn = 'Y'
  AND  TB.collback_yn = 'Y'
  AND  TA.account_id = TD.account_id
  AND  TD.product_group_name = TC.product_group_name
  AND  TA.model_code = TC.model_code
  AND  TA.account_id = TB.account_id;
```

실행 계획

```
| Id  | Operation            | Name                  |
------------------------------------------------------
|  0  | SELECT STATEMENT     |                       |
|* 1  |  HASH JOIN           |                       |
|* 2  |   TABLE ACCESS FULL  | TB_MASTER_ACCOUNT     |
|* 3  |   HASH JOIN          |                       |
|* 4  |    TABLE ACCESS FULL | TB_MASTER_MODEL       |
|  5  |    NESTED LOOPS      |                       |
|* 6  |     TABLE ACCESS FULL| TB_DETAIL_ACCOUNT_PROD|
|* 7  |     INDEX RANGE SCAN | IX_DETAIL_PRODUCT_01  |
```

위 SQL을 실행한 결과의 수는 206건으로 소량이기는 하나, 잘못된 조인 순서 대문에 tb_detail_account_prod 테이블과 tb_detail_product 테이블 사이의 조인 단계에 접근해야 할 데이터가 많음에도 불구하고 NESTED LOOP JOIN 방식을 취하고 있다. 이렇게 검색해야 할 데이터의 양이 많아 테이블의 전체 데이터를 읽는 것이 유리한 SQL에 대해서는 조인 방식을 HASH JOIN으로 변경해야 한다. 다음은 힌트를 사용해서 NESTED LOOP JOIN 방식으로 처리되는 SQL을 HASH JOIN을 하도록 변경한 예다. 실행 계획의 조인 순서에 유의해서 보기 바란다.

SQL

```
SELECT /*+ USE_HASH (TB TA TC TD) */
       TA.org_id,
       TA.account_id,
       (중략)
FROM   tb_master_model TA,
       tb_master_account TB,
       tb_detail_product TC,
       tb_detail_account_prod TD
WHERE  TA.org_id = 'SALES'
       AND TA.collback_yn = 'Y'
       AND TB.use_yn = 'Y'
       AND TB.collback_yn = 'Y'
       AND TA.account_id = TD.account_id
       AND TD.product_group_name = TC.product_group_name
       AND TA.model_code = TC.model_code
       AND TA.account_id = TB.account_id;
```

실행 계획

Elapsed: 00:00:00.65

```
Execution Plan
-----------------------------------------------------------------
-----------------------------------------------------------------
| Id  | Operation                 | Name                    |
-----------------------------------------------------------------
|  0  | SELECT STATEMENT          |                         |
|* 1  |  HASH JOIN                |                         |
|* 2  |   HASH JOIN               |                         |
|* 3  |    HASH JOIN              |                         |
|* 4  |     TABLE ACCESS FULL     | TB_MASTER_ACCOUNT       |
|* 5  |     TABLE ACCESS FULL     | TB_MASTER_MODEL         |
|  6  |    INDEX FAST FULL SCAN   | IX_DETAIL_PRODUCT_01    |
|* 7  |   TABLE ACCESS FULL       | TB_DETAIL_ACCOUNT_PROD  |
-----------------------------------------------------------------
```

다음으로 HASH JOIN을 하는데 드라이빙 테이블과 INNER TABLE에 적합한 인덱스가 있음에도 불구하고 효율적으로 사용하지 못해 성능이 저하된 사례를 소개하겠다.

**SQL**

```
SELECT  TA.div_code,
        TB.div_year,
        TB.div_no,
        TA.apply_date,
        TB.apply_date
FROM    tb_master TA,
        tb_detail TB
WHERE   TA.div_code = TB.div_code
        AND TA.div_year = TB.div_year
        AND TA.div_no = TB.div_no
        AND TA.div_code = '1'
        AND TO_CHAR(TA.apply_date, 'YYYYMMDD') >= '20120101'
        AND TO_CHAR(TA.apply_date, 'YYYYMMDD') <= '20120131'
        AND TO_CHAR(TB.apply_date, 'YYYYMMDD') >= '20120101'
        AND TO_CHAR(TB.apply_date, 'YYYYMMDD') <= '20120131';
```

**실행 계획**

```
-----------------------------------------------------------------------------------------
| Id  | Operation                     | Name        | A-Rows |   A-Time    | Buffers |
-----------------------------------------------------------------------------------------
|  0  | SELECT STATEMENT              |             |    569 |00:00:00.52 |     571 |
|* 1  |  HASH JOIN                    |             |    569 |00:00:00.52 |     571 |
|  2  |   TABLE ACCESS BY INDEX ROWID | TB_MASTER   |    569 |00:00:00.32 |     337 |
|* 3  |    INDEX RANGE SCAN           | PK_MASTER   |    569 |00:00:00.31 |     304 |
|  4  |   TABLE ACCESS BY INDEX ROWID | TB_DETAIL   |    254 |00:00:00.16 |     234 |
|* 5  |    INDEX RANGE SCAN           | IX_DETAIL_1 |    254 |00:00:00.16 |     183 |
-----------------------------------------------------------------------------------------
```

```
Predicate Information (identified by operation id):
-----------------------------------------------

1 - access("TA"."DIV_CODE"="TB"."DIV_CODE" AND "TA"."DIV_YEAR"="TB"."DIV_YEAR" AND
    "TA"."DIV_NO"="TB"."DIV_NO")
3 - access("TA"."DIV_CODE"='1')
    filter((TO_CHAR(INTERNAL_FUNCTION("TA"."APPLY_DATE"),'YYYYMMDD')>='20120101'
    AND TO_CHAR(INTERNAL_FUNCTION("TA"."APPLY_DATE"),'YYYYMMDD')<='20120131'))
5 - access("TB"."DIV_CODE"='1')
    filter((TO_CHAR(INTERNAL_FUNCTION("TB"."APPLY_DATE"),'YYYYMMDD')>='20120101'
    AND TO_CHAR(INTERNAL_FUNCTION("TB"."APPLY_DATE"),'YYYYMMDD')<='20120131'))
```

인덱스 구조

| 테이블 이름 | 인덱스 이름 | 구성 컬럼 |
|---|---|---|
| TB_MASTER | IX_MASTER_1 | DIV_CODE,DIV_YEAR,DIV_NO |
|  | PK_MASTER | DIV_CODE,APPLY_DATE,NO,SEQ |
| TB_DETAIL | IX_DETAIL_1 | DIV_CODE,APPLY_DATE |
|  | PK_DETAIL | DIV_CODE,DIV_YEAR,DIV_NO |

위 SQL의 실행 계획을 보면, WHERE절에서 제시한 검색 조건 및 조인 조건을 만족하는 대상 데이터를 걸러내기 위해 tb_master(별칭 TA) 테이블의 pk_master 인덱스와 tb_detail(별칭 TB) 테이블의 ix_detail_1 인덱스를 사용하고 있으며 둘 사이의 조인 방식으로는 HASH JOIN을 채택하고 있다. 그런데 각 인덱스의 두 번째 컬럼인 TA.apply_date와 TB.apply_date에 대한 조건이 WHERE절에 있음에도 불구하고 이 컬럼들의 조건에 TO_CHAR 함수로 변형을 하는 바람에 각 인덱스의 선두 컬럼인 div_code만 인덱스로 활용하고 있었다. 이 문제를 개선하기 위해서는 인덱스 컬럼의 변형을 하지 않는 방향으로 다음과 같이 SQL을 수정해야 한다.

SQL

```
SELECT  TA.div_code,
        TB.div_year,
        TB.div_no,
        TA.apply_date,
        TB.apply_date
FROM    tb_master TA,
        tb_detail TB
```

```
WHERE  TA.div_code = TB.div_code
  AND  TA.div_year = TB.div_year
  AND  TA.div_no = TB.div_no
  AND  TA.div_code = '1'
  AND  TA.apply_date >= TO_DATE('20120101', 'YYYYMMDD')
  AND  TA.apply_date <  TO_DATE('20120131', 'YYYYMMDD') + 1
  AND  TB.apply_date >= TO_DATE('20120101', 'YYYYMMDD')
  AND  TB.apply_date <  TO_DATE('20120131', 'YYYYMMDD') + 1;
```

**실행 계획**

```
---------------------------------------------------------------------------------
| Id  | Operation                     | Name       | A-Rows | A-Time      | Buffers |
---------------------------------------------------------------------------------
|   0 | SELECT STATEMENT              |            |    569 |00:00:00.02 |     132 |
|*  1 |  HASH JOIN                    |            |    569 |00:00:00.02 |     132 |
|   2 |   TABLE ACCESS BY INDEX ROWID | TB_DETAIL  |    254 |00:00:00.01 |      22 |
|*  3 |    INDEX RANGE SCAN           | IX_DETAIL_1|    254 |00:00:00.01 |       3 |
|   4 |   TABLE ACCESS BY INDEX ROWID | TB_MASTER  |    569 |00:00:00.01 |     110 |
|*  5 |    INDEX RANGE SCAN           | PK_MASTER  |    569 |00:00:00.01 |      42 |
---------------------------------------------------------------------------------

Predicate Information (identified by operation id):
---------------------------------------------------

1 - access("TA"."DIV_CODE"="TB"."DIV_CODE" AND "TA"."DIV_YEAR"="TB"."DIV_YEAR" AND
    "TA"."DIV_NO"="TB"."DIV_NO")
3 - access("TB"."DIV_CODE"='1' AND "TB"."APPLY_DATE">=TO_DATE('2012-01-01 00:00:00',
    'syyyy-mm-dd hh24:mi:ss')
    AND "TB"."APPLY_DATE"<TO_DATE('2012-02-01 00:00:00', 'syyyy-mm-dd hh24:mi:ss'))
5 - access("TA"."DIV_CODE"='1' AND "TA"."APPLY_DATE">=TO_DATE('2012-01-01 00:00:00',
    'syyyy-mm-dd hh24:mi:ss')
    AND "TA"."APPLY_DATE"<TO_DATE('2012-02-01 00:00:00', 'syyyy-mm-dd hh24:mi:ss'))
```

이상으로 HASH JOIN과 연관된 몇 가지 사례를 살펴보았다. 지금까지 사례를 통해 본 내용들을 비롯하여 HASH JOIN으로 처리되고 있는 SQL을 튜닝할 때는 조인 컬럼보다 변수 및 상수와 비교하고 있는 컬럼의 인덱스 유무에 중점을 두고 확인하기 바란다.

### 5.3.3 SORT MERGE JOIN

이번에 살펴볼 조인은 SORT MERGE JOIN이다. 이 방식은 앞서 본 NESTED LOOP JOIN처럼 테이블들의 조인 순서가 중요하지 않다. 이 방식을 사용하면 조인하고자 하는 두 테이블의 행들을 조인 조건 컬럼을 기준으로 정렬한 후, 서로 MERGE하여 매치되는 결과를 출력한다. 따라서 조인 조건 컬럼이 정렬되어 있다면 검색 속도 향상에 도움이 될 것이다.

이 조인 방식은 주로 조인 조건 컬럼에 인덱스가 없거나, 출력해야 할 결과값이 많을 때 사용되는데, 비교해야 할 두 테이블의 데이터 양이 지나치게 차이가 난다면 데이터가 적은 쪽이 데이터가 많은 쪽의 정렬을 기다려야 하는 비효율이 발생할 수 있다. 또한 두 테이블 간의 비교가 이루어지기 전에 수행하는 정렬 작업을 위해 별도의 정렬 공간이 필요하다는 점도 염두에 두어야 한다.

SORT MERGE JOIN은 대량의 데이터를 조인하는 데 유리하고 조인 조건으로 〈, 〈=, 〉, 〉=와 같은 범위 검색용 연산자가 사용된 경우에 유용하게 사용되며, 앞서 말한 것처럼 조인의 순서가 중요하지 않으므로 드라이빙 테이블이라는 개념이 무의미하다.

SORT MERGE JOIN이 어떻게 처리되는지 쉽게 이해하기 위해 아래의 SQL이 처리되는 과정을 소개하겠다. 아래 SQL은 사원들의 정보를 저장하고 있는 emp 테이블과 부서의 정보를 저장하고 있는 dept 테이블을 조인하여 사원들의 부서 정보를 출력하는 문장이다.

**SQL**

```
SELECT  E.ename
        E.salary,
        D.dept_name
FROM    emp E,
        dept D
WHERE   E.dept_no = D.dept_no
        AND D.dept_name like '인사%' ;
```

**인덱스 구조**

| 테이블 이름 | 인덱스 이름 | 구성 컬럼 |
| --- | --- | --- |
| DEPT | DEPT_IX1 | DEPT_NAME |
| EMP | EMP_IX1 | DEPT_NO, ENAME |

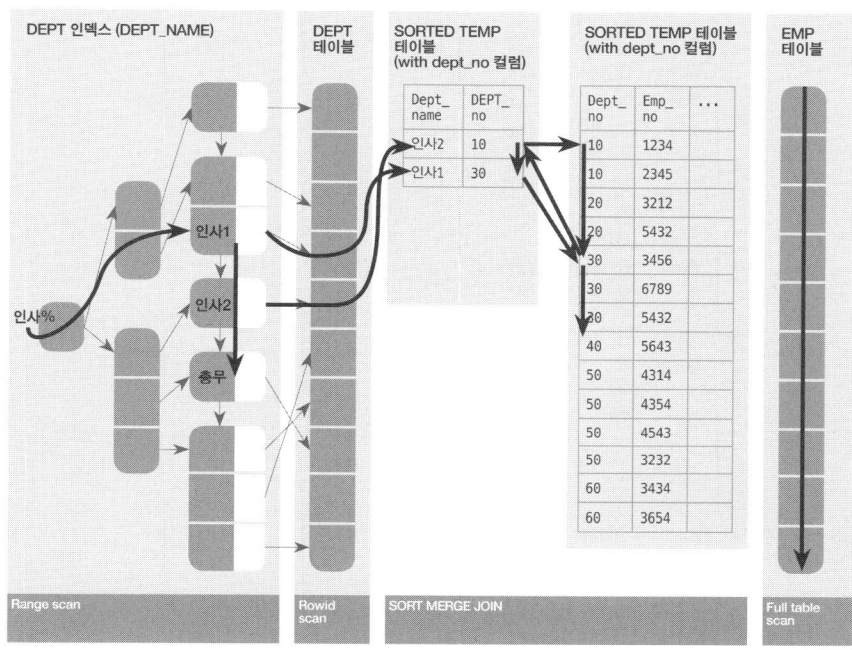

**그림 5-4** SORT MERGE JOIN의 처리 방식

위의 그림에서 볼 수 있는 것처럼 조인하고자 하는 두 테이블을 조인 조건으로 사용된 컬럼 값을 기준으로 각각 정렬한 후 서로 비교하여 조건을 만족하는 결과값을 출력한다.

다음은 실제로 SORT MERGE JOIN이 적용된 SQL이다. 실행 계획 중 굵게 표시된 부분을 보면, tb_master_rds 테이블의 데이터와 tb_master_exm 테이블의 데이터에 대해서 SORT MERGE JOIN 방식으로 조인을 수행하고 있는 것을 확인할 수 있다.

**SQL**

```
SELECT COUNT(*)
FROM   (SELECT VB.customer_id,
               VB.tmr_date,
        (중략)
        FROM   (SELECT customer_id,
                       tmr_date,
                       tmr_seq,
```

5장 조인 **201**

```
                        ln_seq,
                        (중략)
                FROM    tb_master_rds
                GROUP   BY customer_id,
                           tmr_date,
                           tmr_seq,
                           ln_seq) VA,
                (SELECT TA.customer_id,
                        TA.tmr_date,
                        (중략)
                FROM    tb_master_exm TA,
                        tb_detail_ddc TB,
                        tb_detail_pnsc TC,
                        tb_detail_pnsc TD
                WHERE   TA.customer_id = TB.customer_id
                  AND   TA.tmr_date = TB.tmr_date
                  AND   TA.tmr_ocr_seq = TB.tmr_ocr_seq
                  AND   TA.customer_id = TC.customer_id
                  AND   TA.std_customer_id = TD.customer_id
                  AND   TA.ddccl_code = '03'
                  AND   TB.re_ciho_date BETWEEN '20110304' AND '20120304') VB
        WHERE   VA.customer_id = VB.customer_id
          AND   VA.tmr_date = VB.tmr_date
          AND   VA.tmr_seq = VB.tmr_seq
          AND   VA.ln_seq > VB.ln_seq
        ORDER   BY VA.customer_id,
                   VA.tmr_date);
```

### 실행 계획

| call    | count | cpu   | elapsed | disk | query | current | rows |
|---------|-------|-------|---------|------|-------|---------|------|
| Parse   | 1     | 0.08  | 0.07    | 0    | 0     | 0       | 0    |
| Execute | 1     | 0.00  | 0.00    | 0    | 0     | 0       | 0    |
| Fetch   | 2     | 15.78 | 15.81   | 0    | 25973 | 0       | 1    |
| total   | 4     | 15.86 | 15.89   | 0    | 25973 | 0       | 1    |

Misses in library cache during parse: 1
Optimizer mode: FIRST_ROWS
Parsing user id: 52
Number of plan statistics captured: 1

```
Rows (1st) Rows (avg) Rows (max)  Row Source Operation
---------- ---------- ----------  ----------------------------------------------
         1          1          1  SORT AGGREGATE (cr=25973 pr=0 pw=0 time=15816519 us)
         2          2          2   VIEW VM_NWWW_1 (cr=25973 pr=0 pw=0 time=15815894 us cost=11411 size=0 card=10419)
         2          2          2    HASH GROUP BY (cr=25973 pr=0 pw=0 time=15815890 us cost=11411 size=1687878 card=10419)
         2          2          2     NESTED LOOPS (cr=25973 pr=0 pw=0 time=15809156 us cost=11350 size=152818002 card=943321)
         2          2          2      NESTED LOOPS (cr=25967 pr=0 pw=0 time=15809097 us cost=11332 size=131121619 card=943321)
         2          2          2       MERGE JOIN (cr=25961 pr=0 pw=0 time=15809017 us cost=11313 size=109425236 card=943321)
   1988108    1988108    1988108        MERGE JOIN (cr=25957 pr=0 pw=0 time=11006203 us cost=9456 size=90344400 card=1204592)
   2081153    2081153    2081153         SORT JOIN (cr=18440 pr=0 pw=0 time=1714260 us cost=5654 size=66219201 card=2452)
```

```
129708     129708     129708       INDEX RANGE SCAN PK_MASTER_RDS (cr=18440 pr=0 pw=0 time=174260 us cost=3832 size=66219201
1988108   1988108   1988108       SORT JOIN (cr=7517 pr=0 pw=0 time=6497131 us cost=3801 size=6964464 card=145093)
102929     102929     102929       TABLE ACCESS FULL TB_MASTER_EXM (cr=7517 pr=0 pw=0 time=127809 us cost=2062 size=6964464 card=145093)
    2          2          2        SORT JOIN (cr=4 pr=0 pw=0 time=334621 us cost=1857 size=4067692 card=99212)
    1          1          1        TABLE ACCESS BY INDEX ROWID TB_DETAIL_DDC (cr=4 pr=0 pw=0 time=134 us cost=799 size=4067692 card=99212)
    1          1          1        INDEX RANGE SCAN IX2_DETAIL_DDC (cr=3 pr=0 pw=0 time=89 us cost=70 size=0 card=99212)
    2          2          2        INDEX UNIQUE SCAN PK_DETAIL_PNSC (cr=6 pr=0 pw=0 time=67 us cost=1 size=23 card=1)(object id 119924)
    2          2          2        INDEX UNIQUE SCAN PK_DETAIL_PNSC (cr=6 pr=0 pw=0 time=52 us cost=1 size=23 card=1)(object id 119924)
```

HASH JOIN과 마찬가지로 SORT MERGE JOIN을 수행하는 SQL에 대해 튜닝을 하고자 할 때에는 각각의 테이블에 대한 상수 및 변수 조건에 한해 튜닝을 시도할 수 있으며, 이때에는 각 테이블의 인덱스 구성을 확인하는 것이 가장 중요하다. 단, 조인 컬럼이 정렬되어 있지 않거나 '='로 비교하는 조인인 경우에는 HASH JOIN 방식으로 변경할 것을 권고한다.

### 5.3.4 수행 방식에 따른 조인의 종류별 비교

지금까지 수행하는 방식에 따라 분류한 조인 기법들이 각각 어떻게 처리되는지 설명했다. 앞서 설명한 것처럼 특정 조인 기법이 무조건 유리한 것이 아니라 조인하고자 하는 데이터의 양과 특성에 따라 성능에 유리하게 작용하는 조인 방식은 달라진다.

지금까지 설명한 NESTED LOOP JOIN, SORT MERGE JOIN, HASH JOIN의 차이점을 명확히 구분하고, 다양한 상황에 유용한 조인 방식을 선별해내는 능력을 기르도록 하자.

| 구분 | NESTED LOOP JOIN | HASH JOIN | SORT MERGE JOIN |
| --- | --- | --- | --- |
| 수행 방식 | 드라이빙 테이블의 데이터를 기준으로 INNER TABLE의 데이터에 반복 접근하여 조인 | 드라이빙 테이블로부터 생성한 HASH TABLE의 데이터와 INNER TABLE 데이터의 해시 값을 조인 | 조인 컬럼을 기준으로 두 테이블의 데이터를 정렬한 후 조인 |
| 선택 기준 | 드라이빙 테이블의 접근해야 할 대상 데이터 수가 적은 OLTP 업무에 유리 | '=' 조인이면서 조인 대상 데이터가 많은 배치 업무에 유리 | '=' 조인이 아니면서 조인 대상 데이터가 많은 배치 업무에 유리 |
| INNER TABLE의 조인 컬럼 인덱스 | 반드시 필요 | 반드시 필요한 것은 아님 | 반드시 필요한 것은 아님 |

**표 5-1** 조인 방식의 비교

## 5.4 서브쿼리

조인의 또 다른 형태로 서브쿼리를 들 수 있다. 서브쿼리란, 하나의 SQL 내에 존재하는 또 다른 SELECT문을 의미하며, 이와 같은 서브쿼리를 포함하고 있는 SQL을 메인쿼리라고 한다. 서브쿼리는 목적에 따라 SELECT·FROM·WHERE 절에서 모두 사용할 수 있으며, 각각의 예는 사례를 통해 살펴보도록 하겠다.

### 5.4.1 SELECT절의 서브쿼리

SELECT절에서 사용되는 서브쿼리는 보통 '스칼라 서브쿼리'이다. 스칼라 서브쿼리란, 한 컬럼으로 이루어진 한 행의 결과를 리턴하는 서브쿼리를 말하는데, SELECT절에서 사용하는 서브쿼리의 결과 건수가 2건 이상일 경우 SQL 오류가 발생한다.

SELECT절에서 사용할 서브쿼리는 접근해야 할 대상 데이터가 적어서 다른 테이블과 조인하는 데 드는 비용이 적은 경우에만 쓰는 것이 좋다. SELECT절의 서브쿼리는 메인쿼리의 결과 건수만큼 반복해서 실행되어야 하기 때문에 1회 수행 시 드는 비용이 높으면, SQL의 전체 성능에 좋지 않은 영향을 끼칠 것이기 때문이다.

SELECT절에 잘못 사용한 서브쿼리를 개선한 사례를 살펴보자.

**SQL**

```
SELECT
       (중략)
       (SELECT CODED_NAME
        FROM   tb_code_detail
        WHERE  GROUP_CODE = 'LOCAL'
               AND DETAIL_CODE = '0'||SUBSTR(TD.bank_code, 1, 2)) CODE_NAME,
       (중략)
FROM   tb_master_ak TA,
       tb_master_is TB,
       tb_detail_aa TC,
       tb_detail_bk TD
WHERE  1 = 1
       AND TA.create_date = TB.create_date
       AND TA.bucket_id = TB.bucket_id
       AND TA.gar_id = TB.gar_id
       AND TA.line_id = TB.line_id
```

```
            AND TA.create_date = TC.create_date(+)
            AND TA.factor_id = TC.factor_id(+)
            AND TA.create_date = TD.create_date(+)
            AND TA.factor_id = TD.factor_id(+)
            AND TA.bvtyp = TD.bvtyp(+)
            AND TB.shkzg = 'S'
            AND TB.code IN (SELECT code
                              FROM   tb_comm_code TE
                              WHERE  TE.code_type = 'BANK')
            AND TA.bucket_id = 'AB00'
            AND TA.factor_id = '1234567890'
            AND TA.create_date = '20121010'
            AND TA.audit_date BETWEEN '20120101' AND '20121231';
```

**실행 계획**

```
| Id    | Operation                         | Name            | E-Rows | E-Bytes | Cost (%CPU) |
--------------------------------------------------------------------------------------------------
|   0   | SELECT STATEMENT                  |                 |        |         | 337  (100)  |
(중략)
|*  3   |  INDEX FAST FULL SCAN             | PK_CODE_DETAIL  |    1   |    29   | 125   (1)   |
(중략)
|*  6   |  HASH JOIN OUTER                  |                 |    1   |   262   | 337   (1)   |
|   7   |   MERGE JOIN OUTER                |                 |    1   |   207   | 131   (1)   |
|*  8   |    HASH JOIN SEMI                 |                 |    1   |   125   | 129   (1)   |
|   9   |     NESTED LOOPS                  |                 |        |         |             |
|  10   |      NESTED LOOPS                 |                 |   46   |  5060   | 126   (0)   |
|* 11   |       TABLE ACCESS BY INDEX ROWID | TB_MASTER_AK    |   36   |  2664   |  17   (0)   |
|* 12   |        INDEX RANGE SCAN           | IDX_MASTER_AK   |   23   |         |   5   (0)   |
|* 13   |       INDEX RANGE SCAN            | IDX_MASTER_IS_4 |    1   |         |   3   (0)   |
|* 14   |      TABLE ACCESS BY INDEX ROWID  | TB_MASTER_IS    |    1   |    36   |   4   (0)   |
|  15   |     TABLE ACCESS BY INDEX ROWID   | TB_COMM_CODE    |    6   |    90   |   2   (0)   |
|* 16   |      INDEX RANGE SCAN             | IX_COMM_CODE_03 |    6   |         |   1   (0)   |
|  17   |    BUFFER SORT                    |                 |    1   |    82   | 129   (1)   |
|* 18   |     TABLE ACCESS BY INDEX ROWID   | TB_DETAIL_AA    |    1   |    82   |   2   (0)   |
|* 19   |      INDEX RANGE SCAN             | IDX_DETAIL_AA_2 |    1   |         |   1   (0)   |
|* 20   |   TABLE ACCESS FULL               | TB_DETAIL_BK    |    3   |   165   | 205   (1)   |
```

**인덱스 구조**

| 테이블 이름 | 인덱스 이름 | 구성 컬럼 |
|---|---|---|
| TB_CODE_DETAIL | PK_CODE_DETAIL | COMP_CODE,CODE_ID,GROUP_CODE,DETAIL_CODE,CODED_NAME |

위의 SQL을 살펴본 결과, SELECT절에서 사용된 스칼라 서브쿼리 CODE_NAME에서 사용한 TB_CODE_DETAIL라는 테이블에 적절한 인덱스가 없어 PK_CODE_DETAIL이라는 인덱스를 INDEX FAST FULL SCAN 방식으로 검색

하고 있었다. 따라서 서브쿼리에서 검색 조건으로 사용한 컬럼들에 인덱스를 생성해야 한다. 새로 생성한 인덱스의 구조는 다음과 같다.

**인덱스 구조**

| 테이블 이름 | 인덱스 이름 | 구성 컬럼 |
| --- | --- | --- |
| TB_CODE_DETAIL | IX_CODE_DETAIL | DETAIL_CODE, GROUP_CODE |

위 사례의 경우, 새로운 인덱스를 만드는 것만으로 스칼라 서브쿼리의 성능을 개선시키는 것이 가능했지만, 인덱스 생성이나 변경만으로는 튜닝이 불가능한 경우도 있다. 이런 경우에는 어떤 방식으로 성능을 개선할 수 있을지 다음 사례를 보면서 고민해보자.

**SQL**

```
SELECT
       (중략)
       ,NVL((SELECT SUM(receipt_amt)
             FROM   tb_master_receipt
             WHERE  acct_code = TB.acc_code
             AND    receive_no = TB.receive_no), 0) TOTAL_SUM
FROM   tb_master_income TA,
       tb_detail_relation TB
WHERE  TA.acct_code = '12345678'
  AND  TA.receive_yyyymmdd LIKE '2011'|| '%'
  AND  TB.acct_code = TA.acct_code
  AND  TB.receive_no = TA.receive_no;
```

**인덱스 구조**

| 테이블 이름 | 인덱스 이름 | 구성 컬럼 |
| --- | --- | --- |
| TB_MASTER_RECEIPT | IX1_MASTER_RECEIPT | RECEIVE_NO, ACCT_CODE |

이 SQL은 스칼라 서브쿼리 내에서 그룹핑 함수 SUM을 사용하고 있다. 스칼라 서브쿼리와 조인해야 할 메인쿼리의 결과 데이터가 적다면 문제가 되지 않겠지만, 그렇지 않을 경우 수행 속도가 느려질 것은 뻔하다. 다른 방법으로는 스칼라 서브쿼리 대신 조인 형식으로 SQL문을 변경할 수도 있지만, 위의 예는 스칼라 서브쿼리에서 사용한 테이블의 수가 워낙 많아서 조인으로 변경해도 응답

시간을 보장 받을 수 없었다. 이런 유형의 SQL을 튜닝하는 방안으로 집계용 테이블을 생성하는 것을 고려할 수 있는데, 스칼라 서브쿼리에서 그룹핑 함수를 사용하여 연산한 결과를 저장할 별도의 테이블을 만들어 집계용 테이블로 활용하는 것이다. 그렇게 할 경우 스칼라 서브쿼리를 수행하는 데 있어 UNIQUE INDEX SCAN 수준의 응답 속도를 보장받을 수 있기 때문이다.

이번에는 스칼라 서브쿼리와 비슷한 용도로 사용되는 함수를 사용한 사례를 살펴보자. 개발 및 유지보수의 편이성에 도움을 주는 함수는 개발자들이 즐겨 쓰는 기능이다. 하지만 함수 또한 메인쿼리의 결과 건수가 많으면 그 수만큼 반복해서 실행해야 하므로 성능에서 문제 요소를 갖기 쉽다. 다만 함수와 비교했을 때 스칼라 서브쿼리의 다른 점은, 재활용이 가능하다는 점이다. 다음과 같은 SQL이 있다고 하자.

```
SELECT  ( SELCT TC.code_name
          FROM   code_table TC
          WHERE  code = TA.code
        ) code_name
FROM    master_table TA
WHERE   (생략) ;
```

위 SQL에서 code_name이라고 명명된 스칼라 서브쿼리 부분을 함수로 처리했다고 하자. 만일 조건절의 조건을 만족하는 결과의 수가 100건이면 이 함수를 100회 호출했을 것이다. 하지만 스칼라 서브쿼리를 사용하는 경우는 통상적으로 100회보다 적은 횟수를 수행하게 되는데, 그 이유는 TA.code 값의 종류가 많지 않은 경우, 같은 값에 대해서는 스칼라 서브쿼리의 결과를 재활용할 수 있기 때문이다. 또한 튜닝 측면에서 무엇보다 중요한 것은, TC.code 컬럼에 인덱스가 반드시 있어야 한다는 것이다.

지금까지 설명한 내용을 뒷받침하는 사례들을 몇 가지 소개해보도록 하겠다. 먼저 함수를 스칼라 서브쿼리로 변경하여 튜닝한 사례부터 보자. 200만 건을 조회하는 SQL의 SELECT절에 함수를 사용하면 함수를 200만 번 호출하는 결과를 가져오지만, 함수 대신 스칼라 서브쿼리를 사용하면 결과값을 재활용하여 호출 횟수를 줄일 수 있다. 다음 사례는 입력 받은 사용자 ID를 가지고 사용자 이름을 반환하는 FUNCTION_GET_USERNAME이라는 함수를 SELECT절에서 사용하고 있다.

SQL

```
SELECT
       FUNCTION_GET_USERNAME(VB.user_id) AS username
       (중략)
FROM   (SELECT id,
       (중략)
        FROM    tb_detail_df
        WHERE   gubun_code = 'ABCDEFG') VA,
       (SELECT defect_id,
       (중략)
        FROM    tb_master_type
        WHERE   gubun_code = 'ABCDEFG') VB
WHERE  VA.gubun_code = 'ABCDEFG'
       AND VA.gubun_code = VB.gubun_code
       AND VA.id = VB.defect_id ;
```

실행 계획

```
--------------------------------------------------------------------------------------------
| Id | Operation                     | Name           | A-Rows | A-Time      | Buffers | Reads |
--------------------------------------------------------------------------------------------
|  1 | TABLE ACCESS BY INDEX ROWID   | TB_DETAIL_DF   |  27502 |00:00:12.39  |   93179 | 14376 |
|  2 |  NESTED LOOPS                 |                |  55075 |00:00:08.21  |   67168 |  1324 |
|  3 |   TABLE ACCESS BY INDEX ROWID | TB_MASTER_TYPE |  27572 |00:00:00.19  |    8233 |  1188 |
|* 4 |    INDEX RANGE SCAN           | PK_MASTER_TYPE |  27572 |00:00:00.10  |    2009 |   185 |
|* 5 |   INDEX RANGE SCAN            | PK_DETAIL_DF   |  27502 |00:00:00.37  |   58935 |   136 |
--------------------------------------------------------------------------------------------
```

위 SQL에서 함수 FUNCTION_GET_USERNAME가 하는 기능을 스칼라 서브쿼리로 변형하여 다음과 같이 수정한 결과, 출력된 데이터 수는 27,502건으로 동일했지만 실제 수행 횟수를 살펴보면, 함수는 결과의 수와 동일하게 27,502회 호출된 것에 반해 스칼라 서브쿼리는 11,915회만 수행되고 있다. 위에서 설명한 것처럼 함수 대신 스칼라 서브쿼리를 사용하자 결과값을 재활용하여 호출 횟수를 줄일 수 있었던 것이다.

SQL

```
SELECT
      (중략)
      (SELECT TC.user_name
```

```
            FROM    vi_master_user TC
            WHERE   VB.user_id = TC.user_id)  AS username,
         (중략)
FROM    (SELECT id,
                (중략)
         FROM    tb_detail_df
         WHERE   gubun_code = 'ABCDEFG') VA,
        (SELECT defect_id,
                (중략)
         FROM    tb_master_type
         WHERE   gubun_code = 'ABCDEFG') VB
WHERE   VA.gubun_code = 'ABCDEFG'
        AND VA.gubun_code = VB.gubun_code
        AND VA.id = VB.defect_id ;
```

**실행 계획**

| Id  | Operation                    | Name             | Starts | E-Rows | A-Rows | A-Time      | Buffers | Reads | OMem  | 1Mem  | Used-Mem  |
|-----|------------------------------|------------------|--------|--------|--------|-------------|---------|-------|-------|-------|-----------|
| 1   | VIEW                         | VI_MASTER_USER   | 11915  | 2      | 11915  | 00:00:00.20 | 71490   | 0     |       |       |           |
| 2   |  UNION-ALL                   |                  | 11915  |        | 11915  | 00:00:00.19 | 71490   | 0     |       |       |           |
| 3   |   TABLE ACCESS BY INDEX ROWID| TB_MASTER_USER1  | 11915  | 1      | 11915  | 00:00:00.09 | 47660   | 0     |       |       |           |
| *4  |    INDEX UNIQUE SCAN         | IDX_MASTER_USER1_01 | 11915 | 1   | 11915  | 00:00:00.06 | 35745   | 0     |       |       |           |
| 5   |   TABLE ACCESS BY INDEX ROWID| TB_MASTER_USER2  | 11915  | 1      | 0      | 00:00:00.05 | 23830   | 0     |       |       |           |
| *6  |    INDEX UNIQUE SCAN         | PK_MASTER_USER2  | 11915  | 1      | 0      | 00:00:00.04 | 23830   | 0     |       |       |           |
| *7  | HASH JOIN                    |                  | 1      | 147    | 27502  | 00:00:00.16 | 22179   | 316   | 2694K | 1106K | 3197K (0) |
| 8   |  TABLE ACCESS BY INDEX ROWID | TB_DETAIL_DF     | 1      | 26032  | 26153  | 00:00:00.05 | 13951   | 316   |       |       |           |
| *9  |   INDEX RANGE SCAN           | IX_DETAIL_DF_1   | 1      | 26892  | 26153  | 00:00:00.01 | 73      | 0     |       |       |           |
| 10  |  TABLE ACCESS BY INDEX ROWID | TB_MASTER_TYPE   | 1      | 27710  | 27572  | 00:00:00.06 | 8228    | 0     |       |       |           |
| *11 |   INDEX RANGE SCAN           | PK_MASTER_TYPE   | 1      | 27710  | 27572  | 00:00:00.01 | 2008    | 0     |       |       |           |

이번에는 여러 스칼라 서브쿼리에서 동일한 테이블에 반복해서 접근하는 SQL을 소개하겠다.

SELECT절에서 여러 개의 서브쿼리를 사용하는 경우, 서로 다른 서브쿼리에서 같은 테이블에 접근하는 경우를 종종 볼 수 있다. 비록 서로 다른 값을 가져오기 위한 서브쿼리라고는 하나 결과적으로 하나의 SQL에서 같은 테이블에 반복해서 접근하는 결과를 가져오므로 튜닝의 여지가 있는지 반드시 확인해야 한다. 다음 사례는 SELECT절에 있는 두 개의 서브쿼리에서 같은 테이블에 접근하여 값을 가져오는 SQL이다.

SQL

```
SELECT
       TA.emp_no,
       (중략),
       (SELECT SUBSTR(MAX(register_date ||work_time), 9)
        FROM   tb_detail_change
        WHERE  blog_code = TA.blog_code
               AND plan_div_code = TA.plan_div_code
               AND create_tm_no = TB.create_tm_no
               AND project_date = TA.project_date
               AND work_seq_no = TB.work_seq_no
               AND value_flag = TB.value_flag) AS WORK_TIME,
       (SELECT SUBSTR(MAX(register_date || work_time || infw_time), 15)
        FROM   tb_detail_change
        WHERE  blog_code = TA.blog_code
               AND plan_div_code = TA.plan_div_code
               AND create_tm_no = TB.create_tm_no
               AND project_date = TA.project_date
               AND work_seq_no = TB.work_seq_no
               AND value_flag = TB.value_flag) AS INFW_TM
FROM   tb_master_trans TA,
       tb_detail_work TB
WHERE  TB.spec_div_code = '01'
       AND TA.trans_exec_date = :transExecDate
       AND TA.emp_no = TB.emp_no
       AND TA.project_date = TB.project_date
       AND TA.pd_no = TB.pd_no;
```

위 사례의 SELECT절에서 사용된 두 개의 스칼라 서브쿼리를 보면 tb_detail_change라는 테이블의 work_time 컬럼과 infw_time 컬럼의 최대 값을 조회하기 위해 각각 처리되는 것을 볼 수 있다. 하지만 하나의 SQL에서 같은 테이블에 여러 번 접근하는 것은 성능 면에서 좋지 않은 영향을 끼칠 수 있으므로 다음과 같이 스칼라 서브쿼리를 한 번만 수행하는 것으로 수정하여 성능 개선을 꾀할 수 있다.

SQL

```
SELECT (중략),
       SUBSTR(VA.max_value, 9, 6) AS WORK_TM,
       SUBSTR(VA.max_value, 15) AS INFW_TM
FROM   (SELECT TA.emp_no,
               (중략)
               (SELECT MAX(register_date ||work_time || infw_time) max_value
                FROM   tb_detail_change
                WHERE  blog_code = TA.blog_code
                       AND plan_div_code = TA.plan_div_code
```

```
                    AND create_tm_no = TB.create_tm_no
                    AND project_date = TA.project_date
                    AND work_seq_no = TB.work_seq_no
                    AND value_flag = TB.value_flag) max_value
       FROM    tb_master_trans TA,
               tb_detail_work TB
       WHERE   TB.spec_div_code = '01'
               AND TA.trans_exec_date = :transExecDate
               AND TA.emp_no = TB.emp_no
               AND TA.project_date = TB.project_date
               AND TA.pd_no = TB.pd_no
       ) VA ;
```

인라인 뷰 VA에서 정의한 스칼라 서브쿼리를 보면 조회하고자 했던 두 개의 컬럼을 CONCAT 함수를 사용하여 합한 후, 이 값을 메인쿼리의 SELECT절에서 SUBSTR을 사용하여 분할하는 방법을 사용했다. 동일한 테이블과 동일한 변수를 사용하는 여러 개의 스칼라 서브쿼리가 MAX나 MIN이 아닌 유일한 데이터를 한 건씩 찾는 경우라면 조인으로 변경하는 것이 유리하다.

### 5.4.2 FROM절의 서브쿼리

이번에는 FROM절에서 사용하는 서브쿼리에 대해 알아보자. 흔히 FROM절에서 사용하는 서브쿼리를 일컬어 '인라인 뷰'라고 하는데, 인라인 뷰는 흔히 알고 있는 뷰와 동일한 방식으로 동작한다. 인라인 뷰를 사용한 SQL의 튜닝 사례를 살펴보자.

**SQL**
```
SELECT MIN(VB.week_of_year),
       MAX(VC.week_of_year)
FROM   (SELECT TO_CHAR(start_date, 'yyyymmdd') START_DATE,
               TO_CHAR(start_date + seq, 'yyyymmdd') END_DATE
         FROM    tb_master_plan_info
         WHERE   master_id = :B2
                 AND plan_id = :B1) VA,
       (SELECT TO_CHAR(kor_date, 'yyyymmdd') CDATE,
               week_of_year
         FROM    tb_calendar) VB,
       (SELECT TO_CHAR(kor_date, 'yyyymmdd') CDATE,
               week_of_year
         FROM    tb_calendar) VC
WHERE  VA.start_date = VB.cdate
       AND VA.end_date = VC.cdate;
```

실행 계획

```
Rows (1st) Rows (avg) Rows (max)  Row Source Operation
---------- ---------- ----------  ----------------------------------------------------------
         1          1          1  SORT AGGREGATE (cr=521 pr=0 pw=0 time=24730 us)
         1          1          1   HASH JOIN (cr=521 pr=0 pw=0 time=24710 us cost=152 size=1257036 card=5874)
         1          1          1    NESTED LOOPS  (cr=262 pr=0 pw=0 time=13996 us cost=76 size=15015 card=77)
         1          1          1     TABLE ACCESS BY INDEX ROWID TB_MASTER_PLAN_INFO (cr=3 pr=0 pw=0 time=26 us cost=1
         1          1          1      INDEX UNIQUE SCAN PK_MASTER_PLAN_INFO (cr=2 pr=0 pw=0 time=18 us cost=1 size=0
         1          1          1     TABLE ACCESS FULL TB_CALENDAR (cr=259 pr=0 pw=0 time=13962 us cost=75
      7664       7664       7664    TABLE ACCESS FULL TB_CALENDAR (cr=259 pr=0 pw=0 time=3652 us cost=75
```

이 SQL은 FROM절에서 세 개의 인라인 뷰를 사용하고 있다. 그 가운데 VA라는 별칭을 갖는 뷰가 드라이빙 테이블 역할을 하게 될 것이며, VA의 결과 검색된 데이터들을 또 다른 인라인 뷰인 VB, VC와 조인할 것이다. 그런데 인라인 뷰 VB, VC와의 조인 조건으로 사용된 cdate는 TO_CHAR(kor_date, 'yyyymmdd')와 같은 방법으로 외부적 변형이 일어난 값이다. 따라서 kor_date 컬럼에 인덱스가 있어도 조인할 때 인덱스를 사용할 수 없게 된다.

따라서 현재의 SQL에서는 tb_calendar 테이블의 TO_CHAR(kor_date, 'yyyymmdd')로 함수 기반 인덱스를 생성하여 조인 시 활용할 수 있게 하거나 kor_date 컬럼으로 조인해야 한다. 반대로 tb_master_plan_info 테이블의 TO_CHAR(start_date, 'yyyymmdd')에 대해서는 인덱스를 만들 필요가 없다. 조인에 참여하기는 하지만 이 테이블이 INNER TABLE은 아니기 때문이다.

인라인 뷰는 처리될 때 메인쿼리와 MERGE되거나 MERGE되지 않은 상태에서 처리된다. 먼저 인라인 뷰가 메인쿼리에 MERGE가 되는 경우의 사례부터 소개하겠다. 아래 SQL과 실행 계획을 보자.

SQL

```
SELECT  empno,
        deptno
FROM   (SELECT empno,
               deptno
         FROM  emp
         WHERE ename = 'SMITH')
WHERE   empno = '1234';
```

**실행 계획**

```
--------------------------------------------------------------------------------
| Id | Operation                     | Name   | Rows | Bytes | Cost (%CPU)| Time     |
--------------------------------------------------------------------------------
|  0 | SELECT STATEMENT              |        |   1  |  13   |   1   (0)| 00:00:01 |
|* 1 |  TABLE ACCESS BY INDEX ROWID  | EMP    |   1  |  13   |   1   (0)| 00:00:01 |
|* 2 |   INDEX UNIQUE SCAN           | PK_EMP |   1  |       |   0   (0)| 00:00:01 |
--------------------------------------------------------------------------------

Predicate Information (identified by operation id):
---------------------------------------------------
   1 - filter("ENAME"='SMITH')
   2 - access("EMPNO"=1234)
```

실행 계획을 보면 알 수 있듯이 메인쿼리의 조건과 인라인 뷰에서 처리된 조건이 각각 실행되지 않고 메인쿼리의 조건에 적합한 인덱스를 사용해서 한꺼번에 실행된 것을 볼 수 있다. 다시 말하면 이 SQL은 아래 SQL과 동일하게 처리된 것이다.

**SQL**

```
SELECT  empno
FROM    emp
WHERE   ename = 'SMITH'
        AND empno = '1234';
```

인라인 뷰의 MERGE가 유리한 경우는, 메인쿼리의 결과 건수가 적고 인라인 뷰와 조인한 결과 건수 또한 적을 경우이다. 주로 NESTED LOOP JOIN으로 수행되는 경우가 대부분이며, 페이지 처리를 위한 SQL에서 종종 볼 수 있다.

이번에는 인라인 뷰의 실행 내용이 메인쿼리에 MERGE가 되지 않는 경우를 살펴보겠다. 예를 들면 다음과 같은 SQL이 실행된 경우이다.

**SQL**

```
SELECT  empno,
        deptno,
        rn
FROM   (SELECT empno,
               deptno,
               ROWNUM RN
        FROM   emp
        WHERE  ename = 'SMITH')
WHERE   empno = '1234';
```

ROWNUM이라는 가상 컬럼을 사용하고 있어 메인쿼리의 조건인 EMPNO = '1234'를 먼저 처리할 수 없기 때문에, ename = 'SMITH'라는 서브쿼리 조건에 부합하는 데이터를 먼저 가져온 후에 empno = '1234' 조건에 대해서는 나중에 걸러내는 방식으로 처리하고 있다. 따라서 이 경우 서브쿼리 내에서 제시한 ename 컬럼에 인덱스가 있다면 INDEX SCAN을 하겠지만 그렇지 않다면 FULL TABLE SCAN을 할 수 있다. 다음 실행 계획을 통해 다시 한 번 확인해보자.

**실행 계획**

```
| Id  | Operation                    | Name   | Rows | Bytes | Cost (%CPU)| Time     |
|   0 | SELECT STATEMENT             |        |    1 |    39 |     2   (0)| 00:00:01 |
|*  1 |  VIEW                        |        |    1 |    39 |     2   (0)| 00:00:01 |
|   2 |   COUNT                      |        |      |       |            |          |
|   3 |    TABLE ACCESS BY INDEX ROWID| EMP    |    1 |    13 |     2   (0)| 00:00:01 |
|*  4 |     INDEX RANGE SCAN         | EMP_X1 |    1 |       |     1   (0)| 00:00:01 |

Predicate Information (identified by operation id):
---------------------------------------------------
   1 - filter("EMPNO"=1234)
   4 - access("ENAME"='SMITH')
```

위의 예처럼 ROWNUM을 사용하는 서브쿼리 말고도 UNION, GROUP BY와 같은 기능을 사용하는 서브쿼리는 메인쿼리에 MERGE가 되지 않고 별도로 처리되는 경우가 많다.

다음 SQL을 예로 인라인 뷰가 MERGE되는 경우와 그렇지 않은 경우의 처리 방식을 비교해보자.

**SQL**

```
SELECT deptname,
       COUNT(*)
FROM   (SELECT deptno,
               COUNT(*)
        FROM   emp
        WHERE  register_date BETWEEN '20100101' AND '20101231'
        GROUP  BY deptno) VA,
       dept D
WHERE  VA.deptno = D.deptno ;
```

이 SQL의 경우, 인라인 뷰가 메인쿼리에 MERGE가 되든 그렇지 않든 같은 결과를 출력한다. 인라인 뷰가 메인쿼리에 MERGE가 되어 처리되었을 경우와 그렇지 않은 경우의 비용을 그림으로 표현하면 다음과 같다.

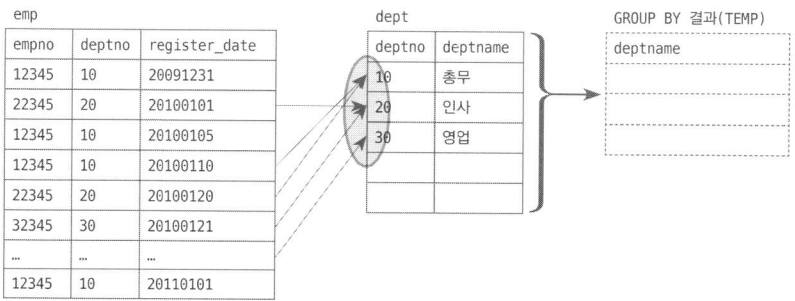

그림 5-5 인라인 뷰를 메인쿼리에 MERGE하여 처리하는 과정

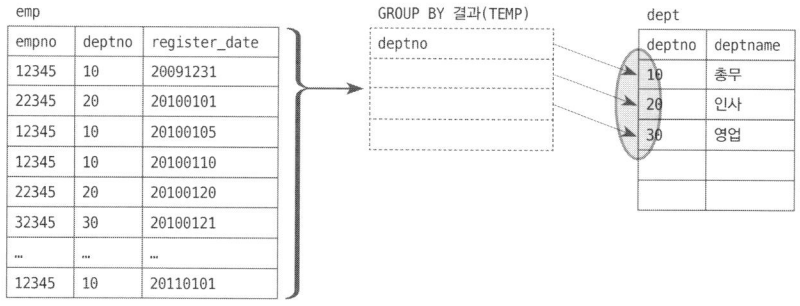

그림 5-6 인라인 뷰를 메인쿼리에 MERGE하지 않고 처리하는 과정

위 그림에서 화살표는 해당 작업을 위해 사용한 비용을 의미한다. 두 그림을 비교하면 MERGE를 하지 않은 경우의 비용이 MERGE를 한 경우보다 적게 든 것을 알 수 있다. 인라인 뷰를 메인쿼리에 MERGE하지 않고 처리하는 경우, GROUP BY를 수행할 대상 컬럼이 줄어들기도 하지만 무엇보다도 dept 테이블에 접근하는 횟수가 줄어 비용의 많은 부분을 절약할 수 있다. 이때 인라인 뷰의 조건인 register_date BETWEEN '20100101' AND '20101231'를 만족하는 데이터의 수와 GROUP BY 후의 데이터 수의 차이가 클수록 그 효과는 더욱 두드러지게 나타난다.

이처럼 인라인 뷰가 메인쿼리에 MERGE가 되느냐 그렇지 않느냐에 따라 SQL 실행 계획은 물론 성능도 달라진다. 따라서 인라인 뷰를 사용한 SQL이 성능에서 문제를 일으키는 상황 또한 인라인 뷰가 메인쿼리에 MERGE가 되면서 느려지는 경우와 반대로 MERGE가 되지 않아 느려지는 경우로 나누어 생각할 수 있다.

다음 사례를 통해 인라인 뷰의 MERGE가 유리함에도 불구하고 MERGE가 되지 않아 느려진 경우에 대해 좀 더 자세히 알아보자.

**SQL**

```
SELECT (중략)
 FROM tb_customer TA, (중략)
      (
      SELECT
                 origin_div_code,
                 customer_manage_no,
                 max(decode(addr_div_code,'00010',home_tel_no,''))   home_tel_no,
                 max(decode(addr_div_code,'00020',office_tel_no,'')) office_tel_no,
                 max(decode(addr_div_code,'00030',cel_tel_no,''))    cel_tel_no
        FROM tb_address
        GROUP BY origin_div_code, customer_manage_no
      ) VB
WHERE
       TA.origin_div_code = '00001'
       AND TA.origin_div_code = VB.origin_div_code(+)
       AND TA.customer_manage_no = VB.customer_manage_no(+)
       AND rownum <= 100 ;
```

**실행 계획**

| Id   | Operation              | Name        | A-Rows | A-Time      | Buffers | Reads |
|------|------------------------|-------------|--------|-------------|---------|-------|
| (중략) |                        |             |        |             |         |       |
| * 13 | FILTER                 |             | 60     | 00:02:03.64 | 697K    | 969K  |
| * 14 | HASH JOIN RIGHT OUTER  |             | 2000K  | 00:02:08.16 | 697K    | 969K  |
|   15 | VIEW                   |             | 4738K  | 00:01:44.02 | 218K    | 290K  |
|   16 | HASH GROUP BY          |             | 4738K  | 00:01:40.69 | 218K    | 290K  |
| * 17 | TABLE ACCESS FULL      | TB_ADDRESS  | 14M    | 00:00:07.97 | 218K    | 216K  |
| * 18 | HASH JOIN              |             | 2000K  | 00:00:47.90 | 479K    | 588K  |
| * 19 | TABLE ACCESS FULL      | TB_CUSTOMER | 5049K  | 00:00:08.16 | 123K    | 123K  |
| (중략) |                        |             |        |             |         |       |

위 SQL을 살펴보면, ROWNUM <= 100이라는 조건이 있고, 드라이빙 테이블과 OUTER TABLE은 1:N 관계를 갖고 OUTER JOIN으로 수행되기 때문에 최초 100건의 데이터만 읽어서 원하는 결과를 얻을 수 있음에도 불구하고 드라이빙 테이블인 tb_customer을 FULL TABLE SCAN하고 있으며, 인라인 뷰에 포함된 tb_address 테이블 또한 GROUP BY 함수로 인해 FULL TABLE SCAN을 하고 있다.

이 SQL의 성능을 개선하기 위해서는 메인쿼리의 테이블을 최초 100건만 읽고 OUTER TABLE 또한 100건에 대해서만 origin_div_code, customer_manage_no 컬럼에 생성된 인덱스를 사용하여 NESTED LOOP JOIN을 수행하도록 하면 된다. 이런 경우 사용할 수 있는 힌트가 MERGE나 PUSH_PRED 등이며, 힌트를 썼음에도 불구하고 인라인 뷰에 대한 MERGE가 되지 않을 경우에는 차선책으로 인라인 뷰에 해당하는 SQL을 스칼라 서브쿼리 형태로 바꾸어 작성하는 방법도 고려할 수 있다.

다음으로 인라인 뷰의 MERGE가 비효율적인 사례를 소개하겠다.

**SQL**

```
SELECT  TA.customer_id,
        TA.tag_id,
        TE.customer_name,
        (중략)
FROM    tb_master_reserv TA,
        tb_detail_check TB,
        tb_master_item TC,
        (SELECT TB.room_category_code
         FROM   tb_master_room TA,
                tb_master_exam TB
         WHERE  SUBSTR (TA.group_code, 2, 8) = :B3
                AND TB.room_code = TA.room_code
         GROUP  BY TB.room_category_code) VD,
        tb_master_pat TE
WHERE   TA.resv_date = TO_DATE (:B4, 'YYYY-MM-DD')
AND TA.ink_div = '1'
AND TB.order_date = TA.resv_date
AND TB.customer_id = TA.customer_id
AND TB.ink_div = TA.ink_div
AND TE.customer_id = TB.customer_id
AND TB.order_code = TC.exam_code
AND TC.room_category_code = VD.room_category_code
```

```
              AND TA.customer_id not in (SELECT TF.customer_id
                               FROM   tb_detail_wait TF ,
                                      tb_master_pat TG
                               WHERE  TF.order_date = to_date ( :date , 'yyyy-mm-dd' )
                                  AND   substr (TF.group_code , 2 , 8 ) = :gcode
                                  AND   TG.customer_id = TF.customer_id
                                  AND   TG.gender =
                                        decode (:gender,'ALL',TG.gender,:gender ) )
(중략)
GROUP  BY TA.customer_id,
          TA.tag_id,
          TE.customer_name
          (중략)  ;
```

**실행 계획**

| Id  | Operation                          | Name              | A-Rows | A-Time      | Buffers |
|-----|------------------------------------|-------------------|--------|-------------|---------|
| ~   |                                    |                   |        |             |         |
| 5   | HASH GROUP BY                      |                   | 0      | 00:00:01.53 | 301K    |
| 6   |  NESTED LOOPS                      |                   | 0      | 00:00:01.53 | 301K    |
| 7   |   NESTED LOOPS                     |                   | 0      | 00:00:01.53 | 301K    |
| 8   |    NESTED LOOPS                    |                   | 0      | 00:00:01.53 | 301K    |
| 9   |     NESTED LOOPS                   |                   | 200K   | 00:00:00.70 | 101K    |
| 10  |      NESTED LOOPS                  |                   | 37629  | 00:00:00.42 | 101K    |
| 11  |       NESTED LOOPS                 |                   | 56880  | 00:00:00.27 | 39587   |
| *12 |        TABLE ACCESS BY INDEX ROWID | TB_MASTER_RESERV  | 336    | 00:00:00.03 | 5109    |
| *13 |         INDEX RANGE SCAN           | IX_MASTER_RESERV  | 607    | 00:00:00.02 | 4239    |
| 14  |        NESTED LOOPS                |                   | 0      | 00:00:00.02 | 4232    |
| *15 |         TABLE ACCESS BY INDEX ROWID| TB_MASTER_PAT     | 597    | 00:00:00.01 | 2400    |
| *16 |          INDEX UNIQUE SCAN         | PK_MASTER_PAT     | 597    | 00:00:00.01 | 1788    |
| *17 |         INDEX RANGE SCAN           | PK_DETAIL_WAIT    | 0      | 00:00:00.01 | 1832    |
| *18 |       TABLE ACCESS BY INDEX ROWID  | TB_DETAIL_CHECK   | 56880  | 00:00:00.21 | 34478   |
| *19 |        INDEX RANGE SCAN            | IX_DETAIL_CHECK_4 | 57234  | 00:00:00.04 | 1414    |
| *20 |      TABLE ACCESS BY INDEX ROWID   | TB_MASTER_ITEM    | 37629  | 00:00:00.26 | 61473   |
| *21 |       INDEX UNIQUE SCAN            | PK_MASTER_ITEM    | 56880  | 00:00:00.10 | 3992    |
| *22 |     **INDEX RANGE SCAN**           | **PK_MASTER_EXAM**| 200K   | 00:00:00.15 | 3       |
| *23 |    **TABLE ACCESS BY INDEX ROWID** | **TB_MASTER_ROOM**| 0      | 00:00:00.73 | 200K    |
| *24 |     **INDEX UNIQUE SCAN**          | **PK_MASTER_ROOM**| 200K   | 00:00:00.25 | 4       |

위 사례를 보면, FROM절에서 VD로 선언된 인라인 뷰가 메인쿼리와 MERGE 되는 것을 볼 수 있는데, 메인쿼리의 결과 건수가 많고 인라인 뷰가 작은 테이블로 이루어져 있어 NESTED LOOP JOIN을 할 경우 조인 횟수가 많아지게 된다. 만일 인라인 뷰 내의 GROUP BY가 처리하는 데이터가 많지 않다면, 해당 인라인 뷰의 GROUP BY를 먼저 수행한 후 INNER TABLE과 HASH JOIN을 하도록 하면 성능을 개선할 수 있다. 이와 같은 방법으로 개선한 SQL과 실행 계획

을 개선 전과 비교해서 살펴보자.

**SQL**

```
SELECT  /*+ USE_HASH(TA VD) NO_MERGE(VD) */
        TA.customer_id,
        TA.tag_id,
        TE.customer_name,
        (중략)
FROM    tb_master_reserv TA,
        tb_detail_check TB,
        tb_master_item TC,
        (SELECT TB.room_category_code
         FROM    tb_master_room TA,
                 tb_master_exam TB
         WHERE   SUBSTR (TA.group_code, 2, 8) = :B3
            AND  TB.room_code = TA.room_code
         GROUP BY TB.room_category_code) VD,
        tb_master_pat TE
WHERE   TA.resv_date = TO_DATE (:B4, 'YYYY-MM-DD')
   AND  TA.ink_div = '1'
   AND  TB.order_date = TA.resv_date
   AND  TB.customer_id = TA.customer_id
   AND  TB.ink_div = TA.ink_div
   AND  TE.customer_id = TB.customer_id
   AND  TB.order_code = TC.exam_code
   AND  TC.room_category_code = VD.room_category_code
   AND  TA.customer_id not in (SELECT TF.customer_id
                        FROM   tb_detail_wait TF ,
                               tb_master_pat TG
                        WHERE  TF.order_date = to_date ( :date , 'yyyy-mm-dd' )
                          AND  substr (TF.group_code , 2 , 8 ) = :gcode
                          AND  TG.customer_id = TF.customer_id
                          AND  TG.gender =
                               decode (:gender,'ALL',TG.gender,:gender ) )
(중략)
GROUP  BY TA.customer_id,
          TA.tag_id,
          TE.customer_name
          (중략)  ;
```

**실행 계획**

```
| Id  | Operation              | Name | A-Rows | A-Time      | Buffers |
-------------------------------------------------------------------------
(중략)
|  06 |  SORT GROUP BY         |      |     46 |00:00:00.64 |   101K|
|  07 |   NESTED LOOPS         |      |     46 |00:00:00.64 |   101K|
|  08 |    NESTED LOOPS        |      |     46 |00:00:00.64 |   101K|
|* 09 |     HASH JOIN          |      |     46 |00:00:00.64 |   101K|
|  10 |      NESTED LOOPS      |      |  37629 |00:00:00.42 |   101K|
```

```
|  11  |       NESTED LOOPS                |                    |   56880 |00:00:00.27 |  39587 |
| * 12 |        TABLE ACCESS BY INDEX ROWID| TB_MASTER_RESERV   |     336 |00:00:00.03 |   5109 |
| * 13 |         INDEX RANGE SCAN          | IX_MASTER_RESERV   |     607 |00:00:00.02 |   4239 |
|  14  |        NESTED LOOPS               |                    |       0 |00:00:00.02 |   4232 |
| * 15 |         TABLE ACCESS BY INDEX ROWID| TB_MASTER_PAT     |     597 |00:00:00.01 |   2400 |
| * 16 |          INDEX UNIQUE SCAN        | PK_MASTER_PAT      |     597 |00:00:00.01 |   1788 |
| * 17 |         INDEX RANGE SCAN          | PK_DETAIL_WAIT     |       0 |00:00:00.01 |   1832 |
| * 18 |       TABLE ACCESS BY INDEX ROWID | TB_DETAIL_CHECK    |   56880 |00:00:00.21 |  34478 |
| * 19 |        INDEX RANGE SCAN           | IX_DETAIL_CHECK_4  |   57234 |00:00:00.04 |   1414 |
| * 20 |      TABLE ACCESS BY INDEX ROWID  | TB_MASTER_ITEM     |   37629 |00:00:00.26 |  61473 |
| * 21 |       INDEX UNIQUE SCAN           | PK_MASTER_ITEM     |   56880 |00:00:00.10 |   3992 |
|  31  |    VIEW                           |                    |       1 |00:00:00.01 |      7 |
|  32  |     **SORT GROUP BY**             |                    |       1 |**00:00:00.01** |      7 |
| * 33 |      **HASH JOIN**                |                    |       2 |**00:00:00.01** |      7 |
| * 34 |       **TABLE ACCESS FULL**       | **TB_MASTER_ROOM** |       2 |**00:00:00.01** |      5 |
| * 35 |       **INDEX FULL SCAN**         | **PK_MASTER_EXAM** |       2 |**00:00:00.01** |      2 |
| * 36 |     INDEX UNIQUE SCAN             | PK_MASTER_PAT      |      46 |00:00:00.01 |     94 |
| * 37 |    TABLE ACCESS BY INDEX ROWID    | TB_MASTER_PAT      |      46 |00:00:00.01 |     48 |
```
(중략)

위 실행 계획의 굵은 글씨 부분을 보면 뷰의 내부에서 GROUP BY를 수행하고 있음을 알 수 있는데, 이 그룹핑 작업으로 이후 테이블과 조인하는 횟수가 줄어든 것이다.

지금까지 인라인 뷰의 MERGE와 관련하여 발생할 수 있는 상황별 튜닝 방법을 살펴보았다. 다음 페이지의 예에서는 뷰 외부에서 제시하고 있는 조인 조건을 뷰 쿼리 안으로 들여오는 PUSH PREDICATE 기능을 수행하지 못해 인라인 뷰가 MERGE가 되지 않는 형태로 수행되었다. 그러다 보니 인라인 뷰의 실행에 필요한 인덱스가 없어 FULL TABLE SCAN이 발생했다. 이 경우 메인쿼리에서 GROUP BY를 해야 하는 컬럼의 수가 적어서 인라인 뷰를 사용하지 않는 방법으로 튜닝을 진행하였다. 인라인 뷰의 GROUP BY 컬럼들이 모두 메인쿼리와 조인을 하고 있기 때문에 SELECT절에 인라인 뷰의 컬럼들이 많지 않다면 스칼라 서브쿼리로 변경하는 것도 튜닝의 한 방법이다.

    PUSH_PRED 힌트를 사용하는 것도 튜닝 방법으로 고려해 볼 수 있으나 이 힌트를 적용할 수 없는 경우가 종종 발생하므로, 반드시 실행 계획을 확인해야 한다. GROUP BY 함수를 사용하기가 곤란한 경우이거나 복잡한 경우라면 아래의 두 번째 튜닝 방안을 참고하기 바란다.

**SQL**

```
SELECT TB.reserv_date,
       TB.reserv_id,
       TB.car_id,
       TA.make_code,
       (중략)
       VD.contents_count,
       (중략)
FROM   tb_master_reserv TA,
       tb_master_load TB,
       (SELECT TC.reserv_date,
               TC.reserv_id,
               TC.car_id,
               COUNT(TC.contents_no)   AS CONTENTS_COUNT,
               (중략)
        FROM   tb_detail_contents_load TC
        GROUP  BY TC.reserv_date,
                  TC.reserv_id,
                  TC.car_id) VD
WHERE  TA.reserv_date = TB.reserv_date
       AND TA.reserv_id = TB.reserv_id
       AND TA.reserv_date = VD.reserv_date
       AND TA.reserv_id = VD.reserv_id
       AND TB.car_id = VD.car_id
       AND TA.load_date = :dFromDt
       AND TB.send_stat_code = :sndStatCode
       AND TA.reserv_div_code = '03'
ORDER  BY TB.reserv_id,
          TB.car_id ASC ;
```

VD라는 별칭으로 선언된 인라인 뷰를 보면 별다른 검색 조건 없이 테이블을 전체를 대상으로 GROUP BY를 수행하고 있다. 참고로 이 테이블은 천만 건이 넘는 레코드를 저장하고 있었는데, 대량 테이블의 전체 데이터를 대상으로 작업을 하다 보니 성능이 나쁠 수밖에 없었다. 인라인 뷰에서 테이블 전체에 대한 처리를 하는 것을 막기 위하여 다음과 같이 SQL 문장을 MERGE가 된 형태로 수정하였다.

**SQL**

```
SELECT TB.reserv_date,
       TB.reserv_id,
       TB.car_id,
       TA.make_code,
       (중략)
       COUNT(*) AS CONTENTS_COUNT,
       (중략)
```

```
FROM   tb_master_reserv TA,
       tb_master_load TB,
       tb_detail_contents_load TD
WHERE  TA.reserv_date = TB.reserv_date
       AND TA.reserv_id = TB.reserv_id
       AND TA.reserv_date = TD.reserv_date
       AND TA.reserv_id = TD.reserv_id
       AND TB.car_id = TD.car_id
       AND TA.load_date = :dFromDt
       AND TB.send_stat_code = :sndStatCode
       AND TA.reserv_div_code = '03'
GROUP  BY TB.reserv_date,
          TB.reserv_id,
          TB.car_id,
          TA.make_code,
          (중략)
ORDER  BY TB.reserv_id,
          TB.car_id ASC ;
```

다른 튜닝 방법으로는 메인쿼리의 결과 건수가 적을 경우, 전체 응답 시간에 미치는 영향은 미미할 것이다. 그럴 경우 다음과 같이 인라인 뷰 안에서 메인쿼리의 SQL을 반복해서 사용하는 방법으로 튜닝을 할 수 있다.

**SQL**

```
(생략)
FROM tb_master_reserv TA,
     tb_master_load TB,
     (SELECT TD.reserv_date,
             TD.reserv_id,
             TD.car_id,
             COUNT(TD.contents_no) AS contents_count,
             (중략)
        FROM tb_master_reserv TA,
             tb_master_load TB,
             tb_detail_contents_load TD
       WHERE TA.reserv_date = TD.reserv_date
             AND TA.reserv_id = TD.reserv_id
             AND TB.car_id = TD.car_id
             AND TA.load_date =  :dFromDt
             AND TB.send_stat_code =   :sndStatCode
             AND TA.reserv_div_code = '03'
       GROUP BY TD.reserv_date, TD.reserv_id, TD.car_id) VD
WHERE  TA.reserv_date = TB.reserv_date
       AND TA.reserv_id = TB.reserv_id
       AND TA.reserv_date = VD.reserv_date
       AND TA.reserv_id = VD.reserv_id
       AND TB.car_id = VD.car_id
       AND TA.load_date = :dFromDt
       AND TB.send_stat_code = :sndStatCode
```

```
        AND TA.reserv_div_code = '03'
ORDER BY TB.reserv_id,
         TB.car_id ASC ;
```

이번에 소개할 사례는 여러 차례 DECODE 함수를 호출하는 SQL을 인라인 뷰의 NO_MERGE 기능을 사용하여 튜닝한 사례다.

**SQL**

```
SELECT NVL(SUM(DECODE(TD.typical_code, 'A', 1, 0)), 0) ACount,
       NVL(SUM(DECODE(TD.typical_code, 'B', 1, 0)), 0) BCount,
       NVL(SUM(DECODE(TD.typical_code, 'C', 1, 0)), 0) CCount
FROM   detail_table TA,
       master_table TD
WHERE  TA.apply_id LIKE 'A30%'
       AND TA.design_exam_code = 'ABC01'
       AND TD.typical_code IN ( 'A', 'B', 'C' )
       AND TD.standard_code IN ( '101', '102' )
       AND TD.station_code IS NULL
       AND TA.apply_id = TD.apply_id ;
```

**실행 계획**

```
SELECT STATEMENT  ALL_ROWS Cost: 913  Bytes: 53  Cardinality: 1
  5 SORT AGGREGATE  Bytes: 53  Cardinality: 1
    4 NESTED LOOPS  Cost: 913  Bytes: 53  Cardinality: 1
      1 INDEX FAST FULL SCAN INDEX (UNIQUE) DETAIL_TABLE_PK Cost: 911  Bytes: 29
      3 TABLE ACCESS BY INDEX ROWID TABLE MASTER_TABLE Cost: 2  Bytes: 24
          2 INDEX UNIQUE SCAN INDEX (UNIQUE) MASTER_TABLE_PK Cost: 1
```

대량 데이터를 처리하는 실행 계획은 양호하나 내부 함수인 DECODE를 많이 사용하고 있으므로, 내부 함수를 일반 연산으로 변형하는 내부적 변환 시간이 소요될 것을 감안하여 인라인 뷰와 NO_MERGE 기능을 써서 DECODE문을 최소화하는 방향으로 튜닝해야 한다. 튜닝 후 SQL은 다음과 같다.

**SQL**

```
SELECT /*+ NO_MERGE(VA) */
       NVL(SUM(DECODE(VA.typical_code, 'A', cnt, 0)), 0) ACount,
       NVL(SUM(DECODE(VA.typical_code, 'B', cnt, 0)), 0) BCount,
       NVL(SUM(DECODE(VA.typical_code, 'C', cnt, 0)), 0) CCount
FROM   (SELECT TD.typical_code,
               COUNT(*) CNT
        FROM   detail_table TA,
               master_table TD
```

```
WHERE   TA.apply_id LIKE 'A30%'
        AND TA.design_exam_code = 'ABC01'
        AND TD.typical_code IN ( 'A', 'B', 'C' )
        AND TD.standard_code IN ( '101', '102' )
        AND TD.station_code IS NULL
        AND TA.apply_id = TD.apply_id
GROUP   BY TD.typical_code) VA ;
```

참고할 점은 NO_MERGE 힌트를 사용하여 인라인 뷰를 MERGE하는 것을 막았으며, 인라인 뷰 내에서 GROUP BY를 수행한 다음에 DECODE를 수행하도록 조정했다. 그 결과 인라인 뷰로부터 TD.typical_code IN ( 'A', 'B', 'C') 조건을 만족하는 세 건의 데이터에 대해서만 DECODE 함수가 적용된다.

### 5.4.3 WHERE절의 서브쿼리

일반적으로 서브쿼리를 가장 많이 사용하는 곳이 WHERE절이다. WHERE절에 서브쿼리를 사용할 때는 주로 IN, NOT IN, EXISTS, NOT EXISTS, ANY, ALL 등의 연산자와 함께 사용하는데, 서브쿼리를 먼저 수행한 후에 메인쿼리가 수행되기도 하지만, 반대로 메인쿼리가 수행된 후 서브쿼리가 수행되는 경우도 있다.

기본적으로 메인쿼리의 결과 데이터 수가 적다면 메인쿼리를 먼저 수행하도록 해야 하며, 서브쿼리의 결과 건수가 적고 결과 값이 메인쿼리의 대상 데이터를 줄여줄 수 있다면 서브 쿼리를 먼저 수행하도록 해야 한다. 메인쿼리와 서브쿼리의 결과 건수가 모두 많을 경우는 조인 방법을 HASH JOIN으로 할 것을 권한다.

이제부터 각각의 경우에 대해 사례를 통해 살펴보도록 하자. 먼저 서브쿼리가 수행된 후 메인쿼리가 수행된 SQL의 튜닝 사례이다.

**SQL**

```
SELECT end_batch_date + ( 1 / ( 24 * 60 * 60 ) )
FROM   tb_log_batch
WHERE  batch_name = 'B99_BATCH'
       AND batch_seq_no = (SELECT MAX(batch_seq_no) AS BATCH_SEQ_NO
                           FROM   tb_log_batch
                           WHERE  batch_name = 'B99_BATCH');
```

실행 계획

| Id | Operation | Name | Rows | Bytes | Cost (%CPU) |
|---|---|---|---|---|---|
| 0 | SELECT STATEMENT |  | 1 | 35 | 779 (1) |
| * 1 | TABLE ACCESS BY INDEX ROWID | TB_LOG_BATCH | 1 | 35 | 3 (0) |
| * 2 | INDEX UNIQUE SCAN | PK_LOG_BATCH | 1 |  | 2 (0) |
| 3 | SORT AGGREGATE |  | 1 | 27 |  |
| * 4 | **TABLE ACCESS FULL** | TB_LOG_BATCH | 10151 | 267K | 776 (1) |

인덱스 구조

| 테이블 이름 | 인덱스 이름 | 구성 컬럼 |
|---|---|---|
| TB_LOG_BATCH | PK_LOG_BATCH | BATCH_SEQ_NO |

이 SQL의 실행 계획을 보면, WHERE절의 서브쿼리에서 사용한 tb_log_batch 테이블에 적절한 인덱스가 없는 관계로 FULL TABLE SCAN를 통해 조건을 만족하는 데이터를 가져온 후, 메인쿼리의 검색 조건으로 사용된 batch_seq_no 컬럼에 만든 pk_log_batch 인덱스를 사용하여 INDEX UNIQUE SCAN을 하고 있다. 따라서 서브쿼리에서 사용된 tb_log_batch 테이블의 조건 컬럼인 batch_name과 최대 값을 구해야 하는 batch_seq_no 컬럼을 결합한 인덱스를 다음과 같이 생성하여 INDEX RANGE SCAN(MIN/MAX)으로 1건의 데이터만 가져올 수 있다.

```
CREATE INDEX IX_LOG_BATCH_01
ON tb_log_batch(batch_name, batch_seq_no DESC);
```

실행 계획

| Id | Operation | Name | Rows | Bytes | Cost (%CPU) |
|---|---|---|---|---|---|
| 0 | SELECT STATEMENT |  | 1 | 35 | 6 (0) |
| * 1 | TABLE ACCESS BY INDEX ROWID | TB_LOG_BATCH | 1 | 35 | 3 (0) |
| * 2 | INDEX UNIQUE SCAN | PK_LOG_BATCH | 1 |  | 2 (0) |
| 3 | SORT AGGREGATE |  | 1 | 27 |  |
| 4 | FIRST ROW |  | 1 | 27 | 3 (0) |
| * 5 | INDEX RANGE SCAN (MIN/MAX) | IX_LOG_BATCH_01 | 1 | 27 | 3 (0) |

다음은 메인쿼리를 먼저 수행하고 서브쿼리를 나중에 수행한 SQL의 튜닝 사례이다.

**SQL**

```
SELECT COUNT(*)
FROM    tb_bom TA
WHERE   product_code = :V_PRODUCT_CODE
        AND NOT EXISTS (SELECT 1
                        FROM    tb_new_bom TB
                        WHERE   TA.product_code = TB.product_code
                                AND TA.material_code = TB.material_code
                                AND TA.line_position = TB.location);
```

**실행 계획**

```
-----------------------------------------------------------------------
| Id  | Operation          | Name      | A-Rows | A-Time      | Buffers |
-----------------------------------------------------------------------
|   0 | SELECT STATEMENT   |           |      1 | 00:00:00.04 |    4792 |
|   1 |  SORT AGGREGATE    |           |      1 | 00:00:00.04 |    4792 |
|*  2 |   HASH JOIN ANTI   |           |     23 | 00:00:00.04 |    4792 |
|*  3 |    INDEX RANGE SCAN| PK_BOM    |     23 | 00:00:00.01 |       3 |
|*  4 |    TABLE ACCESS FULL| TB_NEW_BOM |     0 | 00:00:00.04 |    4789 |
-----------------------------------------------------------------------
```

**인덱스 구조**

| 테이블 이름 | 인덱스 이름 | 구성 컬럼 |
|---|---|---|
| TB_BOM | PK_BOM | PRODUCT_CODE,MATERIAL_CODE,LINE_POSITION |

메인쿼리의 조건을 만족하는 데이터들이 WHERE절의 서브쿼리 결과값에 존재하지 않는지를 확인하는 SQL이다. 이때 서브쿼리에서 사용하고 있는 tb_new_bom 테이블에 적절한 인덱스가 없어서 메인쿼리의 결과와 HASH JOIN 방식으로 조인하고 있다. 따라서 NESTD LOOP JOIN 방식으로 조인을 수행하도록 하기 위해서는 tb_new_bom 테이블에 분포도가 고른 product_code, material_code, location 컬럼으로 구성된 결합 인덱스를 생성해야 한다.

위에서 사용한 NOT EXISTS와 유사한 목적으로 NOT IN을 사용하는 경우도 종종 볼 수 있다. 두 구문 모두 서브쿼리의 조건을 만족하지 않는 값을 구하기 위해 사용하지만, 엄연히 다른 결과를 가져올 수 있는 구문들이므로 구분해서 사용해야 한다.

다음과 같이 사원 테이블과 부서 테이블이 있다고 하자. 사원들 중 영업 부서에서 근무하지 않는 사원들의 사번을 조회하고자 NOT EXISTS 또는 NOT IN 구문을 사용할 수 있다.

**사원**

| 사번 | 이름 | 부서ID | 전화번호 | 주소 |
| --- | --- | --- | --- | --- |
| 10001 | 김과장 | 901 | 010XXXX5671 | 서울시 금천구 |
| 10002 | 이차장 | 901 | 010XXXX5672 | 서울시 영등포구 |
| 10003 | 윤사원 | 902 | 010XXXX5673 | 대전시 유성구 |
| 10004 | 김주임 | 902 | 010XXXX1234 | 인천시 부평구 |
| 10005 | 민이사 | 903 | 010XXXX1232 | 서울시 중랑구 |
| 10006 | 최상무 | 904 | 010XXXX1000 | 서울시 강동구 |
| 10007 | 성사원 |  | 010XXXX1111 | 서울시 은평구 |

**부서**

| 부서ID | 부서명 | 대표 전화번호 | 주소 |
| --- | --- | --- | --- |
| 901 | 영업1팀 | 02XXXX5675 | 서울시 영등포구 여의도동 100번지 |
| 902 | 영업2팀 | 02XXXX5676 | 서울시 영등포구 여의도동 100번지 |
| 903 | 영업3팀 | 02XXXX5677 | 서울시 영등포구 여의도동 100번지 |
| 904 | 총무팀 | 02XXXX5671 | 서울시 영등포구 여의도동 1번지 |
| 905 | 인사팀 | 02XXXX5672 | 서울시 영등포구 여의도동 1번지 |
| 906 | 법무팀 | 02XXXX5673 | 서울시 영등포구 여의도동 1번지 |

먼저 NOT IN 구문을 사용하여 SQL을 작성하면 다음과 같다.

```
SELECT 사번, 이름
FROM   사원
WHERE  부서ID NOT IN (SELECT 부서ID
                      FROM   부서
                      WHERE  부서명 LIKE '영업%') ;
```

SQL을 살펴보면, 영업팀에 해당하는 부서ID는 901, 902, 903이므로, NOT IN 서브쿼리는 내부적으로 다음과 같이 변환되어 처리된다.

```
SELECT 사번, 이름
FROM   사원
WHERE  부서ID <> '901'
       AND 부서ID <> '902'
       AND 부서ID <> '903';
```

사원 테이블의 부서ID를 하나씩 대입한다고 할 때, 아직 부서를 배정 받지 않은 성사원은 부서ID로 NULL값을 갖고, NULL은 어떠한 값과도 비교될 수 없으므로 다음과 같이 SQL이 수행되어 결과적으로 최상무만 조회된다.

```
SELECT 사번, 이름
FROM   사원
WHERE  NULL <> '901'   → FALSE
       AND NULL <> '902'   → FALSE
       AND NULL <> '903';  → FALSE
```

| 사번 | 이름 |
|---|---|
| 10006 | 최상무 |

이와 다르게 NOT EXISTS를 사용하면, 서브쿼리의 결과가 FALSE가 되어야 하므로 DEPT_ID가 903 또는 NULL인 경우 모두 FALSE가 되어 결과값으로 최상무와 성사원을 출력하게 되는 것이다.

```
SELECT E.사번, E.이름
FORM   사원 E
WHERE  NOT EXISTS (SELECT 1
                   FROM 부서 D
                   WHERE D.부서ID = E.부서ID
                   AND D.부서명 LIKE '영업%') ;

SELECT E.사번, E.이름
FORM   사원 E
WHERE  NOT EXISTS ( SELECT 1
                    FROM 부서 D
                    WHERE NULL = E.부서ID
                    AND D.부서명 LIKE '영업%') -> FALSE
```

| 사번 | 이름 |
|---|---|
| 10006 | 최상무 |
| 10007 | 성사원 |

서브쿼리 내에서 비교되는 컬럼에 NULL 값이 존재하지 않는다면, NOT IN이나 NOT EXISTS의 결과가 동일하겠지만 NULL을 허용하는 컬럼을 비교하는 경우는 결과가 달라질 수 있으므로 반드시 구분해서 사용해야 한다.

이상으로 조인의 종류와 각각의 처리 방식에 대해 사례를 중심으로 소개하였다. 조인은 일반적으로 복잡하고 어려운 것으로 인식하는 개발자들이 많다. 하지만 모든 일에는 순서가 있듯이 조인도 결국 순서를 밟아 처리하는 과정일 뿐이다. 조인 과정에서 처음으로 접근해야 하는 드라이빙 테이블과 그 다음 테이블과의 관계를 차근차근 짚어나가다 보면 아무리 복잡한 조인이라고 해도 그 원리와 처리 방식을 이해할 수 있다. 다만 사용되고 있는 조인의 종류가 현재 업무에 적합한 방식인지 판단하여 그렇지 않을 경우 적합한 조인 방식과 순서를 채택할 수 있도록 튜닝의 과정을 밟아야 할 것이다.

# 6
# 힌트

## 6.1 개요

앞서 3장에서 SQL의 실행을 위해 옵티마이저가 최적의 실행 계획을 선택한다고 설명하였다. 하지만 옵티마이저가 최적의 실행 계획을 선택하는 데 영향을 주는 요소들이 최적화되어 있지 않거나 DBMS의 버전이 낮아 옵티마이저의 분석 기능이 떨어지는 경우는 옵티마이저가 선택하는 실행 계획 또한 최적화되어 있다고 판단하기 어렵다. 이렇듯 옵티마이저가 성능에 최적화된 실행 계획을 선택하지 못했을 때, 옵티마이저로 하여금 올바른 실행 계획을 수립할 수 있도록 직접 방향을 제시할 수 있는데, 가장 대표적으로 사용할 수 있는 방법이 힌트다.

힌트를 사용하면 옵티마이저의 모드는 물론, 사용할 인덱스, 조인 방식, 스캔 방식까지 제어하는 것이 가능해진다. 옵티마이저의 한계를 사람의 판단으로 조율할 수 있게 해주는 도구라는 측면에서 보면 힌트는 성능 개선을 위해 꼭 필요한 수단이다. 하지만 힌트를 정확하게 이해하지 않고 사용할 경우는 오히려 독이 될 수도 있다. 따라서 힌트의 사용을 결정하기 전에 힌트가 미치는 영향을 충분히 검토하고 신중하게 적용해야 한다. 특히 입력되는 조건값에 따라 다양하게 변하는 SQL을 사용할 때는, 경우의 수를 모두 감안하여 사용하고자 하는 힌트의 적절성을 판단해야 한다. 또한 힌트를 사용하기에 앞서, DBMS의 통계 정보가 정확한지, 필요한 인덱스들이 만들어져 있는지를 우선 확인하는 습관을 길러야 한다. 다음 SQL은 프로젝트에서 실제로 개발자가 힌트를 사용하여 특정 인덱스를 사용하도록 한 경우이다. 총 두 개의 힌트를 사용하여 두 테이블에 대해 특정 인덱스를 사용하도록 제어하고 있다.

**SQL**

```
SELECT COUNT(*)
FROM   (SELECT VQ.*,
               NVL(VQ.sale_amt, 0) - NVL(VQ.real_sale_amt, 0) AMT,
               (중략)
        FROM   (SELECT /*+ INDEX(TD PK_DOC) */
                       VP.*,
                       TD.cust_no,
                       (중략)
                FROM   (SELECT /*+ INDEX(TA PK_MASTER_CHANGE) */
                               TA.cust_no,
                               TA.create_seq,
                               TA.change_date,
                               TA.change_exm_ym,
                               TB.mb_date,
                               TB.inst_no,
                               TC.inst_name
                        FROM   tb_master_change TA,
                               tb_person TB,
                               tb_inst TC
                        WHERE  TA.cust_no = TB.cust_no
                        AND    TA.create_seq = TB.create_seq
                        AND    TB.inst_no = TC.inst_no
                        AND    TC.del_yn = 'Y'
                        AND    TA.split_yn = 'Y'
                        AND    TA.del_yn = 'N'
                        AND    TB.stats_code <= '04'
                        AND    TB.del_yn = 'N'
                        AND    TA.change_code = '03'
                        AND    TA.change_date BETWEEN '20120101' AND '20120926') VP,
                       tb_doc TD
                WHERE  TD.cust_no = VP.cust_no
                AND    TD.real_date = VP.change_date
                AND    TD.real_date BETWEEN '20120101' AND '20120926'
                AND    TD.sale_date > ' '
                AND    TD.sale_amt != 0
                AND    TD.del_yn = 'N') VQ
WHERE  1 = 1) ;
```

**실행 계획**

| call    | count | cpu  | elapsed | disk  | query | current | rows |
|---------|-------|------|---------|-------|-------|---------|------|
| Parse   | 1     | 0.02 | 0.01    | 0     | 0     | 0       | 0    |
| Execute | 1     | 0.00 | 0.00    | 0     | 0     | 0       | 0    |
| Fetch   | 2     | 1.78 | 24.10   | 11910 | 22037 | 0       | 1    |

```
total        4    1.80    24.12    11910    22037    0    1
```

Misses in library cache during parse: 1
Optimizer mode: FIRST_ROWS
Parsing user id: 52
Number of plan statistics captured: 1

```
Rows (1st) Rows (avg) Rows (max)  Row Source Operation
---------- ---------- ----------  ---------------------------------------------------
        1          1          1   SORT AGGREGATE (cr=22037 pr=11910 pw=0 time=24108292 us)
        4          4          4   NESTED LOOPS  (cr=22037 pr=11910 pw=0 time=14130653 us cost=1195 size=59040 card=656)
        4          4          4   NESTED LOOPS  (cr=22031 pr=11910 pw=0 time=14130549 us cost=1194 size=55104 card=656)
        4          4          4   NESTED LOOPS  (cr=22017 pr=11910 pw=0 time=14130335 us cost=1030 size=37392 card=656)
     4124       4124       4124    TABLE ACCESS BY INDEX ROWID TB_DOC (cr=4929 pr=3502 pw=0 time=17743129 us cost=233 size=49383 ca
     9688       9688       9688     INDEX SKIP SCAN PK_DOC (cr=1059 pr=714 pw=0 time=16931930 us cost=219 size=0 card=1762)
        4          4          4    TABLE ACCESS BY INDEX ROWID TB_MASTER_CHANGE (cr=17088 pr=8408 pw=0 time=22583486 us cost=1 size=26 card=1)
     4542       4542       4542     INDEX RANGE SCAN PK_MASTER_CHANGE (cr=12995 pr=4355 pw=0 time=10075393 us cost=1 size=0 card=1)
        4          4          4   TABLE ACCESS BY INDEX ROWID TB_PERSON (cr=14 pr=0 pw=0 time=183 us cost=1 size=27 card=1)
        4          4          4    INDEX UNIQUE SCAN PK_TB_PERSON (cr=10 pr=0 pw=0 time=106 us cost=1 size=0 card=1)(object id 180068)
        4          4          4   INDEX UNIQUE SCAN PK_INST (cr=6 pr=0 pw=0 time=72 us cost=1 size=6 card=1)(object id 192804)
```

**인덱스 구조**

| 테이블 이름 | 인덱스 이름 | 구성 컬럼 |
|---|---|---|
| TB_DOC | IDX2_DOC | BF_CODE, REAL_DDC_EXM_DATE |
|  | PK_DOC | CUST_NO, REAL_DATE, REAL_DDC_SEQ |
| TB_MASTER_CHANGE | IDX1_MASTER_CHANGE | CHANGE_CODE, INST_NO |
|  | IDX2_MASTER_CHANGE | CHANGE_DATE, CHANGE_CODE, INST_NO |
|  | IDX3_MASTER_CHANGE | CHANGE_CHN_SNC_NO |
|  | IDX4_MASTER_CHANGE | CHANGE_CODE, CHANGE_DATE, FNL_MTR_YN, DEL_YN |
|  | PK_MASTER_CHANGE | CUST_NO, CREATE_SEQ, CHANGE_DATE, CHANGE_SEQ, CHANGE_CHN_SEQ |

실행 계획을 확인한 결과, 힌트에서 제시한 인덱스들을 사용해서 조건을 만족하는 데이터들을 검색하고 있었으며, 그 결과 빠를 경우는 2초 안팎, 느릴 경우는 24초까지 수행 시간이 소요되는 것을 볼 수 있다. 그렇다면 이번에는 개발자가 사용한 힌트를 뺀 상태의 실행 계획을 보도록 하자.

**실행 계획**

```
call     count      cpu    elapsed      disk     query   current      rows
-------  ------  -------  ---------  --------  --------  --------  --------
Parse         1     0.01       0.01         0         0         0         0
```

```
Execute      1    0.00    0.00        0         0        0         0
Fetch        2    0.14    0.17       10      4982        0         1
-------  -----  ------  ------  -------  --------  -------  --------
total        4    0.15    0.18       10      4982        0         1

Misses in library cache during parse: 1
Optimizer mode: FIRST_ROWS
Parsing user id: 52
Number of plan statistics captured: 1

Rows (1st) Rows (avg) Rows (max)  Row Source Operation
---------- ---------- ----------  ----------------------------------------------------
         1          1          1  SORT AGGREGATE (cr=4982 pr=10 pw=0 time=175607 us)
         4          4          4   NESTED LOOPS (cr=4982 pr=10 pw=0 time=159981 us cost=683 size=59040 card=656)
         4          4          4    NESTED LOOPS (cr=4976 pr=10 pw=0 time=159902 us cost=682 size=55104 card=656)
         4          4          4     HASH JOIN (cr=4962 pr=10 pw=0 time=159742 us cost=518 size=37392 card=656)
        29         29         29      TABLE ACCESS BY INDEX ROWID TB_MASTER_CHANGE (cr=33 pr=10 pw=0 time=25115 us cost=285 size=17056 card=656)
        29         29         29       INDEX RANGE SCAN IDX4_MASTER_CHANGE (cr=4 pr=2 pw=0 time=16242 us cost=2 size=0 card=1312)
      4124       4124       4124      TABLE ACCESS BY INDEX ROWID TB_DOC (cr=4929 pr=0 pw=0 time=1643425 us cost=233 size=49383)
      9684       9684       9684     TABLE ACCESS BY INDEX ROWID TB_PERSON (cr=14 pr=0 pw=0 time=140 us cost=1 size=27 card=1)762)
         4          4          4      INDEX UNIQUE SCAN PK_PERSON (cr=10 pr=0 pw=0 time=95 us cost=1 size=0 card=1)(object id 180068)
         4          4          4     INDEX UNIQUE SCAN PK_INST (cr=6 pr=0 pw=0 time=49 us cost=1 size=6 card=1)(object id 192804)
```

무엇이 달라졌는가? 힌트를 뺀 결과, 사용하는 인덱스도 조인 방식도 바뀌었다. 언뜻 보아도 힌트가 없는 경우의 실행 시간이나 자원 사용량이 훨씬 적은 것을 알 수 있다. 이처럼 힌트의 잘못된 사용은 빠르게 실행될 수 있는 SQL에게 걸림돌로 작용할 수 있다.

가끔 프로젝트 현장에서 힌트를 사용했는데도 불구하고 원하는 대로 실행되지 않는다는 개발자들의 이야기를 듣곤 한다. 하지만 알아둘 것은, DBMS는 힌트 사용에 문제가 없는 이상 힌트를 무시하지 않는다는 점이다. 힌트를 문법에 맞지 않게 쓰거나 의미상 모순되는 힌트를 쓰는 경우, 힌트를 주석으로 인식하기 때문에 에러를 출력하지 않을 뿐이다. 따라서 힌트를 사용한 경우에는 SQL을 프로그램에 적용하기 전에 실행 계획을 확인하여 쓰고자 한 힌트가 제대로 반영되었는지 확인해야 한다. 그리고 제시한 힌트 대로 실행 계획이 반영되지 않았을 때는 자신이 작성한 힌트에 잘못이 있는지부터 찾아보기 바란다.

## 6.2 힌트의 문법 및 종류

### 6.2.1 문법

힌트를 사용하는 문법은 DBMS에 따라 다르다. 이 책에서는 ORACLE의 힌트를 중심으로 설명하겠다. 힌트는 사용하고자 하는 SELECT, INSERT, UPDATE, DELETE의 바로 뒤에 다음과 같은 두 가지 형식을 활용하여 작성한다.

1) SELECT /*+ 힌트 */ ...
2) SELECT --+ 힌트 ...

주로 많이 사용하는 1)의 형식은 힌트를 한 줄 이상에 걸쳐 작성하고자 할 때 쓰면 되고, 2)의 형식은 힌트를 한 줄에만 작성할 때 쓰면 된다. 일반적으로는 1)의 형식을 많이 쓰므로 이것만 기억해도 무방하며, 이 책에서도 1)의 형식을 사용하여 사례를 소개하겠다.

### 6.2.2 힌트의 종류

ORACLE에서 제공하는 매뉴얼을 보면 힌트의 종류가 얼마나 많은지 알 수 있다. 그 많은 힌트를 암기하는 것은 당연히 불가능하며, 이 책에서도 일일이 모든 힌트를 언급할 생각은 없다. DBMS의 기능이 다양해지고 고급화되면서 힌트는 점점 늘어나고 있고, 그 힌트들을 모두 숙지하는 것은 참으로 힘든 일이 될 것이다. 하지만 다행인 것은 SQL 튜닝을 할 때 정작 사용하는 힌트는 그렇게 많지가 않다. 실제로 프로젝트 현장에서 개발자는 물론이고 튜너들도 그 많은 힌트를 모두 사용하지는 않는다. 이 책을 집필한 튜너들에게 간단한 설문을 통해 의견을 모은 결과, 튜닝을 할 때 없어서는 안 될 힌트로 지목한 힌트가 10개를 넘지 않는다. 이렇듯 유용한 힌트 몇 가지만 정확하게 이해하고 적절히 응용할 수 있으면 누구나 힌트를 사용한 튜닝이 가능하다는 이야기이다. 또 한 가지 강조하고 싶은 점은, 효율적으로 작성한 SQL일수록 힌트를 사용하여 튜닝할 필요가 없다는 점이다. 힌트는 SQL 자체의 개선으로는 도저히 방법이 없는 경우에 쓰는 최후의 수단임을 잊지 말자.

이 장에서는 이 책의 필자들이 프로젝트 현장에서 튜닝을 하면서 자주 사용하는 힌트들을 중심으로 설명하겠다. 그 전에 힌트의 성격과 이 책의 구성을 감안하여 다음과 같이 힌트들을 분류하여 설명하고자 한다.

- 옵티마이저
- 접근 경로 및 인덱스
- 조인
- 기타

## 6.3 힌트의 사용

### 6.3.1 옵티마이저

2장에서 다룬 옵티마이저와 연관이 있는 힌트들을 알아보고 각각의 힌트를 사용하면 실행 계획이 어떻게 달라지는지 예제 SQL을 통해 살펴보자. 이해를 돕기 위해 아래 사원 테이블을 예로 들어 설명하겠다. 참고로 이 회사 사원의 반 이상은 영업팀에서 근무한다고 가정하자.

| 사번 | 이름 | 부서 | 전화번호 | 주소 |
| --- | --- | --- | --- | --- |
| 10001 | 정지혜 | 총무팀 | 010XXXX5671 | 서울시 금천구 |
| 10002 | 김윤성 | 인사팀 | 010XXXX5672 | 서울시 영등포구 |
| 10003 | 권지윤 | 법무팀 | 010XXXX5673 | 대전시 유성구 |
| 10004 | 양용열 | 인사팀 | 010XXXX1234 | 인천시 부평구 |
| 10005 | 김남훈 | 영업팀 | 010XXXX1232 | 서울시 중랑구 |
| 10006 | 한승란 | 영업팀 | 010XXXX1000 | 서울시 강동구 |
| ... | ... | ... | ... | ... |

인덱스 구조

| 테이블 이름 | 인덱스 이름 | 구성 컬럼 |
|---|---|---|
| 사원 | PK_사번 | 사번 |
|  | IX_이름 | 이름 |
|  | IX_부서 | 부서 |
|  | IX_전화번호 | 전화번호 |

## (1) ALL_ROWS

**사용 방법**

/*+ ALL_ROWS */

비용 기반 옵티마이저의 모드 가운데 ALL_ROWS 방식으로 옵티마이저를 설정하는 힌트이다. 앞서 2장에서 설명한 것처럼 이 모드로 SQL을 실행하도록 지시하면 마지막으로 출력될 행까지 최소한의 자원을 사용하여 최대로 빨리 가져오게 하는 실행 계획을 세운다. 아래의 간단한 예를 통해 이해해보자.

**SQL**

```
SELECT /*+ ALL_ROWS */
       e.이름
FROM   사원 e
WHERE  e.부서 = '영업팀';
```

**실행 계획**

```
---------------------------------------------------------------
| Id  | Operation         | Name | Rows  | Bytes | Cost (%CPU)| Time     |
---------------------------------------------------------------
|   0 | SELECT STATEMENT  |      |   100 |  2300 |     4   (0)| 00:00:01 |
|*  1 |  TABLE ACCESS FULL| 사원 |   100 |  2300 |     4   (0)| 00:00:01 |
---------------------------------------------------------------
```

위에서 가정했듯이 이 회사 사원의 반 이상은 영업팀에서 근무한다. 따라서 부서라는 컬럼에 대한 조건을 WHERE절에서 제시했지만 INDEX RANGE SCAN을 하는 것보다 FULL TABLE SCAN을 하는 것이 유리하다고 비용 기반 옵티마이저가 판단하여 위와 같은 실행 계획을 출력한 것을 볼 수가 있다.

## (2) RULE

**사용 방법**

/*+ RULE */

규칙 기반 옵티마이저의 접근 방식을 채택하게 하는 힌트이다. 위에서 사용한 예제에 이 힌트를 사용해보겠다.

**SQL**

```
SELECT /*+ RULE */
       e.이름
FROM   사원 e
WHERE  e.부서 = '영업팀';
```

**실행 계획**

```
-------------------------------------------
| Id | Operation                    | Name  |
-------------------------------------------
|  0 | SELECT STATEMENT             |       |
|  1 | TABLE ACCESS BY INDEX ROWID  | 사원  |
|* 2 |   INDEX RANGE SCAN           | IX_부서|
-------------------------------------------
```

2장에서 언급한 규칙 기반 옵티마이저의 우선순위 15단계를 다시 한 번 정리하면 다음과 같다.

1. ROWID에 의한 단일 행 실행
2. 클러스터 조인에 의한 단일 행 실행
3. HASH CLUSTER KEY에 의한 단일 행 실행
4. UNIQUE KEY 또는 PRIMARY KEY에 의한 단일 행 실행
5. 클러스터 조인

6. HASH CLUSTER KEY

7. INDEXED CLUSTER KEY

8. 결합 인덱스

9. 단일 컬럼 인덱스

10. 인덱스에 의한 컬럼의 BOUNDED RANGE

11. 인덱스에 의한 컬럼의 UNBOUNDED RANGE

12. SORT MERGE JOIN

13. 인덱스로 구성된 컬럼의 MAX 또는 MIN 처리

14. 인덱스로 구성된 컬럼의 ORDER BY

15. FULL TABLE SCAN

이 순위에서 알 수 있듯이 9순위에 있는 단일 컬럼 인덱스를 사용한 검색이 15순위의 FULL TABLE SCAN보다 앞서므로, 이 경우 INDEX RANGE SCAN을 택하게 된다.

### (3) FIRST_ROWS

**사용 방법**

```
/*+ FIRST_ROWS(n) */
```

인수로 사용할 숫자만큼의 행이 빠르게 반환되는 실행 계획을 옵티마이저가 선택하도록 설정하는 힌트다. 이 힌트를 사용하면, 옵티마이저는 FULL TABLE SCAN보다는 INDEX SCAN을 선호하며 SORT MERGE JOIN보다는 NESTED LOOP JOIN을 선호하게 된다. 단, 이 힌트는 DELETE·UPDATE를 비롯하여 그룹핑이나 정렬 작업을 수행하는 SELECT문에서 사용할 경우 무시된다. 또한 이 힌트는 개발자가 직접 사용하는 경우는 거의 드물다.

## 6.3.2 접근 경로 및 인덱스

### (1) INDEX

**사용 방법**

/*+ INDEX(table_name index_name) */

특정 인덱스를 사용하도록 강제로 제어하는 힌트로, SQL 튜닝을 할 때 많이 쓰는 힌트 중 하나다. 반대로 특정 인덱스를 사용하지 않기를 원할 경우에는 NO_INDEX 힌트를 사용할 수 있는데, 이 힌트는 가급적 사용하지 않을 것을 권한다. 또한 인덱스 이름을 명확하게 지정하지 않고 특정 컬럼에 생성된 인덱스를 사용하기를 희망할 경우는 /*+ INDEX(table_name column_name) */와 같이 힌트를 작성해도 무관하지만 같은 컬럼을 선두에 둔 인덱스가 여러 개 있을 수 있으므로 가급적이면 사용할 인덱스 이름을 명확하게 지정하는 것이 좋다. 단, FROM절에서 테이블 이름의 별칭을 선언한 경우는 table_name 대신 별칭을 사용해야 한다.

앞서 사용한 테이블로부터 사번과 이름을 가지고 검색하는 SQL을 다음과 같이 작성했다고 하자.

**SQL**

```
SELECT  e.사번, e.이름, e.전화번호
FROM    사원 e
WHERE   e.전화번호 = :1
        AND e.이름 = :2;
```

**실행 계획**

```
-----------------------------------------------------------------------------------
| Id  | Operation                     | Name   | Rows | Bytes | Cost (%CPU)| Time     |
-----------------------------------------------------------------------------------
|   0 | SELECT STATEMENT              |        |  100 |  2300 |    5   (0)| 00:00:01 |
|   1 |  TABLE ACCESS BY INDEX ROWID  | 사원   |  100 |  2300 |    5   (0)| 00:00:01 |
|*  2 |   INDEX RANGE SCAN            | IX_이름|  100 |       |    1   (0)| 00:00:01 |
-----------------------------------------------------------------------------------
```

작성한 SQL을 실행한 결과, 실행 계획에서 볼 수 있는 것처럼 이름 컬럼에 생성된 인덱스를 사용하여 검색하고 있다. 하지만 같은 이름을 가진 사람이 여러 명 있을 수도 있기 때문에 이 경우 전화번호 컬럼에 만든 IX_전화번호를 인덱스로 활용하는 것이 유리할 것이다. 따라서 다음과 같이 힌트를 사용했다. 실행 계획이 어떻게 바뀌는지 보자.

SQL

```
SELECT /*+INDEX(e IX_전화번호)*/
       e.사번, e.이름, e.전화번호
FROM   사원 e
WHERE  e.전화번호 = :1
       AND e.이름 = :2 ;
```

실행 계획

```
------------------------------------------------------------------------------
| Id  | Operation                   | Name      | Rows | Bytes | Cost (%CPU)| Time     |
------------------------------------------------------------------------------
|   0 | SELECT STATEMENT            |           |  100 |  2300 |     5  (0) | 00:00:01 |
|   1 |  TABLE ACCESS BY INDEX ROWID| 사원       |  100 |  2300 |     5  (0) | 00:00:01 |
|*  2 |   INDEX RANGE SCAN          | IX_전화번호 |  100 |       |     1  (0) | 00:00:01 |
------------------------------------------------------------------------------
```

실제 프로젝트에서 튜닝 업무를 지원하다 보면 INDEX 힌트를 사용하여 성능을 개선하는 사례는 셀 수 없이 많다. 대표적인 사례를 몇 가지 소개하겠다.

가장 먼저 성능 검색에 유리하지 않은 인덱스를 쓰고 있는 SQL에 대해 성능 검색에 유리한 인덱스를 사용하도록 유도한 경우이다.

SQL

```
SELECT login_id,
       user_id,
       (중략)
FROM   tb_org_user
WHERE  login_id = :0
       AND    group_id = :1 ;
```

실행 계획

```
--------------------------------------------------
| Id  | Operation                   | Name      |
```

6장 힌트 **241**

```
---------------------------------------------
|  0 | SELECT STATEMENT                |             |
|  1 |  TABLE ACCESS BY INDEX ROWID| TB_ORG_USER |
|* 2 |   INDEX RANGE SCAN          | IX_ORG_USR1 |
---------------------------------------------
```

인덱스 구조

| 테이블 이름 | 인덱스 이름 | 구성 컬럼 |
|---|---|---|
| TB_ORG_USER | IX_ORG_USR1 | GROUP_ID |
| | IX_ORG_USR4 | NAME |
| | IX_ORG_USR5 | DOMAIN_ID |
| | IX_ORG_USR3 | LOGIN_ID |
| | IX_LOWER_LOGIN_ID | LOWER(LOGIN_ID) |
| | IX_ORG_USR_REGSSN | EX_REGSSN |
| | PK_ORG_USR | USER_ID |
| | IX_ORG_USR2 | CODE |

위 SQL의 경우, WHERE 조건절에서 조건으로 사용하는 컬럼 LOGIN_ID와 GROUP_ID 가운데 LOGIN_ID가 변별력이 훨씬 높은 컬럼임에도 불구하고, GROUP_ID 컬럼에 생성한 IX_ORG_USR1 인덱스를 사용하여 검색하는 것을 실행 계획을 통해 확인하였다. 통상적으로 이런 상황이 발생하는 경우, 두 가지를 원인으로 추정할 수 있다.

하나는 해당 테이블의 통계 정보가 잘못된 경우이고, 다른 하나는 컬럼의 데이터 분포 편차가 큰 경우이다. 첫 번째 경우를 확인하기 위해 테이블의 통계 정보를 살펴본 결과, 당시 데이터의 상태를 정확히 반영하고 있었으므로 두 번째 원인을 의심하여 다음과 같이 GROUP_ID의 데이터 분포를 살펴보았다.

```
SELECT group_id, COUNT(*)
FROM   tb_org_user
GROUP BY group_id;

GROUP_ID                COUNT
------------------- ----------
-2                          2
49                    3192941
44                      29255
47                       2322
50                      55271
```

```
45                138003
48                  4261
46                 17701
 2                    20
```

위 결과에서 볼 수 있는 것처럼 GROUP_ID 값 가운데 일부 값이 지나치게 적어 이 값들을 토대로 실행 계획을 만들다 보니 GROUP_ID에 만든 인덱스를 사용하는 것이 유리하다고 옵티마이저가 판단한 것이다. 이렇게 실행 계획이 세워지면 GROUP_ID의 값으로 '-2' 또는 '2'와 같은 값이 입력되는 경우에는 검색 속도가 빠를 수 있으나 그 외의 값들이 입력되는 경우는 검색 속도가 상대적으로 느려질 것이다. 따라서 GROUP_ID보다 변별력이 높은 LOGIN_ID 컬럼에 생성된 인덱스 IX_ORG_USR3를 사용하도록 다음과 같이 힌트를 사용해야 한다.

SQL

```sql
SELECT /*+ INDEX(TB_ORG_USER IX_ORG_USR3) */
       login_id,
       user_id,
       (중략)
FROM   tb_org_user
WHERE  login_id = :0
       AND group_id = :1 ;
```

실행 계획

```
---------------------------------------------------------
| Id  | Operation                    | Name         |
---------------------------------------------------------
|  0  | SELECT STATEMENT             |              |
|  1  |  TABLE ACCESS BY INDEX ROWID | TB_ORG_USER  |
|* 2  |   INDEX RANGE SCAN           | IX_ORG_USR3  |
---------------------------------------------------------
```

물론 위와 같은 상황에서 IX_ORG_USR1 인덱스를 GROUP_ID + LOGIN_ID로 구성을 변경하는 것 또한 튜닝의 한 방법이 될 수 있다. 하지만 LOGIN_ID + GROUP_ID와 같은 결합 인덱스를 고려하지 않은 이유는, LOGIN_ID 값이 내부적으로 GROUP_ID를 포함하는 값이었기 때문이다. 이처럼 결합 인덱스의 생성을 고려할 때는 컬럼들의 내부적인 의미와 포함 관계에도 주의해야 한다.

## (2) FULL

**사용 방법**

/*+ FULL(table_name) */

특정 테이블에 대해 FULL TABLE SCAN을 하고자 할 때 설정하는 힌트다. INDEX SCAN이 적합하지 않음에도 불구하고 실행 계획에서 INDEX SCAN을 채택하고 있는 경우 주로 사용한다.

**SQL**

```
SELECT  code,
        fname
FROM    tb_unit_code
WHERE   TYPE = 'MAIN'
        AND sub = 'MAIN_R'
        AND usable = 'Y'
ORDER   BY code ;
```

**실행 계획**

```
Rows     Execution Plan
-------  --------------------------------------------------
      0  SELECT STATEMENT    GOAL: CHOOSE
      3  TABLE ACCESS (BY INDEX ROWID) OF 'TB_UNIT_CODE'
    129   INDEX (FULL SCAN) OF 'PK_UNIT_CODE' (UNIQUE)
```

**인덱스 구조**

| 테이블 이름 | 인덱스 이름 | 구성 컬럼 |
|---|---|---|
| TB_UNIT_CODE | PK_UNIT_CODE | CODE |

이 SELECT문에서 사용한 tb_unit_code라는 테이블은 코드 값을 저장하는 작은 사이즈의 테이블이며, 입력 당시에 이미 코드값의 순서대로 데이터가 입력되어 있었다. 하지만 이 경우 ORDER BY절에서 code 컬럼 값을 기준으로 정렬을 하라는 명령을 하고 있어서 이 컬럼에 만들어진 인덱스를 FULL SCAN하고 있다. 따라서 인덱스를 사용하지 않고 테이블 전체를 검색해서 원하는 결과를 얻어오

도록 FULL 힌트를 추가했고, 그 결과 실행 계획은 다음과 같다.

**SQL**

```
SELECT /*+ FULL(TB_UNIT_CODE) */
       code,
       fname
FROM   tb_unit_code
WHERE  TYPE = 'MAIN'
       AND sub = 'MAIN_R'
       AND usable = 'Y'
ORDER BY code ;
```

**실행 계획**

```
Rows       Execution Plan
-------    --------------------------------------------------
      0    SELECT STATEMENT    GOAL: CHOOSE
    129     SORT ORDER BY
    129      TABLE ACCESS FULL OF 'TB_UNIT_CODE'
```

### (3) INDEX_ASC와 INDEX_DESC

**사용 방법**

```
/*+ INDEX_ASC(table_name index_name) */
/*+ INDEX_DESC(table_name index_name) */
```

특정 인덱스를 사용하도록 지정함과 동시에, 인덱스를 읽는 방식을 오름차순 또는 내림차순 형태로 지정할 때 사용하는 힌트들이다. 일반적인 INDEX 힌트가 오름차순을 사용하므로 INDEX_ASC 힌트는 거의 사용하지 않는다. 하지만 그와 반대 기능을 가지고 있는 INDEX_DESC 힌트는 MAX 함수 등의 기능을 대신하여 종종 쓰인다. 간단한 예제를 살펴보자.

**SQL**

```
SELECT /*+ INDEX_DESC(EMP PK_EMP) */
       empno
FROM   emp
WHERE  ROWNUM = 1 ;
```

위의 SQL과 같이 INDEX_DESC와 ROWNUM을 적절히 활용하면 MAX 함수를 사용하는 것과 같은 결과를 도출할 수가 있다. 실제 프로젝트에서 이 힌트를 사용한 사례를 소개하겠다.

**SQL**

```
SELECT  list_no,
        step_seq,
        index_value,
        level,
        SUBSTR(input_date, 5, 2) ||'-' ||SUBSTR(input_date, 7, 2),
        (중략)
FROM    (SELECT list_no,
                step_seq,
                index_value,
                level,
                input_date,
                title,
                hits,
                write_name,
                write_id,
                file_name,
                write_dept,
                ROWNUM ROWNUMS
         FROM   (SELECT *
                 FROM   tb_list
                 WHERE  code = '01'
                 ORDER  BY step_seq DESC))
WHERE   rownums > 0
        AND rownums <= 6 ;
```

**실행 계획**

```
ID      PARENT_ID  KK
------  ---------  -----------------------------------------------------
     0             SELECT STATEMENT
     1         0     VIEW
     2         1       COUNT
     3         2         VIEW
     4         3           SORT ORDER BY
     5         4             TABLE ACCESS FULL TB_LIST
```

이 SQL의 실행 계획을 보면, 우선 적당한 인덱스가 없어서 FULL TABLE SCAN을 하고 있다는 것을 한눈에 알 수 있다. 따라서 4장에서 학습한 인덱스 생성 규칙을 기반으로 하여 WHERE 조건절에 제시한 code 컬럼과 ORDER BY절에 사용한 step_seq 컬럼으로 결합 인덱스를 생성해야 한다. 그리고 위 SQL의 굵은 글씨 부분을 다음과 같이 변경하였다. 결합 인덱스를 생성한 것만으로도 자동적으로 해당 인덱스를 쓸 것으로 보이나 만약의 경우를 대비하여 힌트를 추가한 것이다.

**SQL**

```
SELECT /*+ INDEX_DESC(TB_LIST index_name) */
       *
FROM   tb_list
WHERE  code = '01'
       AND ROWNUM <= 6;
```

이처럼 최대 값 또는 최대 값에 인접한 값들을 추출하고자 할 경우, ORDER BY를 사용하지 않고 INDEX_DESC 함수를 사용해서도 같은 결과를 얻어낼 수 있다.

### (4) INDEX_FFS

**사용 방법**

/*+ INDEX_FFS (table_name index_name) */

INDEX_FFS는 INDEX FAST FULL SCAN을 하도록 유도하는 힌트이다. 앞서 4장에서 설명한 것처럼 SQL문에서 사용하고 있는 컬럼들이 모두 인덱스에 있어서 테이블을 검색하지 않고도 인덱스만으로 검색이 가능한 경우 이 힌트를 사용할 수 있다. 예를 들어 다음과 같은 경우다.

**SQL**

```
SELECT /*+ INDEX_FFS (T1 IX_T1) */ c1
FROM   t1
WHERE  c1 IS NOT NULL;
```

**실행 계획**

```
-----------------------------------------------------------------------
| Id  | Operation            | Name  | Rows | Bytes | Cost (%CPU)| Time     |
-----------------------------------------------------------------------
|   0 | SELECT STATEMENT     |       | 1000 | 4000  |   3   (0)| 00:00:01 |
|*  1 |  INDEX FAST FULL SCAN| IX_T1 | 1000 | 4000  |   3   (0)| 00:00:01 |
-----------------------------------------------------------------------
```

**인덱스 구조**

| 테이블 이름 | 인덱스 이름 | 구성 컬럼 |
|---|---|---|
| T1 | IX_T1 | C1 |

위 SQL은 WHERE절에서 비교하는 컬럼이 C1 하나이면서, SELECT절에서 가져오고자 하는 컬럼도 C1 하나로, 이 값은 IX_T1이라는 인덱스에 저장된 값이다. 이런 경우 테이블을 검색할 필요 없이 인덱스만 검색해도 원하는 결과를 가져올 수 있으므로 INDEX_FFS 힌트를 쓰는 것이 가능하다.

### 6.3.3 조인

#### (1) ORDERED

**사용 방법**

/*+ ORDERED */

조인 순서를 지정하는 대표적인 힌트이자 자주 사용하는 힌트이다. 이 힌트는 FROM절에 기술된 테이블의 순서대로 조인을 처리하도록 한다. 예를 들어 FROM절에 테이블이 A, B, C, D의 순서로 기술되어 있으면 이 순서대로 실제 테이블에 접근하게 된다. 따라서 B, A, C, D의 순서로 처리되기를 바란다면 이 힌트와 함께 FROM절의 테이블 이름을 B, A, C, D의 순서로 기술하면 된다. 아래의 T1, T2 테이블을 C1이라는 컬럼을 기준으로 조인한 결과, T2 → T1의 순서로 처리되는 것을 확인할 수가 있다.

**SQL**

```
SELECT  t1.c1
FROM    t1, t2
WHERE   t1.c1 = t2.c1;
```

실행 계획

```
| Id  | Operation                     | Name    | Rows | Bytes | Cost (%CPU)| Time     |
-----------------------------------------------------------------------------------------
|  0  | SELECT STATEMENT              |         | 1000 | 51000 |   6   (17) | 00:00:01 |
|  1  |  NESTED LOOPS                 |         | 1000 | 51000 |   6   (17) | 00:00:01 |
|  2  |   TABLE ACCESS FULL           | T2      | 1000 | 27000 |   4    (0) | 00:00:01 |
|  3  |   TABLE ACCESS BY INDEX ROWID | T1      |    1 |    24 |   1    (0) | 00:00:01 |
|* 4  |    INDEX UNIQUE SCAN          | T1_C1_PK|    1 |       |   0    (0) | 00:00:01 |
```

이 SQL에 ORDERED 힌트를 사용해보자.

**SQL**

```
SELECT  /*+ ORDERED */
        t1.c1
FROM    t1, t2
WHERE   t1.c1 = t2.c1 ;
```

실행 계획

```
| Id  | Operation                     | Name    | Rows | Bytes | Cost (%CPU)| Time     |
-----------------------------------------------------------------------------------------
|  0  | SELECT STATEMENT              |         | 1000 | 51000 |   7   (15) | 00:00:01 |
|  1  |  MERGE JOIN                   |         | 1000 | 51000 |   7   (15) | 00:00:01 |
|  2  |   TABLE ACCESS BY INDEX ROWID | T1      |  100 |  2400 |   2    (0) | 00:00:01 |
|  3  |    INDEX FULL SCAN            | T1_C1_PK|  100 |       |   1    (0) | 00:00:01 |
|* 4  |   SORT JOIN                   |         | 1000 | 27000 |   5   (20) | 00:00:01 |
|  5  |    TABLE ACCESS FULL          | T2      | 1000 | 27000 |   4    (0) | 00:00:01 |
```

ORDERED 힌트를 쓰면 무조건 FROM절에 나열한 테이블의 순서대로 처리를 진행하기 때문에 이 경우 T1 → T2의 순서로 처리를 하는 것을 볼 수 있다.

관계형 DBMS에서 SQL을 작성하다 보면 여러 테이블 사이의 조인 작업을 자주 수행하게 되는데, 심한 경우 10개 이상의 테이블을 조인하는 경우도 종종 볼 수가 있다. 이렇게 여러 테이블을 조인해야 하는 경우, 조인을 수행하는 순서가 SQL의 성능에 중요한 영향을 끼치게 되므로 반드시 유리한 조인 순서가 있다면 ORDERED 힌트를 사용하여 조인 순서를 고정시키는 것이 좋다. 다음 SQL을 보자.

**SQL**

```
SELECT RANK() OVER(ORDER BY TB.class_code, TA.dept_code, TA.sales_no) AS SALES_SEQ,
       TA.pym_date,
       TB.class_code,
       VC.code_name,
       (중략)
FROM   tb_pay TA,
       tb_address TB,
       (SELECT code,
               code_name
          FROM  tb_code
          WHERE code_gubun = 'MAIN'
            AND code LIKE 'A2%'
            AND del_yn = 'N') VC,
       (SELECT code,
               code_name
          FROM  tb_code
          WHERE code_gubun = 'DEPT'
            AND del_yn = 'N') VD
WHERE  TA.sales_no = TB.sales_no
   AND TB.class_code = VC.code
   AND TA.dept_code = VD.code
   AND TA.pym_date = '20120622';
```

**실행 계획**

```
call     count       cpu    elapsed       disk      query    current       rows
-------  ------  --------  ---------  ---------  ---------  ---------  ---------
Parse        1      0.01       0.00          0          0          0          0
Execute      1      0.00       0.00          0          0          0          0
Fetch        2    227.58     228.83          2    1153926          0          1
-------  ------  --------  ---------  ---------  ---------  ---------  ---------
total        4    227.59     228.84          2    1153926          0          1

Misses in library cache during parse: 1
Optimizer mode: FIRST_ROWS
Parsing user id: 52
Number of plan statistics captured: 1

Rows (1st) Rows (avg) Rows (max)  Row Source Operation
---------- ---------- ----------  ----------------------------------------
         1          1          1  SORT AGGREGATE (cr=1153926 pr=2 pw=0 time=228838683 us)
        93         93         93   NESTED LOOPS (cr=1153926 pr=2 pw=0 time=388858428 us cost=18 size=91 card=1)
      5236       5236       5236    NESTED LOOPS (cr=1150632 pr=2 pw=0 time=901315 us cost=17 size=71 card=1)
```

```
    420         420         420      MERGE JOIN CARTESIAN (cr=13 pr=2 pw=0 time=11348 us cost=2 size=42 card=1)
     28          28          28        TABLE ACCESS BY INDEX ROWID TB_CODE (cr=5 pr=2 pw=0 time=9132 us cost=1 size=21 card=1)
     28          28          28         INDEX RANGE SCAN PK_CODE (cr=2 pr=0 pw=0 time=249 us cost=1 size=0 card=1)(object id 36283)
    420         420         420        BUFFER SORT (cr=8 pr=0 pw=0 time=756 us cost=1 size=126 card=6)
     15          15          15         TABLE ACCESS BY INDEX ROWID TB_CODE (cr=8 pr=0 pw=0 time=155 us cost=1 size=126 card=6)
     15          15          15          INDEX RANGE SCAN PK_CODE (cr=2 pr=0 pw=0 time=20 us cost=1 size=0 card=7)(object id 36283)
   5236        5236        5236      TABLE ACCESS BY INDEX ROWID TB_PAY (cr=1150619 pr=0 pw=0 time=228789356 us cost=17 size=29 card=1)
   5236        5236        5236       BITMAP CONVERSION TO ROWIDS (cr=1148715 pr=0 pw=0 time=228757332 us)
    224         224         224        BITMAP AND  (cr=1148715 pr=0 pw=0 time=228752888 us)
    420         420         420         BITMAP CONVERSION FROM ROWIDS (cr=13 pr=0 pw=0 time=135450 us)
  78540       78540       78540         SORT ORDER BY (cr=13 pr=0 pw=0 time=135155 us)
  78952       78952       78952         BITMAP CONVERSION FROM ROWIDS (cr=1148702 pr=0 pw=0 time=216146293 us)st=1 size=0 card=2996)
 508462220  508462220  508462220          INDEX RANGE SCAN IDX2_PAY (cr=1148702 pr=0 pw=0 time=283912223 us cost=9 size=0 card=2996)
     93          93          93      INDEX UNIQUE SCAN PK_ADDRESS (cr=3294 pr=0 pw=0 time=25516 us cost=1 size=20 card=1)(object id 36854)
```

실행 시간이 200초가 넘게 걸렸던 위 SQL은, WHERE절의 TA.pym_date = '20120622'라는 조건이 있음에도 불구하고 FROM절에서 사용한 서브쿼리의 처리를 먼저 하다 보니 정작 성능 검색에 유리한 인덱스나 조인 순서를 사용할 수 없게 된 경우다. 따라서 검색 조건이 제시된 TA 테이블을 드라이빙 테이블로 하되 WHERE절의 조인 조건인 TA.sales_no = TB.sales_no와 TB.class_code = VC.code를 감안하여 TA → TB → TC → TD의 순서로 조인하는 것이 이 SQL의 처리에 유리할 것이다. 따라서 다음과 같이 ORDERED 힌트를 사용하여 FROM절에 기술된 테이블 및 서브쿼리의 순서로 처리될 것을 유도했다. 그 결과 200초 이상 소요되던 검색 시간이 0.01초로 줄어든 것을 확인할 수 있다.

**SQL**

```
SELECT /*+ ORDERED */
       RANK() OVER(ORDER BY TB.class_code, TA.dept_code, TA.sales_no) AS SALES_SEQ,
       TA.pym_date,
       TB.class_code,
       VC.code_name,
       (중략)
FROM   tb_pay TA,
       tb_address TB,
       (SELECT code,
               code_name
        FROM   tb_code
        WHERE  code_gubun = 'MAIN'
               AND code LIKE 'A2%'
               AND del_yn = 'N') VC,
       (SELECT code,
               code_name
```

```
          FROM    tb_code
          WHERE   code_gubun = 'DEPT'
                  AND del_yn = 'N') VD
WHERE  TA.sales_no = TB.sales_no
       AND TB.class_code = VC.code
       AND TA.dept_code = VD.code
       AND TA.pym_date = '20120622';
```

**실행 계획**

```
call     count    cpu      elapsed   disk    query   current   rows
-------  -------  -------  --------  ------  ------  --------  ------
Parse    1        0.01     0.00      0       0       0         0
Execute  1        0.00     0.00      0       0       0         0
Fetch    2        0.00     0.00      0       320     0         1
-------  -------  -------  --------  ------  ------  --------  ------
total    4        0.01     0.01      0       320     0         1

Misses in library cache during parse: 1
Optimizer mode: FIRST_ROWS
Parsing user id: 52
Number of plan statistics captured: 1

Rows (1st) Rows (avg) Rows (max)  Row Source Operation
---------- ---------- ----------  ----------------------------------------
         1          1          1  SORT AGGREGATE (cr=320 pr=0 pw=0 time=3684 us)
         0          0          0   NESTED LOOPS  (cr=320 pr=0 pw=0 time=3669 us)
         0          0          0    NESTED LOOPS  (cr=320 pr=0 pw=0 time=3663 us cost=4 size=69 card=1)
        93         93         93     NESTED LOOPS  (cr=311 pr=0 pw=0 time=1678 us cost=3 size=48 card=1)
        93         93         93      NESTED LOOPS  (cr=209 pr=0 pw=0 time=351 us cost=2 size=27 card=1)
       187        187        187       TABLE ACCESS BY INDEX ROWID TB_PAY (cr=170 pr=0 pw=0 time=3375 us cost=1 size=2618 card=187)
       187        187        187        INDEX RANGE SCAN IDX1_PAY (cr=4 pr=0 pw=0 time=191 us cost=1 size=0 card=1)(object id 109023)
        93         93         93       INDEX RANGE SCAN PK_ADDRESS (cr=39 pr=0 pw=0 time=941 us cost=1 size=13 card=1)(object id 36854)
        93         93         93      TABLE ACCESS BY INDEX ROWID TB_CODE (cr=102 pr=0 pw=0 time=661 us cost=1 size=21 card=1)
        93         93         93      INDEX UNIQUE SCAN PK_CODE (cr=9 pr=0 pw=0 time=303 us cost=1 size=0 card=1)(object id 36283)
         0          0          0    INDEX UNIQUE SCAN PK_CODE (cr=9 pr=0 pw=0 time=200 us cost=1 size=0 card=1)(object id 36283)
         0          0          0   TABLE ACCESS BY INDEX ROWID TB_CODE (cr=0 pr=0 pw=0 time=0 us cost=1 size=21 card=1)
```

## (2) LEADING

**사용 방법**

/*+ LEADING(table_name  table_name…)*/

조인 순서를 지정하는 또 다른 힌트인 LEADING을 소개하겠다. ORDERED 힌트가 FROM절에 등장하는 테이블의 순서대로 처리하게 하는 반면, LEADING 힌트는 FROM절에 기술된 테이블 순서와 관계없이 힌트에 직접 조인 순서를 기술한다. 주로, 드라이빙 테이블을 변경하고자 할 때 사용한다.

ORDERED 힌트를 설명하면서 예로 들었던 예시를 다시 한 번 보자.

**SQL**

```
SELECT  t1.c1
FROM    t1, t2
WHERE   t1.c1 = t2.c1;
```

**실행 계획**

```
| Id | Operation                    | Name    | Rows | Bytes | Cost (%CPU)| Time     |
--------------------------------------------------------------------------------------
|  0 | SELECT STATEMENT             |         | 1000 | 51000 |    6  (17) | 00:00:01 |
|  1 |  NESTED LOOPS                |         | 1000 | 51000 |    6  (17) | 00:00:01 |
|  2 |   TABLE ACCESS FULL          | T2      | 1000 | 27000 |    4   (0) | 00:00:01 |
|  3 |   TABLE ACCESS BY INDEX ROWID| T1      |    1 |    24 |    1   (0) | 00:00:01 |
|* 4 |    INDEX UNIQUE SCAN         | T1_C1_PK|    1 |       |    0   (0) | 00:00:01 |
```

T2 → T1의 순서로 처리되는 것을 T1 → T2의 순서로 바꾸길 바라면서 LEADING 힌트를 쓰려고 한다면 /*+ LEADING(T1)*/ 또는 /*+ LEADING(T1 T2)*/를 사용하면 FROM절에 기술한 테이블의 나열 순서와 관계 없이 T1 → T2의 순서로 처리하는 실행 계획을 보여주게 된다. 실제 프로젝트에서 LEADING 힌트를 사용하여 성능을 개선한 사례를 살펴보자.

**SQL**

```
SELECT *
FROM   (SELECT INNER_TABLE.*,
               ROWNUM AS ROW_SEQ
        FROM   (SELECT TA.cust_no,
                       TA.cust_doc_no,
                       TC.cust_name,
                       TC.cust_r_no,
                       TB.pay_amt,
                       (중략)
                FROM   tb_doc_data TA,
                       tb_doc_cnt TB,
                       tb_person TC
                WHERE  TA.doc_no = TB.doc_no
                AND    TA.cust_no = TC.cust_no
                AND    TB.del_yn = 'Y'
                AND    TB.class_code = '2'
```

```
                   ORDER BY TC.cust_name) INNER_TABLE
         WHERE ROWNUM <= 100)
WHERE   row_seq BETWEEN 1 AND 100 ;
```

**실행 계획**

```
call       count      cpu    elapsed    disk      query     current      rows
-------    ------   ------   --------   ------   --------   --------   --------
Parse         1      0.01      0.00        0          0           0          0
Execute       1      0.00      0.00        0          0           0          0
Fetch         8    166.45    205.90    14407   40265856           0        100
-------    ------   ------   --------   ------   --------   --------   --------
total        10    166.46    205.91    14407   40265856           0        100

Misses in library cache during parse: 1
Optimizer mode: FIRST_ROWS
Parsing user id: 52
Number of plan statistics captured: 1

Rows (1st) Rows (avg) Rows (max)  Row Source Operation
---------- ---------- ----------  -------------------------------------------------
       100        100        100  VIEW (cr=40265856 pr=14407 pw=0 time=36265002 us cost=12070647 size=7072 card=52)
       100        100        100   COUNT STOPKEY (cr=40265856 pr=14407 pw=0 time=36264981 us)
       100        100        100    VIEW (cr=40265856 pr=14407 pw=0 time=36264971 us cost=12070647 size=6396 card=52)
       100        100        100     NESTED LOOPS (cr=40265856 pr=14407 pw=0 time=36264958 us)
       167        167        167      NESTED LOOPS (cr=40265707 pr=14407 pw=0 time=346332380 us cost=12070647 size=6188 card=52)
       167        167        167       NESTED LOOPS (cr=40265690 pr=14407 pw=0 time=346327429 us cost=12070542 size=15257 card=209)
   2516254    2516254    2516254        TABLE ACCESS BY INDEX ROWID TB_PERSON (cr=2521873 pr=14407 pw=0 time=59047974 us cost=834679 size=
   2516254    2516254    2516254         INDEX FULL SCAN IDX1_PERSON (cr=10576 pr=0 pw=0 time=6302492 us cost=3505 size=0 card=3183024)
       167        167        167        TABLE ACCESS FULL TB_DOC_DATA (cr=37743817 pr=0 pw=0 time=140855435 us cost=4 size=28 card=1)
       167        167        167      INDEX RANGE SCAN PK_DOC_CNT (cr=17 pr=0 pw=0 time=4377 us cost=1 size=0 card=1)(object id 158353)
       100        100        100     TABLE ACCESS BY INDEX ROWID TB_DOC_CNT (cr=149 pr=0 pw=0 time=6035 us cost=1 size=46 card=1)
```

이 SQL의 실행 계획을 확인한 결과, 테이블 tb_person(별칭 TC) → tb_doc_data(별칭 TA) → tb_doc_cnt(별칭 TB)의 순서로 처리되는 것을 확인했다. 옵티마이저가 테이블 TC를 드라이빙 테이블로 선택한 이유는, ORDER BY절에서 TC 테이블의 cust_name 컬럼을 기준으로 정렬 작업을 하고 있기 때문인데, 그보다는 WHERE 조건절에 제시된 TB.class_code = '2'라는 조건이 변별력이 높은 조건이라서 B 테이블을 드라이빙 테이블로 하는 것이 더 유리하므로 /*+ LEADING(TB)*/ 힌트를 추가했다. 단, 이 경우 드라이빙 테이블이 될 TB 테이블의 데이터 전체 건수가 많지 않아 class_code 컬럼에 별도의 인덱스를 생성하지는 않았다. 이렇게 튜닝한 결과, 다음과 같이 드라이빙 테이블이 변경되어 사용하는 자원 및 실행 시간이 줄어들었다.

**SQL**

```
SELECT  *
FROM    (SELECT INNER_TABLE.*,
                ROWNUM AS ROW_SEQ
         FROM   (SELECT /*+ LEADING(TB)*/
                        TA.cust_no,
                        TA.cust_doc_no,
                        TC.cust_name,
                        TC.cust_r_no,
                        TB.pay_amt,
                        (중략)
                 FROM   tb_doc_data TA,
                        tb_doc_cnt TB,
                        tb_person TC
                 WHERE  TA.doc_no = TB.doc_no
                 AND    TA.cust_no = TC.cust_no
                 AND    TB.del_yn = 'Y'
                 AND    TB.class_code = '2'
                 ORDER  BY TC.cust_name) INNER_TABLE
         WHERE  ROWNUM <= 100)
WHERE   row_seq BETWEEN 1 AND 100 ;
```

**실행 계획**

```
call     count   cpu      elapsed    disk    query   current   rows
-------  -----   ------   --------   -----   -----   -------   -----
Parse    1       0.00     0.00       0       0       0         0
Execute  1       0.00     0.00       0       0       0         0
Fetch    8       0.01     0.00       0       537     0         100
-------  -----   ------   --------   -----   -----   -------   -----
total    10      0.01     0.01       0       537     0         100

Misses in library cache during parse: 1
Optimizer mode: FIRST_ROWS
Parsing user id: 52
Number of plan statistics captured: 1

Rows (1st) Rows (avg) Rows (max)  Row Source Operation
---------- ---------- ----------  --------------------------------------
       100        100        100  VIEW  (cr=537 pr=0 pw=0 time=7652 us cost=32 size=7072 card=52)
       100        100        100   COUNT STOPKEY (cr=537 pr=0 pw=0 time=7643 us)
       100        100        100    VIEW  (cr=537 pr=0 pw=0 time=7637 us cost=32 size=6396 card=52)
       100        100        100     SORT ORDER BY STOPKEY (cr=537 pr=0 pw=0 time=7634 us cost=32 size=6188 card=52)
       129        129        129      NESTED LOOPS  (cr=537 pr=0 pw=0 time=6393 us)
       129        129        129       NESTED LOOPS  (cr=408 pr=0 pw=0 time=5356 us cost=31 size=6188 card=52)
       129        129        129        NESTED LOOPS  (cr=148 pr=0 pw=0 time=2829 us cost=18 size=3848 card=52)
       129        129        129         TABLE ACCESS FULL TB_DOC_CNT (c~=15 pr=0 pw=0 time=807 us cost=5 size=2392 card=52)
       129        129        129         TABLE ACCESS BY INDEX ROWID TB_DOC_DATA (cr=133 pr=0 pw=0 time=1537 us cost=1 size=28 card=1)
```

```
        129       129       129            INDEX UNIQUE SCAN PK_DOC_DATA (cr=4 pr=0 pw=0 time=1010 us cost=1 size=0 card=1)
        129       129       129            INDEX UNIQUE SCAN PK_PERSON (cr=260 pr=0 pw=0 time=3935 us cost=1 size=0 card=1)
        129       129       129            TABLE ACCESS BY INDEX ROWID TB_PERSON (cr=129 pr=0 pw=0 time=1057 us cost=1 size=45 card=1)
```

## (3) USE_NL

### 사용 방법

/*+ USE_NL(table_name   table_name …)*/

조인 방식 중 NESTED LOOP JOIN의 사용을 지정하는 힌트다. 반대로 NESTED LOOP JOIN을 사용하지 않기를 원하는 경우 NO_USE_NL 힌트를 사용하여 강제로 제어할 수 있다. 프로젝트에서 이 힌트를 사용해서 튜닝한 사례를 보자.

### SQL

```
SELECT COUNT(*)
FROM   (SELECT TD.cust_r_no,
               TD.cust_name,
               TD.cust_no,
               TA.line_no,
               TA.line_date,
               TA.line_class_code,
               TA.line_amt,
               TB.line_pay_code,
               TC.input_date,
               TC.update_date,
               SUM(TB.line_amt) AS line_amt
        FROM   tb_master_line TA,
               tb_pay TB,
               tb_input_doc TC,
               tb_person TD,
               tb_person_detail TE,
               tb_customer TF
        WHERE  TA.line_no = TB.line_no
               AND TA.cust_no = TB.cust_no
               AND TB.cust_no = TC.cust_no
               AND TA.cust_no = TD.cust_no
               AND TB.cust_no = TD.cust_no
               AND TC.cust_no = TD.cust_no
               AND TC.cust_no = TE.main_cust_no
               AND TB.inst_no = TE.main_inst_no
               AND TE.main_inst_no = TF.main_inst_no
               AND TB.line_pay_code <> '05'
               AND TA.line_date BETWEEN '20120101' AND '20120921'
               AND TF.main_inst_code = 'A00003'
```

```
        GROUP  BY  TD.cust_r_no,
                   TD.cust_name,
                   TA.line_no,
                   TA.line_date,
                   TA.line_class_code,
                   TA.line_amt,
                   TD.cust_no,
                   TB.line_pay_code,
                   TC.input_date,
                   TC.update_date
        ORDER  BY  TA.line_date,
                   TD.cust_r_no,
                   TD.cust_name,
                   TA.line_no);
```

**실행 계획**

```
call      count    cpu     elapsed   disk    query    current    rows
-------   ------   -----   -------   -----   ------   --------   ----
Parse     1        0.20    0.20      0       0        0          0
Execute   1        0.00    0.00      0       0        0          0
Fetch     2        0.60    2.86      6115    9726     0          1
-------   ------   -----   -------   -----   ------   --------   ----
total     4        0.80    3.06      6115    9726     0          1
```

Misses in library cache during parse: 1
Optimizer mode: FIRST_ROWS
Parsing user id: 52
Number of plan statistics captured: 1

```
Rows (1st) Rows (avg) Rows (max)  Row Source Operation
---------  ---------  ---------   ---------------------------------------------------
    1          1          1       SORT AGGREGATE (cr=9726 pr=6115 pw=0 time=2860319 us)
    0          0          0        VIEW  (cr=9726 pr=6115 pw=0 time=2860295 us cost=3380 size=6 card=1)
    0          0          0         HASH GROUP BY (cr=9726 pr=6115 pw=0 time=2860289 us cost=3380 size=187 card=1)
    0          0          0          NESTED LOOPS  (cr=9726 pr=6115 pw=0 time=2860144 us)
  504        504        504           NESTED LOOPS (cr=9694 pr=6112 pw=0 time=2462443 us cost=3379 size=187 card=1)
  504        504        504            NESTED LOOPS (cr=9399 pr=6106 pw=0 time=2452613 us cost=3378 size=146 card=1)
  257        257        257             NESTED LOOPS (cr=8785 pr=5815 pw=0 time=6203828 us cost=3112 size=55328 card=532)
  257        257        257              HASH JOIN  (cr=8012 pr=5815 pw=0 time=6197116 us cost=2979 size=30856 card=532)
 2139       2139       2139               NESTED LOOPS (cr=2090 pr=0 pw=0 time=462232 us)
 2139       2139       2139                NESTED LOOPS (cr=17 pr=0 pw=0 time=4184 us cost=1402 size=168857 card=5447)
    2          2          2                 TABLE ACCESS BY INDEX ROWID TB_CUSTOMER (cr=3 pr=0 pw=0 time=127 us cost=1 size=420 card=35)
    2          2          2                  INDEX RANGE SCAN IDX1_CUSTOMER (cr=2 pr=0 pw=0 time=96 us cost=1 size=0 card=35)(object id)
 2139       2139       2139                 INDEX RANGE SCAN IDX1_PERSON_DETAIL (cr=14 pr=0 pw=0 time=3237 us cost=1 size=0 card=166)(object id
 2139       2139       2139                TABLE ACCESS BY INDEX ROWID TB_PERSON_DETAIL (cr=2073 pr=0 pw=0 time=462524 us cost=40 size=2964 =15
201716    201716     201716               TABLE ACCESS FULL TB_INPUT_DOC (cr=5922 pr=5815 pw=0 time=92900 us cost=1575 size=5456592 card=202
  257        257        257              TABLE ACCESS BY INDEX ROWID TB_PERSON (cr=773 pr=0 pw=0 time=8248 us cost=1 size=46 card=1)
  257        257        257               INDEX UNIQUE SCAN PK_PERSON (cr=516 pr=0 pw=0 time=2946 us cost=1 size=0 card=1)(object id 1
  504        504        504             TABLE ACCESS BY INDEX ROWID TB_PAY (cr=614 pr=291 pw=0 time=1989376 us cost=1 size=42 card=1)
  552        552        552              INDEX RANGE SCAN IDX3_PAY (cr=556 pr=250 pw=0 time=1132273 us cost=1 size=0 card=1)
  504        504        504            INDEX UNIQUE SCAN PK_MASTER_LINE (cr=295 pr=6 pw=0 time=35911 us cost=1 size=0 card=1)(object id
    0          0          0           TABLE ACCESS BY INDEX ROWID TB_MASTER_LINE (cr=32 pr=3 pw=0 time=21494 us cost=1 size=41 card=1)
```

### 인덱스 구조

| 테이블 이름 | 인덱스 이름 | 구성 컬럼 |
|---|---|---|
| TB_INPUT_DOC | IDX2_INPUT_DOC | BF_CODE, REAL_EXM_DATE |
|  | PK_TB_INPUT_DOC | CUST_NO, REAL_DATE, REAL_DDC_OCR_SEQ |

실행 계획에서 볼 수 있는 것처럼 이 SQL은 TF → TE → TC → …의 순서로 조인을 수행하는데, TF와 TE를 조인할 때는 NESTED LOOP JOIN을 사용하고 있으나 TC를 조인할 때는 HASH JOIN을 수행하여 20만 건이 넘는 레코드를 전부 읽고 있는 것을 볼 수 있다. TF와 TE를 조인한 결과 추출된 결과가 2,000건 정도로, 이 경우 HASH JOIN보다는 NESTED LOOP JOIN이 유리하므로 /*+ USE_NL(TC) */ 힌트를 추가하면 다음과 같이 실행 계획이 변경되면서 수행 시간 및 자원 사용량이 줄어든 것을 확인할 수 있다.

### 실행 계획

```
call     count       cpu    elapsed       disk      query    current       rows
------- ------  --------  ---------- ---------- ---------- ----------  ----------
Parse        1      0.20        0.20          0          0          0           0
Execute      1      0.00        0.00          0          0          0           0
Fetch        2      0.05        0.05          0       7631          0           1
------- ------  --------  ---------- ---------- ---------- ----------  ----------
total        4      0.25        0.25          0       7631          0           1

Misses in library cache during parse: 1
Optimizer mode: FIRST_ROWS
Parsing user id: 52
Number of plan statistics captured: 1

Rows (1st) Rows (avg) Rows (max)  Row Source Operation
---------- ---------- ----------  ---------------------------------------------------
         1          1          1  SORT AGGREGATE (cr=7631 pr=0 pw=0 time=56782 us)
         0          0          0   VIEW  (cr=7631 pr=0 pw=0 time=56764 us cost=4528 size=6 card=1)
         0          0          0    HASH GROUP BY (cr=7631 pr=0 pw=0 time=56758 us cost=4528 size=187 card=1)
         0          0          0     NESTED LOOPS  (cr=7631 pr=0 pw=0 time=56609 us)
       504        504        504      NESTED LOOPS  (cr=7599 pr=0 pw=0 time=9438 us cost=4527 size=187 card=1)
       504        504        504       NESTED LOOPS  (cr=7304 pr=0 pw=0 time=5647 us cost=4526 size=146 card=1)
       257        257        257        NESTED LOOPS  (cr=6718 pr=0 pw=0 time=30035 us cost=4260 size=55328 card=532)
       257        257        257         NESTED LOOPS  (cr=5945 pr=0 pw=0 time=24797 us cost=4127 size=30856 card=532)
      2139       2139       2139          NESTED LOOPS  (cr=2090 pr=0 pw=0 time=16385 us cost=1402 size=168857 card=5447)
         2          2          2           TABLE ACCESS BY INDEX ROWID TB_CUSTOMER (cr=3 pr=0 pw=0 time=117 us cost=1 size=420 card=35)
      2139       2139       2139           TABLE ACCESS BY INDEX ROWID TB_PERSON_DETAIL (cr=2087 pr=0 pw=0 time=15913 us cost=40 size=296
```

```
2257       2257       2257        TABLE ACCESS BY INDEX ROWID TB_INPUT_DOC (cr=3855 pr=0 pw=0 time=24960 us cost=1 size=27 card=1)d
 257        257        257         TABLE ACCESS BY INDEX ROWID TB_PERSON (cr=773 pr=0 pw=0 time=5857 us cost=1 size=46 card=1)ct id
 257        257        257          INDEX UNIQUE SCAN PK_PERSON (cr=516 pr=0 pw=0 time=2584 us cost=1 size=0 card=1)(object id 1
 504        504        504        TABLE ACCESS BY INDEX ROWID TB_PAY (cr=586 pr=0 pw=0 time=6386 us cost=1 size=42 card=1)
 552        552        552         INDEX RANGE SCAN IDX3_PAY (cr=528 pr=0 pw=0 time=3806 us cost=1 size=0 card=1)(object id 1896
 504        504        504        INDEX UNIQUE SCAN PK_MASTER_LINE (cr=295 pr=0 pw=0 time=1862 us cost=1 size=0 card=1)(object id 200688)
   0          0          0        TABLE ACCESS BY INDEX ROWID TB_MASTER_LINE (cr=32 pr=0 pw=0 time=835 us cost=1 size=41 card=1)
```

위의 사례에서처럼 USE_NL 힌트를 단독으로 사용하는 경우도 있긴 하지만, 이 힌트는 대부분 위에서 학습한 ORDERED나 LEADING과 같은 조인 순서를 지정하는 힌트와 함께 사용하는 것이 일반적이다. 단순히 조인 방법만 제시하는 경우, 의도하지 않게 다른 테이블과 조인을 하는 방식으로 변경되어 버리는 경우가 종종 발생하기 때문이다. 정확하게 어떤 테이블과 어떤 방식으로 조인하게 할 것인지를 명시하는 것이 좀 더 명확한 튜닝이다.

### (3) USE_HASH

**사용 방법**

```
/*+ USE_HASH(table_name  table_name …)*/
```

조인 방식 중 HASH JOIN의 사용을 지정하는 힌트다. HASH JOIN으로 처리하는 것이 유리한 상황에서 NESTED LOOP JOIN 등의 다른 방식으로 처리하고 있는 경우, 이 힌트를 사용하여 HASH JOIN을 유도할 수 있다. 반대로 HASH JOIN을 사용하지 않기를 원하는 경우 NO_USE_HASH 힌트를 사용하여 강제로 제어할 수 있다. 실제 프로젝트에서 이 힌트를 사용하여 개선을 꾀한 사례를 살펴보자.

**SQL**

```
SELECT TA.manage_no,
       TC.clss_code,
       TB.cust_code
FROM   tb_master_02 TA,
       tb_customer TB,
       tb_detail TC
```

```
WHERE   TA.manage_no = TB.cust_no
        AND TA.manage_no = TC.cust_no
        AND TC.clss_code = '1'
        AND TB.apply_date = '99991231'
        AND TA.del_yn = 'N'
ORDER   BY TA.manage_no;
```

**실행 계획**

```
SELECT STATEMENT
0   SORT ORDER BY
1     NESTED LOOPS
2       NESTED LOOPS
3         TABLE ACCESS FULL TB_CUSTOMER
3         TABLE ACCESS BY INDEX ROWID TB_MASTER_02
5           INDEX UNIQUE SCAN PK_MASTER_02
2       TABLE ACCESS BY INDEX ROWID TB_DETAIL
7         INDEX UNIQUE SCAN PK_DETAIL
```

실행 계획에서 확인할 수 있는 것처럼 드라이빙 테이블로 tb_customer(별칭 TB) 테이블이 선택되었다. TB 테이블의 검색 조건으로는 TB.apply_date = '99991231'이라는 조건이 제시되었는데, 문제는 이 테이블에 있는 데이터 대부분이 이 조건을 만족한다는 것이다. 드라이빙 테이블의 검색 결과가 많은 경우, INNER TABLE과 조인을 수행할 때 NESTED LOOP JOIN보다는 HASH JOIN을 수행하는 것이 유리하나, 이 실행 계획에서는 NESTED LOOP JOIN을 선택하고 있었다. 따라서 다음과 같이 힌트를 추가하여 HASH JOIN을 유도해야 한다.

**SQL**

```
SELECT /*+ ORDERED USE_HASH(TC TA TB) */
        TA.manage_no,
        TC.clss_code,
        TB.cust_code
FROM    tb_detail TC ,
        tb_master_02 TA,
        tb_customer TB
WHERE   TA.manage_no = TB.cust_no
        AND TA.manage_no = TC.cust_no
        AND TC.clss_code = '1'
        AND TB.apply_date = '99991231'
        AND TA.del_yn = 'N'
ORDER   BY TA.manage_no;
```

### 6.3.4 기타

#### (1) PARALLEL

**사용 방법**

/*+ PARALLEL(table_name degree) */

하나의 작업을 여러 개의 서버 프로세스가 동시에 병렬로 처리하도록 설정하는 힌트다. 몇 개의 서버 프로세스가 동시에 처리하게 할 것인지 설정할 수 있는데, 이 값을 DEGREE라고 한다. 예를 들어 4개의 DEGREE를 설정하고자 한다면 /*+ PARALLEL(T1 4) */와 같이 작성하면 된다. 또한 각각의 프로세스에게 분배하는 방식을 제어하기 위해서는 PQ_DISTRIBUTE 힌트를 함께 사용하는 방법도 있으니 참고하기 바란다.

  PARALLEL 힌트는 DBMS의 자원을 임의로 할당하여 사용하게 하는 역할을 하므로, 무분별하게 사용하는 것은 시스템 전체에 영향을 끼칠 수 있다. 따라서 개발자가 단독으로 힌트를 사용하기보다는 DBA의 동의를 얻어 적용 여부를 결정해야 한다. 다음 SQL은 이 힌트를 사용하여 성능을 개선한 사례다.

**SQL**

```
SELECT VX.class_code,
       VX.manage_dept,
       COUNT(DISTINCT( VX.cust_no )),
       count(*)
       SUM(VX.a_amt + VX.b_amt)
FROM   (SELECT class_code,
               cust_no,
               manage_dept,
               (중략)
         FROM  tb_master) VX
GROUP  BY VX.class_code,
          VX.manage_dept;
```

**실행 계획**

```
---------------------------------------------------------------------
| Id  | Operation       | Name    | Rows  | Bytes | Cost (%CPU)| Time     |
```

```
|   0 | SELECT STATEMENT      |           | 1171 | 35130 | 167K  (4)| 00:33:25 |
|   1 |  SORT GROUP BY        |           | 1171 | 35130 | 167K  (4)| 00:33:25 |
|   2 |   TABLE ACCESS FULL   | TB_MASTER |  52M | 1504M | 162K  (1)| 00:32:30 |
```

**인덱스 구조**

| 테이블 이름 | 인덱스 이름 | 구성 컬럼 |
|---|---|---|
| TB_MASTER | IDX1_MASTER | CLASS_CODE |

이 SQL의 경우, 대상을 걸러내기 위한 검색 조건이 없다. 대량의 데이터를 가지고 할 수밖에 없는 작업의 성능 개선을 위해 PARALLEL 힌트를 다음과 같이 사용하면 된다.

**SQL**

```
SELECT VX.class_code,
       VX.manage_dept,
       COUNT(DISTINCT( VX.cust_no )),
       count(*)
       SUM(VX.a_amt + VX.b_amt)
FROM   (SELECT /*+ PARALLEL(tb_master 4)*/  class_code,
               cust_no,
               manage_dept,
               (중략)
         FROM   tb_master) VX
GROUP  BY VX.class_code,
          VX.manage_dept;
```

### (2) USE_CONCAT

**사용 방법**

/*+ USE_CONCAT */

조건절의 OR을 UNION ALL 형식으로 변형하여 실행하도록 제어하는 힌트다. 반대로 조건절의 OR을 UNION ALL 형식으로 변형하여 실행하지 못하도록 하는 힌트는 NO_EXPAND이다. 이와 같은 힌트를 사용하여 일으키는 변형은 항상 일어나는 것이 아니라 옵티마이저가 비용을 계산한 결과 효율적이라고 판단할 때에만 일어난다. 다음 SQL과 실행 계획의 진하게 표시된 부분을 눈여겨 보자.

**SQL**

```
SELECT COUNT(*)
FROM   tb_master_1 TA,
       tb_master_9 TB,
       tb_detail_4 TC,
       tb_detail_2 TD,
       tb_detail_3 TE
WHERE  TA.master_no = TB.master_no
       AND TB.master_no = TC.master_no
       AND TB.seq = TC.seq
       AND TB.seq = (SELECT MIN(seq)
                     FROM   tb_master_9 TF
                     WHERE  TF.master_no = TA.master_no
                            AND TF.del_date IS NULL)
       AND TC.master_no = TD.master_no
       AND TC.seq = TD.seq
       AND TD.master_no = TE.master_no(+)
       AND TD.seq = TE.seq(+)
       AND TE.use_yn (+) = 'Y'
       AND TD.use_yn = 'Y'
       AND TC.use_yn = 'Y'
       AND TC.inst_code = :1
       AND ( TA.last_inst_code < '12340'
             OR TA.last_inst_code IS NULL )
       AND ( ( TC.class_code = '12341' AND TC.update_date IS NULL )
             OR TC.class_code IN ( '12343', '12345' ) )
ORDER BY T1.master_no;
```

**실행 계획**

```
ID  TEXT
---------  -------------------------------------
      0  SELECT STATEMENT
      1    SORT AGGREGATE
      2      VIEW
      3        FILTER
      4          HASH GROUP BY
      5            HASH JOIN OUTER
      6              TABLE ACCESS BY INDEX ROWID TB_DETAIL_2
      7                NESTED LOOPS
      8                  NESTED LOOPS
      9                    HASH JOIN
     10                      HASH JOIN
     11                        TABLE ACCESS FULL TB_DETAIL_4
     12                        INDEX FAST FULL SCAN PK_MASTER_9
     13                      INDEX FAST FULL SCAN IX_MASTER_1
     14                    TABLE ACCESS BY INDEX ROWID TB_MASTER_9
     15                      INDEX RANGE SCAN PK_MASTER_9
```

```
16          INDEX RANGE SCAN PK_DETAIL_2
17          TABLE ACCESS FULL TB_DETAIL_3
```

tb_detail_4(별칭 TC)라는 테이블에 대해 OR로 연결된 조건들이 WHERE절에 제시되어 있고, 이를 처리하기 위해 옵티마이저는 해당 테이블의 데이터를 모두 검색하는 방식을 채택했다. 하지만 실제 환경에서는, TC 테이블에 제시된 조건을 만족하는 TC.class_code 컬럼의 값이 테이블의 일부에 해당하고, 인덱스도 있었기 때문에 FULL TABLE SCAN을 하는 것보다는 INDEX SCAN을 하는 것이 유리할 것이다. 따라서 /*+ USE_CONCAT INDEX(TC IX_DETAIL_4_01) */ 와 같은 힌트를 주어 특정 인덱스를 사용하여, OR로 연결된 두 개의 조건 검색을 별도로 수행하도록 조정했다.

### (3) MERGE and NO_MERGE

**사용 방법**

```
/*+ MERGE */
/*+ NO_MERGE */
```

뷰의 처리가 메인쿼리와 MERGE되지 않을 때 강제로 MERGE하도록 하는 힌트이다. 뷰의 MERGE란, 5장에서 언급한 것과 같이 뷰를 통해 데이터를 가져오는 작업을 최적화하고자 메인쿼리의 조건들과 병합하여 최소한으로 테이블에 접근할 수 있도록 내부적으로 SQL 문장을 변형시키는 것을 의미한다.

많은 경우 뷰의 MERGE로 성능이 개선되는 것을 볼 수 있으며, 반대로 뷰가 MERGE가 되지 않아야 성능이 좋아지는 경우도 종종 발생한다. 이런 경우 NO_MERGE 힌트를 사용하면 뷰가 MERGE되는 것을 강제로 막을 수 있다. 아래 SQL은 뷰 MERGE가 일어나지 않도록 NO_MERGE를 사용하여 성능을 개선한 사례이다.

**SQL**

```
SELECT TA.volume
FROM   tb_master TA,
```

```
           (SELECT vol_no,
                   COUNT(num) AS CNT
              FROM tb_master
             WHERE num_char LIKE '12000%'
               AND seq != '000'
               AND close_yn = 'Y'
             GROUP BY vol_no) VB
 WHERE   num_char LIKE '12000%'
   AND TA.level = '000'
   AND seq = '000'
   AND close_yn = 'Y'
   AND total_cnt > 0
   AND TA.vol_no = VB.vol_no
 ORDER   BY input_date ;
```

**실행 계획**

```
ID   PARENT_ID TXT
---- --------- -----------------------------------------------------------
   0            SELECT STATEMENT
   1         0   FILTER
   2         1    SORT GROUP BY
   3         2     TABLE ACCESS BY INDEX ROWID TB_MASTER
   4         3      NESTED LOOPS
   5         4       TABLE ACCESS BY INDEX ROWID TB_MASTER
   6         5        INDEX RANGE SCAN PK_MASTER
   7         4       INDEX RANGE SCAN PK_MASTER
```

위 SQL은 tb_master(별칭 TA)라는 테이블과 이 테이블을 가지고 생성한 또 다른 인라인 뷰 VB를 조인하는 문장이다. 옵티마이저는 같은 테이블을 사용하는 VB의 검색 조건을 TA의 검색 조건에 MERGE하여 수행하도록 하고 있다. 하지만 이 경우는 MERGE를 수행하는 것보다는 각 테이블의 상수 조건으로 TA, VB에 대한 조회를 각각 수행하는 것이 더욱 유리하기 때문에 다음과 같이 NO_MERGE 힌트를 추가하였다. 그 외에도 위에서 학습한 ORDERED 힌트와 USE_HASH 힌트를 추가하여 조인 순서 및 조인 방식을 고정하였다.

**SQL**

```
SELECT /*+ ORDERED USE_HASH(VA VB) NO_MERGE(VB) */
       TA.vol_name
  FROM tb_master TA,
       (SELECT vol_no,
               COUNT(num) AS CNT
          FROM tb_master
         WHERE num_char LIKE '12000%'
```

```
                AND  seq != '000'
                AND  close_yn = 'Y'
         GROUP  BY  vol_no) VB
WHERE   num_char LIKE '12000%'
        AND  TA.level = '000'
        AND  seq = '000'
        AND  close_yn = 'Y'
        AND  total_cnt > 0
        AND  TA.vol_no = VB.vol_no
ORDER   BY  input_date ;
```

## (4) UNNEST and NO_UNNEST

**사용 방법**

```
/*+ UNNEST */
/*+ NO_UNNEST */
```

서브쿼리와 메인쿼리를 합쳐 조인 형태로 실행 계획 변형을 유도하는 힌트다. 예를 들어 부서 테이블로부터 사원이 한 명이라도 소속된 부서의 이름을 출력하는 SQL을 다음과 같이 서브쿼리를 사용한 형태로 작성했다고 하자.

**SQL**

```
SELECT   d.부서명
FROM     부서 d
WHERE    d.부서번호 IN (SELECT e.부서번호
                         FROM   사원 e
                         WHERE  e.부서번호 = d.부서번호) ;
```

**실행 계획**

```
-------------------------------------------------------------------------------------
| Id  | Operation                     | Name     | Rows | Bytes | Cost (%CPU)| Time     |
-------------------------------------------------------------------------------------
|  0  | SELECT STATEMENT              |          |   3  |  48   |   3  (34)  | 00:00:01 |
|  1  |  NESTED LOOPS                 |          |   3  |  48   |   3  (34)  | 00:00:01 |
|  2  |   SORT UNIQUE                 |          |  14  |  42   |   1   (0)  | 00:00:01 |
|  3  |    INDEX FULL SCAN            | IX_사원_부서 |  14  |  42   |   1   (0)  | 00:00:01 |
|  4  |   TABLE ACCESS BY INDEX ROWID | 부서     |   1  |  13   |   1   (0)  | 00:00:01 |
|* 5  |    INDEX UNIQUE SCAN          | PK_부서  |   1  |       |   0   (0)  | 00:00:01 |
-------------------------------------------------------------------------------------
```

서브쿼리에서 사용한 사원 테이블을 메인쿼리에서 사용하고 있는 부서 테이블

과 직접 조인하는 것을 볼 수 있다. 이렇게 서브쿼리와 메인쿼리를 합쳐 조인 형태로 실행 계획이 변경되는 것을 막고자 할 때는 NO_UNNEST 힌트를 사용할 수 있으며, 반대로 일부러 조인 형태로 변형하고자 할 때는 UNNEST 힌트를 사용하면 된다. 참고로 서브쿼리의 조인 방식을 제어하고자 할 때는 NL_SJ, HASH_SJ, NL_AJ, HASH_AJ 등과 같은 힌트를 사용할 수 있다. 위의 SQL은 현재 조인 형태로 실행되었으므로 NO_UNNEST 힌트를 사용해서 서브쿼리가 메인쿼리에 합쳐져 조인되는 것을 막고자 하는 경우 다음과 같이 힌트를 쓰면 된다.

**SQL**

```
SELECT  d.부서명
FROM    부서 d
WHERE   d.부서번호 IN (SELECT /*+ NO_UNNEST */
                            e.부서번호
                      FROM  사원 e
                      WHERE e.부서번호 = d.부서번호);
```

**실행 계획**

```
-------------------------------------------------------------------------
| Id  | Operation          | Name   | Rows | Bytes | Cost (%CPU)| Time     |
-------------------------------------------------------------------------
|   0 | SELECT STATEMENT   |        |    1 |    13 |     5   (0)| 00:00:01 |
|*  1 |  FILTER            |        |      |       |            |          |
|   2 |   TABLE ACCESS FULL| 부서   |    4 |    52 |     3   (0)| 00:00:01 |
|*  3 |   INDEX RANGE SCAN | 사원_IDX |  2 |     6 |     1   (0)| 00:00:01 |
-------------------------------------------------------------------------
```

### (5) PUSH_PRED and NO_PUSH_PRED

**사용 방법**

/*+ PUSH_PRED(inline_view_name) */

뷰 외부에서 제시하고 있는 조인 조건을 뷰 안으로 들여오기 위해 사용하는 힌트다. 이 힌트를 사용할 경우 실행 계획이 어떻게 달라지는지 보여주기 위해 이 힌트를 사용하여 튜닝한 사례를 소개하겠다.

## SQL

```
SELECT COUNT(1) AS CNT
FROM   tb_master_cnt TA,
       tb_master_ap TB,
       tb_customer TE,
       tb_customer_detail TF,
       (SELECT TC.year_date,
               (중략),
               SUM(TD.amt) AS TOTAL_AMT
         FROM  tb_master_rcpt TC,
               tb_detail_rcpt TD
         WHERE TC.year_date = TD.year_date
           AND TC.trans_code = TD.trans_code
           AND TC.code = TD.code
           AND TC.cust_no = TD.cust_no
           AND TC.cust_seq = TD.cust_seq
           AND TC.code = 'A123'
           AND TC.trans_code = 2
           AND TC.year_date = '2012'
         GROUP BY TC.year_date, (중략)) VA
WHERE  TA. apply_no = TB.apply_no
   AND TA.cust_no = TE.cust_no
   AND TA.year_date = TF.year_date
   AND TA.trans_code = TF.trans_code
   AND TA.code = TF.code
   AND TB.dept_code = TF.dept_code
   AND TE.r_no = TF.r_no
   AND TA.year_date = VA.year_date
   AND TA.trans_code = VA.trans_code
   AND TA.code = VA.code
   AND TE.rr_no = VA.rr_no
   AND TF.rs_no = VA.rs_no
   AND TA.code = 'A123'
   AND TA.trans_code = 2
   AND TA.year_code = '2012';
```

## 실행 계획

```
Rows    Row Source Operation
------  ------------------------------------------------
     0  STATEMENT
  2120   NESTED LOOPS
  2120    NESTED LOOPS
  2136     NESTED LOOPS
  2136      NESTED LOOPS
  4500       NESTED LOOPS
 13913        VIEW
 13913         SORT GROUP BY
 13913          NESTED LOOPS
 51062           NESTED LOOPS
```

```
13920              VIEW  VW_GBC_6
13920                SORT GROUP BY
152209                INDEX RANGE SCAN IX_DETAIL_RCPT (UNIQUE)
51062                 INDEX RANGE SCAN IDX2_MASTER_RCPT (NONUNIQUE)
13913                 TABLE ACCESS BY INDEX ROWID TB_MASTER_RCPT
 4500           TABLE ACCESS BY INDEX ROWID TB_CUSTOMER
 4500            INDEX RANGE SCAN IX_CUST_N01 OF IX_CUSTOMER_1 (NONUNIQUE)
 2136         TABLE ACCESS BY INDEX ROWID TB_MASTER_CNT
 2205          INDEX RANGE SCAN IX_MASTER_CNT_1 (NONUNIQUE)
 2136        TABLE ACCESS BY INDEX ROWID TB_MASTER_AP
 2136         INDEX UNIQUE SCAN PK_LOANAP OF PK_MASTER_AP (UNIQUE)
 2120       INDEX RANGE SCAN IX_INFO_U01 OF IX_CUSTOMER_DETAIL (UNIQUE)
 2120      TABLE ACCESS BY INDEX ROWID TB_CUSTOMER_DETAIL
```

메인쿼리의 조인 조건을 VA라는 뷰 안으로 가져오기 위해 다음과 같이 PUSH_PRED 힌트를 사용한 결과 실행 계획이 바뀌었다.

SQL

```
SELECT /*+ PUSH_PRED(VA) */
       COUNT(1) AS CNT
FROM   tb_master_cnt TA,
       tb_master_ap TB,
       tb_customer TE,
       tb_customer_detail TF,
       (SELECT TC.year_date,
               (중략),
               SUM(TD.amt) AS TOTAL_AMT
        FROM   tb_master_rcpt TC,
               tb_detail_rcpt TD
        WHERE  TC.year_date = TD.year_date
               AND TC.trans_code = TD.trans_code
               AND TC.code = TD.code
               AND TC.cust_no = TD.cust_no
               AND TC.cust_seq = TD.cust_seq
               AND TC.code = 'A123'
               AND TC.trans_code = 2
               AND TC.year_date = '2012'
        GROUP  BY TC.year_date, (중략)) VA
WHERE  TA. apply_no = TB.apply_no
       AND TA.cust_no = TE.cust_no
       AND TA.year_date = TF.year_date
       AND TA.trans_code = TF.trans_code
       AND TA.code = TF.code
       AND TB.dept_code = TF.dept_code
       AND TE.r_no = TF.r_no
       AND TA.year_date = VA.year_date
       AND TA.trans_code = VA.trans_code
       AND TA.code = VA.code
```

```
       AND TE.rr_no = VA.rr_no
       AND TF.rs_no = VA.rs_no
       AND TA.code = 'A123'
       AND TA.trans_code = 2
       AND TA.year_code = '2012';
```

**실행 계획**

```
Execution Plan
-----------------------------------------------------
```

| Id | Operation | Name | Rows | Bytes | Cost |
|---|---|---|---|---|---|
| 0 | SELECT STATEMENT | | 1 | 193 | 2094 |
| 1 | SORT AGGREGATE | | 1 | 193 | |
| 2 | NESTED LOOPS | | 1 | 193 | 2094 |
| 3 | NESTED LOOPS | | 1 | 183 | 2077 |
| 4 | HASH JOIN | | 4 | 652 | 2069 |
| 5 | NESTED LOOPS | | 617 | 58615 | 1833 |
| 6 | TABLE ACCESS BY INDEX ROWID | TB_MASTER_CNT | 617 | 31467 | 598 |
| 7 | INDEX RANGE SCAN | IX_MASTER_CNT_13 | 617 | | 28 |
| 8 | INDEX RANGE SCAN | IX_CUSTOMER_4 | 1 | 44 | 2 |
| 9 | INDEX RANGE SCAN | IX_CUSTOMER_DETAIL_01 | 20469 | 1359K | 236 |
| 10 | INDEX RANGE SCAN | IX_MASTER_AP_05 | 1 | 20 | 2 |
| 11 | **VIEW PUSHED PREDICATE** | | 1 | 10 | 17 |
| 12 | SORT GROUP BY | | 1 | 157 | 17 |
| 13 | FILTER | | | | |
| 14 | NESTED LOOPS | | | | |
| 15 | NESTED LOOPS | | 1 | 157 | 16 |
| 16 | VIEW | VW_GBC_6 | 1 | 75 | 9 |
| 17 | SORT GROUP BY | | 1 | 66 | 9 |
| 18 | FILTER | | | | |
| 19 | TABLE ACCESS BY INDEX ROWID | TB_DETAIL_RCPT | 1 | 66 | 9 |
| 20 | INDEX RANGE SCAN | IX_DETAIL_RCPT_1 | 17 | | 4 |
| 21 | INDEX RANGE SCAN | PK_MASTER_RCPT | 4 | | 3 |
| 22 | TABLE ACCESS BY INDEX ROWID | TB_MASTER_RCPT | 1 | 82 | 7 |

## (6) DRIVING_SITE

**사용 방법**

```
/*+ DRIVING_SITE( table_name ) */
```

분산 데이터베이스 환경에서 사용할 수 있는 힌트이다. 로컬 DB에 있는 테이블과 원격 DB에 위치한 테이블을 조인하여 데이터를 검색하고자 때, 조인이 수행될 위치를 지정함으로써 분산 SQL을 최적화할 수 있다. 예를 들어 사원 테이블이 로컬 DB에 있고 부서 테이블이 원격 DB에 있는 상황에서, 각 사원들의 부서 정보를 검색하고자 다음과 같은 SQL을 작성했다고 하자.

**SQL**

```
SELECT  e.사번,
        e.사원이름,
        d.부서이름,
        d.근무지
FROM    사원 e,
        부서@REMOTE_DB d
WHERE   e.부서번호 = d.부서번호;
```

**실행 계획**

```
Execution plan
-------------------------------------------------------------
SELECT STATEMENT Optimizer=CHOOSE
 NESTED LOOPS
   REMOTE           remote_db
   TABLE ACCESS (BY INDEX ROWID) of '사원'
     INDEX (RANGE SCAN) OF 'ix_사원_부서' (NON-UNIQUE)
```

이렇게 DB LINK를 이용한 SQL을 사용하는 경우, 일반적으로 SQL 실행의 주체는 해당 SQL을 실행시킨 로컬 DB가 된다. 즉, 원격 DB에 있는 부서 테이블의 데이터를 로컬로 가져와서 조인을 수행한다. 하지만 DRIVING_SITE 힌트를 사용하면 조인 작업을 원격 DB에서 수행하도록 유도할 수 있다. 실제로 위 SELECT문에 DRIVING_SITE 힌트를 사용하면 실행 계획이 어떻게 바뀌는지 관찰해보자.

**SQL**

```
SELECT  /*+ DRIVING_SITE(d)*/
        e.사번,
        e.사원이름,
        d.부서이름,
        d.근무지
FROM    사원 e,
        부서@REMOTE_DB d
WHERE   e.부서번호 = d.부서번호;
```

### 실행 계획

```
Execution plan
----------------------------------------------------------------
SELECT STATEMENT(REMOTE) Optimizer=CHOOSE
MERGE JOIN
   SORT (JOIN)
      TABLE ACCESS (FULL) of '부서'
   SORT (JOIN)
      REMOTE*
```

실행 계획 첫 줄에 SELECT STATEMENT(REMOTE)라는 문구가 있는 것을 보아 원격 DB쪽이 이 조인의 실행 주체가 된 것을 알 수 있다. 분산 DB 환경에 시스템을 구축하면서 원격 DB쪽의 사양이나 환경이 탁월하게 여유로운 경우, 이러한 힌트를 사용하여 시스템에 일어날 수 있는 부하를 분산시키는 것도 하나의 튜닝 방법이 될 수 있다.

이상으로 SQL 튜닝의 중요한 방법인 힌트의 종류와 각각의 사용 방법에 대해 살펴보았다. SQL의 실행 계획과 힌트에 대한 정확한 이해가 수반된다면 힌트는 분명 SQL이 실행될 방향을 알려주는 지표 역할을 할 것이다. 하지만 SQL에 대한 섣부른 판단과 힌트에 대한 불명확한 이해는 오히려 독이 되어 힌트를 사용하지 않았을 때보다 못한 성능을 보여줄 수 있다. 따라서 힌트를 사용하고자 한다면 쓰고자 하는 힌트가 어떤 상황에서 유리한 힌트인지 정확하게 이해하고 사용하는 것이 무엇보다 중요하다.

# 7
# 사례별 튜닝 기법

지금까지 SQL의 성능을 개선하기 위해 꼭 알아야 하는 기본 지식과 더불어 그동안 필자들이 현장에서 경험한 튜닝 사례들을 간접적으로나마 접해보았다. SQL의 성능을 좌우하는 요소는 수도 없이 많지만 이 책에서 특별히 인덱스와 조인을 강조하여 언급한 것은 그만큼 두 가지 요소가 SQL 성능에 끼치는 영향이 지대하기 때문이다. 이 장에서는 인덱스와 조인에 국한하지 않고, SQL 튜닝의 유형으로 지목할 만한 사례들을 소개하겠다. 하나의 사례를 중심으로 SQL의 성능을 개선해나가는 과정을 순차적으로 전개할 예정이며, 각각의 사례들은 모두 실제 프로젝트에서 필자들이 직접 튜닝한 SQL을 바탕으로 정리한 것임을 미리 밝혀둔다.

## 7.1 가변 SQL의 튜닝

가변 SQL은 사용자가 입력하는 변수값에 따라 그 형태가 달라지는 SQL을 말한다. 그렇다면 어떤 상황에서 가변 SQL을 주로 활용하게 되는가? 다음에 나올 SQL을 통해 그 답을 찾아보자.

사용자 입력 화면에 이름이나 사번을 입력하면 해당 사원의 정보를 보여주는 시스템이 있다고 하자. 이 화면을 처리하기 위해 어떠한 SQL을 작성할 것인가? 단순하게 생각하면 다음과 같은 SQL을 작성할 것이다.

```
SELECT e.사원정보
FROM   사원 e
```

```
WHERE   e.이름 LIKE :v_이름||'%'
        AND e.사번 LIKE :v_사번||'%' ;
```

참고로 사원 테이블의 인덱스는 다음과 같이 구성되어 있다.

| 테이블 이름 | 인덱스 이름 | 구성 컬럼 |
|---|---|---|
| 사원 | IDX_이름 | 이름 |
|  | IDX_사번 | 사번 |

최초 누군가가 '홍특별'이라는 이름만으로 사원정보를 확인했다면 다음과 같은 SQL이 실행될 것이고, 이름 컬럼에 생성된 IDX_이름 인덱스를 사용하도록 실행 계획을 세울 것이다.

```
SELECT e.사원정보
FROM   사원 e
WHERE  e.이름 LIKE '홍특별'||'%'
       AND e.사번 LIKE ''||'%' ;
```

이후 누군가가 사번을 입력하여 사원 정보를 검색하면 이미 이 SQL에 만들어진 실행 계획대로 이름 컬럼에 만들어진 인덱스를 사용한 검색을 수행할 것이다. 사번 컬럼의 인덱스를 사용하는 것이 명확하게 좋은 상황임에도 불구하고 말이다. 따라서 이런 경우 조건에서 비교될 컬럼을 기준으로 SQL을 분리할 필요가 있는데, 경우의 수가 많지 않은 경우는 UNION을 사용하여 경우에 따라 SQL을 작성하는 방법도 있지만, 유지 보수가 어려우므로 다음과 같이 IF문을 쓰는 방법이 가장 일반적이다.

```
IF :사번 IS NOT NULL    THEN   WHERE 사번 = :변수
ELSE :이름 IS NOT NULL  THEN   WHERE 이름 = :변수
```

이때 주의할 점은 분리할 컬럼이 검색 성능에 중요한 역할을 하고 있으며, 각 컬럼에는 인덱스가 있어야 한다는 점이다. 지역명, 성별 등과 같이 인덱스가 없거나 변별력이 낮은 데이터를 가지고 있는 컬럼에 대해서는 분리를 고려할 필요가 없다.

## 7.1.1 조건 컬럼을 분리하여 성능을 개선한 사례

다음은 하나의 화면에서 여러 개의 변수를 입력 받는 시스템에서 사용된 SQL이다.

**SQL**

```
SELECT  TA.region_code,
        DECODE(VB.first_man_id, NULL, :1,:2) first_man_id,
        TA.zan_man_id,
        TRIM(TA.zan_man_name) zan_man_name,
        TA.zan_man_no,
        (중략)
FROM    tb_master TA,
        (SELECT first_man_id,
                pay_acc_id_no,
                first_service_ymd
          FROM  tb_detail_1
         WHERE  service_id = :3) VB,
        (SELECT second_man_id,
                apply_ymd
          FROM  tb_detail_2
         WHERE  service_id = :4) VD,
        tb_detail_3 TE,
        tb_detail_4 TC
WHERE   TA.zan_man_id = VB.first_man_id(+)
        AND TA.zan_man_class_code = :5
        AND VB.pay_acc_id_no = TE.id_no (+)
        AND TE.sav_man_id = TC.zan_man_id (+)
        AND VB.first_man_id = VD.second_man_id(+)
        AND TA.zan_man_name LIKE :NAME ||'%'
        AND TA.zan_man_no LIKE :NO ||'%'
        AND TA.region_code LIKE :CODE ||'%'
        AND VD.apply_ymd(+) >= NVL(:6, '19010101')
        AND VD.apply_ymd(+) <= NVL(:7, '99991231') ;
```

위의 예에서 입력 받는 주요 변수는 :NAME, :NO, :CODE로, 이 값들은 서로 배타적이다. 다시 말하면 :NAME 값이 입력된 경우는 :NO나 :CODE의 변수값이 입력되지 않고, :NO 값이 입력된 경우에는 :NAME과 :CODE 값이 입력되지 않는다. 따라서 위에서 설명한 대로 IF문을 사용해서 각각의 변수가 입력되는 경우에 맞게 SQL을 분리할 경우, 각각의 경우에 맞춰 특정 인덱스를 사용하도록 힌트를 제시하는 방법과 각 경우에 실행될 SQL 자체를 분리하는 방법을 쓸 수 있다. 다음 SQL을 보면 좀 더 쉽게 이해할 수 있을 것이다.

**힌트를 사용하는 방법**

```
SELECT
IF :NAME IS NOT NULL THEN
        /*+ INDEX(TA INDEX_NAME) */
IF :NO IS NOT NULL THEN
        /*+ INDEX(TA INDEX_NO) */
IF :CODE IS NOT NULL THEN
        /*+ INDEX(TA INDEX_CODE) */
            TA.region_code,
            DECODE(VB.first_man_id, NULL, '$','$') first_man_id,
            TA.zan_man_id,
            TRIM(TA.zan_man_name) zan_man_name,
            TA.zan_man_no,
            (중략)
FROM tb_master TA,
```

**SQL을 분리하는 방법**

```
IF :NAME IS NOT NULL THEN
       AND TA.zan_man_name LIKE :NAME ||'%'
IF :NO IS NOT NULL THEN
       AND TA.zan_man_no LIKE :NO ||'%'
IF :CODE IS NOT NULL THEN
       AND TA.region_code LIKE :CODE ||'%'
```

이상으로 배타적인 변수가 입력되는 경우에 SQL을 분리하는 방법에 대해 언급하였다.

반대로 입력 받는 변수가 배타적인 값이 아니면서 LIKE를 사용하여 비교하는 경우라면 상황은 조금 달라진다. 각각의 경우에 어떤 인덱스를 사용할 것인지 우선순위를 정하여 적절한 인덱스를 사용하도록 제어해야 한다. 예를 들어 위에서 언급한 SQL에서 NO를 주민번호, NAME을 이름, CODE를 지역(시군구)이라고 가정하면 다음과 같이 우선순위를 정하고, 그 순위에 맞는 인덱스를 사용하도록 조정해야 한다.

1) :NO가 여섯 자리 이상 입력된 경우 → NO 컬럼의 인덱스를 사용하도록 힌트 제시

2) :NO의 입력된 값이 여섯 자리 미만이고, :NAME이 두 자리 이상 입력된 경우 → NAME 컬럼의 인덱스를 사용

3) :NO의 입력된 값이 여섯 자리 미만이고, :NAME이 두 자리 미만 입력되었으며 :CODE가 입력된 경우 → CODE 컬럼의 인덱스 사용

이처럼 규정하는 우선순위는 구체적일수록 정확한 튜닝에 도움이 되므로 최대한 다양한 경우의 수를 고려하여 그에 따른 인덱스 사용을 제어해야 효과를 얻을 수 있다.

## 7.2 프레임워크를 이용한 페이지 처리의 튜닝

### 7.2.1 비효율적인 COUNT 처리에서 OUTER JOIN을 제거하여 튜닝한 사례

OLTP 시스템에서 많은 데이터를 출력할 때, 출력하는 데이터의 전체 건수도 함께 화면에 출력하는 경우가 많은데, 전체 건수의 계산을 위해서 COUNT 함수를 사용하는 것이 일반적이다. 이때 COUNT를 위한 SQL을 별도로 만들기도 하지만, 요즘 프로젝트에서 많이 도입하는 프레임워크를 사용하면 COUNT를 위한 SQL을 별도로 생성하지 않고, 검색 결과를 보여주는 SQL을 인라인 뷰로 하는 COUNT용 SQL을 자동으로 만들어주는 기능을 주로 사용한다.

하지만 이와 같은 기능은 때때로 필요 없는 연산을 하게 하여 성능면에서 비효율을 발생시킨다. 예를 들면 다음 사례와 같이 결과 건수에 영향을 주지 않는 OUTER JOIN은 제거하는 것이 성능 상 유리하다. 한 가지 주의할 점은 1:1이 아닌 1:N의 관계에서 OUTER JOIN을 수행하는 것이라면 결과 건수에 영향을 줄 수 있으므로, 메인 테이블과의 조인 관계를 확인한 후 명시적으로 OUTER JOIN을 하도록 해야 한다.

**SQL**

```
SELECT COUNT(*) AS TOT_CNT
FROM   tb_master TA
       LEFT OUTER JOIN (SELECT TA.orgn_code ,
                               TA.customer_no ,
                               TA.customer_name,
                               TC.manage_cd,
```

```
                        TC.home_tel_no,
                        TC.office_tel_no,
                        TC.cel_tel_no
                 FROM   tb_detail_1 TA,
                        tb_detail_2 TB,
                        tb_detail_3 TC
                 WHERE  1 = 1
                        AND TA.orgn_code = TB.orgn_code
                        AND TA.customer_no = TB.customer_no
                        AND TB.orgn_code = TC.orgn_code
                        AND TB.customer_no = TC.customer_no
                        AND TC.address_code = '00004'
                        ) VA
            ON TA.orgn_code = VA.orgn_code
            AND TA.customer_no = VA.customer_no
            INNER JOIN tb_code TB
            ON TA.orgn_code = TB.orgn_code
            AND TA.ren_code = TB.ren_code
WHERE   1 = 1
        AND TA.orgn_code = '00001'
        AND TA.status_code = '10'
        AND TA.request_date >= '20121001'
        AND TA.request_date <= '20121031' ;
```

실행 계획

```
| Id  | Operation                       | Name       | Starts | E-Rows | A-Rows |   A-Time    | Buffers | Reads |
----------------------------------------------------------------------------------------------------------------
|   0 | SELECT STATEMENT                |            |      1 |        |      1 | 00:00:09.41 |   37912 |  2695 |
|   1 |  SORT AGGREGATE                 |            |      1 |      1 |      1 | 00:00:09.41 |   37912 |  2695 |
|*  2 |   FILTER                        |            |      1 |        |   3976 | 00:00:06.30 |   37912 |  2695 |
|   3 |    NESTED LOOPS OUTER           |            |      1 |     78 |   3976 | 00:00:06.30 |   37912 |  2695 |
|   4 |     NESTED LOOPS                |            |      1 |     78 |   3976 | 00:00:00.07 |   10074 |     0 |
|   5 |      TABLE ACCESS BY INDEX ROWID| TB_MASTER  |      1 |     78 |   4062 | 00:00:00.02 |    1934 |     0 |
|*  6 |       INDEX RANGE SCAN          | IX_MASTER_06|     1 |    141 |   4062 | 00:00:00.01 |      21 |     0 |
|*  7 |      INDEX RANGE SCAN           | IX_CODE_02 |   4062 |      1 |   3976 | 00:00:00.05 |    8140 |     0 |
|   8 |     VIEW PUSHED PREDICATE       |            |   3976 |      1 |   3976 | 00:00:09.33 |   27838 |  2695 |
|*  9 |      FILTER                     |            |   3976 |        |   3976 | 00:00:09.32 |   27838 |  2695 |
|  10 |       NESTED LOOPS              |            |   3976 |      1 |   3976 | 00:00:09.31 |   27838 |  2695 |
|  11 |        NESTED LOOPS             |            |   3976 |        |   3976 | 00:00:00.14 |   19884 |     0 |
|  12 |         TABLE ACCESS BY INDEX ROWID| TB_DETAIL_1|  3976 |     1 |   3976 | 00:00:00.08 |   11930 |     0 |
|* 13 |          INDEX UNIQUE SCAN      | PK_DETAIL_1|   3976 |      1 |   3976 | 00:00:00.04 |    7954 |     0 |
|* 14 |         INDEX UNIQUE SCAN       | PK_DETAIL_2|   3976 |  5330K |   3976 | 00:00:00.05 |    7954 |     0 |
|* 15 |        INDEX UNIQUE SCAN        | PK_DETAIL_3|   3976 |  1735K |   3976 | 00:00:09.17 |    7954 |  2695 |
----------------------------------------------------------------------------------------------------------------
```

다음과 같이 인라인 뷰 VA를 삭제해도 결과는 같은 것을 알 수 있다.

**SQL**

```
SELECT COUNT(*) AS TOT_CNT
FROM    tb_master TA
        INNER JOIN tb_code TB
        ON TA.orgn_code = TB.orgn_code
        AND TA.ren_code = TB.ren_code
WHERE   1 = 1
        AND TA.orgn_code = '00001'
        AND TA.status_code = '10'
        AND TA.request_date >= '20121001'
        AND TA.request_date <= '20121031' ;
```

**실행 계획**

| Id | Operation | Name | Starts | E-Rows | A-Rows | A-Time | Buffers |
|---|---|---|---|---|---|---|---|
| 0 | SELECT STATEMENT | | 1 | | 1 | 00:00:00.06 | 10074 |
| 1 | SORT AGGREGATE | | 1 | 1 | 1 | 00:00:00.06 | 10074 |
| * 2 | FILTER | | 1 | | 3976 | 00:00:00.06 | 10074 |
| 3 | NESTED LOOPS | | 1 | 78 | 3976 | 00:00:00.06 | 10074 |
| 4 | TABLE ACCESS BY INDEX ROWID | TB_MASTER | 1 | 78 | 4062 | 00:00:00.02 | 1934 |
| * 5 | INDEX RANGE SCAN | IX_MASTER_06 | 1 | 141 | 4062 | 00:00:00.01 | 21 |
| * 6 | INDEX RANGE SCAN | IX_CODE_02 | 4062 | 1 | 3976 | 00:00:00.04 | 8140 |

### 7.2.2 페이지 처리 화면에서 함수 사용 시 유의사항

OLTP 환경의 사용자 화면에 많은 데이터를 출력할 때는 한 화면에 모든 데이터를 출력하지 않고, 페이지를 나누어 출력하는 것이 일반적이다. 예를 들어 인터넷 뱅킹을 이용하여 3개월 동안의 거래내역을 조회한 결과, 총 거래내역이 500건이라고 하더라도 한 페이지당 20건씩 총 25페이지에 나누어 출력된다. 이러한 처리를 일컬어 페이지 처리라고 하는데, 페이지 처리 시 주로 쓰는 방법은 ORACLE의 내장함수인 ROWNUM을 이용하여 결과 데이터를 20건씩 잘라서 가져오는 것이다. 이와 같은 방법을 ORACLE 매뉴얼에서는 'TOP-N REPORTING'이라고 하는데, 전체 데이터를 조회하지 않고 지정한 건수만 조회하므로 성능 향상을 기대할 수 있다. 하지만 ROWNUM을 사용한다고 해서 항상 지정한 건수 만큼만 접근하는 것은 아니다. GROUP BY나 ORDER BY 등을 함께 사용할 경우에는 사실상 전체 데이터를 조회하는 것과 같은 비용을 쓰므로 ROWNUM을 사용한다고 해도 성능 향상을 기대하기 어렵다.

또한, TOP-N REPORTING을 위해 SELECT문에서 사용되는 스칼라 서브쿼리나 함수의 위치 또한 성능에 중요한 영향을 끼칠 수 있다. 스칼라 서브쿼리나 함수가 500건에 모두 적용되고 나서 ROWNUM에 의해 25건을 출력하는 것보다는 ROWNUM으로 25건을 먼저 추출한 후에 스칼라 서브쿼리나 함수를 호출하도록 해야 한다. 다음 SQL은 함수를 사용하고 있는 SQL을 프레임워크를 사용해 페이지 처리한 사례이다.

**SQL**

```
SELECT  T.first_id,
        T.branch_code,
        T.next_id,
        (중략)
        T.customer_id,
        T.customer_name,
        (중략)
        T.total_count,
        T.customer_id_2,
        T.customer_name_2,
        T.register_date_2,
        T.status_yn_2
FROM    (SELECT Z.*
         FROM   (SELECT TA.first_id,
                        TA.branch_cd,
                        TA.next_id,
                        (중략)
                        TA.customer_id,
                        FUNCTION_GET_NAME(TA.customer_id) AS customer_name,
                        (중략)
                        ROWNUM rn,
                        COUNT(*) OVER() total_count,
                        TB.customer_id AS customer_id_2,
                        FUNCTION_GET_NAME(TB.customer_id) AS customer_name_2,
                        TB.register_date AS register_date_2,
                        TB.status_yn AS status_yn_2
                 FROM   tb_master TA,
                        Tb_master TB
                 WHERE  TA.branch_code = 'ANS'
                 AND    TA.first_id = TB.next_id(+)
                 AND    TA.next_id IS NULL
         ) Z
         WHERE  1 = 1
         AND    valid_date > TO_CHAR(SYSDATE, 'yyyymmddhh24miss')
```

```
              AND gubun_code IN ( 'AB', 'AC', 'AF', 'AP', 'AY' )
              AND ( status_yn <> 'Y'
                    OR ( customer_id = 'Z1234567'
                         AND status_yn = 'Y' ) )
              AND Z.rn BETWEEN ( '1' - 1 ) * '50' + 1 AND '1' * '50') T
ORDER  BY register_date_2 DESC;
```

이 SQL도 마찬가지로 기존에 작성된 SQL을 감싸는 형식으로 페이지 처리를 하다 보니 출력 대상 데이터에 대해서만 함수 처리를 해도 될 것을 미리 함수 처리를 한 후에 검색을 하도록 하고 있다. 또한 먼저 처리해도 좋은 검색 조건들을 나중에 처리하도록 SQL이 작성된 것을 볼 수 있다. 따라서 함수 처리는 최종적으로 하도록 하고, 초기에 필요한 검색 조건은 우선적으로 적용할 수 있도록 다음과 같은 방식으로 수정해야 한다. 함수 FUNCTION_GET_NAME의 위치에 주목하기 바란다.

**SQL**

```
SELECT T.first_id,
       T.branch_cd,
       T.next_id,
       (중략)
       T.customer_id,
       FUNCTION_GET_NAME(T.customer_id) AS customer_name,
       (중략)
       T.total_count,
       T.customer_id_2,
       FUNCTION_GET_NAME(T.customer_id_2) AS customer_name_2,
       T.reg_date_2,
       T.status_yn_2
FROM   (SELECT Z.*
        FROM   (SELECT TA.fist_id,
                       TA.branch_cd,
                       TA.next_id,
                       (중략)
                       TA.customer_id,
                       --FUNCTION_GET_NAME(TA.customer_id) AS customer_name,
                       (중략)
                       ROWNUM                           rn,
                       COUNT(*)  over()                 total_count,
                       TB.customer_id            AS customer_id_2,
                       --FUNCTION_GET_NAME(TB.customer_id) AS customer_name_2,
                       TB.register_date          AS register_date_2,
                       TB.status_yn              AS status_yn_2
                FROM   tb_master TA,
                       Tb_master TB
```

```
               WHERE   TA.branch_cd = 'ANS'
                       AND TA.first_id = TB.next_id(+)
                       AND TA.next_id IS NULL
              ) Z
       WHERE  1 = 1
              AND valid_date > TO_CHAR(SYSDATE, 'yyyymmddhh24miss')
              AND gubun_code IN ( 'AB', 'AC', 'AF', 'AP', 'AY' )
              AND ( status_yn <> 'Y'
                    OR ( customer_id = 'Z1234567'
                         AND status_yn = 'Y' ) )
              AND Z.rn BETWEEN ( '1' - 1 ) * '50' + 1 AND '1' * '50' ) T
ORDER  BY register_date DESC;
```

**실행 계획**

```
| Id | Operation                     | Name      | Starts | E-Rows | A-Rows | A-Time      | Buffers | OMem  | 1Mem  | Used-Mem   |
|  0 | SELECT STATEMENT              |           |     1  |        |    50  | 00:00:01.80 |   8147  |       |       |            |
|  1 |  SORT ORDER BY                |           |     1  |    1   |    50  | 00:00:01.80 |   8147  | 18432 | 18432 | 16384 (0)  |
|* 2 |   VIEW                        |           |     1  |    1   |    50  | 00:00:00.35 |   7948  |       |       |            |
|  4 |    COUNT                      |           |     1  |        | 26775  | 00:00:00.27 |   7948  |       |       |            |
|  5 |     NESTED LOOPS OUTER        |           |     1  |    1   | 26775  | 00:00:00.26 |   7948  |       |       |            |
|* 6 |      TABLE ACCESS BY INDEX ROWID| TB_MASTER|     1  |    1   | 26775  | 00:00:00.12 |   7940  |       |       |            |
|  7 |       INDEX FULL SCAN         | PK_MASTER |     1  |    3   | 36555  | 00:00:00.03 |     99  |       |       |            |
|  8 |      TABLE ACCESS BY INDEX ROWID| TB_MASTER| 26775  |    1   |     0  | 00:00:00.11 |      8  |       |       |            |
|* 9 |       INDEX RANGE SCAN        | IX_MASTER_2| 26775 |   2   |     0  | 00:00:00.04 |      8  |       |       |            |
```

프레임워크 특성 때문에 모든 경우에 위와 같이 적용하기는 힘들 것이다. 하지만 성능에 문제가 되는 부분만이라도 위와 같은 내용을 적용하기 바란다.

## 7.3 체번 기법의 튜닝

어떤 프로젝트가 됐든 일련번호를 자동으로 입력해야 하는 컬럼이 하나쯤은 있기 마련이다. 게시판 테이블의 게시 번호 컬럼, 고객 테이블의 고객 번호 컬럼 등 고유성은 가지되 특별한 의미를 부여할 필요가 없는 컬럼들이 대표적이다. 이와 같은 컬럼에 값을 입력하기 위해 쓰는 방법은 프로젝트마다 차이가 있긴 하지만, MAX 함수를 사용하여 컬럼에 현재 입력된 값 가운데 가장 큰 값을 추출한 후, 그 값에 1을 더한 값을 입력하도록 개발한 경우를 자주 보게 된다.

게시판 테이블의 글 번호 컬럼을 예로 생각해보자. 가장 최근에 쓴 글 번호가 100번이라면, 그 다음 글을 입력할 때 글 번호로 100 + 1 값을 입력하게 한다. 이와 같은 계산을 수행하기 위해서는 글이 하나 입력될 때마다 해당 컬럼의 최대 값을 매번 검색해야 하므로 게시판 글이 대량으로 입력되는 상황이라면 시스템의 CPU 사용율이 높지 않은 상황에서도 응답 시간이 늦어지는 현상이 발생할 수 있다. 같은 컬럼에 대한 LOCK이 발생하여 응답 시간이 지연되는 것이다. 또한 SELECT FOR UPDATE문을 사용하지 않는 경우는 중복 데이터가 발생하여 이로 인한 오류를 발생시키기도 하므로 MAX 값을 이용한 채번은 가급적 사용하지 않을 것을 권한다.

이제 일련번호 컬럼에 채번한 값을 입력하고자 할 때 사전에 고려할 사항들을 알아보겠다. 먼저 일련번호 컬럼이 갖게 될 값의 특성을 파악하는 것이 무엇보다 중요하다. 일반적으로 채번을 통해 값을 입력하는 컬럼은 다음 두 가지 경우 중 한 가지일 확률이 높다.

- 일련번호 값이 의미를 가지며, 값이 누락되지 않고 순서를 보장해야 하는 경우
- 일련번호 값이 의미를 가지지 않고, 단일한 값을 보장해야 하는 경우

두 가지 중 조금 더 까다로운 첫 번째 경우부터 살펴보자. 일단 게시판 글의 글 번호를 생각해보자. 123번 글이 입력된 바로 다음에 입력된 글이 124번이라는 글 번호를 부여 받는 것은 당연해 보인다. 만일 123번 글 다음으로 입력된 글이 127번이 된다든가, 62번이 된다든가 하는 상황을 생각해보자. 이러한 경우가 값의 순서를 보장하고, 누락된 값이 없어야 하는 첫 번째 경우에 속한다. 이와 같은 컬럼에 값을 채번하여 입력할 때는 다음과 같은 사항을 준수해야 한다.

- MAX 함수를 활용하여 값을 생성한다. 이때 WHERE 조건절에서 사용한 컬럼 col_1과 일련번호 컬럼에 해당하는 seq를 결합하여 인덱스를 만들어야 한다.

```
SELECT NVL(MAX(seq),0)+1
FROM   table_a
WHERE  col_1 = '1' ;
```

- 또한 위에서 작성한 SQL의 실행 계획이 다음과 같이 출력되는지 확인한다.

```
SELECT STATEMENT
 SORT AGGREGATE
  FIRST ROW
   INDEX RANGE SCAN (MIN/MAX) TABLE_A_INDEX_NAME
```

만일 위와 같은 실행 계획이 나오지 않는다면, 다음과 같이 ROWNUM과 INDEX_DESC 힌트를 사용하여 위와 같은 형태의 실행 계획이 나오도록 유도할 수 있다. 이때 INDEX_DESC 힌트에서 사용할 인덱스는 위에서 생성한 col_1 + seq 컬럼의 결합 인덱스이다.

```
SELECT /*+ INDEX_DESC(TABLE_A TABLE_A_INDEX_NAME) */
       NVL(MAX(seq),0) + 1
FROM   table_a
WHERE  col_1 = '1'
       AND ROWNUM < 2  ;
```

MAX 함수를 사용하여 채번을 하는 프로그램에서 종종 보게 되는 오류들을 간략하게 몇 가지만 소개하면 다음과 같다.

- **MAX(seq)+1 대신 MAX(NVL(seq,0)) + 1을 사용하는 경우**

  위에서 col_1 + seq로 생성한 결합 인덱스를 활용할 수 없는 형태의 SQL이므로 인덱스를 사용할 수 있도록 MAX와 NVL의 위치를 바꾸어 NVL(MAX(seq),0) + 1로 작성해야 한다.

- **MAX(seq)+1 대신 MAX(TO_NUMBER(seq)) + 1을 사용하는 경우**

  위 경우와 마찬가지로 생성한 결합 인덱스를 활용할 수 없는 SQL이다. 이 경우 seq 컬럼을 NUMBER 데이터 타입으로 변경하고 TO_NUMBER 함수를 제거하는 방안을 고려해야 한다.

- **인덱스를 seq 컬럼으로만 생성한 경우**

  WHERE절의 col_1 = '1' 부분을 삭제하거나, 인덱스를 col_1 + seq로 변경해야 한다.

- **WHERE col_1 = '1' 조건을 사용하지 않는 경우**

  seq 컬럼으로 인덱스를 생성하되, UNIQUE INDEX 또는 PRIMARY KEY로 생성해야 한다.

이 밖에도 MAX 함수를 사용하여 채번을 할 때 고려할 사항들이 있는데, 일련번호를 생성하는 SQL은 반드시 순차적인 값을 가져와야 하므로 LOCK을 발생시켜 응답 시간이 지연될 수 있으므로 로그 등과 같이 대량으로 입력되는 데이터에 사용하는 것은 부적합하다. 또한 채번값의 중복을 없게 하려면 SELECT FOR UPDATE 구문을 사용해야 한다.

다음으로 일련번호 값이 특별한 의미를 갖지 않고, 단일한 값을 보장하는 경우에 대해 살펴보자. 로그번호나 송장번호 등과 같이 그 값에 특별한 의미가 없고, 다른 값들과 구분되기만 하면 되는 컬럼이 대표적이다. 이와 같은 컬럼은 위에서 이야기한 MAX 함수를 사용하는 방법보다 시퀀스를 사용하는 것이 좋다. 시퀀스란, 유일한 값을 생성해주는 객체로 다음과 같은 생성문을 사용하여 만들 수 있다.

```
CREATE SEQUENCE sequence_name
START WITH 시작값
MAXVALUE 최대 값
MINVALUE 최소 값
INCREMENT BY 증가값
[CYCLE | NOCYCLE]
[CACHE | NOCACHE];
```

생성문을 살펴보면 이해할 수 있겠지만 시작값과 최대 값을 지정할 수 있는 것은 물론, 몇 씩 증가하게 할 것인지, 한 번 썼던 값을 다시 쓸 것인지(CYCLE),

시퀀스를 메모리에 유지하면서 빠르게 접근할 수 있게 할 것인지(CACHE) 여부를 결정할 수 있다. 이러한 시퀀스의 옵션은 시스템의 성능에 영향을 끼칠 수 있는 중요한 값이므로 숙고하여 결정해야 한다.

시퀀스를 사용하여 채번을 할 때 주의할 사항을 몇 가지 언급하면 다음과 같다.

- **적절한 CACHE 값을 설정해야 한다.**

    CACHE 옵션에서 설정한 값이 너무 작을 경우, 메모리를 할당 받기 위한 대기 현상이 발생할 수 있다. 또한 시퀀스 사용량이 많을수록 CACHE 값을 늘려야 하는데, 로그 등과 같은 정보에 값을 부여하는 시퀀스라면 1000이상으로 설정해도 무방하다. 특히 ORACLE의 RAC를 사용하고 있는 경우라면 노드 사이에 발생하는 LOCK이 많아지므로, 이 값을 늘려주는 것이 좋다. 가장 적정한 CACHE 값을 산정하기 위해서 성능 테스트 및 부하 테스트를 거쳐 값의 검증을 받는 것이 안전하다.

- **충분한 검토 후에 ORDER 옵션을 사용한다.**

    RAC 환경에서 CAHCE 옵션이 설정되면 값의 순서를 보장받을 수 없는데, 값의 순서를 반드시 보장받아야 하는 경우라면 ORDER 옵션을 사용할 수 있다. 하지만 이 옵션을 사용할 경우 대기 이벤트가 발생할 가능성이 커지므로 꼭 필요한 경우에만 사용할 것을 권한다.

- **PK 컬럼에 시퀀스를 사용할 때 CYCLE 옵션을 사용하지 않는다.**

    시퀀스로 값을 생성하는 컬럼에 PK를 생성했다면, seq 컬럼에서 사용할 시퀀스의 옵션으로 CYCLE을 사용해서는 안 된다. CYCLE 옵션을 쓴다는 것은 한 번 썼던 값을 다시 사용하겠다는 의미이므로 결과적으로 같은 값이 PK로 입력되는 상황을 유발시킬 수 있다. 따라서 PK에 사용하는 컬럼에 시퀀스를 도입할 경우는 이 옵션의 설정을 반드시 확인할 필요가 있다.

### 7.3.1 채번 연산의 성능을 개선한 사례

프로젝트에서 채번을 위해 사용한 연산의 성능이 좋지 않아 개선한 사례를 소개하겠다.

**SQL**

```
INSERT INTO tb_master (중략 ..s_seq_no, 중략 )
VALUES ( 중략 … ( SELECT NVL(MAX(s_seq_no), 0) + 1
                  FROM tb_master
                  WHERE s_no = :s_no )
         중략 ) ;
```

**인덱스 구조**

| 테이블 이름 | 인덱스 이름 | 구성 컬럼 |
|---|---|---|
| TB_MASTER | PK_MASTER | MAIN_CODE, S_NO, S_SEQ_NO |

위 사례는 tb_master 테이블의 s_seq_no 컬럼에 새로운 고유값을 입력하기 위해 작성한 SQL이다. 같은 테이블의 데이터 중 s_no = :s_no라는 조건을 만족하는 레코드들의 s_seq_no 컬럼 최대 값을 구한 후 1을 더한 값을 입력하도록 한 이 SQL의 문제는, 연산 대상 데이터를 검색하는 조건 컬럼이 s_no 하나라는 점이다. s_no 컬럼은 위 인덱스 구조에서 볼 수 있듯이 유일한 값을 갖는 PK의 두 번째 컬럼이다. 따라서 이와 같은 경우, PK의 첫 번째 컬럼인 main_code에 대한 조건을 추가하여 PK 인덱스를 사용하도록 해야 한다.

### 7.4 배치 프로그램의 튜닝

배치 프로그램은 일련의 작업들을 하나의 작업 단위로 취합하여 일괄로 처리하는 프로그램을 말한다. 쉽게 말하면 데이터의 입력이나 변경이 대량으로 발생하는 프로그램이다. 배치 프로그램은 월 단위, 주 단위, 일 단위로 진행되는 것이 보통이지만 요즘은 그 주기가 점점 짧아져 실시간 배치 프로그램을 실행하는 곳도 적지 않다.

배치 프로그램 내에 업무별로 일어날 수 있는 각각의 경우를 처리하는 로직이 없는 경우는 하나의 SQL을 사용하여 간단히 진행하면 되겠지만, 그렇지 않은 경우는 각각의 경우에 따라 SQL을 수행하여 처리해야 한다. 이때 주의할 점은, 데이터의 입력과 변경 중 어떤 작업이 많은지 사전에 파악하고 프로그램을 작성하는 것이 중요하다. 실제로 많은 사이트에서 다음과 같이 작성한 배치 프로그램을 자주 접하게 된다.

1. 한 건의 데이터를 읽는다.
2. 해당 데이터가 테이블에 있는지 없는지 체크한다.
3. 찾고자 하는 데이터가 있으면 UPDATE한다.
4. 찾고자 하는 데이터가 없으면 INSERT한다.
5. 처리 완료

하지만 배치 프로그램을 통해 일어나는 작업이 대부분 어떤 작업인지 파악하고 있으면 위의 과정 중 2번에 해당하는 과정이 필요 없으므로 처리하는 과정이 달라질 수 있다. 먼저 INSERT 작업에 비해 UPDATE 작업이 많은 배치 프로그램이라면 다음 순서로 처리하도록 개발한다.

1. 한 건의 데이터를 읽는다.
2. UPDATE를 수행한다.
3. 만일 데이터가 없다면 INSERT한다.
4. 처리 완료

반대로 UPDATE 작업에 비해 INSERT 작업이 많은 배치 프로그램이라면, 다음과 같은 순서로 처리되도록 개발한다.

1. 한 건의 데이터를 읽는다.
2. INSERT를 수행한다.
3. 만일 데이터가 있다면 UPDATE한다.
4. 처리 완료

이처럼 업무 로직을 반영하여 튜닝을 해야 하는 SQL의 경우, 개별 SQL의 처리 속도나 성능은 문제가 없을 수 있다. 그래서 이런 경우는 특정 처리 과정에 대한 TRACE를 분석하여 특별히 느린 처리 과정이 있다면 업무 로직을 파악한 후 튜닝할 필요가 있다.

### 7.4.1 애플리케이션 로직 개선으로 배치 프로그램 성능을 개선한 사례

50만 건의 데이터를 대상으로 매일 실행하는 배치 프로그램이 있다. 이 배치 프로그램을 실행하면 기존 데이터의 변경도 일어나지만, 신규 데이터에 대해서는 INSERT 작업을 수행해야 한다. 또한 복잡한 로직과 다양한 SQL이 존재하는 관계로 하나의 SQL로 구현하기 어려운 상황이다. 이 배치 프로그램은 업무 특성상 UPDATE 작업이 많으므로 위에서 언급했듯이 다음과 같은 과정을 거쳐 처리하도록 튜닝하였다.

1. 한 건의 데이터를 읽는다.
2. UPDATE를 수행한다.
3. 만일 데이터가 없다면 INSERT한다.
4. 처리 완료

이렇게 튜닝을 한 결과 다음과 같은 효과를 거둘 수 있었다. 계산된 시간 값은 독자의 이해를 돕기 위해 실측 값이 아닌 단순화한 값으로 표현하였다.

| 처리 단계 | 회당 작업 시간(초) | 수행 횟수(회) | | 수행 시간(초) | |
|---|---|---|---|---|---|
| | | 개선 전 | 개선 후 | 개선 전 | 개선 후 |
| 해당 데이터 유무 체크 | 0.001 | 500,000 | 0 | 500 (500,000×0.001) | 0 |
| UPDATE | 0.001 | 499,000 | 500,000 | 499 (499,000×0.001) | 500 (500,000×0.001) |
| INSERT | 0.001 | 1,000 | 1,000 | 1 (1,000×0.001) | 1 (1,000×0.001) |
| 총 소요 시간 | | | | 1000 | 501 |

## 7.5 동일 데이터 반복 사용

SQL을 요구사항에 따라 작성하다 보면 사실 그럴 필요가 없음에도 불구하고 같은 데이터를 반복해서 읽는 경우가 발생한다. 코드 값과 같이 어쩔 수 없이 반복해서 값을 가져와야 하는 경우를 제외하고는 불필요하게 같은 데이터에 반복해서 접근하는 것은 SQL의 처리 비용을 늘리는 원인이 된다.

### 7.5.1 UNION ALL문에서 동일 데이터의 반복 사용을 제거하여 개선한 사례

이번에 소개할 SQL은 한 시스템에서 사용된 성별에 따른 통계 값을 구하는 SQL이다. FROM절에서 사용한 서브쿼리는 UNION ALL을 사용하여 남자들의 통계 값과 여자들의 통계 값을 합하고 있다.

개발을 하다 보면 실제 테이블의 구조를 생각하고 SQL을 작성하기 보다는 요구사항의 내용을 그대로 SQL로 옮겨 작성하는 경우가 있다. 물론 개발 업무량이 많다 보면 일일이 테이블의 구조를 염두에 두고 SQL을 작성할 수는 없겠지만, 대상 테이블이 대용량 테이블인 경우는 불필요한 반복 접근을 유발시키는 원인이 될 수 있으므로 주의해야 한다.

**SQL**

```
SELECT VB.gender,
       VB.ca sum_1,
```

```
              VB.cb sum_2,
              VB.cc sum_3,
              VB.cd sum_4,
              VB.ce sum_5,
              VB.cf sum_6,
              VB.ca + VB.cb + VB.cc + VB.cd + VB.ce + VB.cf total_1
       FROM   (SELECT 'X'       gender,
                      SUM(CASE
                            WHEN TA.ds_code = '100' THEN 1
                            ELSE 0
                          END) CA,
                      SUM(CASE
                            WHEN TA.ds_code = '300' THEN 1
                            ELSE 0
                          END) CB,
                      SUM(CASE
                            WHEN TA.ds_code = '400' THEN 1
                            ELSE 0
                          END) CC,
                      SUM(CASE
                            WHEN TA.ds_code = '500' THEN 1
                            ELSE 0
                          END) CD,
                      SUM(CASE
                            WHEN TA.ds_code = '600' THEN 1
                            ELSE 0
                          END) CE,
                      SUM(CASE
                            WHEN TA.ds_code = '700' THEN 1
                            ELSE 0
                          END) CF
               FROM   tb_master TA,
                      tb_detail TB
               WHERE  TA.sm_no = TB.sm_no
                      AND TB.class_code = '1') VB
UNION ALL
SELECT VB.gender,
       VB.ca,
       VB.cb,
       VB.cc,
       VB.cd,
       VB.ce,
       VB.cf,
       VB.ca + VB.cb + VB.cc + VB.cd + VB.ce + VB.cf
FROM   (SELECT 'Y'        gender,
               SUM(CASE
                     WHEN TA.ds_code = '100' THEN 1
                     ELSE 0
                   END) CA,
               SUM(CASE
                     WHEN TA.ds_code = '300' THEN 1
                     ELSE 0
                   END) CB,
```

```
                SUM(CASE
                        WHEN TA.ds_code = '400' THEN 1
                        ELSE 0
                     END) CC,
                SUM(CASE
                        WHEN TA.ds_code = '500' THEN 1
                        ELSE 0
                     END) CD,
                SUM(CASE
                        WHEN TA.ds_code = '600' THEN 1
                        ELSE 0
                     END) CE,
                SUM(CASE
                        WHEN TA.ds_code = '700' THEN 1
                        ELSE 0
                     END) CF
         FROM tb_master TA,
              tb_detail TB
        WHERE  A.sm_no = B.sm_no
          AND  B.class_code = '2') VB ;
```

### 실행 계획

```
call      count       cpu    elapsed       disk      query    current       rows
------- ------  --------  ---------  ---------  ---------  ---------  ---------
Parse        1      0.01       0.00          0          0          0          0
Execute      1      0.00       0.00          0          0          0          0
Fetch        2      7.05      29.54     707750     707792          0          2
------- ------  --------  ---------  ---------  ---------  ---------  ---------
total        4      7.06      29.55     707750     707792          0          2

Misses in library cache during parse: 1
Optimizer mode: ALL_ROWS
Parsing user id: 5
Number of plan statistics captured: 1

Rows (1st) Rows (avg) Rows (max)  Row Source Operation
---------- ---------- ----------  ----------------------------------------------
         2          2          2  UNION-ALL (cr=707792 pr=707750 pw=0 time=18994758 us)
         1          1          1    VIEW (cr=353896 pr=353875 pw=0 time=18994725 us cost=58639 size=82 card=1)
         1          1          1     SORT AGGREGATE (cr=353896 pr=353875 pw=0 time=18994709 us)
        28         28         28       HASH JOIN (cr=353896 pr=353875 pw=0 time=4015419 us cost=58639 size=13596 card=412)
        24         24         24         TABLE ACCESS FULL TB_MASTER (cr=14 pr=0 pw=0 time=141 us cost=4 size=6660 card=370)
   2992918    2992918    2992918         TABLE ACCESS FULL TB_DETAIL (cr=353882 pr=353875 pw=0 time=12659706 us cost=58562 size=53414505
         1          1          1    VIEW (cr=353896 pr=353875 pw=0 time=10550023 us cost=58639 size=82 card=1)
         1          1          1     SORT AGGREGATE (cr=353896 pr=353875 pw=0 time=10550007 us)
        25         25         25       HASH JOIN (cr=353896 pr=353875 pw=0 time=10626450 us cost=58639 size=13596 card=412)
        24         24         24         TABLE ACCESS FULL TB_MASTER (cr=14 pr=0 pw=0 time=119 us cost=4 size=6660 card=370)
   4129021    4129021    4129021         TABLE ACCESS FULL TB_DETAIL (cr=353882 pr=353875 pw=0 time=15259893 us cost=58562 size=53414505
```

이처럼 UNION을 사용하여 두 개의 SELECT문을 연결하는 경우, 각각의 SELECT문에서 접근하는 테이블이 동일하고 조인 조건이 같아도 ORACLE의 입장에서는 두 개의 SELECT문으로 인식하기 때문에 대량의 데이터를 보유하고 있는 tb_master, tb_detail 테이블을 두 번 조회한다. 따라서 다음과 같이 하나의 SELECT문으로 합친 후 검색 조건을 추가하면 대용량 테이블에 한 번만 접근하여 원하는 결과를 가져올 수 있다. 실제 개선 후의 실행 계획을 보면 사용된 메모리 버퍼의 수가 반으로 줄어든 것을 확인할 수 있다.

SQL

```
SELECT VB.gender,
       VB.ca sum_1,
       VB.cb sum_2,
       VB.cc sum_3,
       VB.cd sum_4,
       VB.ce sum_5,
       VB.cf sum_6,
       VB.ca + VB.cb + VB.cc + VB.cd + VB.ce + VB.cf total_1
FROM   (SELECT CASE
                  WHEN TB.class_code = '1' THEN 'X'
                  WHEN TB.class_code = '2' THEN 'Y'
               END       gender,
               SUM(CASE
                      WHEN TA.ds_code = '100' THEN 1
                      ELSE 0
                   END) CA,
               SUM(CASE
                      WHEN TA.ds_code = '300' THEN 1
                      ELSE 0
                   END) CB,
               SUM(CASE
                      WHEN TA.ds_code = '400' THEN 1
                      ELSE 0
                   END) CC,
               SUM(CASE
                      WHEN TA.ds_code = '500' THEN 1
                      ELSE 0
                   END) CD,
               SUM(CASE
                      WHEN TA.ds_code = '600' THEN 1
                      ELSE 0
                   END) CE,
               SUM(CASE
                      WHEN TA.ds_code = '700' THEN 1
```

```
                ELSE 0
            END) CF
   FROM tb_master TA,
        tb_detail TB
   WHERE  TA.sm_no = TB.sm_no
          AND TB.class_code IN ( '1', '2' )
   GROUP  BY class_code) VB ;
```

**실행 계획**

```
call     count       cpu    elapsed      disk      query    current       rows
------  ------  --------  ---------  --------  ---------  ---------  ---------
Parse        1      0.01       0.00         0          0          0          0
Execute      1      0.00       0.00         0          0          0          0
Fetch        2      6.23       9.82    353875     353896          0          2
------  ------  --------  ---------  --------  ---------  ---------  ---------
total        4      6.24       9.82    353875     353896          0          2

Misses in library cache during parse: 1
Optimizer mode: ALL_ROWS
Parsing user id: 5
Number of plan statistics captured: 1

Rows (1st)  Rows (avg)  Rows (max)  Row Source Operation
----------  ----------  ----------  ---------------------------------------------------------
         2           2           2  HASH GROUP BY (cr=353896 pr=353875 pw=0 time=9820613 us cost=58751 size=66 card=2)
        53          53          53  HASH JOIN (cr=353896 pr=353875 pw=0 time=18232936 us cost=58750 size=16566 card=502)
        24          24          24  TABLE ACCESS FULL TB_MASTER (cr=14 pr=0 pw=0 time=100 us cost=4 size=6660 card=370)
   7121939     7121939     7121939  TABLE ACCESS FULL TB_DETAIL (cr=353882 pr=353875 pw=0 time=10824657 us cost=58598 size=106828995)
```

### 7.5.2 프로그램 병렬 처리를 위한 동일 테이블 반복 접근을 개선한 사례

특정 데이터를 추출한 뒤 일련의 처리를 해야 하는 프로그램이 있다. 이 경우 추출해야 하는 데이터가 방대하다고 해서 무조건 병렬 처리 기능을 사용하는 것은 좋지 않다. 계속해서 테이블의 같은 부분을 검색할 수 있기 때문이다. 이런 경우 추가적인 조건을 제시하여 대상 데이터를 여러 프로그램에서 나누어 처리하게 하는 방법을 권장한다. 단, 추가적인 입력 조건으로는 NOT NULL 컬럼이면서 인덱스가 생성되어 있는 컬럼을 사용해야 한다. 또한 I/O를 고려하여 데이터의 입력 순서가 인덱스의 순서가 유사한 컬럼을 활용하는 것이 효과적이다. 가급적 적은 블록에 접근하여 원하는 결과를 가져올 수 있기 때문이다. 날짜를 저장하는 컬럼이 대표적인 예이다. 다음과 같은 SQL이 있다고 가정하자.

**SQL**

```
SELECT
       column_name1, column_name2
FROM
       table_1
WHERE
       type IN ('A','B','C','D','E','F','1','3','4','5','7') ;
```

**인덱스 구조**

| 테이블 이름 | 인덱스 이름 | 구성 컬럼 |
|---|---|---|
| TABLE_1 | INDEX_1 | INPUT_DATE_COLUMN (NOT NULL) |
|  | INDEX_2 | CUSTOMER_ID, INPUT_DATE_COLUMN (NOT NULL) |

위의 SQL을 여러 프로그램에서 병렬로 처리하기 위해 WHERE절의 TYPE IN ('A','B','C','D','E','F','1','3','4','5','7') 조건을 쪼개어 첫 번째 프로그램에서는 type = 'A'인 데이터를 처리하게 하고 두 번째 프로그램에서는 type = 'B'인 데이터를 처리하게 하는 방식은 성능 개선에 도움이 되지 않는다. type 컬럼에는 인덱스가 없으므로 각각의 프로그램에서 매번 FULL TABLE SCAN을 수행할 것이기 때문이다.

따라서 다음과 같이 인덱스가 있는 컬럼을 기준으로 나누어 처리하는 방식을 고려할 수 있는데, 먼저 변별력이 높은 customer_id를 기준으로 대상 데이터를 나눈 경우이다. 이렇게 처리하면 인덱스를 활용할 수 있으므로 각각의 SQL의 처리 속도는 빨라질 수 있으나, 고객번호가 인접하다고 해서 데이터가 인접한 블록에 있는 것이 아니므로 전체적으로 같은 블록에 중복해서 여러 차례 접근할 가능성이 높아진다.

|  | 튜닝 후 WHERE 조건 |
|---|---|
| 프로그램1 | customer_id BETWEEN '1000000' AND '2000000'<br>AND type IN ('A','B','C','D','E','F','1','3','4','5','7') |
| 프로그램2 | customer_id BETWEEN '2000001' AND '3000000'<br>AND type IN ('A','B','C','D','E','F','1','3','4','5','7') |
| 프로그램n | customer_id BETWEEN '8000000' AND '9000000'<br>AND type IN ('A','B','C','D','E','F','1','3','4','5','7') |

다음으로는 데이터가 입력된 날짜를 저장하는 input_date_column 컬럼을 기준으로 대상 데이터를 나누어 처리한 경우를 보자. 입력된 날짜가 인접한 데이터는 인접한 블록에 위치할 가능성이 높으므로 각각의 프로그램에서 접근해야 할 데이터의 블록의 수가 적어진다. 따라서 대상 데이터가 대량인 경우는 이와 같은 방법으로 나누어 처리하도록 프로그램을 설계하는 것이 가장 이상적이다.

|  | 튜닝 후 WHERE 조건 |
|---|---|
| 프로그램1 | input_date_column BETWEEN '20100101' AND '20100131'<br>AND type IN ('A','B','C','D','E','F','1','3','4','5','7') |
| 프로그램2 | input_date_column BETWEEN '20100201' AND '20100228'<br>AND type IN ('A','B','C','D','E','F','1','3','4','5','7') |
| 프로그램n | input_date_column BETWEEN '20121201' AND '20121231'<br>AND type IN ('A','B','C','D','E','F','1','3','4','5','7') |

## 7.6 마스터 테이블의 중복을 제거한 코드 값 추출

영업 실적을 정산하는 시스템에서 각 영업사원의 영업 실적은 실적정보 테이블에 저장되어 있다. 그리고 이 회사의 영업일을 저장하는 영업일 테이블이 따로 있다. 각 영업일별 실적을 추출하기 위해서는 실적정보 테이블과 영업일 테이블을 조인해야 하는데, 그럴 경우 영업일로 지정하지 않은 날짜에 일어난 실적은 누락될 수 있다. 이런 경우 영업일이 아닌데도 실적이 발생한 날짜를 보기 위해서는 부득이하게 실적정보 테이블을 봐야 할 것이다. 하지만 실적정보 테이블은 영업사원 전원의 매일 실적을 저장하는, 월 평균 천만 건이 누적되는 대량 테이블이다.

만약 2012년 1월에 실적이 발생한 날짜를 검색한다면, 다음과 같은 SQL을 실행할 수 있다. 참고로 실적정보 테이블의 인덱스 구조는 다음과 같다.

**SQL**

```
SELECT DISTINCT input_date
FROM    실적정보
WHERE   input_date between '20120101' and '20120131';
```

**인덱스 구조**

| 테이블 이름 | 인덱스 이름 | 구성 컬럼 |
|---|---|---|
| 실적정보 | 실적정보_INPUT_DATE | INPUT_DATE |

예상하겠지만 추출될 결과 건수는 31건을 넘지 않는 것에 비해 input_date 컬럼에 생성된 인덱스를 사용하여 검색하게 되면, 해당 월에 해당하는 데이터 모두에 접근해야 하는 부담이 생긴다. 따라서 이런 경우는 EXISTS문을 사용하여 조건을 만족하는 데이터가 한 건만 발견되면 더 이상 같은 조건의 데이터를 찾지 않게 하는 방법으로, 최대 31건의 데이터에 대해서만 접근을 시도하게 할 수 있다. EXISTS를 사용해 수정한 SQL문을 보도록 하자.

**SQL**

```
SELECT
        실적일
FROM
    (
    SELECT TO_CHAR(TO_DATE('20120101','YYYYMMDD') + ROWNUM - 1, 'YYYYMMDD') 실적일
    FROM    dual
    CONNECT BY LEVEL <= TO_DATE('20120131','YYYYMMDD')-TO_DATE('20120101','YYYYMMDD')+1
    ) TA
WHERE
EXISTS (
    SELECT 'X'
    FROM    실적정보
    WHERE   input_date = TA.실적일) ;
```

참고로 위의 사례는 결과 건수와 접근해야 하는 데이터 건수의 차이가 크기 때문에 이 방법이 효과적이지만, 만약 결과 건수와 한 달 분의 데이터 건수의 차이가 크지 않다면 인덱스만 사용하여 결과를 가져오는 것이 더 효과적일 수 있다. 따라서 이 방법을 시도하기 전에는 데이터의 비율을 먼저 비교해보기 바란다.

## 7.7 CLUSTERING FACTOR 개선을 통한 튜닝

SQL 튜닝을 하다 보면 실행 계획이 정상적임에도 불구하고 읽어 들이는 블록의 양이 유독 많은 경우를 보게 된다. 이런 경우 CLUSTERING FACTOR를 의심해 볼 수 있는데 CLUSTERING FACTOR란, 인덱스를 검색하는 동안 접근하게 되는 데이터 블록의 수를 의미한다.

일반적으로 테이블의 데이터를 저장하기 위한 블록의 수는 CLUSTERING FACTOR의 수보다 작거나 같고 CLUSTERING FACTOR의 수는 테이블의 행 수보다 작거나 같다. CLUSTERING FACOTR의 수가 적어 테이블의 데이터 블록 수에 가까울수록 데이터들이 적은 수의 블록에 모여 있음을 의미하고, 반대로 CLUSTERING FACOTR의 수가 많아져 테이블 행 수에 가까울 수록 데이터들이 여러 블록에 흩어져 있음을 의미한다. 따라서 CLUSTERING FACTOR의 값이 크면 INDEX RANGE SCAN을 수행할 때, 그만큼 많은 블록에 접근해야 한다는 결론에 도달하므로 결과적으로 더 많은 비용을 감수해야 한다.

프로젝트를 수행하면서 대량의 데이터를 정렬하지 않고 전환한 경우나, 장시간 사용한 시스템일수록 CLUSTERING FACTOR 값이 높아진다. 프로젝트 구축 단계라면 데이터 전환 작업 시에 정렬하는 기능을 접목하면 되지만, 운영을 하면서 CLUSTERING FACTOR 값이 커진 것이라면 CLUSTER로의 전환을 고려해야 한다.

### 7.7.1 데이터 정렬을 통한 튜닝 사례

어떤 시스템의 데이터를 전환하면서 대량의 데이터를 정렬하지 않은 상태에서 INSERT하자, CLUSTERING FACTOR가 높아지면서 접근해야 하는 블록의 수가 증가하게 되었고, 그 결과 물리적인 I/O가 증가하면서 급격한 성능 저하가 발생했다. 아래의 실행 계획에서 tb_master_2 의 데이터를 검색하기 위해 사용한 ix_master_2_x3 인덱스는 주요 화면에서 자주 사용하는 인덱스로, BETWEEN 으로 조회되는 날짜 정보를 저장하고 있다.

### 실행 계획

```
call     count     cpu      elapsed    disk     query      current    rows
-------  -----     ----     -------    ----     -----      -------    ----
Parse        1     0.04      0.04         0         0           0        0
Execute      1     0.00      0.00         0         0           0        0
Fetch        5     1.09      1.82         0    122442           0       50
-------  -----     ----     -------    ----     -----      -------    ----
total        7     1.13      1.86         0    122442           0       50

Misses in library cache during parse: 1
Optimizer mode: FIRST_ROWS
Parsing user id: 69
Number of plan statistics captured: 1


Rows   Rows   Rows
(1st)  (avg)  (max)  Row Source Operation
-----  -----  -----  --------------------------------------------------
   50     50     50  TABLE ACCESS BY INDEX ROWID TB_MASTER_1 (cr=155 pr=0 pw=0 time=1109 us cost=1 size=15 card=1)
   50     50     50   INDEX UNIQUE SCAN PK_MASTER_1 (cr=105 pr=0 pw=0 time=654 us cost=1 size=0 card=1)
   50     50     50  NESTED LOOPS (cr=122287 pr=0 pw=0 time=820491 us)
   50     50     50   NESTED LOOPS (cr=122237 pr=0 pw=0 time=819693 us cost=1059 size=2435 card=1)
   50     50     50    VIEW (cr=122175 pr=0 pw=0 time=819034 us cost=1058 size=2262 card=1)
   50     50     50     COUNT (cr=122175 pr=0 pw=0 time=818735 us)
   50     50     50      VIEW (cr=122175 pr=0 pw=0 time=818644 us cost=1058 size=2249 card=1)
   50     50     50       COUNT STOPKEY (cr=122175 pr=0 pw=0 time=818300 us)
   50     50     50        FILTER (cr=122175 pr=0 pw=0 time=818220 us)
   51     51     51         NESTED LOOPS (cr=122064 pr=0 pw=0 time=816455 us)
   51     51     51          NESTED LOOPS (cr=122013 pr=0 pw=0 time=815191 us cost=632 size=297850 card=851)
43592  43592  43592           TABLE ACCESS BY INDEX ROWID TB_MASTER_2 (cr=38430 pr=0 pw=0 time=441410 us cost=197
43592  43592  43592            INDEX RANGE SCAN IX_MASTER_2_X3 (cr=153 pr=0 pw=0 time=55874 us cost=1 size=0 card=870)
   51     51     51           INDEX RANGE SCAN IX_MASTER_4_X2 (cr=83583 pr=0 pw=0 time=321497 us cost=1 size=0 card=1)
   51     51     51          TABLE ACCESS BY INDEX ROWID TB_MASTER_4 (cr=51 pr=0 pw=0 time=1138 us cost=1 size=…
   50     50     50         SORT AGGREGATE (cr=111 pr=0 pw=0 time=1338 us)
   51     51     51          TABLE ACCESS BY INDEX ROWID TB_MASTER_2(cr=111 pr=0 pw=0 time=944 us cost=1 size=22
   51     51     51           INDEX RANGE SCAN IX_MASTER_2_X5 (cr=61 pr=0 pw=0 time=633 us cost=1 size=0 card=1)
   50     50     50   INDEX UNIQUE SCAN PK_MASTER_3 (cr=62 pr=0 pw=0 time=515 us cost=1 size=0 card=1)
   50     50     50  TABLE ACCESS BY INDEX ROWID TB_MASTER_3 (cr=50 pr=0 pw=0 time=645 us cost=1 size=173 card=1)
```

이와 같은 문제를 개선하기 위해서 기준이 되는 컬럼을 정렬한 후 테이블을 다시 생성하니 다음과 같이 CLUSTERING FACTOR가 개선된 것을 확인할 수 있다. CLUSTERING FACTOR의 개선 여부는 DBA_INDEXES라는 데이터 딕셔너리 뷰를 통해 확인할 수 있다.

| TABLE_NAME | INDEX_NAME | DISTINCT_KEYS | CLUSTERING_FACTOR | NUM_ROWS |
|---|---|---|---|---|
| TB_MASTER_2(OLD) | IX_MASTER_2_X3 | 10947 | **10106546** | 11262211 |
| TB_MASTER_2(NEW) | IX_MASTER_2_X3 | 10947 | **2460422** | 11262211 |

테이블을 다시 생성한 후 위에서 실행한 SQL의 실행 계획을 확인하자 다음과 같았다.

**실행 계획**

```
call     count       cpu    elapsed      disk      query    current        rows
-------  ------  --------  ---------  --------  ---------  --------  ----------
Parse         1      0.05       0.03         0          0         0           0
Execute       1      0.00       0.00         0          0         0           0
Fetch         5      1.06       9.52      6425      66391         0          50
-------  ------  --------  ---------  --------  ---------  --------  ----------
total         7      1.11       9.56      6425      66391         0          50

Misses in library cache during parse: 1
Optimizer mode: FIRST_ROWS
Parsing user id: 69
Number of plan statistics captured: 1

Rows   Rows   Rows
(1st)  (avg)  (max)  Row Source Operation
-----  -----  -----  ---------------------------------------------------
   50     50     50  TABLE ACCESS BY INDEX ROWID TB_MASTER_1 (cr=155 pr=2 pw=0 time=11880 us cost=1 size=15 card=1)
   50     50     50   INDEX UNIQUE SCAN PK_MASTER_1 (cr=105 pr=1 pw=0 time=8183 us cost=1 size=0 card=1)
   50     50     50   NESTED LOOPS (cr=66236 pr=6423 pw=0 time=2640252 us)
   50     50     50    NESTED LOOPS (cr=66186 pr=6423 pw=0 time=65610097 us cost=10 size=2431 card=1)
   50     50     50     VIEW (cr=66130 pr=6423 pw=0 time=65607859 us cost=9 size=2258 card=1)
   50     50     50      COUNT (cr=66130 pr=6423 pw=0 time=2640133 us)
   50     50     50       VIEW (cr=66130 pr=6423 pw=0 time=2640118 us cost=9 size=2245 card=1)
   50     50     50        COUNT STOPKEY (cr=66130 pr=6423 pw=0 time=2640065 us)
   50     50     50         FILTER (cr=66130 pr=6423 pw=0 time=2640043 us)
   51     51     51          NESTED LOOPS (cr=66025 pr=6393 pw=0 time=2636502 us)
   51     51     51           NESTED LOOPS (cr=65974 pr=6392 pw=0 time=66879777 us cost=5 size=2728 card=8)
43592  43592  43592            TABLE ACCESS BY INDEX ROWID TB_MASTER_2 (cr=10729 pr=5884 pw=0 time=6623226 us …
43592  43592  43592             INDEX RANGE SCAN IX_MASTER_2_X3 (cr=152 pr=147 pw=0 time=104820 us cost=1 size=0 card=2)
   51     51     51            INDEX RANGE SCAN IX_MASTER_4_X2 (cr=55245 pr=508 pw=0 time=2927352 us cost=1 size=0card=1)
   51     51     51           TABLE ACCESS BY INDEX ROWID TB_MASTER_4 (cr=51 pr=1 pw=0 time=7603 us cost=1 size=262
   50     50     50          SORT AGGREGATE (cr=105 pr=30 pw=0 time=147247 us)
   51     51     51           TABLE ACCESS BY INDEX ROWID TB_MASTER_2 (cr=105 pr=30 pw=0 time=146517 us cost=1 size=.
   51     51     51            INDEX RANGE SCAN IX_MASTER_2_X5 (cr=55 pr=0 pw=0 time=649 us cost=1 size=0 card=1)
   50     50     50    INDEX UNIQUE SCAN PK_MASTER_3 (cr=56 pr=0 pw=0 time=492 us cost=1 size=0 card=1)
   50     50     50   TABLE ACCESS BY INDEX ROWID TB_MASTER_3 (cr=50 pr=0 pw=0 time=687 us cost=1 size=173 card=1)
```

이 사례의 튜닝 전후 실행 계획을 비교하면, 튜닝 전의 응답 속도가 더 빠른 것으로 보인다. 하지만 이는 반복 수행으로 인해 대상 데이터가 메모리에 있다 보니 DISK I/O가 발생하지 않은 것일 뿐, 같은 상황에서라면 튜닝 후의 성능이 더 좋다. 실행 계획에서 튜닝 전 사용하는 버퍼 수에 비해 튜닝 후 사용 버퍼 수가 감소한 것을 확인할 수 있다.

### 7.7.2 데이터의 물리적 위치를 고려해 튜닝한 사례

출입정보를 가지고 있는 테이블을 검색하기 위해 분포도가 좋은 생년월일 컬럼의 인덱스를 사용하고 있었는데, 시스템이 갈수록 느려지는 현상이 발생했다. 이 시스템에서 사용하는 SQL과 인덱스 구조는 다음과 같았다.

**SQL**

```
SELECT (중략)
FROM    출입정보
WHERE   생년월일 = '19900101'
    AND 출입일자 = '20120102';
```

**인덱스 구조**

| 테이블 이름 | 인덱스 이름 | 구성 컬럼 |
|---|---|---|
| 출입정보 | IDX_생년월일 | 생년월일 |
|  | IDX_출입일자 | 출입일자 |

이 SQL을 실행하기 위해 변별력이 좋은 IDX_생년월일 인덱스를 사용하고 있었는데, 이 테이블의 데이터는 출입일자의 순서로 입력되고 있었다. 따라서 데이터의 물리적 위치 또한 출입일자의 순서로 되어 있을 가능성이 높았다. 즉 출입일자 컬럼을 기준으로 했을 때, 테이블의 CLUSTERING FACTOR가 낮은 것이다.

　생년월일 컬럼의 값이 변별력이 높은 것은 사실이나 생년월일 = '19900101' 라는 조건을 만족하는 데이터를 찾기 위해서는 여러 데이터 블록을 읽어야 한다. 하지만 출입일자 컬럼에 생성된 인덱스를 사용한다면 우선적으로 접근해야 할 데이터는 많아지지만 같은 블록 또는 인접한 블록을 읽어서 원하는 데이터를 가져올 가능성이 커지는 것이다. 다음 그림을 보면 좀 더 쉽게 이해할 수 있을 것이다.

| 생년월일 인덱스 | | 출입정보 테이블 | | | 출입일자 인덱스 | |
|---|---|---|---|---|---|---|
| 생년월일 | Block no (rowid) | Block no (rowid) | 생년월일 | 출입일자 | Block no (rowid) | 출입일자 |
| 19540101 | 153 | 100 | 19700101 | 20100101 | 100 | 20100101 |
| 19610101 | 151 | | 19900101 | 20100102 | 100 | 20100102 |
| 19630101 | 151 | | 19680101 | 20100102 | 100 | 20100102 |
| 19650101 | 153 | 150 | 19700101 | 20120101 | 150 | 20120101 |
| 19680101 | 100 | | 19900101 | 20120102 | 150 | 20120102 |
| 19680101 | 150 | | 19680101 | 20120102 | 150 | 20120102 |
| 19690101 | 151 | 151 | 19690101 | 20120102 | 151 | 20120102 |
| 19700101 | 100 | | 19610101 | 20120102 | 151 | 20120102 |
| 19700101 | 150 | | 19630101 | 20120102 | 151 | 20120102 |
| 19700101 | 152 | 152 | 19900101 | 20120103 | 152 | 20120103 |
| 19900101 | 100 | | 19700101 | 20120103 | 152 | 20120103 |
| 19900101 | 150 | 153 | 19650101 | 20120104 | 153 | 20120104 |
| 19900101 | 152 | | 19900101 | 20120104 | 153 | 20120104 |
| 19900101 | 153 | | 19540101 | 20120104 | 153 | 20120104 |
| 19910101 | 154 | 154 | 19910101 | 20120104 | 154 | 20120104 |
| | | 155 | | | | |

**그림 7-1** 인덱스에 따라 접근해야 하는 블록 수의 차이

생년월일 컬럼의 인덱스를 사용할 경우, 원하는 데이터를 가져오기 위해 100, 150, 152, 153번에 해당하는 4개의 블록을 각각 한 번씩 읽어야 하는 것과 달리, 출입일자 인덱스를 사용하면 150, 151번에 해당하는 두 개의 블록에 각각 2회, 3회 접근하여 원하는 데이터를 가져올 수가 있다. 즉, 물리적 I/O가 1/2로 줄어들게 된다.

물론 가장 좋은 방법은 생년월일 + 출입일자 컬럼으로 구성된 결합 인덱스를 생성하는 것으로, 위 예에서 결합 인덱스를 사용한다면 블록을 한 번만 읽어서 원하는 데이터를 가져올 수 있게 된다.

## 7.8 Materialized View의 활용

프로젝트에 나가 보면 하루 단위로 누적되는 데이터가 많은 대용량 테이블로부

터 월 단위 혹은 일 단위의 통계를 구하는 프로그램을 자주 접하게 된다. 이런 경우 대부분의 프로젝트에서는, 어제까지의 데이터를 집계 테이블로부터 가져오고 현재 테이블로부터 오늘 분의 데이터를 가져와 그 결과를 합하는 것이 일반적이다. 다음과 같은 형태의 SELECT문을 생각하면 이해가 쉬울 것이다.

```
SELECT …
FROM
(
    SELECT  컬럼이름
    FROM    집계 테이블
    WHERE   어제까지
    UNION ALL
    SELECT  컬럼이름
    FROM    현재 테이블
    WHERE   오늘)
    GROUP BY … ;
```

이 경우 집계 테이블을 생성하는 프로그램을 개발하여 집계 테이블로부터 통계 데이터를 추출하는 방법을 사용하기도 하지만, 집계 테이블의 데이터를 온라인 상에서 보여 주기 힘든 경우에는 Materialized view(Mview)를 활용하기도 한다. 일반적으로 사용하는 뷰는 물리적인 저장 구조를 가지지 않는 반면, Mview는 물리적으로 데이터를 저장하는 것은 물론 인덱스를 만들어 성능을 개선할 수 있다. 통계 데이터를 위해 중간 집계 테이블을 구현해야 하거나, 두 개 이상의 테이블을 미리 조인하여 결과를 저장해야 할 때 유용하게 사용할 수 있다.

### 7.8.1 최근 통계 데이터를 초기 화면에 보여주는 사례

메뉴를 클릭하면 처음 보여지는 초기 화면은 다른 화면들에 비해 응답 속도에 민감하다. 사용자가 자주 접근하는 화면이기 때문이다. 이러한 초기 화면에 통계 데이터를 보여주는 경우를 자주 보는데, 통계 데이터를 구하는 SQL의 성능을 Mview 구현을 통해 개선한 사례를 소개하겠다.

프로젝트가 끝나갈 즈음, 요구사항이 추가되어 다음과 같은 SQL을 작성하고 성능이 좋지 않자 개발자가 튜닝을 요청했다.

## SQL

```
SELECT  VA.bank_code
       ,VA.account_no
       , (중략)
       ,VA.A - NVL(VB.A,0) AS SUM_1
       ,VA.B - NVL(VB.B,0) AS SUM_2
       ,VA.C - NVL(VB.C,0) AS SUM_3
       ,VA.D - NVL(VB.D,0) AS SUM_4
       ,VA.E - NVL(VB.E,0) AS SUM_5
       ,VA.F - NVL(VB.F,0) AS SUM_6
FROM
    (
      SELECT TA.organization_code   as BANK_CODE
             (중략)
            ,CASE WHEN TB.account_no IS NULL THEN 'NONE' ELSE TB.account_no END AS account_no
            ,MIN(base_yymm) AS START_YM
            ,MAX(base_yymm) AS END_YM
            , SUM(CASE WHEN TA.control_code IN('01','02','03') THEN TA.s_amt  END) as A
            , SUM(CASE WHEN TA.control_code = '04' THEN TA.s_amt END) as B
            , SUM(TA.s_amt) as C
            , SUM(CASE WHEN TA.control_code = '05' THEN TA.s_amt END) as D
            , SUM(CASE WHEN TA.control_code = '06' THEN TA.s_amt END) as E
            , SUM(CASE WHEN TA.control_code = '07' THEN TA.s_amt END) as F
      FROM  tb_detail_1     TA,
            tb_master       TB
      WHERE TA.account_no = TB.account_no
            AND TA.base_yymm >= :1
            AND TA.base_yymm <= :2
            AND TB.status_code = '01'
            AND TA.qua_code = '0'
      GROUP BY TA.organization_code , TB.account_no
    ) VA ,
    (
      SELECT TA.organization_code as BANK_CODE
             (중략)
            ,CASE WHEN TB.account_no IS NULL THEN 'NONE' ELSE TB.account_no END AS account_no
            ,MIN(base_yymm) AS START_YM
            ,MAX(base_yymm) AS END_YM
            , SUM(CASE WHEN TA.control_code IN( '01','02','03') THEN TA.s_amt  END) as A
            , SUM(CASE WHEN TA.control_code = '04' THEN TA.s_amt  END) as B
            , SUM(TA.s_amt) as C
            , SUM(CASE WHEN TA.control_code = '05' THEN TA.s_amt  END) as D
            , SUM(CASE WHEN TA.control_code = '06' THEN TA.s_amt  END) as E
            , SUM(CASE WHEN A.control_code = '07' THEN TA.s_amt  END) as F
FROM   tb_detail_2  TC,
       tb_master  TB,
       tb_detail_1  TA
WHERE  TA.account_no = TB.account_no
             AND TA.account_no = TC.account_no
             AND TB.account_no = TC.account_no
             AND TA.base_yymm >= :1
             AND TA.base_yymm <= :2
```

```
               AND  TB.status_code = '01'
               AND  TC.del_yn = 'N'
               AND  TA.qua_code = '0'
      GROUP BY TA.organization_code   ,TB.account_no
     ) VB
WHERE   VA.bank_code = VB.bank_code(+)
        AND  VA.account_no = VB.account_no(+)
        AND  VA.start_ym = VB.start_ym(+)
        AND  VA.end_ym = VB.end_ym(+)
ORDER BY  VA.bank_code, VA.account_no ;
```

### 실행 계획

**Elapsed: 00:01:07.25**

```
--------------------------------------------------------------------------------------------
| Id  | Operation                       | Name        | Rows  | Bytes |TempSpc| Cost (%CPU)| Time     |
--------------------------------------------------------------------------------------------
|   0 | SELECT STATEMENT                |             |   181 | 40906 |       |  215K  (2)| 00:43:09 |
|   1 |  SORT ORDER BY                  |             |   181 | 40906 |       |  215K  (2)| 00:43:09 |
|*  2 |   HASH JOIN OUTER               |             |   181 | 40906 |       |  215K  (2)| 00:43:09 |
|   3 |    VIEW                         |             |   181 | 20453 |       |  102K  (1)| 00:20:36 |
|   4 |     SORT GROUP BY               |             |   181 | 12127 |       |  102K  (1)| 00:20:36 |
|*  5 |      HASH JOIN                  |             | 1376K |   87M |   65M |  102K  (1)| 00:20:35 |
|*  6 |       TABLE ACCESS FULL         | TB_DETAIL_1 | 1376K |   49M |       | 47376  (1)| 00:09:29 |
|*  7 |       TABLE ACCESS FULL         | TB_MASTER   | 3807K |  105M |       | 44726  (1)| 00:08:57 |
|   8 |    VIEW                         |             |   181 | 20453 |       |  112K  (2)| 00:22:33 |
|   9 |     SORT GROUP BY               |             |   181 | 15566 |       |  112K  (2)| 00:22:33 |
|  10 |      NESTED LOOPS               |             |       |       |       |           |          |
|  11 |       NESTED LOOPS              |             |   272 | 23392 |       |  112K  (2)| 00:22:33 |
|  12 |        NESTED LOOPS             |             |  2258 |  105K |       |  107K  (2)| 00:21:35 |
|* 13 |         TABLE ACCESS FULL       | TB_DETAIL_2 |  2258 | 42902 |       |  103K  (2)| 00:20:48 |
|* 14 |         TABLE ACCESS BY INDEX ROWID| TB_MASTER|    29 |       |       |     2  (0)| 00:00:01 |
|* 15 |          INDEX UNIQUE SCAN      | PK_MASTER   |     1 |       |       |     1  (0)| 00:00:01 |
|* 16 |        INDEX RANGE SCAN         | PK_DETAIL_1 |     1 |       |       |     2  (0)| 00:00:01 |
|  17 |       TABLE ACCESS BY INDEX ROWID| TB_DETAIL_1|    1 |    38 |       |     3  (0)| 00:00:01 |
--------------------------------------------------------------------------------------------

Statistics
----------------------------------------------------------
        224  recursive calls
          0  db block gets
     720103  consistent gets
     717070  physical reads
          0  redo size
       7638  bytes sent via SQL*Net to client
        586  bytes received via SQL*Net from client
          8  SQL*Net roundtrips to/from client
         10  sorts (memory)
          0  sorts (disk)
         97  rows processed
```

이 SQL을 통해 산출된 결과는 97건이지만, SQL 내에서 그룹핑을 하기 위해 사용한 대상 데이터는 월별로 100만 건 이상이었다. 게다가 요구사항도 특정 월의 그룹핑 데이터를 보고자 하는 것이 아니라 base_yymm의 기간에 제한을 두지 않아 수년 간의 집계 데이터도 볼 수 있도록 했다. 참고로 일부 기간을 월별로 그룹핑을 한 데이터의 수는 다음과 같았다. 특정 월의 데이터만 집계를 내도록 기간을 제한하여도 접근해야 할 데이터가 최고 100만 건 이상이 된다.

| BASE_YYMM | QUA_CODE | COUNT |
|---|---|---|
| 201101 | 0 | 1425000 |
| 201102 | 0 | 1470000 |
| 201103 | 0 | 1385000 |
| 201104 | 0 | 1359000 |
| 201105 | 0 | 1352000 |
| 201106 | 0 | 1347000 |
| 201107 | 0 | 1342000 |
| 201108 | 0 | 1384000 |

이 화면을 여러 명의 사용자가 동시에 접근한다고 생각하니 시스템에 문제가 생길 것은 불을 보듯 뻔한 일이었으나 집계 테이블을 생성할 여력 또한 없는 상황이었다. 이에 조건절에 따라 통계 데이터를 조회할 수 있도록 집계 테이블 역할을 하는 Mview를 생성하여 튜닝을 시도하였다. 먼저 다음과 같이 두 개의 Mview를 생성했다.

**MV_SHARED_SUM1 Mview 생성**

```
CREATE MATERIALIZED VIEW mv_shared_sum1
TABLESPACE ts_data_a
BUILD IMMEDIATE
REFRESH FORCE ON DEMAND
ENABLE QUERY REWRITE
AS SELECT TA.organization_code AS BANK_CODE,
          TA.account_no,
          TA.control_code,
          TA.base_yymm,
```

```
                (중략)
                SUM(TA.s_amt) AS S_AMT
        FROM    tb_detail_1  TA,
                tb_master   TB,
        WHERE   ( TA.account_no = TB.account_no )
                AND TB.status_code='01'
        GROUP   BY TA.organization_code,
                   TA.account_no,
                   TA.control_code,
                   TA.base_yymm,
                   TA.qua_code;
```

**MV_SHARED_SUM2 Mview 생성**

```
CREATE MATERIALIZED VIEW mv_shared_sum2
TABLESPACE  ts_data_a
BUILD IMMEDIATE
REFRESH FORCE ON DEMAND
ENABLE QUERY REWRITE
AS SELECT TA.organization_code AS BANK_CODE,
          TB.account_no,
          TC.control_code,
          TC.del_yn,
          TA.qua_code,
          TA.base_yymm,
          (중략)
          SUM(TA.s_amt) AS S_AMT
    FROM  tb_detail_2   TC,
          tb_master    TB,
          tb_detail_1  TA
    WHERE ( TA.account_no = TB.account_no )
          AND TC.account_no = TB.account_no
          AND TB.status_code = '01'
    GROUP BY TA.organization_code,
             TB.account_no,
             TC.control_code,
             TC.del_yn,
             TA.base_yymm,
             TA.qua_code ;
```

이렇게 생성한 Mview로부터 데이터를 검색하기 위한 SQL을 다음과 같이 작성한 결과, 검색 속도가 향상되는 것은 물론 시스템의 부하도 줄어든 것을 확인할 수 있었다.

```
SELECT  VA.bank_code
       ,VA.account_no
       , (중략)
       ,VA.A - NVL(VB.A,0) AS SUM_1
       ,VA.B - NVL(VB.B,0) AS SUM_2
```

```sql
            ,VA.C - NVL(VB.C,0) AS SUM_3
            ,VA.D - NVL(VB.D,0) AS SUM_4
            ,VA.E - NVL(VB.E,0) AS SUM_5
            ,VA.F - NVL(VB.F,0) AS SUM_6
  FROM    (
  SELECT bank_code,
               (중략)
               CASE
                  WHEN account_no IS NULL THEN 'NONE'

                  ELSE account_no
               END          AS ACCOUNT_NO,
               MIN(base_yymm)    START_YM,
               MAX(base_yymm)    END_MM,
               SUM(CASE  WHEN control_code IN( '01', '02', '03' ) THEN s_amt ELSE 0 END)  AS A ,
               SUM(CASE  WHEN control_code = '04' THEN s_amt   ELSE 0   END)     AS B ,
               SUM(s_amt) AS C,
               SUM(CASE   WHEN control_code = '05' THEN s_amt ELSE 0  END)      AS D,
               SUM(CASE   WHEN control_code = '06' THEN s_amt ELSE 0  END)      AS E,
               SUM(CASE   WHEN control_code = '07' THEN s_amt ELSE 0  END)      AS F
        FROM    mv_shared_sum1
        WHERE   base_yymm BETWEEN :1 AND :2
                AND qua_code = '0'
        GROUP  BY bank_code ,
                  account_no
        ) VA ,
        (
  SELECT bank_code,
               (중략)
               CASE
                  WHEN account_no IS NULL THEN 'NONE'
                  ELSE account_no (중략)
               END           AS ACCOUNT_NO,
               MIN(base_yymm) START_YM ,
               MAX(base_yymm  END_YM,
               SUM(CASE  WHEN control_code IN( '01', '02', '03' ) THEN s_amt ELSE 0 END)  AS A,
               SUM(CASE   WHEN control_code = '04' THEN s_amt ELSE 0    END)     AS B,
               SUM(s_amt) AS C,
               SUM(CASE   WHEN control_code = '05' THEN s_amt ELSE 0     END)     AS D,
               SUM(CASE   WHEN control_code = '06' THEN s_amt ELSE 0     END)     AS E,
               SUM(CASE   WHEN control_code = '07' THEN s_amt ELSE 0     END)     AS F
        FROM    mv_shared_sum2
        WHERE   del_yn = 'N'
                AND base_yymm BETWEEN :1 AND :2
                AND qua_code = '0'
        GROUP  BY bank_code ,
                  account_no
        ) VB
  WHERE   VA.bank_code      = VB.bank_code(+)
          AND  VA.account_no   = VB.account_no(+)
          AND  VA.start_ym     = VB.start_ym(+)
          AND  VA.end_ym       = VB.end_ym(+)
  ORDER BY  VA.bank_code, VA.account_no ;
```

## 7.9 DB LINK

DB LINK를 사용하여 원격에 있는 데이터베이스 객체와 조인하는 경우, 간혹 원하지 않는 순서로 조인이 이루어진다. 원격 DB가 로컬의 DB와 버전이 다르고, 정확한 통계 정보를 가지고 있지 않은 상태에서 실행 계획을 세우는 경우가 종종 있기 때문이다. 일반적으로 DBMS는 원격 DB에 대해 잦은 조인을 일으키는 것보다는 로컬 DB에 대해 잦은 조인을 하는 것이 유리하다고 판단하여 원격 DB의 테이블을 드라이빙 테이블로 설정하는 경우가 많다. 하지만 무조건 원격 DB의 테이블을 드라이빙 테이블로 두는 것보다는 테이블의 특성과 데이터의 양에 따라 드라이빙 테이블의 위치를 결정하는 것이 좋다. 경우에 따라 유리한 드라이빙 테이블을 위치를 알아보자.

### 7.9.1 로컬 DB의 데이터가 많고, 원격 DB의 데이터가 적은 경우

먼저 로컬 DB의 데이터가 많고 DB LINK를 사용해 가져와야 할 테이블의 전체 데이터 건수가 적거나 상수 조건을 만족하는 데이터가 적은 경우의 튜닝 사례를 소개하겠다.

**SQL**

```
SELECT active_time,
       input_code,
       SUM(plan_qty)   PLAN_QTY
FROM   (SELECT CASE
               WHEN REPLACE(TO_CHAR(To_number(TO_CHAR(TA.active_time, 'HH24')), '00')
                            || TO_CHAR(To_number(TO_CHAR(TA.active_time, 'MI')), '00')
                            (중략)
                            || '00', ' ', '') THEN
                    TO_CHAR(TA.active_time, 'YYYY-MM-DD')
               ELSE TO_CHAR(TA.active_time - 1, 'YYYY-MM-DD')
               END         ACTIVE_TIME,
               :vcode INPUT_code,
               TA.plan_qty
        FROM   tb_plan_history  TA,
               tb_active_defn@seoul TB,
               (SELECT active_hh,
                       active_mm
                FROM   tb_plan@seoul
                WHERE  plan_name = 'DC0001'
                AND    plan_code = 1)    VC
```

```
         WHERE  (TA.active_time BETWEEN TO_DATE('20120628' || TO_CHAR (VC.active_hh,'00')
                                      || TO_CHAR(VC.active_mm, '00'),'YYYYMMDDHH24MI')
                     AND TO_DATE('20120710'|| TO_CHAR (VC.active_hh,'00')
                         || TO_CHAR(VD.active_mm,'00'),'YYYYMMDDHH24MI')+1)
                     AND TA.active_name = 'Play'
                     AND TB.effect_name = 'Health'
                     AND TA.effect_type = TB.effect_type
                     AND TA.region = 'SEOUL'
                     AND TA.type != 'RUN'
                     AND TA.type != 'WORKING'
                     AND TA.group = NVL('MAN', TA.group)
                     AND TA.type2 = NVL('YOUNG', TA.type2))
GROUP  BY active_time
ORDER  BY active_time ;
```

실행 계획

```
0               SELECT STATEMENT
1         0       SORT GROUP BY
2         1         NESTED LOOPS
3         2           NESTED LOOPS
4         3             REMOTE TB_PLAN  SEOUL
5         3             TABLE ACCESS BY GLOBAL INDEX ROWID TB_PLAN_HISTORY
6         5               INDEX RANGE SCAN IX_PLAN_HISTORY_X3
7         2           REMOTE TB_ACTIVE_DEFN  SEOUL
```

이 SQL의 FROM절을 살펴보면, 로컬 DB의 tb_plan_history(별칭 TA) 테이블, 원격 DB인 SEOUL의 tb_active_defn(별칭 TB) 테이블과 tb_plan(별칭 VC) 테이블의 데이터를 조인하고 있다. 이 경우도 원격 DB에 있는 VC를 드라이빙 테이블로 하고 있으며, 로컬 DB의 TA를 NESTED LOOP JOIN 방식으로 조인한 후 다시 원격 DB의 TB를 NESTED LOOP JOIN 방식으로 조인하고 있다. VC와 TA를 조인한 결과, 조건을 만족하는 데이터는 23,000건이었으며, 이 데이터를 기반으로 원격 DB의 TB를 또 다시 조인해야 하는 상황에서 TB 테이블의 데이터는 838건이었다. 다시 말해서 로컬 DB의 데이터가 원격 DB에 비해 현격히 많은 상황이었다.

이 경우 로컬 DB를 기준으로 원격 DB에 NESTED LOOP JOIN을 한다면, DB LINK를 23,000회 수행할 것이다. 따라서 원격 DB의 작은 테이블을 한 번에 모두 읽어오는 것이 성능에 유리하므로 조인 방식을 HASH JOIN으로 바꾸

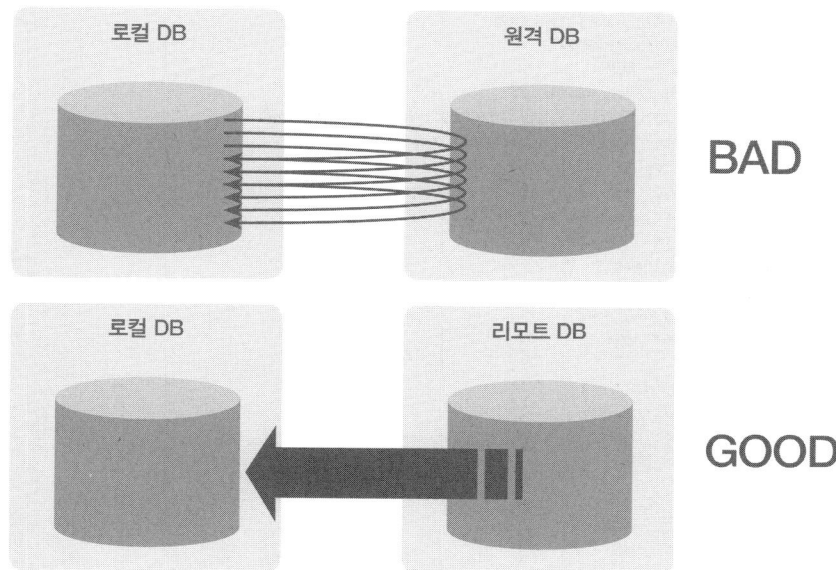

그림 7-2 로컬 DB 데이터가 많고 원격 DB 데이터가 적은 경우의 DB LINK 활용

고 /*+ USE_HASH(TB) */ 힌트를 추가하여 튜닝할 것을 추천한다. 위 예제의 경우 DB LINK는 1회만 수행된다.

### 7.9.2 로컬 DB의 데이터가 적고, 원격 DB의 데이터가 많은 경우

이번에는 반대로 로컬 DB의 데이터가 적고, 원격 DB의 데이터가 많은 사례를 소개하겠다.

SQL

```
SELECT TA.process_full_name,
       TC.process_sub_name,
       TA.customer_name,
       (중략)
       SUM(TA.total_qty)  TOTAL_QTY ,
       MAX(TB.sub1_qty + TB.sub2_qty + TB.sub3_qty)  SUB_QTY
FROM   tb_master TA,
       tb_plan_history TB,
       tb_process_spec@seoul  TC,
       tb_spec@seoul  TD ,
       (SELECT customer_name,
```

7장 사례별 튜닝 기법 311

```
                MAX(type_name) type_name
        FROM    tb_customer@seoul
        WHERE   type = 'RUN'
        GROUP   BY customer_name)   VE
WHERE   TA.input_value BETWEEN '201211010800' AND '201211040800'
        AND TA.customer_name = TB.customer_name
        AND TA.input_value = TB.input_value
        AND VE.customer_name(+) = TB.customer_name
        AND TA.process_sub_name = TC.process_sub_name
        AND TA.spec_id = TD.spec_id
        AND TA.active_name = 'PLAY'
GROUP   BY TA.process_full_name ,
           TC.process_sub_name,
           TA.customer_name,
           (중략)
ORDER   BY TA.process_full_name ,
           TC.process_sub_name,
           TA.customer_name,
           TA.machine_name,
           TA.spec_id ;
```

**실행 계획**

```
0              SELECT STATEMENT
1         0      SORT GROUP BY
2         1        HASH JOIN OUTER
3         2          MERGE JOIN CARTESIAN
4         3            NESTED LOOPS
5         4              NESTED LOOPS
6         5                PARTITION RANGE SINGLE
7         6                  TABLE ACCESS FULL TB_MASTER
8         5                TABLE ACCESS BY GLOBAL INDEX ROWID TB_PLAN_HISTORY
9         8                  INDEX UNIQUE SCAN PK_PLAN_HISTORY
10        4              REMOTE TB_SPEC   SEOUL
11        3            BUFFER SORT
12       11              REMOTE TB_PROCESS_SPEC   SEOUL
13        2          VIEW
14       13            REMOTE TB_CUSTOMER   SEOUL
```

이 SQL은 로컬 DB의 tb_master(별칭 TA), tb_plan_history(별칭 TB)와 원격 DB의 tb_process_spec(별칭 TC), tb_spec(별칭 TD), tb_customer(별칭 VE) 이렇게 총 5개의 테이블을 조인하여 원하는 결과를 얻으려고 한다. 옵티마이저가 선택한 실행 순서는 TA → TB → TD → TC → VE의 순서이다. 이때 맨 마지막 단계인 VE를 조인하는 방법으로 HASH JOIN이 채택된 것을 볼 수 있는데, 이 경우 원격 DB로부터 해당 테이블의 데이터 전체를 한 번에 가져오게 된다. VE와의 조인에 참여할 데이터가 4건이라는 것을 알고 조인 방식을 NESTED

LOOP JOIN과 같은 스칼라 서브쿼리로 변경하여, 4회에 걸쳐 DB LINK를 호출하는 방식으로 변경하여 튜닝하였다.

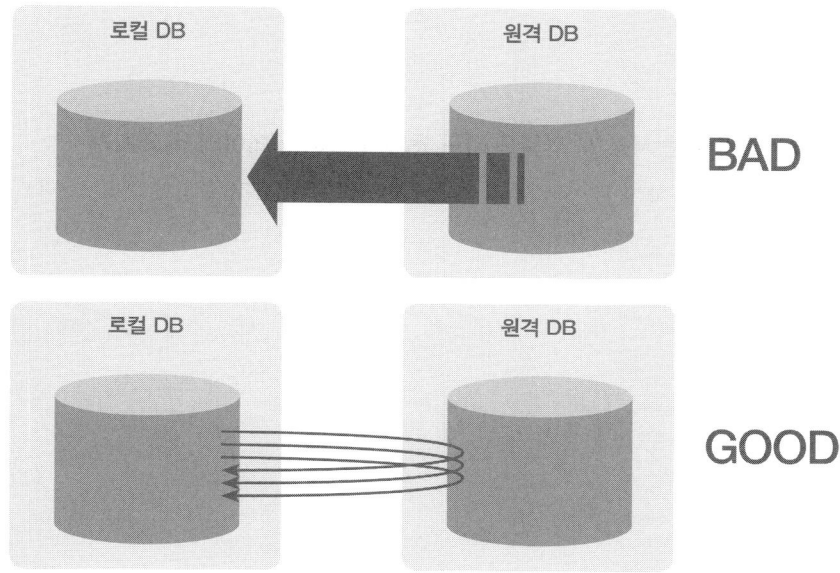

**그림 7-3** 로컬 DB 데이터가 적고 원격 DB 데이터가 많은 경우의 DB LINK 활용

이상으로 DB LINK를 사용할 때 데이터 양의 차이에 따라 어떻게 조인을 하는 것이 좋은지에 대해 살펴보았다. 그렇다면 양쪽의 데이터 양이 비슷한 경우는 어떤 방식을 취하는 것이 성능에서 유리할까? 대체적으로는 DB LINK를 적게 호출하는 방식을 권한다. 양쪽 모두 데이터가 많은 경우, 또는 양쪽 모두 데이터가 적은 경우에는 DB LINK를 호출하는 횟수를 적게 하는 것이 일반적으로 성능이 좋다.

## 7.10 개발자 실수로 인한 오류 튜닝

튜닝 업무를 하는 가장 큰 목적은 시스템의 성능을 향상시키기 위함이다. 하지만 가끔은 성능과 무관하게 개발 내용의 오류를 바로잡아야 하는 경우도 발생한다. 요구사항을 정확하게 분석하지 않았거나 SQL 문법을 정확하게 이해하지 못하여 생긴 실수들이 대부분인데, 이런 경우 시스템의 성능 문제도 발생하지만 결과가 틀리게 되는 오류를 낳을 수 있으므로 반드시 주의해야 한다. 프로젝트 현장에서 자주 접하게 되는 개발자들의 실수와 그에 따른 튜닝 사례를 정리해보았다.

### 7.10.1 LIKE 구문 사용 시 와일드 카드 문자가 들어간 데이터 비교 사례

문자 패턴을 사용하여 데이터를 검색해야 하는 경우, LIKE와 함께 와일드 카드 문자를 사용하여 검색할 수 있다. 주로 사용하는 와일드 카드 문자로는 '%'와 '_'가 있는데, 가끔 이와 같은 와일드 카드 문자를 데이터로 저장하는 경우가 있다. 이처럼 와일드 카드 문자가 데이터로 저장된 경우, 이러한 데이터들을 검색하기 위해서 ESCAPE를 사용할 수 있다. 와일드 카드 중 '%'에 비해 적게 사용하는 '_' 문자를 사용한 사례를 보자.

**SQL**

```
SELECT *
FROM   tb_cook_history
WHERE  recipe_name LIKE 'KIMCH_MOO'||'%' ;
```

**실행 계획**

```
| Id  | Operation         | Name              | Starts | E-Rows | A-Rows | A-Time      | Buffers |
|  0  | SELECT STATEMENT  |                   |      1 |        |      1 | 00:00:00.01 |    7869 |
|  1  |  SORT AGGREGATE   |                   |      1 |      1 |      1 | 00:00:00.01 |    7869 |
|* 2  |   INDEX RANGE SCAN| IX_COOK_HISTORY_X1|      1 |    401 |    291 | 00:00:00.01 |    7869 |
```

**인덱스 구조**

| 테이블 이름 | 인덱스 이름 | 구성 컬럼 |
|---|---|---|
| TB_COOK_HISTORY | IX_COOK_HISTORY_X1 | RECIPE_NAME, RECIPE_ID, EVENT_YMD |
|  | IX_COOK_HISTORY_X2 | EVENT_YMD |

실행 계획을 보면 A-ROWS 항목과 BUFFERS 항목의 값이 지나치게 큰 차이를 보이고 있는 것을 볼 수 있으며, 조건을 만족하는 값이 단지 291건임에도 불구

하고 7,869개의 인덱스 블록을 읽고 있었다.

이와 같은 문제의 원인은 LIKE 조건에서 사용하고 있는 '_' 문자 때문이었다. 오라클에서 LIKE로 비교되는 '_' 문자는 하나의 문자를 대체하는 와일드 카드 문자이기 때문에 '_' 문자를 사용해 값을 비교하면 이 문자 바로 전까지의 문자열만 가치가 있는 값으로 판단한다. 즉, 'KIMCH'로 시작하는 모든 데이터를 ACCESS한 것이다. 그렇다면 이런 문제를 막기 위해 어떤 식으로 SQL을 작성해야 할까? 개선된 SQL과 실행 계획을 확인해보자.

SQL

```
SELECT *
FROM   tb_cook_history
WHERE  recipe_name LIKE 'KIMCH#_MOO'||'%' ESCAPE '#';
```

실행 계획

```
| Id  | Operation         | Name             | Starts | E-Rows | A-Rows | A-Time      | Buffers |
-------------------------------------------------------------------------------------------------
|  0  | SELECT STATEMENT  |                  |   1    |        |   1    | 00:00:00.01 |    6    |
|  1  | SORT AGGREGATE    |                  |   1    |   1    |   1    | 00:00:00.01 |    6    |
|* 2  | INDEX RANGE SCAN  | IX_COOK_HISTORY_X1 |  1   |  401   |  291   | 00:00:00.01 |    6    |
```

ORACLE에서는 이와 같은 상황에 대비해 ESCAPE문을 제공하고 있다. ESCAPE는 선언한 문자의 뒤에 나오는 와일드 카드 문자를 와일드 카드 문자가 아닌 일반 문자로 인식하게 한다. ESCAPE문을 사용하여 위와 같이 튜닝한 결과 'KIMCH_MOO'로 시작하는 데이터를 ACCESS하기 때문에 6개의 인덱스 블록만 읽어 결과를 출력하는 것을 확인할 수 있었다.

### 7.10.2 OUTER JOIN을 잘못 사용한 사례

이번에는 OUTER JOIN과 연관된 개발자들의 실수들을 소개하고자 한다.

SQL

```
SELECT SUM(cnt)
FROM   (SELECT COUNT(*) cnt
```

```
         FROM    tb_prom_master1  TA,
                 tb_prom_master2  TB,
                 tb_prom_master3  TC
         WHERE   TA.dept_code(+) = TB.dept_code
                 AND TA.doc_serial_no(+) = TB.doc_serial_no
                 AND TB.dept_code = TC.dept_code
                 AND TB.doc_serial_no = TC.doc_serial_no
                 AND TC.serial_no = 1
                 AND TA.manager_id = :1
         UNION ALL
         SELECT COUNT(*)
         FROM    tb_prom_master1  TA,
                 tb_prom_master2  TB,
                 tb_prom_master3  TC
         WHERE   TA.dept_code (+) = TB.dept_code
                 AND TA.doc_serial_no (+) = TB.doc_serial_no
                 AND TB.dept_code = TC.dept_code
                 AND TB.doc_serial_no = TC.doc_serial_no
                 AND TC.serial_no = 1
                 AND TB.emp_id = :2
                 AND TB.status = '1'
                 AND TC.del_yn = 'N');
```

**실행 계획**

```
Rows     Row Source Operation
-------  ---------------------------------------------------
      1  SORT AGGREGATE
      1   VIEW
      1    SORT UNIQUE
      2     UNION-ALL
      1      SORT AGGREGATE
      1       NESTED LOOPS
      1        NESTED LOOPS
      1         TABLE ACCESS FULL TB_PROM_MASTER1
      1         INDEX UNIQUE SCAN PK_PROM_MASTER2 (object id 54122)
      1        INDEX UNIQUE SCAN PK_PROM_MASTER3 (object id 54118)
      1      SORT AGGREGATE
      1       NESTED LOOPS OUTER
      1        NESTED LOOPS
     19         TABLE ACCESS BY INDEX ROWID TB_PROM_MASTER2
     23          INDEX RANGE SCAN IX_PROM_MASTER2_X1 (object id 54121)
      1         TABLE ACCESS BY INDEX ROWID TB_PROM_MASTER3
      5          INDEX UNIQUE SCAN PK_PROM_MASTER3 (object id 54118)
      0        INDEX RANGE SCAN PK_PROM_MASTER1 (object id 54124)
```

위 SQL에서 굵은 글씨로 표시한 부분을 보면 tb_prom_master1(별칭 TA) 테이블과 tb_prom_master2(별칭 TB) 테이블을 조인할 때 OUTER JOIN을 할 것을 명령하고 있다. 하지만 실행 계획의 굵은 글씨로 표시된 부분을 보면 OUTER

JOIN을 수행하지 않는다는 것을 알 수 있다. 왜 OUTER JOIN의 수행을 명령했음에도 불구하고 OUTER JOIN을 수행하지 않았을까?

이유는 WHERE절의 TA.manager_id = :1 조건 때문이다. 조인 조건을 만족하지 않는 데이터에 대해서도 모두 출력해야 하는 tb_prom_master1 테이블에 대한 조건에는 모두 (+) 기호를 써야 하는데, 개발자는 조인 조건에만 (+) 기호를 사용하였다. 다시 말해서 개발자가 원하는 OUTER JOIN의 수행을 위해서는 A.manager_id (+) = :1로 작성해야 한다. 현재는 OUTER JOIN을 무시하고 일반적인 조인 방식으로 수행하도록 DBMS가 내부적으로 변환하여 실행하였으며, 따라서 원하는 결과가 출력되지 않았을 수도 있다.

다음의 경우는 개발자의 실수로 필요하지 않은 OUTER JOIN 기호를 사용하여 성능이 악화된 사례이다. 이 시스템은 현재 운영 중이며, 출력되는 결과에도 이상이 없다. 문제는 실제로 필요 없는 OUTER JOIN 기호를 쓰고 있다는 점이다. SQL을 먼저 살펴보자.

**SQL**

```
SELECT  TO_CHAR(TC.entry_date,'YYYY-MM-DD'),
        TC.uml_actor,
        TC.uml_model,
        (중략)
FROM    tb_uml_detail   TA
        tb_master       TC
WHERE   TC.create_no(+) = :1
        AND  TA.uml_id = TC.uml_id(+) ;
```

**실행 계획**

```
0               SELECT STATEMENT
1           0     FILTER
2           1       NESTED LOOPS OUTER
3           2         TABLE ACCESS FULL TB_UML_DETAIL
4           2         TABLE ACCESS BY INDEX ROWID TB_MASTER
5           4           INDEX RANGE SCAN IX_MASTER_X01
```

tb_uml_detail과 tb_master라는 두 테이블의 조인하는 데 있어서 (+) 기호는 데이터의 구조상 필요 없는 것이었음에도 불구하고 개발자의 실수로 사용하였고,

이로 인해 tb_master 테이블이 드라이빙 테이블이 되지 못하고, tb_uml_detail 테이블이 드라이빙 테이블이 되면서 검색 속도가 느려진 것이다. 필요 없는 (+) 기호를 지우기만 해도 드라이빙 테이블이 tb_master가 되면서 검색 속도는 향상될 것이다.

OUTER JOIN은 본연의 목적인 조인 조건을 만족하지 않는 데이터를 출력할 때도 사용하지만, 데이터가 운영 환경에 비해 상대적으로 적은 개발 환경에서 프로그램이 정상적으로 수행되는지를 확인하기 위해 개발자들이 임의로 사용하는 경우도 있다. 이렇게 작성한 개발 코드를 수정하지 않고 그대로 운영 환경에 반영할 경우, 에러가 발생하지는 않으나 성능에 지대한 영향을 끼칠 수 있다는 점을 잊지 말고 사용에 유의하도록 하자.

### 7.10.3 인덱스의 첫 번째 컬럼이 조건에서 누락된 사례

이번에는 조인에 사용된 인덱스의 첫 번째 컬럼이 조인 조건에서 빠진 경우를 살펴보자. 굵은 글씨로 표시한 부분을 보면, master_plan_table 테이블이 외부의 master_do_table 테이블과 조인될 때 plan_no = :v_plan_no라는 조건을 비교하여 조인되고 있음을 알 수 있다. 이때 사용되는 plan_no 컬럼은 해당 테이블의 인덱스인 IX_MASTER_PLAN_TABLE_X01를 구성하는 두 번째 컬럼이다.

참고로 이 인덱스의 첫 번째 컬럼인 org_code는 회사 내 사업부서를 가리키는 값으로 현재는 사업부서가 하나여서 이 값을 입력 받지 않아도 원하는 결과를 가져오는 데는 문제가 없다. 하지만 인덱스의 적절한 활용과 추후 사업부서가 확장될 가능성을 생각한다면, 서브쿼리에 org_code에 대한 비교 조건을 추가해야 한다.

SQL

```
SELECT  :v_org_code,
        :v_plan_no,
        product_code,
        (중략)
FROM    (SELECT DISTINCT product_code
         FROM   master_do_table
```

```
            WHERE   org_code = 'A1'
                    AND del_yn = 'N'
                    AND plan_no = (SELECT sub_plan_no
                                     FROM   master_plan_table
                                     WHERE  plan_no = :v_plan_no)
            MINUS
            SELECT DISTINCT product_code
            FROM    master_cast_table
            WHERE   org_code = 'A1');
```

### 실행 계획

```
0         SELECT STATEMENT Optimizer=ALL_ROWS (Cost=21 Card=102 Bytes=1224)
1    0      COUNT
2    1        VIEW (Cost=21 Card=102 Bytes=1224)
3    2          MINUS
4    3            SORT (UNIQUE) (Cost=17 Card=102 Bytes=2448)
5    4              TABLE ACCESS (BY INDEX ROWID) OF 'MASTER_DO_TABLE'(TABLE)(Cost=15 Card=379 Bytes=9096)
6    5                INDEX (RANGE SCAN) OF 'IX_MASTER_DO_TABLE_X01' (INDEX) (Cost=4 Card=379)
7    6                  TABLE ACCESS (BY INDEX ROWID) OF'MASTER_PLAN_TABLE'(TABLE) (Cost=1 Card=1 Bytes=15)
8    7                    INDEX (SKIP SCAN) OF 'IX_MASTER_PLAN_TABLE_X01' (INDEX) (Cost=1 Card=1)
9    3            SORT (UNIQUE NOSORT) (Cost=4 Card=731 Bytes=8772)
10   9              INDEX (RANGE SCAN) OF 'IX_MASTER_CAST_TABLE_X01' (INDEX) (Cost=3 Card=745 …
```

### 인덱스 구조

| 테이블 이름 | 인덱스 이름 | 구성 컬럼 |
| --- | --- | --- |
| MASTER_PLAN_TABLE | IX_MASTER_PLAN_TABLE_X01 | ORG_CODE,PLAN_NO |

## 7.10.4 서브쿼리에서 비교된 컬럼 앞에 테이블 이름이 누락된 사례

이번에는 서브쿼리에서 비교하는 조건 컬럼 이름에 테이블이나 뷰의 이름을 제시하지 않아 발생할 수 있는 문제를 사례를 통해 소개하겠다. 아래는 서브쿼리 가운데 스칼라 서브쿼리와 관련된 예이다.

### SQL

```
SELECT attend_cd,
       his_no,
       inst_no,
       inst_name,
       (중략)
       (SELECT code_name
        FROM   code_table
        WHERE  code_id = code_id
```

```
                AND master_code_id = 'A00001'
                AND ROWNUM < 2)  DO_CODE_NAME,
       update_date,
       reason
FROM   master_table
WHERE  input_date = :1
ORDER  BY update_date DESC,
          history_no DESC;
```

실행 계획

```
Rows     Row Source Operation
-------  --------------------------------------------------
      3  TABLE ACCESS BY INDEX ROWID CODE_TABLE (cr=14 pr=0 pw=0 time=0 us cost=3 size=39 card=1)
      3   INDEX FAST FULL SCAN PK_CODE_TABLE (cr=12 pr=0 pw=0 time=0 us cost=2 size=0 card=1)(object id 74930)
    129  SORT ORDER BY (cr=19 pr=0 pw=0 time=0 us cost=16 size=10956 card=132)
    129   TABLE ACCESS FULL MASTER_TABLE (cr=5 pr=0 pw=0 time=0 us cost=15 size=10956 card=132)
```

do_code_name으로 선언된 스칼라 서브쿼리를 보면, code_id = code_id라는 조건을 제시하고 있는데, 컬럼 이름 앞에 테이블이나 뷰의 이름이 명시되어 있지 않다. 만일 일반적인 조인 SQL에서 이와 같이 작성을 하면 에러가 발생하겠지만, 이 경우처럼 서브쿼리에서는 문제가 달라진다. 테이블이나 뷰의 이름 없이 컬럼에 대한 비교를 하면 에러를 발생시키지 않고 자동적으로 서브쿼리 내에 있는 테이블의 컬럼으로 인식하게 된다. 이처럼 SQL을 작성하는 것은 성능상의 문제를 일으킬 수도 있지만, 틀린 결과를 출력할 가능성이 높으므로 서브쿼리를 사용할 때는 조건절에서 제시하는 컬럼 이름 앞에 테이블이나 뷰의 이름을 사용했는지 반드시 확인해야 한다. 또한 테이블이나 뷰의 이름을 사용할 때는 별칭을 선언하는 것을 습관화하여 이와 같은 실수를 줄이도록 해야 한다.

다음 SQL은 WHERE절의 서브쿼리에서 테이블 또는 뷰의 이름 없이 컬럼을 비교한 경우이다. 서브쿼리 내에서 B.p_no = p_no라는 조건을 제시하고 있는데, 내부적으로 B.p_no = B.p_no로 인식하고 비교하므로 이 경우도 원하는 결과를 출력하지 못할 수 있다.

SQL

```
SELECT apply_start_ymd,
       CASE
          WHEN apply_end_ymd > TO_CHAR(SYSDATE, 'YYYYMMDD') THEN
```

```
           TO_CHAR(SYSDATE, 'YYYYMMDD')
          ELSE apply_end_ymd
       END   APPLY_END_YMD,
       apply_code,
       DECODE(NVL(apply_end_ymd, 'Y'), 'Y', 'Y', 'N') ,
       apply_seq_no,
       car_serial_no
FROM   detail_table3
WHERE  person_no = :in_person_no
       AND apply_start_ymd > (SELECT NVL(MAX(TB.apply_start_ymd), '00000000')
                              FROM    detail_table3   TB
                              WHERE   TB.p_no = p_no
                                      AND TB.apply_code = 'A1234')
       AND apply_start_ymd <= TO_CHAR(SYSDATE, 'YYYYMMDD')
       AND ( apply_code LIKE 'A12%'
           OR apply_code LIKE 'A21%' );
```

이상으로 프로젝트 현장에서 자주 접할 수 있는 문제 상황과 그에 대한 성능 개선 과정을 사례를 통해 살펴보았다. 이 밖에도 아주 다양한 튜닝 사례가 있긴 하지만, 개발자들의 많은 수가 범하게 되는 오류나 실수들을 중심으로 다루어 보았다. 하나하나의 사례들을 차근차근 분석해보며, 같은 종류의 실수를 하지 않기를 바란다.

# 찾아보기

**기호**
_OPTIM_PEEK_USER_BIND  43

**A**
ACCESS PATH  50
ADAPTIVE CURSOR SHARING  45
ALL_ROWS  30, 237
ANALYZE  36
A-ROWS  85
AUTOTRACE  64

**B**
BIND PEEKING  43
BITMAP INDEX  104
BRANCH 블록  90
B* Tree  89
B* Tree 인덱스  89

**C**
CARTESIAN JOIN  173
CARTESIAN PRODUCT  173
CBO  26
CLUSTERED INDEX  106
CLUSTERING FACTOR  298, 301
CONNECT BY  122, 175
CONSISTENT GETS  65
COST  26
COST BASED OPTIMIZER  26
CTE(COMMON TABLE EXPRESSION)  175

**D**
DB BLOCK GETS  65
DBMS_MONITOR  75

DBMS_STATS  36, 38
DBMS_SYSTEM  74
DBMS_XPLAN  59
DEPTH  90, 100
DRIVING_SITE  270

**E**
E-ROWS  85
ESCAPE  315
Estimator  29
EXPLAIN PLAN  57, 58

**F**
FIRST_ROWS  30, 239
FIRST_ROWS_n  30
FULL OUTER JOIN  172
FUNCTION BASED INDEX  109

**G**
GATHER_PLAN_STATISTICS  84

**H**
HARD PARSING  19, 139
HASH JOIN  193

**I**
INDEX BLOCK SPLIT  100
INDEX FAST FULL SCAN  97
INDEX_FFS  247
INDEX FULL SCAN  97
INDEX ORGANIZED TABLE  107
INDEX RANGE SCAN  93
INDEX SKIP SCAN  95

INDEX UNIQUE SCAN  92
INNER JOIN  167
INNER TABLE  178
INVISIBLE INDEX  139
IOT  107

**L**
LEADING  252
LEAF 블록  90
LEFT OUTER JOIN  169

**M**
Materialized View  302
MERGE  212, 264

**N**
NESTED LOOP JOIN  177
NO_MERGE  223, 264
NO_PUSH_PRED  267
NOT EXISTS  226
NOT IN  226
NO_UNNEST  266

**O**
OPTIMIZER_DYNAMIC_SAMPLING  43
OPTIMIZER_MODE  42
ORADEBUG  74
ORDERED  248
OUTER JOIN  169

**P**
PARALLEL  261
PHYSICAL READS  65
Plan Generator  29
PLAN_TABLE  57, 59
PQ_DISTRIBUTE  261
PUSH_PRED  220, 267
PUSH PREDICATE  220

**Q**
Query Transformer  28

**R**
RANK  22
RBO  22
RIGHT OUTER JOIN  171
ROWID SCAN  51
RULE  238
RULE BASED OPTIMIZER  22

**S**
SELF JOIN  174
SOFT PARSING  19
SORT MERGE JOIN  199

**T**
TKPROF  70
TOP-N REPORTING  279

**U**
UNNEST  266
USE_HASH  259
USE_NL  189, 256

**ㄱ**
가변 SQL  273
결합 인덱스  151
관계형 DBMS  89
규칙 기반 옵티마이저  21

**ㄴ**
내림차순 인덱스  91
내부 변형  125, 129

**ㄷ**
단순 조인  167
드라이빙 테이블  166

## ㄹ
리버스 키 인덱스 110, 142

## ㅂ
바인드 변수 45
분석 및 설계 단계 4
블록 스플릿 141
비용 기반 옵티마이저 26
비트맵 인덱스 104

## ㅅ
순환 관계 175
스칼라 서브쿼리 117, 204
스텝 78
시퀀스 285

## ㅇ
옵티마이저 17, 19, 85
옵티마이저 최적화 34
와일드 카드 314
외부 변형 129
인덱스 88
인덱스 구조 테이블 107
인덱스 리빌드 103, 143
인덱스 블록 스플릿 100
인덱스 압축 기능 143
인라인 뷰 211

## ㅈ
조인 165

## ㅊ
체번 282, 287

## ㅋ
컬럼의 내부 변형 123
클러스터 인덱스 106

## ㅌ
통계 정보 35

## ㅍ
프레임워크 277

## ㅎ
함수 기반 인덱스 108, 159
히스토그램 46
힌트 231